Peter Kropotkin

Ethik

Peter Kropotkin

Ethik

Ursprung und Entwicklung der Sitten

Alibri Verlag
Aschaffenburg

2013

Die Ausgabe folgt der 1923 im Verlag *Der Syndikalist* erschienenen Ausgabe. Die Rechtschreibung wurde behutsam aktualisiert, offensichtliche Fehler wurden stillschweigend korrigiert. In einigen Fällen wurden bei genannten Personen die Vornamen ergänzt.

Alibri Verlag
www.alibri.de
Aschaffenburg
Mitglied in der Assoziation Linker Verlage (aLiVe)

Erste Auflage 2013

Umschlaggestaltung: Claus Sterneck
Druck und Verarbeitung: Interpress, Budapest

ISBN 978-3-86569-160-6

Inhaltsverzeichnis

Michael Schmidt-Salomon

Vorwort

Originalität ist oft nur ein Zeichen mangelnder Literaturkenntnis, heißt es. Von der Richtigkeit dieses Satzes bin ich schon lange überzeugt – und doch war meine Verwunderung groß, als ich vor wenigen Wochen Pjotr Kropotkins unvollendetes Manuskript zur *Ethik* erstmals in Händen hielt. Denn schlagartig wurde mir bewusst, dass der berühmte russische Anarchist im Grunde bereits 1904[1] das Arbeitsprogramm der exakt 100 Jahre später entstandenen *Giordano-Bruno-Stiftung* (gbs)[2] formuliert hatte.

Ziel der Stiftung, so schrieben wir 2004, sei es, „eine tragfähige säkulare Alternative zu den bestehenden Religionen zu entwickeln und ihr gesellschaftlich zum Durchbruch zu verhelfen". Grund: „Wir benötigen heute ein zeitgemäßes Weltbild, das im Einklang mit wissenschaftlichen Forschungsergebnissen (u. a. der Evolutionsbiologie und der Hirnforschung) steht und das sich in ethischer Hinsicht konsequent an den individuellen Selbstbestimmungsrechten (etwa im Sinne der ‘Allgemeinen Erklärung der Menschenrechte') orientiert."[3]

---

1 In diesem Jahr wurde das erste Kapitel des vorliegenden Buchs als eigenständiger Aufsatz in der Zeitschrift *Nineteenth Century* veröffentlicht. Das vollständige Buch erschien erst nach Kropotkins Tod im Mai 1921. Zu den widrigen Umständen seiner Entstehung siehe das in dieser Ausgabe abgedruckte Nachwort des Herausgebers der Erstausgabe, Nikolai Lebedev (S. 323ff.).

2 Die 2004 gegründete Giordano-Bruno-Stiftung ist eine „Denkfabrik für Humanismus und Aufklärung", der viele renommierte Wissenschaftler, Philosophen und Künstler angehören. Weitere Informationen unter: *www.giordano-bruno-stiftung.de*.

3 Siehe die gbs-Broschüre *Aufklärung im 21. Jahrhundert* bzw. die entsprechende Darstellung im Internet unter: *www.giordano-bruno-stiftung.de/denkfabrik-fuer-humanismus-aufklaerung*.

Bei Kropotkin heißt es im gleichen Sinne, wenn auch ein Jahrhundert früher: „Die Menschheit verlangt dringend nach einer neuen Wissenschaft der Sittlichkeit, frei von religiösem Dogma, von Aberglauben und metaphysischer Mythologie …“ (S. 21). Der Mensch, so der russische Gelehrte, habe es dank der Fortschritte der wissenschaftlichen Forschung nicht mehr nötig, „seine Ideale der sittlichen Schönheit und seine Vorstellungen von einer gerecht aufgebauten Gesellschaft mit den Hüllen des Aberglaubens zu bekleiden“, er brauche „die Umgestaltung der Gesellschaft nicht mehr von der göttlichen Allwissenheit zu erwarten“, sondern könne „seine Ideale der Natur entlehnen und aus der Erforschung ihres Lebens die nötigen Kräfte schöpfen“. (S. 19)

Hatte Kropotkin in seinem 1902 erschienenen wegweisenden Buch *Gegenseitige Hilfe in der Tier- und Menschenwelt*[4] wesentliche Elemente der modernen Soziobiologie vorweggenommen, so erweist er sich mit der unvollendet gebliebenen *Ethik* als der wohl klarsichtigste Vordenker des „evolutionären Humanismus“.[5] Wie die *Giordano-Bruno-Stiftung* heute, so sah Kropotkin schon damals, dass Humanismus und Naturalismus keineswegs im Widerspruch zueinander stehen, sondern sich vielmehr gegenseitig ergänzen. Mit bemerkenswerter Klarheit widerlegte er das „sozialdarwinistische“ Zerrbild der Natur, in der es angeblich bloß um einen nackten „Kampf ums Überleben“ gehe. Im Gegensatz dazu gelang es ihm aufzuzeigen, dass selbst die „höchsten menschlichen Tugenden“ auf evolutionär entstandenen Verhaltensstrategien beruhen und mannigfaltige Vorbilder im Tierreich haben: „Man sagte uns (…), dass es keine höhere Tugend, keinen höheren Triumph des Geistigen über das Körperliche gäbe, als die Selbstaufopferung für das Wohl der Menschen. In Wirklichkeit aber ist die Selbstaufopferung für das Wohl des Ameisenhaufens oder für die Sicherheit einer Vogelschar, einer Antilopenherde, einer Affengemeinschaft eine *zoologische, in der Natur täglich wiederkehrende Tatsache*, für die bei Hunderten und Tausenden von Tierarten nichts anderes verlangt wird, als eine naturgemäße wechselseitige Sympathie bei den Mitgliedern derselben

4 Das Buch erschien 2011 als Neuauflage, ebenfalls im Alibri Verlag.

5 Der Begriff des „evolutionären Humanismus“ wurde Mitte des 20. Jahrhunderts von dem bedeutenden Evolutionsbiologen und ersten Generaldirektor der UNESCO, Julian Huxley, geprägt. Im Auftrag der *Giordano-Bruno-Stiftung* wurden Huxleys Ideen u. a. im *Manifest des evolutionären Humanismus* (Aschaffenburg 2005) wieder aufgegriffen und auf den Stand der heutigen Forschung gebracht.

Art, als die fortwährende Ausübung der gegenseitigen Hilfe und das Gefühl der Lebenskraft in jedem Einzelnen.“ (S. 58)

Kropotkin folgerte daraus, „dass die Wissenschaft nicht nur die Grundlagen der Ethik nicht untergräbt, sondern dass sie im Gegenteil den nebelhaften metaphysischen Behauptungen der transzendentalen, d. h. übernatürlichen Ethik einen konkreten (sachlichen) Inhalt gibt. Und in dem Maße, wie die Wissenschaft in das Leben der Natur eindringt, gibt sie der evolutionistischen Ethik – der Ethik der Entwickelung – eine philosophische Unbezweifelbarkeit in den Fällen, in welchen der transzendentale Denker sich nur auf nebelhafte Vermutungen stützen konnte.“ (S. 35) Sein Fazit: „Das Ziel der Moral darf nicht etwas ‘Transzendentales’, d. h. Übernatürliches sein, wie es einige Idealisten haben möchten; es muss *real* sein. Die sittliche Befriedigung müssen wir *im Leben*, nicht aber in irgendeinem Zustand außerhalb des Lebens finden.“ (S. 27)

In all diesen Punkten dürfen wir dem großen russischen Anarchisten heute ebenso zustimmen wie in seiner scharfsinnigen Kritik an jenen Evolutionisten, die – anders als Darwin, der gerade in seinem Buch über die „Abstammung des Menschen“ die „sozialen Instinkte“ der in Gruppen oder gar Gesellschaften lebenden Lebewesen betonte[6] – das Prinzip der gegenseitigen Hilfe in der Natur übersahen. Wie kaum ein anderer Autor vor ihm erkannte Kropotkin, welch fatale Konsequenzen es hat, wenn man kontrafaktisch unterstellt, dass der „Triumph des sittlichen Gefühls“ (Altruismus, Hilfsbereitschaft) nur durch einen „Sieg des Menschen über die animalische Natur“ (Egoismus, Selbsterhaltungstrieb) zu erreichen sei: „Es ist verständlich, dass, wenn ein für allemal die Natur der Tiere und des Menschen solchermaßen angesehen wird, nichts mehr übrigbleibt, als den mildernden Einfluss der nach Barmherzigkeit rufenden Sittenlehrer zu preisen; dabei entlehnen sie den Geist ihrer Lehren einer Welt außerhalb der Natur, außerhalb und über der uns zugänglichen Sphäre. Und sie bemühen sich, den Einfluss ihrer Lehren durch die Unterstützung von übernatürlichen Kräften zu verstärken. Wenn jemand, wie z. B. Hobbes, auf solche Ansichten verzichtete, so blieb ihm nur eins: dem strafenden Einfluss des von genialen Gesetzgebern geleiteten Staates besondere Bedeutung zuzuschreiben, was letzten Endes darauf hinauslief, dass der Besitz der ‘Wahr-

6 Vgl. hierzu u. a. Charles Darwin/Thomas Junker/Sabine Paul/Ulrich Kutschera/Michael Schmidt-Salomon/Franz Wuketits: *Happy Birthday, Charly! Darwin-Jahr 2009*. Schriftenreihe der Giordano-Bruno-Stiftung, Band 3. Aschaffenburg 2009.

heit' nicht mehr dem Priester, wohl aber dem Gesetzgeber zugeschrieben wurde." (S. 57f.)

Natürlich lässt sich dieser Gedankengang auch umdrehen: Im gleichen Maße, wie das religions- und staatsgläubige Denken seiner weltanschaulichen und politischen Gegner durch die Annahme einer „unsittlichen animalischen Natur" konstituiert wird, ist Kropotkins eigenes religions- und staatskritisches Denken von seiner alternativen Sichtweise der Natur geprägt. Gerade weil er die gegenseitige Hilfe als „eine in der Natur vorherrschende Tatsache" (S. 30) betrachtete, glaubte er daran, dass es weder einer religiösen Ideologie noch eines staatlichen Repressionsapparats bedürfe, um „eine neue, bessere Gesellschaftsordnung zu gestalten, in welcher der Wohlstand aller die Grundlage für die vollkommene Entfaltung der Persönlichkeit böte" (S. 43). In dieser Hinsicht war Kropotkin – trotz der ernüchternden Erlebnisse seines von langjährigen Gefängnis- und Exilaufenthalten geprägten Lebens – erstaunlich optimistisch. So meinte er in der Geschichte der Menschheit „eine allmähliche Ausdehnung des Begriffs von gegenseitiger Hilfe und gegenseitigem Schutz von der Sippe auf den Stamm, die Nation und zuletzt auf den internationalen Bund der Nationen" ausmachen zu können – auch wenn er einräumte, dass es falsch wäre, „die Geschichte der Menschheit als eine ununterbrochene Entwickelungskette von der Steinzeit bis zur Gegenwart darzustellen". (S. 32)

Ohne Zweifel: Kropotkin wies hier auf eine bemerkenswerte Tendenz in der Menschheitsgeschichte hin, deren Bedeutung niemand unterschätzen sollte.[7] Allerdings schoss er letztlich doch über das Ziel hinaus, als er behauptete, dass sich ein solcher Fortschritt, den er als zwangsläufiges Ergebnis des Prinzips der gegenseitigen Hilfe begriff, wissenschaftlich begründen ließe (vgl. S. 33). Denn weder in der biologischen noch in der kulturellen Evolution gibt es eine solche Gesetzmäßigkeit des Fortschritts.[8] Ebenso wie sich biologische Arten in Bezug auf ihre Komplexität zurückentwickeln können (häufig zu beobachten bei parasitären Lebensformen), können auch menschliche Kulturen ihren wissenschaftlichen, philosophi-

7 Ich selbst habe – ohne diese Passage aus Kropotkins Werk zu kennen – diesen Sachverhalt mehrfach in ähnlicher Weise formuliert, siehe u. a. Michael Schmidt-Salomon/Lea Salomon: *Leibniz war kein Butterkeks. Den großen und kleinen Fragen der Philosophie auf der Spur*. München 2011, S. 227; sowie Michael Schmidt-Salomon: *Keine Macht den Doofen!* München 2012, S. 110.

8 Vgl. insbesondere Franz M. Wuketits: *Evolution ohne Fortschritt. Aufstieg und Niedergang in Natur und Gesellschaft.* Aschaffenburg 2009.

schen und künstlerischen Reichtum verlieren und in ethisch-politischer Hinsicht um viele Jahrhunderte zurückfallen (man denke nur an den Untergang der griechisch-römischen Hochkultur).[9] Es ist auch nicht notwendigerweise so, dass sich Kulturen nach einem solchen Einbruch wieder erholen können (wie dies im Abendland, beginnend mit der Renaissance, geschah). Spätestens seit der Entwicklung der Atombombe, von der Kropotkin selbstverständlich noch nichts wissen konnte, ist evident, dass sich die Menschheit durchaus auch vollständig auslöschen oder dauerhaft auf ein Steinzeit-Niveau zurückbomben könnte.[10]

Macht man sich auf die Suche nach den Gründen, die Kropotkin zu seinen überoptimistischen Annahmen verleiteten, stößt man schnell auf zwei grundlegende Fehler seiner Konzeption, nämlich *erstens* das (für die damalige Zeit typische) Festhalten an der Idee eines „Arterhaltungstriebes" sowie *zweitens* das damit einhergehende (sicherlich auch politisch motivierte) Ausblenden der Existenz innerartlicher Gruppenkonflikte.

Zum ersten Punkt: Wie die meisten Evolutionstheoretiker seiner Zeit, glaubte auch Kropotkin, dass bei der Anpassung der Tiere an ihre Umwelt „entweder die *Verstärkung der persönlichen Lebensfähigkeit* oder die *Verstärkung der Lebensfähigkeit der Art bezweckt wird*". (S. 281) Davon ausgehend meinte er, „dass sogar die Raubtiere ein allgemeines Gesetz anerkennen: *sie töten einander niemals*". (S. 66) Doch diese Behauptung ist offenkundig falsch. Schließlich gehört es zum normalen Verhaltensrepertoire eines männlichen Löwen, zunächst alle Jungtiere zu töten, sobald er ein Rudel übernimmt. Und nicht nur Raubkatzen verhalten sich in dieser Weise: Die Praxis des Infantizids (Kindstötung) ist in der Natur vielmehr weit verbreitet. Belege hierfür finden sich bei solch unterschiedlichen Arten wie Dungkäfern, Buntbarschen, Haussperlingen, Erdhörnchen, Mäusen, Hunden oder Gorillas.[11]

Mit der traditionellen These des „Arterhaltungstriebs" lässt sich dieses Verhalten kaum erklären – wohl aber mit der rund 50 Jahre nach Kropotkins Tod entwickelten genzentrierten Sichtweise der Soziobiologie. Denn

9 Vgl. Rolf Bergmeier: *Schatten über Europa. Der Untergang der antiken Kultur.* Aschaffenburg 2012.

10 Philosophisch bearbeitet wurde dies am eindringlichsten durch Günther Anders, vor allem im ersten Band seines Hauptwerks *Die Antiquiertheit des Menschen: Über die Seele im Zeitalter der zweiten industriellen Revolution.*

11 Siehe hierzu wie zum Folgenden u. a. Eckart Voland: *Soziobiologie. Die Evolution von Kooperation und Konkurrenz.* Heidelberg 2009, S. 134ff.

mit der Tötung fremder Jungtiere steigt nun einmal die Wahrscheinlichkeit, dass sich die Gene des tötenden Männchens oder Weibchens im evolutionären Fortpflanzungswettbewerb durchsetzen können. Auch für das Prinzip der gegenseitigen Hilfe, das Kropotkin zu Recht betonte, ist es keinesfalls nötig, auf die metaphysische Konstruktion eines „Arterhaltungstriebes" zurückzugreifen. Vielmehr lässt sich zeigen, dass Gene, die kooperatives Verhalten förderten, bei vielen Arten mit Selektionsvorteilen verbunden waren. Kein Wunder also, dass Kropotkin so viele Beispiele für gegenseitige Hilfe in der Natur finden konnte.

Gerade bei der Entwicklung zum modernen Menschen muss es einen starken Selektionsdruck in diese Richtung gegeben haben. Offenkundig waren bereits unsere Vorfahren so stark auf die Unterstützung ihrer Gruppe angewiesen, dass sie über die Jahrhunderttausende hinweg immer ausgefeiltere Sozialkompetenzen entwickelten. Nur so ist es zu erklären, dass wir heute in der Lage sind, die Gefühle anderer nachzuempfinden: Das komplexe System der Spiegelneurone in unseren Köpfen, das uns zu Mitleid und Mitfreude befähigt, muss langfristig Vorteile im Wettbewerb um den Fortpflanzungserfolg gehabt haben. Andernfalls wäre das Merkmal „Empathiefähigkeit" längst ausgestorben und menschliche Kulturen, wie wir sie kennen, hätten sich nie entwickelt.[12]

Zum zweiten Punkt: Ebenso wie Kropotkin tödliche Aggressionen zwischen den Angehörigen der gleichen Art übersah, ignorierte er die oftmals tödlich endenden innerartlichen Gruppenkonflikte. Dieses Defizit ist vor allem deshalb dramatisch, weil es Kropotkin dazu verführte, nur die positiven Folgen des Prinzips der gegenseitigen Hilfe zu betonen („Man kann endlich als bewiesen annehmen, dass die Ausübung der gegenseitigen Hilfe eine Kraft bedeutet, die immer zur fortschrittlichen Entwickelung führt", S. 30). Tatsächlich aber führt gegenseitige Hilfe keineswegs „immer zur fortschrittlichen Entwickelung", sondern oftmals zum genauen Gegenteil: Man denke nur an die ausgeprägte gegenseitige Hilfe, die die Nationalsozialisten bei der Durchführung des Massenmords an den europäischen Juden an den Tag legten! Die Geschichte kennt unzählige Fälle, in denen die Kooperationsbereitschaft in der *einen* Gruppe zur Versklavung, Ausbeutung oder gar Ausrottung der Mitglieder der *anderen* Gruppe führte.

12 Vgl. hierzu insbesondere das Kapitel *Vom Nutzen des Altruismus: Warum uns fremdes Leid berührt* in: Michael Schmidt-Salomon: *Jenseits von Gut und Böse. Warum wir ohne Moral die besseren Menschen sind.* München 2009.

Der Soziobiologe Eckart Voland brachte diesen erschreckenden Sachverhalt folgendermaßen auf den Punkt: „Je kooperativer Gesellschaften sind, je enger ihre Mitglieder durch eine sie verpflichtende Binnenmoral zusammengehalten werden, desto kampfesstärker vermögen diese nach außen hin aufzutreten. (…) Moral tritt zwangsläufig als Doppelmoral in Erscheinung, weil sie gerade und vor allem in sozialen Auseinandersetzungen mit Andersinteressierten zur Gewinnstrategie wird. Je höher die Binnenmoral, desto kohäsiver die Gruppen und desto größer das Durchsetzungsvermögen nach außen.“[13]

Offenkundig ist dieses Phänomen keineswegs auf die Welt des Menschen beschränkt. So wissen wir, dass gerade staatsbildende Insekten wie Ameisen und Bienen, die sich durch eine besonders hohe gruppeninterne Kooperation auszeichnen, gegenüber fremden Artgenossen äußerst intolerant sind.[14] Bei Schimpansen wurden sogar regelrechte Vernichtungskriege beobachtet, die erst mit der totalen Auslöschung der gegnerischen Gruppe endeten.[15] Fremde Kontrahenten, so stellte die Primatologin Jane Goodall fest, werden von Schimpansen oft nicht wie Artgenossen, sondern wie Beutetiere behandelt. Goodall sprach in diesem Zusammenhang von einer regelrechten „Deschimpansierung“ des Gegners – und sah darin deutliche Parallelen zum Phänomen der „Dehumanisierung“ des Gegners beim Menschen.[16]

Wir sehen: Nicht nur das *Prinzip der gegenseitigen Hilfe*, die im Extremfall bis zur völligen Selbstaufopferung des Individuums zugunsten der Gruppe gehen kann, sondern auch die mit diesem Prinzip *einhergehenden negativen Effekte* gehören zu unserem evolutionären Erbe. Und so verwundert es nicht, dass in der Menschheitsgeschichte *Nächstenliebe* und *Fernstenhass* allzu häufig Hand in Hand gingen, getreu der Devise: „Und willst du nicht mein Bruder sein, so schlag ich dir den Schädel ein!“ Dass

13 Eckart Voland: *Die Natur des Menschen. Grundkurs Soziobiologie*. München 2007, S. 27f.

14 Vgl. u. a. Maria Wuketits/Franz M. Wuketits: *Humanität zwischen Hoffnung und Illusion. Warum uns die Evolution einen Strich durch die Rechnung macht*. Stuttgart 2001, S. 129.

15 Eindrucksvoll beschrieben von Volker Sommer in seinem Aufsatz: „Töten von Artgenossen. Kontroversen in der Verhaltensforschung“, erschienen in: Volker Sommer: *Darwinisch denken. Horizonte der Evolutionsbiologie*. Stuttgart 2007, S. 42ff.

16 Vgl. Jane Goodall: *The Chimpanzees of the Gombe – Patterns of Behaviour*. Cambridge 1986.

Kropotkin ausgerechnet dieses Fundamentalproblem der Ethik, nämlich die letztlich *kriegstreiberische Unterscheidung von Ingroup und Outgroup* ignorierte,[17] zählt zweifellos zu den größten Defiziten seines Ansatzes.

Nicht zuletzt litten hierunter auch seine wichtigen Beiträge zur anarchistischen Theorie – so sympathisch seine Vorschläge zur Überwindung der Staatsmacht auch immer erscheinen mögen. Denn die autonomen, dezentral organisierten Produktions- und Konsumtionsgruppen, die Kropotkin der zentralistischen Staatsmaschinerie gegenüberstellte,[18] dürften für Ingroup-Outgroup-Differenzierungen in besonderem Maße anfällig sein: Feindselige Abgrenzungen nach außen und Gesinnungsterror nach innen wären die zu erwartenden Folgen – nicht der von Kropotkin erhoffte Zugewinn an persönlicher Freiheit und sozialer Gerechtigkeit.[19]

Allerdings: Auch wenn Kropotkin an dieser maßgeblichen Stelle seiner Theorie wohl irrte, so dürfen wir doch nicht übersehen, wie weit er ansonsten seiner Zeit voraus war. Gerade weil er Darwin besser verstanden hatte als die meisten seiner Nachfolger, wurde er zu einem unermüdlichen, wenn auch einsamen Rufer wider die Gefahren des „Sozialdarwinismus“, der sich schon sehr bald zu einer tödlich wirksamen Ideologie zur Legitimation von sozialer Ungleichheit, Ausbeutung und Gewalt entwickelte.[20] Man stelle sich vor, Kropotkins Interpretation der Evolutionstheorie hätte sich damals durchsetzen können! Wie viel Leid, wie viel Elend wäre der Welt wohl erspart geblieben?!

Doch kämpfte Kropotkin von Anfang an auf verlorenem Posten. Auch wenn seine Argumente in der Regel besser begründet waren als die sei-

---

17 Kropotkin sprach das Problem allenfalls beiläufig an (etwa in Fußnote 22 auf S. 56f. des vorliegenden Buchs), eine systematische Auseinandersetzung sucht man bei ihm jedoch vergeblich. Ich selbst habe mich mit den schwerwiegenden Konsequenzen der Ingroup-Outgroup-Differenzierung vor allem in meinem Buch *Jenseits von Gut und Böse* auseinandergesetzt.

18 Siehe vor allem Piotr Kropotkin: *Landwirtschaft, Industrie und Handwerk*. Berlin 1976 (Erstveröffentlichung 1899).

19 Siehe hierzu auch die Kropotkin wertschätzenden, jedoch gerade auch in diesem Punkt kritischen Darlegungen von Rolf Cantzen (*Weniger Staat – Mehr Gesellschaft*. Grafenau 1997) und Heinz Hug (*Kropotkin zur Einführung*. Hamburg 1989).

20 Vgl. Michael Schmidt-Salomon: *Auf dem Weg zur Einheit des Wissens. Die Evolution der Evolutionstheorie und die Gefahren von Biologismus und Kulturismus*. Schriftenreihe der Giordano-Bruno-Stiftung, Band 1, Aschaffenburg 2007.

ner Gegner, passten sie schlichtweg nicht zur „Haupttonalität" seiner Zeit, die zunehmend von totalitären Ideologien bestimmt wurde, welche seinem libertären, humanistischen Ansatz diametral widersprachen. Erschwerend kam hinzu, dass sein Ruf als „Fürst des Anarchismus" wenig hilfreich war, eine breite Auseinandersetzung mit seinem Werk zu befördern (viele Wissenschaftler denken beim Begriff „Anarchist" leider noch immer an „Bombenleger", was in Kropotkins Fall freilich besonders absurd ist).

Wahrscheinlich hat auch die enorme Bandbreite seines Werks die wissenschaftliche Rezeption behindert. Denn Kropotkins Interessen waren derart vielfältig, dass das akademische Schubladendenken fast zwangsläufig vor ihm kapitulieren musste: Wissenschaftliche Anerkennung hatte Kropotkin zunächst auf dem Gebiet der Geographie gefunden, wo er maßgebliche Arbeiten zur orografischen Struktur der Erde sowie zur Gletscherbildung veröffentlichte. Doch schon bald wandte er sich von der Geographie ab (obgleich ihm mehrere lukrative Posten, u. a. ein Lehrstuhl für Geografie in Cambridge, angeboten wurden). Stattdessen engagierte er sich mehr und mehr in der anarchistischen Bewegung und avancierte zum wohl bekanntesten Vertreter der radikalen Staatskritik neben Bakunin. Aber auch dieses politische Engagement hielt ihn nicht davon ab, in der Folgezeit zahlreiche Artikel und Bücher zu historischen, soziologischen, ökonomischen, biologischen, anthropologischen und philosophischen Fragestellungen zu publizieren. Er war nun einmal ein Universalgelehrter ersten Ranges.

Aus heutiger Sicht verdienen vor allem seine evolutionstheoretisch argumentierenden Bücher *Gegenseitige Hilfe in der Tier- und Menschenwelt* sowie *Ethik. Ursprung und Entwicklung der Sitten* besondere Aufmerksamkeit. Das bekanntere der beiden Werke ist zweifellos *Gegenseitige Hilfe* – allerdings zu Unrecht, wie ich meine. Denn während *Gegenseitige Hilfe* von den Erkenntnissen der Soziobiologie mittlerweile eingeholt wurde und weitgehend nur noch von wissenschaftshistorischem Interesse ist,[21] ist Kropotkins *Ethik* – von einigen wenigen Schwachpunkten abgesehen – bis heute „frisch" geblieben. In gewisser Hinsicht ist dieses Buch einzigartig, denn es gewährt dem Leser einen ungewöhnlichen Einblick in die Geschichte der Philosophie, indem es unter dem Blickwinkel der evolutionistischen Ethik Parallelen und Diskrepanzen zwischen den Denkern verschiedenster Epochen aufdeckt sowie allgemeine Entwicklungslinien aufzeigt, die so in keinem anderen Werk der philosophischen Weltliteratur zu finden sind. Zu-

21 Siehe das Vorwort von Franz M. Wuketits in der 2011 erfolgten Neuauflage dieses Werks.

kunftsweisend ist dabei nicht zuletzt, dass Kropotkin versuchte, die durch die Spezialisierung der Wissenschaften weithin erschütterte „Einheit des Wissens" wiederherzustellen, indem er die Gräben zwischen den Geistes- und Naturwissenschaften überwand und den Humanismus mit dem Naturalismus versöhnte. Damit war er nicht nur seiner eigenen Zeit voraus, er dachte auch weiter als die meisten heutigen Philosophen, die noch immer auf der Basis falscher Grundannahmen einen fundamentalen Gegensatz von Humanismus und Naturalismus konstatieren.[22]

Nikolai Lebedev, der Herausgeber des posthum veröffentlichten Werks, hatte zweifellos Recht, als er im Nachwort der Erstausgabe die besondere Bedeutung dieses Buchs herausstrich. In der Tat bildet es „die Krone und den Abschluss aller wissenschaftlichen, philosophischen und sozialen Ansichten Kropotkins, zu denen er in seinem ganzen langen und ungewöhnlichen Leben gelangte" (S. 322). Es ist zu hoffen, dass die hiermit vorliegende Neuauflage ein wenig dazu beitragen wird, dass der im Februar 1921 gestorbene russische Universalgelehrte endlich die Anerkennung findet, die ihm gebührt.

Denn Pjotr Kropotkin war nicht nur der „Fürst des Anarchismus", als der er weithin bekannt ist, sondern zugleich auch ein bedeutender Naturwissenschaftler und Philosoph und nicht zuletzt – neben Charles Darwin und Julian Huxley – einer der großen Vordenker des evolutionären Humanismus. Wer auf der Suche nach einem zeitgemäßen Menschen- und Weltbild ist, sollte ihn gelesen haben …

22 Die Autoren unterscheiden sich allenfalls darin, welcher Perspektive sie den Vorrang geben. So wehrte sich Julian Nida-Rümelin auf humanistischer Basis gegen naturalistische Denkansätze (vgl. Julian Nida-Rümelin: *Über menschliche Freiheit.* Stuttgart 2005), während John Gray meinte, sich als Vertreter des Naturalismus vom Humanismus verabschieden zu müssen (vgl. John Gray: *Von Menschen und anderen Tieren. Abschied vom Humanismus*. Stuttgart 2010). Diejenigen, die in der Nachfolge Kropotkins und Julian Huxleys für einen *naturalistischen Humanismus* eintreten, befinden sich noch immer in der Minderheit, allerdings gibt es durchaus Anzeichen dafür, dass sich dies in absehbarer Zeit ändern könnte, vgl. u. a. Helmut Fink (Hrsg.): *Der neue Humanismus. Wissenschaftliches Menschenbild und säkulare Ethik.* Aschaffenburg 2010.

Erstes Kapitel

Das Bedürfnis der Gegenwart nach Ausgestaltung der Grundlage der Sittlichkeit[1]

Die Fortschritte der Wissenschaft und der Philosophie in den letzten hundert Jahren. – Der Fortschritt der heutigen Technik. – Die Möglichkeit der Schaffung einer auf den Naturwissenschaften fußenden Ethik. – Die Sittlichkeitstheorien der Neuzeit. – Der Grundfehler der gegenwärtigen ethischen Systeme. – Die Theorie des Kampfes ums Dasein; ihre fehlerhafte Auslegung. – Die gegenseitige Hilfe in der Natur. – Die Natur ist nicht amoralisch. – Der Mensch erhält die ersten Lehren der Moral durch die Beobachtung der Natur.[2]

Wenn wir die großartigen Erfolge der Naturwissenschaften im Laufe des neunzehnten Jahrhunderts überblicken und sehen, was sie uns in ihrer weiteren Entwickelung versprechen, so werden wir erkennen, dass sich der Menschheit ein neuer Abschnitt ihres Lebens eröffnet, oder dass sie mindestens in ihren Händen alle Mittel zur Eröffnung dieser neuen Epoche hält.

In den letzten hundert Jahren entstanden unter dem Namen der Wissenschaft vom Menschen (Anthropologie), der Lehre von den primitiven Gesellschaftsorganisationen (prähistorische Ethnologie) und der Religionsphilosophie neue Wissensgebiete, die uns eine völlig neue Auffassung der ganzen Entwickelung der Menschheit vermitteln. Gleichzeitig entstanden neue Begriffe vom Leben des Weltalls dank den Entdeckungen auf dem Gebiete der Physik bezüglich der Struktur der Himmelskörper und des Stoffes im Allgemeinen. Zur gleichen Zeit änderten sich von Grund aus die früheren Lehren von der Entstehung des Lebens, der Stellung des Men-

1 Dieses Kapitel erschien erstmalig in englischer Sprache in der Zeitschrift *Nineteenth Century* in der Augustnummer des Jahres 1904.

2 Inhaltsangabe der Kapitel von Nikolai Lebedeff.

schen innerhalb des Weltganzen und dem Wesen des Verstandes infolge der schnellen Entwickelung der Wissenschaft vom Leben (Biologie), des Auftretens der Entwickelungstheorie (Evolutionstheorie) und der Fortschritte der Lehre vom Seelenleben (Psychologie) des Menschen und der Tiere.

Es würde nicht genügen, zu sagen, dass im neunzehnten Jahrhundert die Wissenschaften auf allen ihren Gebieten – mit Ausnahme vielleicht der Astronomie – mehr Fortschritte als im Laufe beliebiger früherer drei oder vier Jahrhunderte gemacht haben. Man muss schon um mehr als zweitausend Jahre, auf die Zeit der Entfaltung der Philosophie im alten Griechenland zurückgreifen, um einen gleichen Aufschwung des menschlichen Denkens zu finden. Aber auch dieser Vergleich wäre nicht richtig, weil damals der Mensch eine der heutigen ähnliche Beherrschung der Technik noch nicht erreicht hatte; erst die Entwickelung der Technik gibt dem Menschen die Möglichkeit der Befreiung aus der Sklavenarbeit.

In der Menschheit der Gegenwart entwickelte sich gleichzeitig ein verwegen kühner Erfindungsgeist, der von den letzten Erfolgen der Wissenschaft ins Leben gerufen wurde; und die rasch aufeinander folgenden Erfindungen verstärkten die produzierende Fähigkeit der menschlichen Arbeit so sehr, dass den gebildeten Völkern der Gegenwart endlich die Erreichung eines Wohlstandes ermöglicht wurde, wie man ihn weder im Altertum, noch im Mittelalter, noch auch im Anfang des neunzehnten Jahrhunderts erträumen konnte. Nun erst kann die Menschheit sagen, dass ihre Fähigkeit, alle ihre Bedürfnisse zu befriedigen, die Bedürfnisse überflügelt habe, dass es nun nicht mehr vonnöten sei, ganzen Menschenklassen das Joch der Armut und Bedrückung aufzubürden, um einigen Wenigen Wohlstand zu bieten und ihre geistige Weiterentwickelung zu erleichtern. Die allgemeine Zufriedenheit – ohne die Last der niederdrückenden und geisttötenden Arbeit – ist nun möglich geworden; und jetzt erst kann die Menschheit ihr ganzes soziales Leben auf der Grundlage der Gerechtigkeit umbauen.

Es ist schwer im Voraus zu sagen, ob die gebildeten Völker der Gegenwart genügende gesellschaftliche aufbauende Schaffenskraft und den Wagemut zur Ausnutzung der Errungenschaften des menschlichen Geistes zum Wohl der Allgemeinheit aufweisen werden. Aber eines unterliegt keinem Zweifel: die neuerliche Blüte der Wissenschaft hat schon die geistige Atmosphäre geschaffen, um die unentbehrlichen Kräfte ins Leben zu rufen; und diese Blütezeit hat uns auch die zur Verwirklichung der großen Aufgabe notwendigen Kenntnisse gegeben. Indem die zeitgenössische Wissenschaft zur gesunden Naturphilosophie zurückkehrte, die seit der Zeit des alten Griechenlandes mit Geringschätzung behandelt wurde, bis Baco die wissenschaftliche Forschung aus ihrem langen Schlummer erweckte, schuf sie die Grundlagen einer Philosophie des Weltalls, „frei von übernatürlichen Hypothesen und metaphysischer Mythologie der Gedanken", – einer so großen, poetischen und begeisternden, so vom Freiheitsgeiste durchdrungenen Philosophie, dass sie sicherlich fähig ist, neue Kräfte ins Leben zu rufen. Der Mensch hat es nicht mehr nötig, seine Ideale der sittlichen Schönheit und seine Vorstellungen von einer gerecht aufgebauten Gesellschaft mit den Hüllen des Aberglaubens zu bekleiden; er braucht die Umgestaltung der Gesellschaft nicht mehr von der göttlichen Allwissenheit zu erwarten. Er kann seine Ideale der Natur entlehnen und aus der Erforschung ihres Lebens die nötigen Kräfte schöpfen.

Eine der größten Errungenschaften der heutigen Wissenschaft war die *Unzerstörbarkeit der Energie,* unabhängig von allen Umgestaltungen, denen sie unterworfen wird. Für die Physiker und Mathematiker war dieser Gedanke ein reicher Quell der vielfältigsten Entdeckungen; von ihm sind im Wesentlichen alle zeitgenössischen Forschungen durchdrungen. Aber auch die philosophische Bedeutung dieser Entdeckung ist gleich wichtig. Sie lehrt den Menschen, das Leben des Weltalls als eine ununterbrochene, unendliche Kette von Verwandlungen der Energie aufzufassen: die mechanische Bewegung kann sich in Schall, Wärme, Licht, Elektrizität verwandeln, und umgekehrt kann jede dieser Erscheinungsformen der Energie in andere übergeleitet werden. Und innerhalb aller dieser Metamorphosen sind die Entstehung unseres Planeten, die allmähliche Entwickelung seines Lebens, seine endliche Zersetzung in der Zukunft und Rückkehr zum großen Kosmos, sein Aufgehen im Weltall nur unendlich kleine Erscheinungen – ein einfacher Augenblick im Leben der Sternenwelten.

Das gleiche findet in der Erforschung des organischen Lebens statt. Es wurden Untersuchungen auf dem weiten Grenzgebiet zwischen der anorganischen und organischen Welt vorgenommen, auf dem die einfachsten Lebensprozesse in niederen Pilzen kaum von den fortwährenden chemischen Bewegungen der Atome in komplizierten Körpern zu unterscheiden sind; diese Untersuchungen entkleideten die Erscheinungen des Lebens ihres geheimnisvollen, mystischen Charakters. Gleichzeitig erweiterten sich unsere Vorstellungen vom Leben dermaßen, dass wir uns jetzt daran gewöhnen, die festen, flüssigen und gasförmigen (wie manche Nebelbildungen der Sternenwelt) Ansammlungen des Stoffes im Weltall als etwas *Lebendiges* anzusehen, das dieselben Kreise der Entwickelung und Zersetzung durchmisst wie die lebenden Wesen. Zudem kehrte die heutige Wissenschaft zu den Gedanken zurück, die ehemals im alten Griechenland keimten, und verfolgte Schritt für Schritt die wunderbare Entwickelung der Lebewesen, die von einfachsten, kaum als Organismus zu betrachtenden Formen ausgehend, bis zur unendlichen Vielfältigkeit der lebenden Wesen aufstieg, die heute unsern Planeten bevölkern und seine höchste Schönheit ausmachen. Endlich aber löste die Biologie eines der größten Rätsel der Natur auf, indem sie uns an den Gedanken gewöhnte, dass jedes Lebewesen im höchsten Maße das Ergebnis der Umwelt ist, in der es sich befindet: sie deutete die Anpassungsformen an die Lebensbedingungen, auf welche wir bei jedem Schritt stoßen.

Dem Menschen gelang es sogar, in ein Gebiet Einsicht zu nehmen, das *die rätselvollste aller Lebenserscheinungen darstellt,* in das Gebiet des Gefühls und des Gedankens, auf dem er die Vorgänge erhaschen muss, mit deren Hilfe er die von außen kommenden Eindrücke festhält; sogar auf diesem am wenigsten erforschten Gebiet gelang es ihm mit Hilfe der von der Physiologie angewandten Forschungsmethoden, in den Mechanismus der Denktätigkeit hineinzublicken.

Endlich wurde von den anthropologischen Schulen der Geschichtsschreibung, Rechtswissenschaften und Nationalökonomie das weite Gebiet der menschlichen Institutionen, Sitten und Gesetze, des Aberglaubens, Glaubens und der Ideale so hell beleuchtet, dass man mit Bestimmtheit sagen kann, das Streben nach dem größten Glück der größten Anzahl der Menschen sei nun kein Traum, keine Utopie mehr. *Es ist möglich;* dabei ist es auch bewiesen, dass der Wohlstand und das Glück weder eines ganzen Volkes noch einer besonderen Klasse auf der, wenn auch zeitweiligen Unterdrückung anderer Klassen, Nationen oder Rassen begründet werden können.

Die Wissenschaft der Gegenwart erreichte also ein zweifaches Ziel. Einerseits erteilte sie dem Menschen die sehr wertvolle Lehre der Bescheidenheit. Sie lehrte ihn, sich als unendlich kleinen Teil des Weltalls anzusehen. Sie vertrieb ihn aus seiner egoistischen Abgesondertheit und zerstreute seinen Eigendünkel, kraft dessen er sich für den Mittelpunkt des Weltenbaues und für das Objekt der besonderen Sorgfalt des Schöpfers hielt. Sie lehrt ihn verstehen, dass unser „Ich" ohne das große Ganze nichts ist, dass das „Ich" ohne ein gewisses „Du" sich sogar nicht erkennen kann. Und zugleich zeigte die Wissenschaft, wie mächtig die Menschheit in ihrer fortschreitenden Entwickelung ist, wenn sie sich der unendlichen Energie der Natur geschickt bedient.

Auf diese Weise gaben uns die Wissenschaft und Philosophie sowohl die materielle Kraft als auch die Denkfreiheit, welche notwendig sind, um

Führer ins Leben zu rufen, die fähig sind, die Menschheit auf den neuen Weg des allgemeinen Fortschrittes zu stellen. Es gibt jedoch einen Wissenszweig, der hinter den anderen zurückgeblieben ist. Dieser Zweig ist die Ethik, die Lehre von den Grundlagen der Sittlichkeit. Noch fehlt diese Lehre, die dem heutigen Stand der Wissenschaft entspräche und ihre Errungenschaften auszunutzen wüsste, um die Grundmauern der Sittlichkeit auf einer breiten philosophischen Basis aufzuführen, und die den gebildeten Völkern die begeisternde Kraft zu der ihnen bevorstehenden großen Reorganisation gäbe. Und dennoch wird überall das Bedürfnis nach ihr fühlbar. Die Menschheit verlangt dringend nach einer neuen Wissenschaft der Sittlichkeit, frei von religiösem Dogma, von Aberglauben und metaphysischer Mythologie wie die heutige naturwissenschaftliche Philosophie und zugleich begeistert von hohen Gefühlen und lichter Hoffnung, die uns von unserem jetzigen Wissen um den Menschen und seine Geschichte eingegeben werden.

Es unterliegt keinem Zweifel, dass eine solche Lehre möglich ist. Gab uns die Erforschung der Natur die Grundlagen der Philosophie, welche das Leben des Weltalls, die Entwicklung der Lebewesen auf der Erde, die Gesetze des Seelenlebens und die Evolution der Gesellschaftsformationen umspannt – so muss uns diese Forschung die natürlichen Quellen des sittlichen Gefühls aufdecken. Und sie muss uns zeigen, wo die Kräfte liegen, welche das sittliche Gefühl zu immer größerer Höhe und Reinheit hinaufführen. Konnten die Versenkung in das Weltall und die innige Naturnähe die großen Naturalisten und Dichter des neunzehnten Jahrhunderts in die höchste Begeisterung versetzen, konnte das Eindringen in das Innerste der Natur beim Anschauen eines heulenden Sturmes, einer ruhevoll majestätischen Bergkette oder eines dunklen Waldes und seiner Bewohner den Lebensrhythmus eines Goethe, Byron, Shelley, Lermontoff beschwingen, – so muss angenommen werden, dass ein tieferes Eindringen *in das Leben des Menschen und seine Schicksale* gleichermaßen den Dichter begeistern könnte. Wenn aber der Dichter den wahren Ausdruck für sein Einssein mit dem Kosmos und sein Verbundensein mit der ganzen Menschheit gefunden hat, erhält er die Fähigkeit, Millionen von Menschen in seinem hohen Aufschwung mitzureißen. Er lässt sie in sich gute Kräfte fühlen; er weckt in ihnen den Wunsch, noch besser zu werden. Er entflammt in den Menschen die Ekstase, die früher als das Alleingut der Religion angesehen wurde.

Was sind in Wirklichkeit die Psalmen, in denen viele den höchsten Ausdruck des religiösen Gefühls sehen, oder die am meisten poetischen Teile der heiligen Schriften des Ostens anderes als Versuche, die Ekstase des

Menschen beim Anschauen des Weltalls auszudrücken, anderes als das Erwachen seines Gefühls für die Poesie der Natur!

Das Bedürfnis nach einer realistischen Ethik wurde seit den ersten Jahren der wissenschaftlichen Renaissance fühlbar, als Bacon beim Ausbau der Grundlagen einer Wiedergeburt der Wissenschaften gleichzeitig die Grundzüge einer erfahrungsgemäßen wissenschaftlichen Ethik andeutete, – weniger ausführlich als seine Anhänger, jedoch mit einer Umfassungskraft, wie sie seit der Zeit nur wenige aufweisen konnten und die wir heute noch kaum überholt haben.

Die größten Denker des siebzehnten Jahrhunderts schritten in derselben Richtung vorwärts in dem Bestreben, von den Vorschriften der Religion unabhängige Systeme der Ethik zu schaffen. *Hobbes, Cudworth, Locke, Shaftesbury, Paley, Hutcheson, Hume und Adam Smith* in England arbeiteten tapfer an der Beantwortung der Frage, indem sie sie von allen Seiten beleuchteten. Sie wiesen auf die Naturquellen des sittlichen Gefühls hin, und (außer Paley) standen sie bei der Bestimmung der sittlichen Aufgaben meistenteils auf demselben Boden des exakten Wissens. Sie versuchten auf verschiedene Weise, den „Intellektualismus" (Verstandsentwicklung) und „Utilitarismus" (Nützlichkeitstheorie) Lockes mit dem „sittlichen Gefühl" und dem Schönheitssinn Hutchesons, mit der „Assoziationstheorie" Hartleys und der Gefühlsethik Shaftesburys in Einklang zu bringen. Von den Zielen der Ethik redend, sprachen schon einige von ihnen von der in dem Sittlichkeitsleben des neunzehnten Jahrhunderts bedeutend gewordenen „Harmonie" zwischen der Selbstsucht und der Sorgfalt um die Stammesverwandten; und, sie behandeln sie im Zusammenhang mit dem „Wunsch nach Belobung" Hutchesons und mit der „Sympathie" Humes und Adam Smiths. Wenn ihnen schließlich das Auffinden einer vernunftgemäßen Erklärung für das Pflichtgefühl Schwierigkeiten bereitete, wandten sie sich an den Einfluss der Religion in der prähistorischen Zeit oder an das „angeborene Gefühl" oder an die mehr oder minder veränderte Theorie Hobbes, der die Gesetze als den Hauptgrund für die Entstehung des Gemeinwesens hinstellt, indem er den primitiven Wilden als ungeselliges Tier betrachtete.

Die französischen Materialisten und Enzyklopädisten behandelten die Frage in der gleichen Richtung, indem sie die Selbstsucht mehr betonten und zwei gegensätzliche Strömungen der menschlichen Natur – die eng persönliche und gesellige – in Einklang zu bringen suchten. Sie bewiesen, dass das Leben im Gemeinwesen unvermeidlich die Entwickelung der besten Eigenschaften der menschlichen Natur fördert. *Rousseau* war mit seiner Vernunftreligion das Bindeglied zwischen den Materialisten und Gläubigen und war einflussreicher als die anderen, da er die soziale Frage seiner Epoche furchtlos anschnitt. Andererseits glaubten sogar die extremen Idealisten wie *Descartes* und sein Anhänger, der Pantheist *Spinoza,* und zeitweilig sogar der „transzendentale Idealist" *Kant* – nicht völlig an die Entstehung der sittlichen Grundlagen aus der Offenbarung. Sie suchten deshalb der Ethik eine breitere Grundlage zu geben, ohne indessen dem übermenschlichen Ursprung des Sittengesetzes zu entsagen.

Dasselbe Bestreben, die reale Grundlage der Sittlichkeit zu finden, macht sich mit noch größerer Kraft im neunzehnten Jahrhundert bemerkbar, als eine Reihe durchdachter Systeme der Ethik ausgebaut wurde: auf der Basis der Selbstsucht (Egoismus) oder der „Liebe zur Menschheit" (Auguste Comte, Littré und viele weniger berühmte Anhänger), der „Sympathie" und „geistigen Identifizierung seiner Persönlichkeit mit der Menschheit" (Schopenhauer), auf dem „Utilitarismus", d. h. der Nützlichkeit (Bentham und Mill) und endlich auf der Entwickelungstheorie (Darwin, Spencer, Guyau), abgesehen von den Systemen, welche die Sittlichkeit verneinen, ihre Entstehung *Larochefoucauld* und *Mandeville* verdanken und im neunzehnten Jahrhundert von Nietzsche und einigen anderen entwickelt wurden; diese verfochten die souveränen Rechte der Persönlichkeit, waren aber zugleich bemüht, das Niveau der Sittlichkeit durch scharfe Angriffe auf die Halbheit unserer sittlichen Begriffe zu heben.

Zwei Sittlichkeitstheorien, der *Positivismus Comtes* und der *Utilitarismus Benthams,* waren bekanntlich von großem Einfluss auf das Denken unseres Jahrhunderts, wobei die Lehre Comtes allen wissenschaftlichen Forschungen, dem Stolz der heutigen Wissenschaft, ihren Stempel aufprägte. Ihnen entstammt auch eine ganze Gruppe abgeleiteter Systeme, so dass fast alle zeitgenössischen hervorragenden Forscher auf dem Gebiet der Psychologie, Evolutionstheorie und Anthropologie die Literatur der Ethik um mehr oder minder selbständige, äußerst wertvolle Arbeiten bereicherten. Es genügt, von ihnen *Feuerbach, Bain, Leslie Stephen, Proudhon, Wundt, Sidgwick, Guyau, Jodl* zu nennen, abgesehen von vielen anderen, weniger namhaften. Zum Schluss muss die Entstehung einer Menge ethischer Gesellschaften zur Verbreitung von nicht auf Religion fußenden Sittlichkeitslehren erwähnt werden. Und gleichzeitig entfaltet sich in der ersten Hälfte des neunzehnten Jahrhunderts eine grandiose, dem Wesen nach wirtschaftliche, im tiefsten Sinne jedoch ethische Bewegung unter den Namen des Fourierismus, Owenismus, Saint-Simonismus und etwas später – des internationalen Sozialismus und Anarchismus. Diese immer mehr und mehr anwachsende Bewegung ist unter Beihilfe der Arbeiter aller Länder bemüht, nicht nur die tiefsten Grundlagen der sittlichen Begriffe zu revidieren, sondern auch das Leben so umzugestalten, dass in ihm ein neues Blatt der sittlichen Begriffe der Menschheit aufgeschlagen werden kann.

Es sollte scheinen, dass man – in Anbetracht so vieler in den letzten zwei Jahrhunderten ausgearbeiteter rationalistischer Systeme der Ethik – in dieses Gebiet nichts mehr hineintragen könnte, was nicht eine Wiederholung von früher Gesagtem oder ein Versuch von Verquickung verschiedener Teile vorheriger Systeme wäre. Aber schon die eine Tatsache, dass von allen wichtigsten, im neunzehnten Jahrhundert entstandenen Systemen der Positivismus Comtes, die Nützlichkeitstheorie (Utilitarismus) Benthams und Mills und der altruistische Evolutionismus, d. h. die Theorie der gesellschaftlichen Entwickelung der Sittlichkeit, die von Darwin, Spencer, Guyau vorgeschlagen wurde, jedes den Theorien der Vorgänger etwas Neues einzufügen hatte – diese eine Tatsache beweist, dass das Problem der Ethik noch nicht erschöpft ist.

Wenn wir uns nun den drei letzten Theorien zuwenden, so sehen wir, dass Spencer bedauerlicherweise nicht alles in dem bedeutenden Werk Darwins, dem *Ursprung des Menschen*, Erhaltene erschöpft hat, während Guyau in die Erforschung der sittlichen Antriebe ein so wichtiges, vorher noch nicht in Erwägung gezogenes Element, wie den Überschuss an Energie im Fühlen, Denken und Wollen, hineintrug. Diese Tatsache, dass jedes spätere System ein neues und wichtiges Element hineintragen konnte, beweist, dass die Wissenschaft von den sittlichen Antrieben noch lange nicht abgeschlossen ist. Eigentlich kann man sogar sagen, dass dieses niemals der Fall sein wird, da man im Laufe der weiteren Entwickelung der Menschheit immer wieder neue, von den veränderten Lebensverhältnissen geschaffene Bestrebungen und Kräfte in Betracht ziehen muss.

Es ist indessen nicht zu bezweifeln, dass keines der im neunzehnten Jahrhundert entstandenen ethischen Systeme imstande war, wenigstens den gebildeten Teil der zivilisierten Völker zu befriedigen. Abgesehen von den vielen philosophischen Werken, in denen die Unzulänglichkeit unserer heutigen Ethik klar zutage tritt,[3] bildet den besten Beweis die unbezweifelbare Rückkehr zum Idealismus, die wir um das Ende des neunzehnten Jahrhunderts beobachten. Das Fehlen jeglicher poetischer Inspiration im

3 Es genügt, hier die kritischen und historischen Werke Paulsens, Leslie Stephens, Wundts, Lichtenbergers, Fouillées, De Robertys und so vieler anderer zu nennen.

Positivismus Herbert Spencers und Littrés und ihre Unfähigkeit, eine befriedigende Antwort auf die großen Fragen der Gegenwart zu geben; die Engheit einiger Ansichten, welche den größten Philosophen der Evolutionstheorie, Spencer, auszeichnet; mehr noch – die Tatsache, dass die späteren Positivisten die humanitären Theorien der französischen Enzyklopädisten des achtzehnten Jahrhunderts ablehnten, – alles das unterstützt eine starke Reaktion zugunsten eines neuen mystisch-religiösen Idealismus. Wie Fouillée ganz richtig sagt, wurden die Gegner der natürlichen Erklärung des sittlichen Wesens des Menschen, des sogenannten „Naturismus", unzweifelhaft dadurch wesentlich gestärkt, dass der Darwinismus von den Hauptvertretern der Evolutionstheorie einseitig gedeutet wurde, (wobei in den. ersten zwölf Jahren nach dem Erscheinen der *Entstehung der Arten* von Seiten Darwins kein Protest gegen eine solche Deutung eingelegt wurde).

Mit der Widerlegung einiger Fehler der naturwissenschaftlichen Philosophie beginnend, wandte sich die Kritik bald gegen das exakte Wissen überhaupt. Man begann, den „Bankerott der Wissenschaft" feierlich zu verkünden.

Indessen ist es den Gelehrten bekannt, dass jede exakte Wissenschaft immer von einer „Annäherung" zur anderen geht, d. h. von der ersten annähernden Erklärung einer ganzen Erscheinungskategorie zur folgenden, noch genaueren Annäherung. Aber diese einfache Wahrheit wollen „Gläubige" und Liebhaber der Mystik gar nicht erkennen. Da sie erfahren haben, dass bei der ersten Annäherung Ungenauigkeiten zutage treten, beeilen sie sich, den „Bankerott der Wissenschaft" überhaupt zu erklären. Aber die Gelehrten wissen, dass die allerexaktesten Wissenschaften, wie z. B. die Astronomie, gerade diesen Weg der allmählichen Annäherungen gehen. Die Feststellung, dass alle Planeten sich um die Sonne bewegen, war eine große Entdeckung, und die erste „Annäherung" war die Voraussetzung, dass sie um die Sonne Kreise beschreiben. Nachher entdeckte man, dass sie leicht gestreckte Kreise, d. h. Ellipsen, ziehen; das war die zweite „Annäherung". Auf sie folgte die dritte „Annäherung", die Erfahrung, dass alle Planeten Wellenlinien beschreiben, indem sie beständig bald nach der einen, bald nach der anderen Seite der Ellipse abweichen und niemals ganz denselben Weg einhalten. Und jetzt endlich, da wir wissen, dass die Sonne nicht unbeweglich ist, sondern im Raume sich fortbewegt, versuchen die Astronomen, den Charakter und die Lage der Spiralen zu bestimmen, welche die Planeten ausführen, während sie beständig leicht wellenförmige Ellipsen um die Sonne beschreiben.

Dieselben Übergänge von einer annähernden Lösung der Probleme zur folgenden genaueren finden in allen Wissenschaften statt. So revidieren jetzt die Naturwissenschaften die „ersten Annäherungen" in Bezug auf Leben, psychische Tätigkeit, Entwickelung der Pflanzen- und Tierformen, Zusammensetzung des Stoffes u. a. m., zu denen man durch die großen Entdeckungen der Jahre 1856-1862 gelangt war. Diese Annäherungen müssen überprüft werden, um weitere „Annäherungen", d. h. folgende tiefere Verallgemeinerungen, zu erreichen. Und nun benutzen die Wenigwissenden diese Revision, um andere noch weniger wissende Menschen zu überreden, dass die Wissenschaft beim Versuch, die großen Fragen des Weltbaues zu lösen, sich als völlig unzulänglich erwiesen habe.

Gegenwärtig sind manche bestrebt, die Wissenschaft durch die „Intuition", d. h. einfach durch Mutmaßung und blinden Glauben, zu ersetzen. Erst zu Kant, darauf zu Schelling und gar zu Lotze zurückkehrend, predigen viele Schriftsteller jetzt den „Indeterminismus", den „Spiritualismus", den „Apriorismus", den „persönlichen Idealismus", die „Intuition" usw., indem sie beweisen, dass nicht die Wissenschaft, sondern der Glaube die Quelle der wahren Erkenntnis sei. Aber auch das erwies sich als ungenügend. Die Mode ist heute die Mystik des hl. Bernhard und der Neoplatoniker. Besondere Nachfrage herrscht nach dem „Symbolismus", dem „Ungreifbaren", „dem Verständnis Unzulänglichen". Sogar der Glaube an den mittelalterlichen Satanas feiert seine Auferstehung.[4]

Gewiss hat keine dieser Strömungen einen weitgehenden und tiefen Einfluss gehabt, aber man muss gestehen, dass die öffentliche Meinung zwischen zwei Extremen pendelt: dem hoffnungslosen Streben nach der Rückkehr zum früheren mittelalterlichen Glauben samt Aberglauben, Götzenanbetung und Zauberglauben einerseits und der Verherrlichung des „Amoralismus" (Sittenlosigkeit), und Verehrung der „höheren Naturen", heute „Übermenschen" oder „höchste Individualisationen" (höchster Ausdruck der Persönlichkeit) genannt, das Europa schon einmal, zur Zeit des Byronismus und der Romantik, erlebt hat.

Deshalb ist es jetzt besonders notwendig zu untersuchen, ob der Zweifel an der Autorität der Wissenschaft in Fragen der Moral begründet ist, und ob uns nicht die Wissenschaft die Grundlagen der Ethik gibt, die, wenn

4 Siehe A. Fouillée, *Le mouvement idéaliste et la réaction contre la science*, zweite Auflage; ebenso Paul Desjardins, *Le devoir présent*, der in kurzer Zeit fünf Auflagen erlebte und mehrere andere.

sie ihren wahren Ausdruck gefunden haben, die heutigen Anforderungen befriedigen könnten.

Der schwache Erfolg der im Laufe der letzten hundert Jahre entwickelten ethischen Systeme zeigt, dass der Mensch sich allein mit der wissenschaftlichen Erklärung des *Ursprungs des sittlichen Gefühls* nicht zufrieden geben kann. Er verlangt nach einer *Rechtfertigung* dieses Gefühls. In Fragen der Moral wollen die Menschen sich nicht auf die Aufdeckung der Quellen des sittlichen Gefühls beschränken, auch nicht auf den Hinweis, wie gewisse Gründe sein Wachsen und seine Verfeinerung begünstigen. Damit kann man sich bei der Erforschung der Entwickelungsgeschichte irgendeines Blümchens begnügen. Aber hier genügt das nicht. Die Menschen wollen eine Grundlage finden, um das eigentliche sittliche Gefühl zu begreifen. Wohin führt es uns? Zu wünschenswerten Folgen oder, wie manche behaupten, zu einer Schwächung von Kraft und Lebensfähigkeit des Menschengeschlechts und letzten Endes zu seiner Entartung?

Wenn der Kampf ums Dasein und die Vernichtung der physisch Schwachen Naturgesetz ist, und wenn ohne dieses Gesetz der Fortschritt unmöglich ist, wird dann nicht der friedliche, von Comte und Spencer versprochene „gewerbliche Zustand" den Anfang der Entartung des Menschengeschlechts bedeuten, – wie es von Nietzsche mit solchem Nachdruck behauptet wird? Und wenn ein solcher Ausgang unerwünscht ist, müssen wir dann nicht tatsächlich an die Umwertung aller sittlichen „Wert" gehen, welche den Kampf abzuschwächen oder wenigstens minder schmerzhaft zu machen suchen?

Die Hauptaufgabe der gegenwärtigen realistischen Ethik ist, wie Wilhelm Wundt in seiner *Ethik* sagt, die Festlegung zu allererst des *moralischen Zieles,* das wir erstreben. Aber dieses Ziel oder diese Ziele, wie ideal sie auch sein mögen und wie entfernt von ihrer Verwirklichung wir auch wären, müssen dennoch der realen Welt zugehörig sein.

Das Ziel der Moral darf nicht etwas „Transzendentales", d. h. Übernatürliches sein, wie es einige Idealisten haben möchten; es muss real sein. Die sittliche Befriedigung müssen wir *im Leben,* nicht aber in irgendeinem Zustand außerhalb des Lebens finden.

Als Darwin mit seiner Theorie des „Kampfes ums Dasein" hervortrat und den Kampf als Hauptantrieb der fortschrittlichen Entwickelung darstellte, erhob er dadurch aufs Neue die alte Frage nach dem sittlichen oder unsittlichen Charakter der Natur. Der Ursprung des Begriffes vom Guten und Bösen, der die Geister seit der Zeit des Zendavesta beschäftigte, wurde wieder mit erneuter Kraft und größerer Tiefe als je zuvor zum Gegenstand der philosophischen Spekulation. Die Darwinisten stellten die Natur als ein ungeheures Schlachtfeld dar, auf dem nur die Vernichtung der Schwachen durch die Stärkeren, Gewandteren, Listigsten zu sehen sei. Daraus war zu folgern, dass der Mensch von der Natur nur das Böse lernen konnte.

Diese Ansichten waren bekanntlich weit verbreitet. Aber wenn sie richtig wären, dann müsste der Evolutionsphilosoph einen tiefen Widerspruch auflösen, den er selbst in seine Philosophie hineingebracht hatte. Er kann es selbstverständlich nicht abstreiten, dass der Mensch eine hohe Vorstellung vom Guten hat, und dass der Glaube an den allmählichen Triumph des Guten über das Böse tief in der menschlichen Natur wurzelt. Ist es aber so, dann muss er erklären, woher diese Vorstellung vom Guten stammt. Woher kommt dieser Glaube an den Fortschritt? Er kann sich nicht mit dem Epikuräerglauben einlullen, den der Dichter Tennyson in die Worte kleidete: „Irgendwie wird das Gute der Ausgang des Bösen werden". Er kann sich die Natur nicht „von Blut purpurn gefärbt" vorstellen – „red in tooth and claw", wie der gleiche Tennyson und der Darwinist Huxley schrieben, – überall im Kampf mit dem Prinzip des Guten; er kann sich die Natur nicht als Verneinung des Guten in jedem Lebewesen denken und dennoch behaupten, dass „letzten Endes" das gute Prinzip doch noch triumphieren werde. Er muss mindestens sagen, wie er sich diesen Widerspruch erklärt.

Wenn der Gelehrte anerkennt, dass „die einzige Lehre, die der Mensch aus der Natur schöpfen kann, die Lehre vom Bösen" ist, so wird er genötigt sein, die Existenz eines anderen, außerhalb der Natur stehenden, übernatürlichen Einflusses anzunehmen, welcher dem Menschen die Vorstellung vom „höchsten Guten" eingibt und die Entwickelung der Menschen zum höchsten Ziele führt. Auf diese Weise wird er seinen Versuch, die Entwickelung der Menschheit nur aus der Wirkung der Naturkräfte zu erklären, selbst untergraben.[5]

In Wirklichkeit jedoch ist die Position der Evolutionstheorie gar nicht so schwankend und führt durchaus nicht zu den Widersprüchen, in die Huxley geraten ist, weil die Naturforschung keinesfalls die obenerwähnte

5 Das passierte Thomas Huxley in seiner Vorlesung *Evolution der Ethik*, wo er anfangs die Existenz jeglichen sittlichen Prinzips im Leben der Natur verneinte und dadurch in die Notwendigkeit versetzt wurde, ein ethisches Pririzip außerhalb der Natur anzunehmen; darauf aber gab er in einer beigefügten Anmerkung auch diesen Standpunkt preis, indem er die Anwesenheit eines ethischen Elements im Gemeinschaftsleben der Tiere zugab.

pessimistische Vorstellung vom Leben rechtfertigt, worauf Darwin selbst in seinem Werk *Abstammung des Menschen* hinwies. Die Vorstellung Tennysons und Huxleys ist nicht vollständig, sie ist einseitig und folglich auch falsch; und sie ist umso mehr *unwissenschaftlich,* als Darwin selbst auf die andere Seite des Lebens der Natur in einem besonderen Kapitel des obengenannten Buches hingewiesen hat.

In der Natur selbst, schreibt er, finden wir neben dem gegenseitigen Kampf eine zweite Tatsachenkategorie, die einen ganz anderen Sinn hat: das ist die Tatsache der gegenseitigen Hilfe innerhalb der Art selbst; und diese Tatsache ist sogar wichtiger als die erste, weil sie für die Erhaltung und das Gedeihen der Art unentbehrlich ist. Diesen äußerst wichtigen Gedanken, dem die meisten Darwinisten keine Aufmerksamkeit schenken wollen, und den Alfred Russel Wallace sogar verneint, versuchte ich zu entwickeln und bestätigte mit einer Menge Tatsachen in einer Reihe von Artikeln, in denen ich die ungeheure Bedeutung der gegenseitigen Hilfe für die Erhaltung der Tierarten und der Menschheit, insbesondere für ihre *fortschrittliche Entwicklung,* ihre Vervollkommnung aufzeigte.[6]

Ohne irgendwie zu leugnen, dass die große Mehrzahl der Tiere sich von Arten, die zu anderen Kategorien der Tierwelt gehören, oder von schwächeren Arten derselben Kategorien nährt, wies ich darauf hin, dass der Kampf in der Natur sich meist auf den *Kampf zwischen verschiedenen Arten beschränkt,* dass aber *innerhalb jeder Art,* und sehr oft auch innerhalb der aus verschiedenen Arten zusammengesetzten, gemeinsam lebenden Gruppen die *gegenseitige Hilfe allgemeine Regel ist.* Und deshalb spielt die gesellschaftliche Seite des Tierlebens eine viel wichtigere Rolle im Leben der Natur als die gegenseitige Vernichtung. Sie ist auch viel weiter verbreitet. Tatsächlich ist die Zahl der gesellig lebenden Arten bei den Wiederkäuern, der Mehrzahl der Nagetiere, vielen Vögeln, den Bienen, Ameisen usw., die nicht von der Jagd auf andere Arten leben, recht bedeutend und die Zahl der Einzelwesen in jeder dieser geselligen Arten außerordentlich groß. Außerdem üben in gewissem Maße die gegenseitige Hilfe auch fast alle Raubtiere und Vögel aus, besonders diejenigen von ihnen, die nicht dank der schnellen Vernichtung durch den Menschen oder aus anderen Gründen aussterben. *Die gegenseitige Hilfe ist eine in der Natur vorherrschende Tatsache.*

6 Siehe die Zeitschrift *Nineteenth Century* der Jahre 1890, 1891, 1892, 1894 und 1896 und das Buch *Mutual Aid, a Factor of Evolution*, London (Heinemann, auch die deutsche Ausgabe).

Dass die gegenseitige Hilfe so weit verbreitet ist, erklärt sich dadurch, dass sie den sie ausübenden Tierarten Vorteile bietet, die das Kräfteverhältnis zuungunsten der Raubtiere verändern. Sie ist die beste Waffe im großen Kampf ums Dasein, der von den Tieren immerwährend gegen Klima, Überschwemmungen, Stürme, Schneegestöber, Fröste usw. geführt wird und der fortdauernd von den Tieren die Anpassung an beständig sich verändernde Lebensbedingungen verlangt. Im großen Ganzen erscheint die Natur keineswegs als Beleg für den Triumph der physischen Kraft, des schnellen Laufes, der List und anderer im Kampf nützlicher Eigenschaften. Wir sehen im Gegenteil in der Natur eine Anzahl unbedingt schwacher, jedenfalls wenig kriegerischer Arten ohne Panzer, ohne harten Schnabel, ohne scharfes Gebiss als Schutz vor dem Feinde; und dennoch gedeihen sie im Kampf ums Dasein besser als andere, und verdrängen die ungleich besser bewehrten Nebenbuhler und Feinde durch den ihnen eigenen Gemeinschaftssinn und gegenseitigen Schutz. So die Ameise, Biene, Taube, Ente, Zieselmaus und andere Nagetiere, die Ziege, der Hirsch usw. Man kann endlich als bewiesen annehmen, dass die Ausübung der gegenseitigen Hilfe eine Kraft bedeutet, die immer zur fortschrittlichen Entwickelung führt, während der Kampf ums Dasein gleichermaßen eine progressive wie regressive Entwickelung, d. h. manchmal die Verbesserung der Art, manchmal ihre Verschlechterung, mit sich bringt. In der fortschrittlichen Evolution der Tierwelt – in der Entwickelung der Langlebigkeit, der Vernunft und dessen, was wir auf der Stufenleiter der Lebewesen den höheren Typus nennen –, bildet die gegenseitige Hilfe die treibende Kraft. Diese meine Behauptung hat bis jetzt noch keine Biologie widerlegt.[7]

Indem also der Instinkt der gegenseitigen Hilfe als notwendig für *die Erhaltung, das Gedeihen und die Weiterentwickelung einer jeden Art* erscheint, würde dieser Trieb zu dem, was Darwin *den permanenten Instinkt* nennt, der in allen geselligen Tieren, darunter auch natürlich im Menschen *beständig in Tätigkeit* ist. Er zeigt sich schon auf den untersten Stufen der Entwickelung der Tiere und ist zweifellos in allen höheren wie niederen Tieren so tief eingewurzelt, wie der mütterliche Instinkt, – vielleicht sogar noch tiefer, da er sogar solchen Tieren eigen ist, die kaum den Muttertrieb kennen, wie den Weichtieren, einigen Insekten und der Mehrzahl der Fische. Deshalb war Darwin vollständig im Recht, als er behauptete, dass der Instinkt der „gegenseitigen Sympathie“ bei den geselligen Tieren noch *un-*

7 Siehe die Bemerkungen Lloyd Morgans zu dieser Frage und meine Antwort darauf.

unterbrochener zutage tritt, als der rein egoistische Selbsterhaltungstrieb. In ihm erblickte er bekanntlich die Keime des sittlichen Gewissens, was die Darwinisten leider nur zu oft vergessen.

Aber das ist noch nicht alles; in demselben Instinkt liegt der Keim jener Gefühle des Wohlwollens und der eigenen Identifizierung des Einzelwesens mit seiner Gruppe, welcher den Ausgangspunkt aller erhabenen ethischen Regungen bilden. Auf dieser Grundlage entwickelte sich das hohe Gefühl der Gerechtigkeit oder Gleichberechtigung, der Gleichheit, und sodann auch das, was man gewöhnlich Selbstaufopferung nennt.

Wenn wir sehen, dass Zehntausende verschiedener Wasservögel in großen Zügen aus dem fernen Süden hergeflogen kommen, um auf den Abhängen der Vogelberge, am Ufer des Eismeeres, zu nisten und dort leben, ohne einander die besten Plätze streitig zu machen; dass Scharen von Pelikanen am Meeresufer friedlich nebeneinander hausen, wobei jede Schar sich auf ihren Uferplatz für den Fischfang beschränkt, dass Tausende Arten von Vögeln und Säugetieren auf die eine oder andere Weise zu einer gewissen Verständigung über ihr Ernährungsgebiet, ihre Nistplätze, Nachtlager, Jagdgründe gelangen, ohne miteinander zu kämpfen; wenn wir endlich sehen, dass ein junges Vögelchen, welches einem fremden Nest einige Hälmchen oder Zweiglein entwendet hat, dafür einen Angriff seiner Sippe aushalten muss, – so erkennen wir im Leben der geselligen Tiere einen Anfang und sogar eine Entwickelung des Gefühls für Gleichberechtigung und Gerechtigkeit.

Wenn wir uns nun noch innerhalb einer jeden Tierklasse ihren höchstentwickelten Repräsentanten nähern (den Ameisen und Bienen bei den Insekten; den Kranichen und Papageien bei den Vögeln; den höchsten Wiederkäuern, den Affen und endlich dem Menschen bei den Säugetieren), dann finden wir, dass die Identifizierung des Einzelwesens mit den Interessen seiner Gruppe und oft sogar die Selbstaufopferung für die Gruppe in demselben Maße wachsen, als wir von den niederen Vertretern jeder Klasse zu ihren höheren übergehen; darin muss man gewiss einen Hinweis auf den natürlichen Ursprung nicht nur der Keime der Ethik, sondern auch der höchsten sittlichen Gefühle sehen.

Auf diese Weise wird es klar, dass uns die Natur nicht nur keine Lehre des Amoralismus, d. h. des gleichgültigen Verhaltens zur Moral, gibt, mit dem irgendein naturfremdes Prinzip zu kämpfen hätte, um es zu besiegen, sondern dass wir genötigt sind, einzugestehen, dass *die Begriffe des Guten und Bösen und unsere Rückschlüsse auf das „höchste Gute“* dem Leben der Natur entlehnt sind. Sie sind nichts anderes als die Wiederspiegelung in den Betrachtungen des Menschen dessen, was er im Leben der Tiere sah; wobei im weiteren Verlauf des Lebens im Gemeinwesen und infolge dieses Lebens die obengenannten Eindrücke sich zur allgemeinen Vorstellung von Gut und Böse verdichteten. Es muss auch bemerkt werden, dass wir hier durchaus nicht die persönlichen Urteile hervorragender Menschen, sondern die Ansichten der großen Mehrzahl im Sinne haben. Diese Ansichten enthalten schon die Urzellen der Gerechtigkeit und des gegenseitigen Mitgefühls, bei welchen fühlenden Wesen sie auch zu finden wären, – ebenso wie die Begriffe der Mechanik, die aus den Beobachtungen auf der Erdoberfläche abgeleitet wurden, auf den Stoff im Sternenraum angewandt werden können.

Dasselbe muss für die weitere Entwickelung des menschlichen Charakters und der menschlichen Institutionen anerkannt werden. Die Entwickelung des Menschen vollzog sich in der gleichen Umwelt und erhielt von ihr die gleiche Richtung, wobei die im menschlichen Gemeinwesen entstandenen Einrichtungen der gegenseitigen Hilfe und Unterstützung dem Menschen immer klarer zeigten, welche Kraft er ihnen verdanke. In dieser geselligen Umwelt gestaltete sich immer deutlicher das sittliche Gesicht des Menschen. Auf Grund der letzten Untersuchungen auf dem Gebiete der Geschichtsforschung kennzeichnen wir gegenwärtig die Geschichte der Menschheit vom Standpunkte der Entwickelung des ethischen Elements als die Entwickelung eines dem Menschen innewohnenden Bedürfnisses, das Leben auf dem Prinzip der gegenseitigen Hilfe erst in der Sippe, dann in der Landgemeinde und in der Republik der Freien Städte zu organisieren; wobei diese Formen der Gesellschaftsordnung, ungeachtet der rückschrittlichen Zwischenperioden, selbst zu Quellen des weiteren Fortschrittes wurden.

Gewiss müssen wir dem Gedanken entsagen, die Geschichte der Menschheit als eine ununterbrochene Entwickelungskette von der Steinzeit bis zur Gegenwart darzustellen. Die Entwickelung der menschlichen Gemeinwesen vollzog sich nicht ohne Unterbrechung. Sie begann mehrmals von neuem – in Indien, Ägypten, Mesopotamien, Griechenland, Rom, Skandinavien und Westeuropa –, jedesmal von der primitiven Sippe und darauf der Landgemeinde ausgehend. Aber beim Betrachten der einzelnen Entwickelungslinien sehen wir in jeder von ihnen – besonders in der Entwickelung Westeuropas seit dem Untergang des Römischen Reiches, eine allmähliche Ausdehnung des Begriffs von gegenseitiger Hilfe und gegenseitigem Schutz von der Sippe auf den Stamm, die Nation und zuletzt auf den internationalen Bund der Nationen. Andererseits sehen wir – ungeachtet der zeitweiligen Rückzugsbewegungen, sogar bei den gebildeten Nationen – zum mindesten bei den Repräsentanten der geistigen Vorhut der gebildeten Völker und in den fortschrittlichen Volksbewegungen – den Wunsch, die gangbaren Begriffe von menschlicher Gegenseitigkeit und Gerechtigkeit zu erweitern; in ihnen ist das Bestreben klar sichtbar, den Charakter des gegenseitigen Verhältnisses zu heben, gleichwie das Auftauchen – in Gestalt eines Ideals – des Begriffs davon, was man im weiteren Verlauf der Entwickelung erreichen möchte.

Schon die Tatsache, dass der gebildete Teil der Gesellschaft die von Zeit zu Zeit bei den verschiedenen Völkern sich vollziehenden regressiven, d. h. Rückzugsbewegungen als zeitweilige krankhafte Erscheinungen ansieht, deren Wiederholung in der Zukunft vorzubeugen wäre, – schon diese Tatsache beweist, dass der ethische Maßstab heute höher als zuvor ist. Und in demselben Maße, als in den gebildeten Gemeinwesen die Mittel zur Befriedigung der Bedürfnisse aller sich vermehren und so einem höheren Begriff der Gerechtigkeit gegen alle der Weg geebnet wird, verfeinern sich die ethischen Anforderungen immer mehr.

Und also kann der auf dem Standpunkt der wissenschaftlichen realistischen Ethik beharrende Mensch nicht nur an einen sittlichen Fortschritt glauben, sondern er kann auch diesen Glauben wissenschaftlich begründen, ungeachtet aller ihm verabreichten pessimistischen Lehren; er sieht, dass der Glaube an den Fortschritt, obwohl anfangs eine einfache Hypothese (in jeder Wissenschaft geht die Voraussetzung der wissenschaftlichen Entdeckung voran), dennoch vollkommen richtig war und jetzt von der wissenschaftlichen Erkenntnis bestätigt wird.

Zweites Kapitel

Anzeichen der Grundlagen einer neuen Ethik

Was hemmt den Fortschritt der Sittlichkeit? – Entwickelung des Geselligkeitstriebes. – Die begeisternde Kraft der Entwickelungsethik. – Ideen und sittliche Begriffe. – Das Pflichtgefühl. – Zwei Arten sittlicher Handlungen. – Bedeutung der Selbsttätigkeit. – Bedürfnis nach eigenem Schaffen. – *Gegenseitige Hilfe, Gerechtigkeit, Sittlichkeit* als Grundlagen der wissenschaftlichen Ethik.

Wenn die empirischen, auf den Naturwissenschaften fußenden Denker den andauernden Fortschritt der sittlichen Anschauungen (den man das grundlegende Prinzip der Entwickelung nennen kann) bis jetzt noch nicht bewiesen haben, so tragen in bedeutendem Maße die spekulativen, also unwissenschaftlichen Philosophen die Schuld daran. So hartnäckig verneinten diese die empirische, natürliche Entstehung des sittlichen Gefühls, so sehr überboten sie sich an feinsten Schlussfolgerungen, um dem sittlichen Gefühl einen übernatürlichen Ursprung anzudichten, so sehr verbreiteten sie sich über die „Vorbestimmung des Menschen", darüber, „wozu wir existieren", über die „Ziele der Natur und der Schöpfung", – dass ein Rückschlag auf die mythologischen und metaphysischen Anschauungen über diese Frage unvermeidlich war. Gleichzeitig konnten die Entwickelungstheoretiker, die das Vorhandensein eines hartnäckigen Kampfes ums Dasein zwischen den verschiedenen Arten bewiesen hatten, nicht den Gedanken zulassen, dass eine solche rohe, für die fühlenden Wesen so viele Leiden nach sich ziehende Erscheinung der Ausdruck des Allerhöchsten Wesens sein sollte, und deshalb leugneten sie die Möglichkeit, in diesem Kampf irgendein ethisches Prinzip zu entdecken. Erst jetzt, da man die allmähliche Entwickelung sowohl der Tierarten als auch der verschiedenen Menschenrassen, der menschlichen Institutionen und selbst der ethischen Prinzipien als Folge der natürlichen Entwickelung anzusehen beginnt, – erst jetzt bietet sich eine Möglichkeit, die verschiedenen, an dieser Entwickelung beteiligten Kräfte, darunter auch die Bedeutung der gegenseitigen Unterstützung und des wachsenden gegenseitigen Mitgefühls als natürliche sittliche Kraft, zu erforschen, ohne in eine übernatürliche Philosophie hineinzugeraten.

In diesem Falle jedoch erreichen wir einen Moment von größter Wichtigkeit für die Philosophie. Wir sind zu der Schlussfolgerung berechtigt, dass für den Menschen aus der Beobachtung der Natur und der Erforschung der eigenen richtig aufgefassten Geschichte das Vorhandensein *zweier Bestrebungen* erhellt: einerseits das Verlangen nach *Geselligkeit,* andererseits aber nach der aus ihr entstehenden, größeren Intensität des Lebens, folglich auch des Glückes für die *Persönlichkeit* und ihres beschleunigten Fortschrittes in körperlicher, geistiger und sittlicher Hinsicht.

Dieses zwiespältige Bestreben ist das Kennzeichen des Lebens im Allgemeinen. Es gehört immer zu ihm und bildet eine seiner grundlegendsten Eigenschaften (eines seiner Attribute), unabhängig von den Veränderungen des Lebens auf unserem Planet oder sonstwo. Damit haben wir weder eine metaphysische Behauptung von dem „weltumfassenden Sittlichkeitsgesetz", noch eine einfache Voraussetzung. Ohne eine allmähliche Steigerung der Geselligkeit – und folglich der Lebensintensität und der Vielfältigkeit der Lebensempfindungen – ist das Leben unmöglich. Darin besteht ihr Wesentliches. Ohne sie geht das Leben seiner Verringerung, seiner Zersetzung, seinem Ende entgegen. Das kann als bewiesenes Naturgesetz angesehen, werden.

Daraus erhellt, dass die Wissenschaft nicht nur die Grundlagen der Ethik nicht untergräbt, sondern dass sie im Gegenteil den nebelhaften metaphysischen Behauptungen der transzendentalen, d. h. übernatürlichen Ethik einen *konkreten* (sachlichen) *Inhalt* gibt. Und in dem Maße, wie die Wissenschaft in das Leben der Natur eindringt, gibt sie der evolutionistischen Ethik – der Ethik der Entwickelung – eine *philosophische Unbezweifelbarkeit* in den Fällen, in welchen der transzendentale Denker sich nur auf nebelhafte Vermutungen stützen konnte.

Noch weniger Berechtigung hat der oft wiederholte Vorwurf, welcher dem auf Naturforschung begründeten Denken gemacht wird. Eine solche Denktätigkeit, behauptet man, konnte nur zur Erkenntnis irgendeiner kalten mathematischen Wahrheit führen, aber solche Wahrheiten hätten nur einen schwachen Einfluss. auf unsere Handlungen. Bestenfalls könnte die Naturforschung die Wahrheitsliebe erwecken, aber die Begeisterung zu solch höheren Bestrebungen (*emotions*), wie sie z. B. die „unendliche Güte" (*infinite goodness*) ist, könnte nur durch die Religion hervorgerufen werden.

Es ist unschwer zu beweisen, dass diese Behauptung auf nichts begründet und deshalb vollkommen falsch ist. Die Wahrheitsliebe allein bildet schon die größere und beste Hälfte einer jeden Sittenlehre. Kluge religiöse Menschen verstehen es vollkommen. Was den Begriff des „Guten" und das Streben danach anbetrifft, so ist die ebenerwähnte „Wahrheit", d. h. die Anerkennung der gegenseitigen Hilfe als Grundzug im Leben aller Lebewesen, unzweifelhaft eine begeisternde Wahrheit, welche einstens einen würdigen Ausdruck in der Naturpoesie finden wird, da sie der Erkenntnis der Natur einen neuen humanitären Zug hinzufügt. Goethe mit seinem durchdringenden pantheistischen Genius erkannte sofort ihre ganze philosophische Bedeutung, als er von Eckermann die erste Andeutung dieser Wahrheit erfuhr.[8]

In dem Maße, wie wir den primitiven Menschen näher kennenlernen, überzeugen wir uns immer mehr davon, dass er aus dem Leben der Tiere, mit denen er in engem Beisammensein haust, die ersten Lehren der mutigen Verteidigung seiner Stammverwandten, der Selbstaufopferung zugunsten seiner Gruppe, der unendlichen Elternliebe und überhaupt des Nutzens der Geselligkeit empfing. Die Begriffe von „Tugend" und „Laster" sind zoologischer, nicht menschlicher Natur.

Außerdem wäre es kaum notwendig, an dem Einfluss der Ideen und Ideale auf die sittlichen Begriffe festzuhalten, ebenso wie an dem rückwirkenden Einfluss der sittlichen Anschauungen auf das geistige Gesicht jeder Epoche. Das verstandesmäßige Sein und die intellektuelle Entwickelung einer Gesellschaft können zeitweilig, unter dem Einfluss äußerer Umstände, wie Bereicherungsgier, Kriege usw., eine ganz falsche Richtung einschlagen; oder aber sie können sich umgekehrt auf eine hohe Stufe erheben. Aber in dem einen wie dem andern Falle ist die Denkfähigkeit einer

8 Siehe Eckermanns *Gespräche*, 1848, Band III, S. 219-222. Als Eckermann einst Goethe erzählte, dass ein Vögelchen, dessen Mutter Eckermann totgeschossen hatte und das aus dem Nest gefallen war, von einer Vogelmutter einer anderen Art aufgenommen worden war, geriet Goethe in große Erregung. „Wäre es wirklich", sagte er, „dass dieses Füttern eines Fremden als etwas Allgemeingesetzliches durch die Natur ginge, so wäre damit manches Rätsel (des 'Göttlichen in der Natur') gelöst." Die Zoologen, welche im Anfang des neunzehnten Jahrhunderts das Leben der Tiere auf dem amerikanischen,von Menschen noch unbevölkerten Festland beobachteten, und ein Naturforscher wie Brehm bestätigten, dass die von Eckermann beobachtete Tatsache im Leben der Tiere nicht selten anzutreffen ist.

bestimmten Epoche von tiefer Wirkung auf die Gestaltung der sittlichen Begriffe der Gesellschaft. Dasselbe gilt auch für den Einzelnen.

Ohne Zweifel stellen die Gedanken, die *Ideen, Kräfte* dar, wie Fouillée sagt; und sie sind ethische, sittliche Kräfte, wenn sie richtig und genügend weitgreifend sind, um das wahre Leben der Natur in ihrem ganzen Umfang und nicht nur eine ihrer Seiten auszudrücken. Deshalb ist der erste Schritt zur Gestaltung einer Sittlichkeit, die einen dauernden Einfluss auf die Gesellschaft gewinnen könnte, die Begründung der Sittlichkeit mit feststehenden Wahrheiten. In Wirklichkeit ist eine der größten Hemmungen für die Ausgestaltung eines vollständigen Systems einer den heutigen Anforderungen entsprechenden Ethik die Tatsache, dass die Lehre von der Gesellschaft noch in den Kinderschuhen steckt. Die Soziologie hat erst nur das Ansammeln des Materials abgeschlossen und beginnt gerade jetzt mit seiner Erforschung, um die mutmaßliche Richtung der Weiterentwickelung der Menschheit festzustellen. Dabei aber stößt sie fortwährend auf eine Masse eingewurzelter Vorurteile.

Die wichtigste heute der Ethik gestellte Aufgabe besteht darin, bei der philosophischen Durchdringung der Materie das Gemeinsame zweier Reihen entgegengesetzter Gefühle im Menschen zu finden und so den Menschen zu helfen, nicht ein Kompromiss, nicht eine Abmachung zwischen ihnen, sondern ihre Synthese, ihre Verallgemeinerung zu finden. Einige dieser Gefühle treiben den Menschen dazu, sich in seinem persönlichen Interesse andere Menschen untertan zu machen, während andere Gefühle ihn zur Vereinigung mit den Menschen veranlassen, um mit vereinten Kräften gegebene Ziele zu erreichen. Die ersteren entsprechen dem einen grundlegenden Bedürfnis des Menschen, dem Kampftrieb, während die letzteren einem andern, gleichfalls grundlegenden Bedürfnis: dem Verlangen nach Vereinigung und gegenseitigem Mitgefühl, entspringen. Diese zwei Gefühlsgruppen müssen einander notwendig bekämpfen; es ist jedoch unbedingt unerlässlich, in irgendeiner Form ihre Synthese zu finden. Umso mehr, als der heutige Mensch, ohne feste Überzeugungen, die ihm helfen könnten, sich bei diesem Zusammenstoß zurechtzufinden, seine Tatkraft verliert. Er kann nicht zulassen, dass der Kampf um die Macht, der zwischen einzelnen Menschen und Nationen erbarmungslos geführt wird, das letzte Wort der Wissenschaft sein sollte, zugleich aber kann er nicht an die Lösung der Frage durch die Predigt der Brüderlichkeit und Selbstentäußerung glauben, wie sie das Christentum seit so vielen Jahrhunderten lehrt, ohne dass es je die Möglichkeit gehabt hätte, die Brüderlichkeit der Menschen und Völker zu verwirklichen, ja wenigstens die gegenseitige

Duldung innerhalb der verschiedenen christlichen Lehren zu erreichen. Was nun die Lehren der Kommunisten betrifft, so glaubt die ungeheuer große Mehrzahl der Menschen aus denselben Gründen auch nicht an den Kommunismus.

Folglich besteht die wichtigste Aufgabe der Ethik heute darin, dem Menschen zur Aufhebung dieses grundlegenden Gegensatzes zu verhelfen.

Zu diesem Zweck müssen wir uns vor allem mit der eingehenden Erforschung der Mittel befassen, deren sich zu verschiedenen Zeiten die Menschen bedienten, um aus der Summe der Bemühungen einzelner einen größtmöglichen Wohlstand für alle herauszuschlagen, ohne zugleich die Energie des Einzelnen lahmzulegen. Um zu dieser notwendigen Synthese zu kommen, müssen wir die Bestrebungen erforschen, die heute in derselben Richtung gemacht werden, sowohl in der Form praktischer, schüchterner Versuche, als auch in der Form noch unerschlossener, im Schoße der heutigen Gesellschaft ruhender Möglichkeiten. Und da noch nie eine neue Bewegung ohne die Entfachung einer gewissen Begeisterung verlaufen ist, so muss es, damit die Trägheit des Denkens überwunden werde, *die erste Aufgabe der neuen Ethik sein, der Welt Ideale einzugeben, welche die Begeisterung zu entflammen und den Menschen Kräfte zu verleihen vermöchten, um das ins Leben zu rufen, was die persönliche Energie und die Arbeit für das Wohl aller in Übereinstimmung bringen kann.*

Das Bedürfnis nach einem der Wirklichkeit entnommenen Ideal führt uns zur Auseinandersetzung mit dem wichtigsten Einwand gegen alle nichtreligiösen ethischen Systeme. Man sagt, ihnen fehle die unerlässliche Autorität; ihre Schlussfolgerungen vermöchten nicht, das Gefühl der *Pflicht, der Verbindlichkeit* hervorzurufen.

Gewiss ist es richtig, dass die empirische Ethik niemals Ansprüche auf eine gleiche Verbindlichkeit macht, wie sie z. B. die zehn Gebote des Moses fordern ... Es ist wahr, dass Kant, als er als „kategorischen Imperativ“ jeder Sittlichkeit die Regel aufstellte: „Handle so, dass die Maxime deines Willens zugleich als allgemeines Gesetz gelten könne“, behauptete, dass diese Regel keinerlei höherer Bestätigung benötigt, um als allgemeinverbindlich anerkannt zu werden. Er sagte, diese Regel sei eine *unentbehrliche* Denkform, eine „Kategorie“ unserer Vernunft; sie sei keinerlei utilitaristischen Erwägungen, d. h. Nützlichkeitsgründen, entsprungen.

Die heutige Kritik, angefangen mit Schopenhauer, bewies jedoch, dass Kant im Irrtum war. Er hat *nicht bewiesen,* warum der Mensch sich seinem „Gebot“, dem Imperativ, fügen müsse; dabei erhellt merkwürdigerweise aus Kants eigenen Betrachtungen, dass der einzige Grund, weshalb sein „Gebot“ allgemeine Anerkennung beanspruchen kann, in seiner gesellschaftlichen *Nützlichkeit* besteht. Indessen gehören zu Kants besten Stellen die Seiten, auf denen er beweist, dass Nützlichkeitserwägungen keinesfalls als Grundlage der Ethik angesehen werden dürften. In Wirklichkeit ist ihm eine prächtige Verherrlichung des Pflichtgefühls aus der Feder geflossen, aber er fand für dieses Gefühl keine andere Grundlage als das dem Menschen innewohnende Gewissen und seinen Wunsch, die Harmonie zwischen seinen geistigen Anschauungen und seinen Handlungen zu wahren.[9]

Die empirische Sittlichkeit ist gewisslich nicht bestrebt, etwas dem religiösen Gebot, ausgedrückt durch die Worte: „Ich bin dein Gott“, entgegenzusetzen; aber der tiefgreifende, immerwährende Gegensatz zwischen den Lehren des Christentums und dem wirklichen Leben der sich christlich nennenden Gemeinschaften entkräftet den obenerwähnten Einwand. Zudem muss man auch sagen, dass die empirische Sittlichkeit nicht ganz einer gewissen bedingten Verbindlichkeit ermangelt. Verschiedene Gefühle und Handlungen, die seit Auguste Comte „altruistisch“ genannt werden, können leicht in zwei Kategorien eingeteilt werden. Es gibt Handlungen, die unbedingt notwendig sind, wenn wir in einer Gemeinschaft leben wollen ..., und diese sollten niemals altruistisch genannt werden: Sie haben den Charakter der Gegenseitigkeit und werden vom Einzelnen gerade so in seinem eigenen Interesse begangen, wie jede andere Handlung zum Zwecke der Selbsterhaltung. Aber neben solchen Handlungen finden wir andere, die keineswegs den Charakter der Gegenseitigkeit aufweisen. Wer solche Handlungen vollführt, gibt seine Kräfte, seine Energie, seine Begeisterung, ohne etwas als Anerkennung, als Entgelt zu erwarten; und obwohl gerade diese Handlungen die wichtigsten Triebkräfte der sittlichen Vervollkommnung bilden, kann man sie nicht als *verbindlich* betrachten. Trotzdem werden diese zwei Handlungsweisen von den Moralisten vermengt, weshalb wir in Fragen der Ethik so viele Widersprüche finden.

Es ist jedoch leicht, sich dieses Durcheinanders zu erwehren. Zu allererst ist es klar, dass es besser wäre, die Aufgaben der Ethik nicht mit den

9 In der Folge ist er, beiläufig gesagt, noch weiter gegangen. Aus seiner *Religion innerhalb der Grenzen der bloßen Vernunft*, herausgegeben 1792, ist ersichtlich, dass, wenn er damit begann, die vernunftmäßige Ethik den anti-christlichen Lehren jener Zelt entgegenzusetzen, er damit abschloss, dass er die „Unbegreiflichkeit der sittlichen Fähigkeit, die eine göttliche Abkunft verkündigt“, anerkannte. Kants Werke, Verlag Hartenstein, VI, S. 143-144.

Zielen der Gesetzgebung zu vermengen. Die Sittlichkeitslehre lässt sogar nicht die Frage der Notwendigkeit einer Gesetzgebung zu. Die Sittlichkeit steht höher als das. In Wirklichkeit kennen wir viele Schriftsteller auf dem Gebiete der Ethik, welche die Notwendigkeit jeglicher Gesetzgebung verneinten und geradeswegs das menschliche Gewissen anriefen; in der Frühzeit der Reformation übten diese Schriftsteller keinen kleinen Einfluss aus. Im Wesentlichen bestehen die Aufgaben der Ethik nicht darin, die Mängel der Menschen hervorzukehren und ihm seine „Sünden“ vorzuwerfen; sie muss in *positiver* Richtung wirken, indem sie sich an die besten Instinkte des Menschen wendet. Sie bestimmt und erläutert einige wenige Grundlagen, ohne die weder Tiere noch Menschen in Gesellschaft leben könnten. Außerdem aber beruft sie sich auf etwas Höheres: auf Liebe, auf Mut, auf Brüderlichkeit, auf Selbstachtung, auf ein den Idealen entsprechendes Leben. Gleichzeitig sagt sie dem Menschen, dass, wenn er ein Leben führen wolle, bei dem seine Kräfte sich völlig entfalten könnten, er endgültig dem Gedanken entsagen müsse, dass man leben kann, ohne mit den Bedürfnissen und Wünschen der andern zu rechnen.

Nur dann, wenn eine gewisse Harmonie zwischen der Einzelpersönlichkeit und allen anderen aus ihrer Umwelt hergestellt ist, wird die Annäherung an ein solches Leben möglich, sagt die Ethik, und sie fügt hinzu: „Schauet auf die Natur. Erforschet die Vergangenheit des Menschengeschlechts. Sie werden euch beweisen, dass dieses die Wahrheit ist.“ Zudem, wenn der Mensch aus irgendeinem Grunde darüber unschlüssig ist, wie er in einem gegebenen Falle zu handeln habe, kommt ihm die Ethik zu Hilfe und zeigt ihm, was er selbst wünschen würde, wie man an ihm im gleichen Falle handle.[10]

Beiläufig gesagt, zeigt sogar in diesem Falle die Ethik keine strenge Richtlinie für das Verhalten, weil der Mensch selbst den Wert der verschiedenen, ihm vorgehaltenen Beweisgründe erwägen muss. Ist jemand unfähig, einen Misserfolg zu ertragen, so ist es nutzlos, ihm zu einem Wagnis zu raten; ebenso nutzlos wäre es, einem kraftstrotzenden Jüngling die Vorsichtigkeit eines bejahrten Mannes anzuraten. Er wird darauf mit den äußerst richtigen, schönen Worten antworten, die bei Goethe Egmont seinem Sekretär entgegenhielt. Und er wird im Recht sein. – „Wie von

10 Die Ethik wird nicht ihm sagen: „das sollst du tun“, sondern ihm untersuchen: „was willst du nämlich eigentlich und zuletzt, nicht bloß in eigentlicher Stimmung oder Verstimmung“. (Friedrich Paulsen, *System der Ethik*, 2 Bände, Stuttgart/Berlin, 1913, I, 28.)

unsichtbaren Geistern gepeitscht, gehen die Sonnenpferde der Zeit mit unseres Schicksals leichtem Wagen durch, und uns bleibt nichts, als, mutig gefasst, die Zügel festzuhalten und bald rechts bald links, vom Steine hier, vom Sturze da, die Räder wegzulenken. Wohin es geht, wer weiß es? Er erinnert sich doch kaum, woher er kam." – „Die Blume muss blühen", – sagt Guyau, – „und wäre das Blühen für sie der Tod."[11]

Und dennoch besteht das wichtigste Ziel der Ethik nicht in Ratschlägen, die jedem Einzelnen gegeben werden. Ihr Zweck ist es eher, den Menschen im Ganzen als höchstes Ziel ein Ideal vorzuhalten, welches sie besser als jeder Rat instinktmäßig in gehöriger Richtung zur Tat führen würde. Wie das Ziel der „Schulung der Vernunft" darin besteht, dass wir uns gewöhnen, fast unbewusst eine Reihe wichtiger Schlussfolgerungen zu ziehen, so ist es auch das Ziel der Ethik, in der Gesellschaft eine Atmosphäre zu schaffen, in der die meisten ganz impulsiv, ohne zu schwanken, gerade die Handlungen ausführen, welche zum Wohle aller und zum größtmöglichen Glück eines jeden Einzelnen führen.

Das ist das Endziel der Sittlichkeit. Um es aber zu erreichen, müssen wir unsere Sittlichkeitslehren von ihren inneren Widersprüchen befreien. So enthält z. B. die Sittlichkeit, welche die „Wohltätigkeit" aus Mitgefühl und Bedauern lehrt; einen ertötenden Widerspruch. Sie beginnt mit der Behauptung der Gerechtigkeit im Verhalten zu allen, d. h. der Gleichheit oder der völligen Brüderlichkeit, d. h. nochmals der Gleichheit oder mindestens der Gleichberechtigung. Sofort aber beeilet sie sich hinzuzufügen, dass man nicht danach zu streben brauche. Das Erste sei unerreichbar ... Und was die Brüderlichkeit, welche die Grundlage aller Religionen bildet, anbetreffe, so sei sie nicht wörtlich aufzufassen; das sei bloß ein poetischer Ausdruck enthusiastischer Prediger. – „Die Ungleichheit ist ein Naturgesetz", sagen uns die religiösen Prediger, sich zur gelegenen Zeit der Natur erinnernd; in dieser Frage unterweisen sie uns, von der Natur zu lernen und nicht von der Religion, welche die Natur kritisierte. Wenn aber die Ungleichheit zwischen den Menschen zu auffällig wird, und wenn die Summe der hervorgebrachten Güter so ungleich verteilt wird, dass die Mehrheit in grässlichster Arbeit leben muss, dann wird es zur heiligen Pflicht, mit den Armen zu teilen, „was man teilen kann", ohne seine bevorzugte Stellung einzubüßen.

Eine solche Sittlichkeit kann natürlicherweise eine gewisse oder sogar recht lange Zeit vorhalten, wenn die Religion in der Auslegung der herrschenden Kirche sie stützt. Sobald aber der Mensch beginnt, der Religion

11 Jean Marie Guyau: *Esquisse d'une morale sans obligation ni sanction* (1884).

gegenüber sich kritisch zu verhalten, und nach von der Vernunft bestätigten Überzeugungen verlangt statt nach blindem Gehorsam und Furcht, dann kann dieser innere Widerspruch nicht lange anhalten. Man muss sich von ihm trennen, – je eher, desto besser; innerer Widerspruch ist für jede Ethik das Todesurteil und der Wurm, der die Energie des Menschen untergräbt.

Eine Grundbedingung muss von jeder heutigen Theorie der Ethik erfüllt werden. Sie darf die Selbsttätigkeit des Einzelnen nicht hemmen, sogar nicht im Namen eines so hohen Zieles, wie es das Wohl der Menschheit oder der Art ist. *Wundt* bemerkt in seiner ausgezeichneten Übersicht der ethischen Systeme, dass, angefangen von der „Aufklärungsperiode“ um die Mitte des achtzehnten Jahrhunderts, fast alle Systeme der Ethik individualistisch waren. Diese Bemerkung ist aber nur in gewissem Maße richtig, da die Rechte der Persönlichkeit mit besonderem Nachdruck nur auf einem Gebiet – dem wirtschaftlichen – betont wurden. Aber auch hier war die persönliche Freiheit in der Praxis wie in der Theorie mehr eine scheinbare als wirkliche. Was die anderen Gebiete – das politische, geistige, künstlerische – betrifft, so kann man sagen, dass in demselben Maße, wie der wirtschaftliche Individualismus sich mit steigender Kraft durchsetzte, die Unterdrückung der Persönlichkeit durch die militärische Organisation des Staates, durch sein Erziehungssystem und seine zur Stütze der bestehenden Ordnung notwendige geistige Disziplin immer zunahm. Sogar die meisten heutigen extremen Reformatoren nehmen in ihren Zukunftsschilderungen als feststehende Grundbedingung die Verstärkung der Aufsaugung des Einzelnen durch die Gemeinschaft an.

Dieses Bestreben erweckte natürlicherweise den Widerspruch von Seiten *Godwins* Anfang des neunzehnten Jahrhunderts und *Spencers* in der zweiten Hälfte des neunzehnten Jahrhunderts, und es führte *Nietzsche* zu der Behauptung, dass man die ganze Sittlichkeit über Bord werfen darf, wenn sie außer der Aufopferung der Persönlichkeit im Interesse des Menschengeschlechts keine anderen Grundlagen zu finden vermag. Diese Kritik an den anerkannten Sittlichkeitslehren bildet den vielleicht bedeutsamsten Zug unserer Zeit, umso mehr, als ihre wichtigste Triebfeder nicht so sehr im kurzsichtigen Streben nach wirtschaftlicher Unabhängigkeit zu suchen ist (wie es außer bei Godwin bei allen Verteidigern der Rechte der Persönlichkeit im achtzehnten Jahrhundert der Fall war), sondern in dem leidenschaftlichen Drang nach *persönlicher Unabhängigkeit, um eine neue, bessere Gesellschaftsordnung zu gestalten,* in welcher der Wohlstand aller die Grundlage für die vollkommene Entfaltung der Persönlichkeit böte.[12]

Die ungenügende, zum Herdentrieb führende Entwickelung der Persönlichkeit und der Mangel an persönlicher schöpferischer Kraft und Unternehmungsgeist bilden unstreitig eine der größten Unzulänglichkeiten unserer Zeit. Der wirtschaftliche Individualismus hat seine Versprechungen nicht eingelöst: er schenkte uns keine hervorragende Entfaltung der Persönlichkeit... Wie in früheren Zeiten auch, entfaltet sich der schöpferische Geist beim Aufbau der Gemeinschaft äußerst langsam, und die Nachahmung bleibt nach wie vor das Hauptmittel zur Verbreitung fortschrittlicher Neuerungen innerhalb der Menschheit. Die heutigen Nationen wiederholen die Geschichte der Barbarenstämme und der mittelalterlichen Städte, als die einen und die andern voneinander die politischen, religiösen und wirtschaftlichen Bewegungen und ihre Verfassungsurkunden übernahmen. In neuerer Zeit eigneten sich ganze Nationen mit überraschender Schnelligkeit die wirtschaftliche und militärische Zivilisation Europas an, und an diesen noch nicht überprüften neuen Auflagen nach alten Mustern ist am ehesten zu erkennen, wie sehr oberflächlich das ist, was man Kultur nennt: wie viel an ihr nur Nachahmung ist.

Es ist deshalb sehr natürlich, die Frage zu stellen, ob die heute verbreiteten Sittenlehren nicht die nachäffende Unterwürfigkeit förderten. Haben sie nicht allzuoft versucht, aus dem Menschen einen Herbartschen „Ideenautomaten" (*ideational automaton*) zu machen, der, in Betrachtung versunken, mehr als alles den Sturm der Leidenschaften fürchtet? Ist es nicht an der Zeit, die Rechte des lebenden, kraftvollen Menschen zu wahren, der fähig ist, das Liebenswerte zu lieben und das Hassenswürdige zu hassen; die Rechte des Menschen, der immer bereit ist, für sein Ideal zu fechten, das seine Liebe erhebt und seine Antipathien rechtfertigt? Seit den Zeiten der antiken Philosophen bestand das Bestreben, die „Tugend" als eine Art „Weisheit" darzustellen, die den Menschen veranlasst, lieber „die Schönheit seiner Seele zu entwickeln", als das Übel seiner Zeit gemeinsam mit den „Unklugen" zu bekämpfen. In der Folge begann man, das „Nicht-

12 Wundt macht in seiner *Ethik* die sehr denkwürdige Bemerkung, dass jetzt in der gesellschaftlichen Meinung allem Anscheine nach eine Revolution vor sich geht, in welcher der extreme Individualismus der Aufklärungsperiode hinter den wiedererwachten Universalismus der alten Denker zurücktritt, der durch den Begriff der freien Persönlichkeit – eine Errungenschaft des Individualismus – ergänzt wurde.

widerstehen dem Übel" eine Tugend zu nennen, und lange Jahrhunderte hindurch war das persönliche „Seelenheil" im Verein mit der Demut vor dem Schicksal und dem untätigen Verhalten gegen das Böse das Wesentliche der christlichen Ethik. Das Resultat waren die scharfsinnigsten Beweise zugunsten eines „tugendhaften Individualismus" und die Verherrlichung einer klösterlichen Gleichgültigkeit gegen das gesellschaftliche Übel. Glücklicherweise beginnt aber schon eine Reaktion gegen diese egoistische Tugend, und es wird die Frage aufgeworfen, ob das untätige Verhalten in Bezug auf das Böse nicht einer verbrecherischen Tätigkeit nachkomme. Ist nicht der Zendavesta im Recht, wenn er behauptet, der aktive Kampf gegen den bösen Ahriman sei die erste Bedingung der Tugend?[13] Der sittliche Fortschritt ist unentbehrlich; aber ohne sittlichen Mut ist er unmöglich.

Das sind einige der Forderungen, die an die Sittenlehre gestellt und beim jetzigen Zusammenstoß der Begriffe unterschieden werden können. Sie alle führen zu einem Grundgedanken. Man verlangt nach einer neuen Auffassung der Sittlichkeit, erstens in ihren Grundlagen, die weit genug sein müssen, um unserer Zivilisation neues Leben einzuhauchen, und zweitens in ihrer Anwendung, die von allen Resten des übersinnlichen, transzendentalen Denkens ebenso wie von den engbrüstigen Anschauungen des bürgerlichen Utilitarismus befreit sein müssen.

Es sind schon Elemente für eine neue Auffassung der Sittlichkeit vorhanden. Die Bedeutung der *Geselligkeit* und der *gegenseitigen Hilfe* in der Entwicklung der Tierwelt und in der Geschichte des Menschen kann als eine ganz feststehende, hypothesenfreie wissenschaftliche Wahrheit angesehen werden.

Außerdem können wir als bewiesen betrachten, dass in dem Maße, wie die gegenseitige Hilfe zur eingebürgerten Gewohnheit der Menschengemeinschaft und sozusagen instinktiv ausgeübt wird, schon ihre bloße Ausübung zur Entwicklung des *Gerechtigkeitsgefühls* mit seinem unvermeidlichen Gefühl der *Gleichheit* oder Gleichberechtigung und der aus ihr resultierenden Selbstbeschränkung führt. Der Gedanke, dass die persönlichen Rechte jedes Einzelnen ebenso unantastbar sind, wie die natürlichen Rechte eines jeden Zweiten, wächst in demselben Maße, wie die Klassenunterschiede verschwinden. Und dieser Gedanke wird zur weitverbreiteten Ansicht, wenn die Institutionen der Gemeinschaft einer entsprechenden Umgestaltung unterworfen werden.

13 C.P. Thiele: *Geschichte der Religion im Altertum*, Gotha, 1903, II, S. 163ff.

Ein gewisser Grad von Gleichsetzung der Einzelperson mit den Interessen ihrer Gruppe war notwendigerweise schon von Anbeginn des gesellschaftlichen Lebens vorhanden, und sie ist schon bei den niederen Tierarten zu erkennen. Aber in dem Maße, wie die Beziehungen der Gleichheit und Gerechtigkeit sich in den menschlichen Gemeinschaften einbürgern, wird der Boden für eine weitere und ausgedehntere Entwicklung verfeinerter Beziehungen vorbereitet. Dank ihnen gewöhnt sich der Mensch so sehr daran, die Bedeutung seiner Handlungen für die ganze Gemeinschaft zu erwägen und zu empfinden, dass er vermeidet, die anderen sogar dann zu beleidigen, wenn er von der Erfüllung seiner eigenen Wünsche Abstand nehmen muss. So sehr identifiziert er seine Gefühle mit den Empfindungen der andern, dass er bereit ist, seine Kräfte zugunsten der andern einzusetzen, ohne irgendeine Vergeltung zu erwarten. Nur solch selbstlose Gefühle und Gewohnheiten, meist mit der recht unbestimmten Benennung *Altruismus und Selbstentäußerung* belegt, verdienen, meiner Meinung nach, das eigentliche Sittliche genannt zu werden obwohl die meisten Ethiker bisher diese Gefühle mit dem einfachen Gerechtigkeitsgefühl unter dem Namen Altruismus vermengten.

Gegenseitige Hilfe, – Gerechtigkeit, – Sittlichkeit –, das sind die aufeinanderfolgenden Schritte einer aufsteigenden Reihe von Stimmungen, die wir bei der Erforschung der Tierwelt und der Menschen erkennen. Sie bilden eine *organische Notwendigkeit,* die in sich selbst ihre Rechtfertigung trägt, und die durch die ganze Entwickelung der Tierwelt, angefangen von ihren ersten Stufen (in der Form von Kolonien einfachster Lebewesen), bis hinauf zu den höchsten menschlichen Gemeinschaften, bestätigt wird. Bildlich gesprochen, haben wir hier das *allgemeine Weltgesetz der organischen Entwickelung*; deshalb sind die Gefühle der gegenseitigen Hilfe, Gerechtigkeit und Sittlichkeit mit der ganzen Kraft angeborener Triebe tief im Menschen verwurzelt. Dabei ist augenscheinlich der erste dieser Triebe, der Instinkt der gegenseitigen Hilfe, stärker als die anderen, während der dritte, am spätesten entwickelte Trieb ein unbeständiges Gefühl darstellt und am wenigsten als verbindlich betrachtet wird.

Ähnlich den Bedürfnissen nach Nahrung, Wohnung und Schlaf stellen diese drei Instinkte die Triebe der Selbsterhaltung vor. Selbstverständlich können sie manchmal unter dem Einfluss gewisser Bedingungen abflauen, und wir kennen viele Fälle, in denen aus dem einen oder anderen Grunde eine Abschwächung dieser Gefühle in mancher Tiergruppe oder Menschengemeinschaft stattfindet. Aber dann erleidet diese Gruppe eine unvermeidliche Niederlage im Daseinskampf; sie geht ihrem Verfall entgegen.

Und, wenn diese Gruppe nicht zu den für die Erhaltung und Weiterentwicklung notwendigen Bedingungen der gegenseitigen Hilfe, Gerechtigkeit und Sittlichkeit zurückkehrt, so stirbt sie – sei es Stamm oder Art – aus und verschwindet. Sobald sie dieser unerlässlichen Bedingung des Fortschritts nicht entspricht, erwartet sie unabwendbar der Verfall und die Vernichtung.

Das ist die sichere Grundlage, die uns die Natur für die Ausgestaltung und Rechtfertigung eines neuen Systems der Ethik gibt. Und deshalb steht uns statt der Ankündigung des „Bankerotts der Wissenschaft" die Untersuchung bevor, wie die wissenschaftliche Ethik auf dem aufzubauen wäre, was uns die heutigen von der Entwickelungslehre begeisterten Forschungen bieten.

Drittes Kapitel

Das sittliche Prinzip in der Natur[14]

Die Theorie Darwins vom Ursprung des sittlichen Gefühls beim Menschen. – Keime des sittlichen Gefühls bei den Tieren. – Ursprung des Pflichtgefühls beim Menschen. – Die gegenseitige Hilfe als Ausgangspunkt des ethischen Gefühls beim Menschen. – Geselligkeit in der Tierwelt. – Umgang der Wilden mit Tieren. – Entstehung des Geselligkeitsgefühls bei primitiven Stämmen.

Das von Darwin geschaffene Werk beschränkte sich nicht allein auf die Biologie. Schon im Jahre 1837, als er erst den allgemeinen Umriss seiner Lehre von der Entstehung der Arten entwarf, schrieb er in sein Notizbuch: „Meine Theorie wird zu einer neuen Philosophie führen." So geschah es in Wirklichkeit. Indem er den Entwickelungsgedanken in die Erforschung des organischen Lebens hineintrug, eröffnete er eine neue Epoche in der Philosophie; und seine später geschriebene Abhandlung über die Entwickelung des sittlichen Gefühls im Menschen bildete ein neues Kapitel in der Wissenschaft von der Sittlichkeit.[15]

In dieser Abhandlung zeigte Darwin den wahren Ursprung des sittlichen Gefühls in neuer Beleuchtung und verpflanzte die ganze Frage auf wissenschaftlichen Boden. Man muss anerkennen, dass er der Wissenschaft von der Sittlichkeit einen neuen Weg in der von Baco kurz angedeuteten Richtung gewiesen habe, obwohl seine Ansichten als eine Weiterentwickelung der Anschauungen von *Hutcheson* und *Shaftesbury* angesehen werden können. So wurde er neben *Hume, Hobbes* und *Kant* zum Begründer einer ethischen Schule.

---

14 Dieses Kapitel erschien im März 1905 in der *Nineteenth Century*.

15 In seinem Werk Moderne Philosophen gab der dänische Professor Harald Høffding eine sehr gute Bewertung der philosophischen Bedeutung des Darwinschen Schaffens (deutsche Übersetzung, Leipzig, II, S. 487ff.).

Der Grundgedanke der Darwinschen Ethik kann mit wenigen Worten umschrieben werden. Er selbst hat ihn in den ersten Zeilen seiner Abhandlung fest umrissen. Er begann mit einer Lobpreisung des Pflichtgefühls, indem er es mit den allgemein bekannten poetischen Worten beschrieb: „Pflicht! Du erhabener großer Name, der du nichts Beliebtes, was Einschmeichelung bei sich führt, in dir fassest, sondern Unterwerfung verlangst, doch auch nicht drohest..." – Und dieses Pflichtgefühl, d. h. das sittliche Gewissen, erklärt er „ausschließlich vom Standpunkt der Naturwissenschaften" – eine Erklärung – fügte er hinzu –, wie sie bisher noch kein englischer Schriftsteller zu geben versucht hätte.[16]

Eigentlich findet man schon *bei Baco die Andeutung* einer solchen Erklärung. Darwin hielt es für „mindestens unwahrscheinlich vom allgemeinen Standpunkt der Entwickelungslehre", dass das sittliche Gefühl von jedem einzelnen Menschen im Verlaufe seines Lebens erworben werden könnte. Er führt die Entstehung des sittlichen Gefühls auf die Geselligkeitsgefühle zurück, welche instinktiv vorhanden oder den niederen Tieren ebenso wie den Menschen angeboren sind. Die wahre Grundlage der sittlichen Gefühle erblickte Darwin in den „geselligen Instinkten, die ein Tier dazu führen, Vergnügen an der Gesellschaft seiner Genossen und einen gewissen Grad von Sympathie für sie zu empfinden, sowie verschiedene Dienste für sie zu verrichten".

Dabei erfasste Darwin das Gefühl der Sympathie (Mitempfindung) in seinem eigentlichen Sinne; nicht im Sinne des Mitleidens oder der „Liebe", sondern in der Bedeutung des „Gefühls der Kameradschaftlichkeit", der „gegenseitigen Eindrucksfähigkeit" – in dem Sinne, dass der Mensch von den Gefühlen des oder der anderen beeinflusst werden kann.

Nachdem Darwin diese erste Grundlage festgestellt hatte, wies er weiter darauf hin, dass in jeder Tierart, wenn in ihr die gleichen geistigen Fähigkeiten wie im Menschen entwickelt sein werden – der Geselligkeitstrieb sich gleichfalls unabwendbar entfalten wird. Auch bei Nichtbefriedigung dieses Triebes wird das Individuum unvermeidlich Unbefriedigtheit oder gar Leid empfinden, wenn es, über seine Handlungen nachsinnend, erkennen wird, dass in einem gewissen Fall „der andauernde und stets gegenwärtige soziale Instinkt einem anderen gewichen ist, der wohl zurzeit stärker, aber seiner Natur nach doch nicht von so hoher Bedeutung ist, dass er einen sehr nachhaltigen Eindruck zurückließe". Also begriff Darwin das sittliche

16 Darwin, *Abstammung des Menschen*, 4. Kap.

Gefühl durchaus nicht als mystisches Geschenk von unbekanntem und geheimnisvollem Ursprung, wie es sich Kant vorstellte.

„Jedes wie immer geartete und mit gut ausgeprägten sozialen Instinkten begabte Tier – Eltern und Kindesliebe mit einbegriffen", schrieb Darwin, „müsste sich unweigerlich ein Moralgefühl oder Gewissen erwerben, wenn seine intellektuellen Kräfte so gut oder fast so gut wie beim Menschen entwickelt wären."

Diesen zwei grundlegenden Thesen fügte Darwin zwei nebensächlichere hinzu.

Wenn die Umgangssprache sich entwickelt, schrieb er, und die Möglichkeit sich bietet, die Wünsche der Gesellschaft auszudrücken, dann wird die „gesellschaftliche" Meinung darüber, wie jedes Glied der Gesellschaft zu handeln habe, naturgemäß zum starken und sogar wichtigsten Beweggrund der Handlungen. Aber der Einfluss der Billigung oder Missbilligung der Handlung hängt vollständig von der Entwickelungsstufe der wechselseitigen Sympathie ab. Wir messen den Meinungen anderer nur deshalb Bedeutung bei, weil wir für einander Sympathie (wechselseitiges Freundschaftsgefühl) hegen; und die gesellschaftliche Meinung wirkt in sittlicher Richtung nur im Falle eines genügend stark entwickelten gesellschaftlichen Triebes.

Die Richtigkeit dieser Bemerkung ist augenscheinlich; sie verneint die Anschauungen des *Mandeville* (Autor der *Bienenfabel*) und seiner mehr oder minder offenherzigen Anhänger des achtzehnten Jahrhunderts, welche die Sittlichkeit als Ansammlung bedingter Gebräuche darzustellen suchten.

Endlich erwähnte Darwin auch der *Gewohnheit* als einer der tätigen Kräfte bei der Gestaltung unserer Beziehungen zur Umwelt. Sie kräftigt den Geselligkeitstrieb und die Gefühle der gegenseitigen Sympathie, desgleichen den Gehorsam gegenüber den Meinungen der Gesellschaft.

Darwin drückte das Wesentliche seiner Anschauungen in diesen vier Thesen aus und entwickelte sie darauf weiter.

Zuerst verfolgte er die Geselligkeit bei den Tieren – wie sehr sie es lieben, in Gesellschaft zu sein, und wie schlecht sie sich in der Einsamkeit fühlen: ihren fortwährenden Verkehr miteinander, ihre gegenseitigen Warnungen und wechselseitige Unterstützung beim Jagen und zum Selbstschutz. „Sicher ist", sagte er, „dass vereint lebende Tiere ein Gefühl der Zuneigung füreinander hegen, das erwachsene, einzeln lebende Tiere nicht kennen." Sie mögen vielleicht nicht mit den anderen bei deren Vergnügungen fühlen; aber recht häufig sind vollkommen bewiesene Fälle von gegenseitigem Mitgefühl im Leid; und Darwin führt einige der eindringlichsten Fälle an. Einige davon, wie der von Stansbury beschriebene blinde Pelikan und die blinde, von ihren Artgenossen ernährte Ratte, sind bereits klassisch geworden.

„Außer Liebe und Sympathie", schrieb Darwin, „äußern Tiere noch andere mit den sozialen Instinkten in Verbindung stehende Eigenschaften, die wir beim Menschen moralische nennen würden", und er bringt einige Beispiele des sittlichen Gefühls bei Hunden und Elefanten.[17]

Es ist im Allgemeinen verständlich, dass für alle gemeinsamen Unternehmungen (und bei manchen Tieren sind solche Handlungen völlig gebräuchlich: das ganze Leben besteht eigentlich aus solchen Handlungen) das Vorhandensein eines gewissen Gefühls der Zurückhaltung erforderlich ist. Man muss unter anderem sagen, dass Darwin die Frage der Geselligkeit bei den Tieren und der sittlichen Keime in ihnen nicht in dem Maße behandelt hat, wie es angesichts der wichtigen Bedeutung der sittlichen Gefühle der Tiere in seiner ethischen Lehre notwendig gewesen wäre.

Zur menschlichen Sittlichkeit übergehend, bemerkt Darwin, dass, obwohl der Mensch, wie er sich herausgebildet hat, über wenig soziale Instinkte verfüge, er dessen ungeachtet als ein geselliges Wesen erscheine, das aus sehr entlegenen Zeiten eine gewisse instinktive Liebe und Mitgefühl für seine Artgenossen empfinde. Diese Gefühle wirkten wie halbbewusst antreibende (impulsive) Instinkte, denen die Vernunft, die Erfahrung und das Verlangen nach Belobung zur Seite ständen.

„Die sozialen Instinkte", schloss er, „die er bereits auf einer sehr primitiven Stufe erwarb (wahrscheinlich schon von seinen affenähnlichen Vorfahren), geben demnach immer noch den Anstoß zu manchen seiner edelsten Betätigungen." Das andere ist das Ergebnis der mehr und mehr sich entwickelnden Vernunft und der kollektiven Bildung.

Es ist augenscheinlich, dass nur diejenigen diesen Anschauungen Darwins Anerkennung zollen werden, die erkennen, dass die geistigen Fähigkeiten der Tiere von denselben Eigenschaften des Menschen sich nur in der Entwicklungsstufe, nicht aber im Wesen unterscheiden. Aber zu demselben Schluss sind heute die meisten Forscher gekommen, welche die verglei-

17 Seitdem brachte Herbert Spencer, der sich gegen die Sittlichkeit der Tiere ablehnend verhalten hatte, in der *Nineteenth Century* von James Knowles mehrere solcher Tatsachen. Sie sind wiederholt in seinen *Principles of Ethics*, 2. Band, Nachtrag D: „Das Gewissen der Tiere".

chende Psychologie der Menschen und Tiere untersucht hatten. Die Versuche, die letzthin einige Psychologen in der Richtung gemacht hatten, die Instinkte und geistigen Fähigkeiten des Menschen von den Instinkten und geistigen Fähigkeiten der Tiere durch einen unüberbrückbaren Abgrund zu trennen, waren erfolglos.[18] Natürlich darf aus der Ähnlichkeit der Instinkte und der Vernunft bei Menschen und Tieren nicht gefolgert werden, dass die sittlichen Triebe der verschiedenen Arten und noch mehr der verschiedenen Klassen miteinander identisch seien. Wenn wir z. B. Insekten mit Säugetieren vergleichen, dürfen wir nie vergessen, dass die Entwickelungslinien der einen wie der andern schon seit frühester Zeit der Entwickelung der Tierwelt auseinanderstrebten. Als Resultat entstand bei den Ameisen, Bienen, Wespen usw. ein tiefgehender physiologischer Unterschied in ihrem Bau und ganzen Leben zwischen den verschiedenen Vertretern derselben Art (Arbeiter, Drohnen, Königinnen), und zugleich entstand eine tiefgreifende physiologische Arbeitsteilung in ihren Gemeinschaften (oder, besser gesagt, eine Arbeitsteilung und physiologische Scheidung im Bau). Eine solche Teilung fehlt bei den Säugetieren. Deswegen gebührt es den Men-

---

18 Die Unfähigkeit von Ameise, Hund oder Katze, eine Entdeckung zu machen, oder auf die wirkliche Überwindung irgendeines Hindernisses zu kommen, – auf welche so oft mehrere Schriftsteller hingewiesen haben, – beweisen durchaus nicht die wesentliche Verschiedenheit zwischen den Fähigkeiten des Menschen und der Tiere, da der gleiche Mangel an Orientierungssinn und Erfindungsgabe fortwährend auch beim Menschen angetroffen wird. Ähnlich der Ameise, in einem Experiment von John Lubbock, versuchen auch Tausende von Menschen ohne Ortskenntnisse, einen Fluss zu durchwaten, und gehen bei diesen Versuchen zugrunde, ehe sie darauf kommen, irgendeine primitive Brücke, etwa in der Form eines gestürzten Baumes, quer über den Fluss zu legen. Ich weiß es aus Erfahrung; alle mit Wilden wenig erforschter Gebiete angestellten Versuche werden meine Erfahrungen gleichfalls bestätigen. Andererseits finden wir bei Tieren die gemeinschaftliche Vernunft des Ameisenhaufens oder des Bienenstockes. Und wenn eine Ameise oder eine Biene von Tausenden auf eine richtige Lösung kommt, so werden ihr die anderen nachahmen, und dann lösen sie viel schwerere Aufgaben als solche, bei denen eine Ameise, Biene oder Katze in den Versuchen mancher Naturforscher versagten, ebenso wie – ich wage es zu sagen – die Forscher selbst bei der Durchführung ihrer Versuche versagt haben. Die Bienen auf der Pariser Weltausstellung und der von ihnen erdachte Schutz vor den fortwährenden Störungen bei ihrer Arbeit durch das Verkleben des Fensterchens mit Bienenharz (siehe *Gegenseitige Hilfe*, 1. Kap.) und jeder beliebige andere bekannte Fall von Erfindungsgeist bei Bienen, Ameisen, Wölfen bei ihren Jagden werden das oben Gesagte vollkommen bestätigen.

schen nicht, über die „Sittlichkeit“ der Arbeitsbienen zu urteilen, wenn sie in ihrem Stock die Männchen töten. Deshalb auch ist das von Darwin angeführte Beispiel aus dem Leben der Bienen im religiösen Lager so angefeindet worden. Die Gesellschaften der Bienen, Wespen und Ameisen und die Gesellschaften der Säugetiere sind schon so lange ihre eigenen Entwickelungswege gegangen, dass sie das Verständnis füreinander in vielen Fällen verloren haben. Eine gleiche Unfähigkeit zum wechselseitigen Verständnis finden wir – wenn auch in geringerem Maße – bei den menschlichen Gemeinschaften auf den verschiedenen Entwicklungsstufen.

Indessen aber haben die sittlichen Anschauungen der Menschen und die Handlungen der gesellig lebenden Insekten so viel Gemeinsames, dass die größten Lehrer der Moral nicht zögerten, einige Züge aus dem Leben der Ameisen und Bienen dem Menschen als Vorbild hinzustellen. Wir Menschen übertreffen sie nicht an Ergebenheit jedes Einzelnen, an den Interessen seiner Gruppe; andererseits mussten die Gesetze der menschlichen Sittlichkeit im Laufe der Jahrhunderte die tiefgehendsten Veränderungen und Entartungen über sich ergehen lassen, nicht zu reden von Kriegen, zeitweiligen gänzlichen Ausrottungen religiöser Außenseiter oder politischer Gegner. Es genügt, an die Menschenopfer zu erinnern, die den Götzen dargebracht wurden, an das Gebot „Auge um Auge, Zahn um Zahn“ des Alten Testaments, an Folterungen und Hinrichtungen usw., und man braucht nur diese „Sittlichkeit“ mit der Achtung vor allem Lebendigen zu vergleichen, die Bodhisatto lehrte, oder mit dem Vergeben aller Beleidigungen, das die ersten Christen predigten, um zu begreifen, dass die sittlichen Grundlagen der gleichen „Entwickelung“ und zeitweilig auch der gleichen Entartung unterliegen wie alles andere.

Wir sind also genötigt, anzuerkennen, dass, wenn die Verschiedenheit der sittlichen Anschauungen der Menschen und Biene das Ergebnis einer physiologischen Scheidung ist, die erstaunliche Ähnlichkeit zwischen ihnen in *anderen wesentlichen Zügen* auf die Einheit der Abstammung hinweist.

Auf diese Weise kam Darwin zu der Folgerung, dass der Geselligkeitstrieb eine gemeinsame Quelle darstellt, der alle sittlichen Grundlagen entstammen. Und er versuchte wissenschaftlich festzustellen, was der Instinkt ist.

Leider ist die wissenschaftliche Psychologie der Tiere noch sehr wenig entwickelt. Deshalb ist es äußerst schwierig, sich in den verwickelten Beziehungen zwischen dem eigentlichen Geselligkeitstrieb und den elterlichen, kindlichen und brüderlichen Instinkten, desgleichen zwischen den verschiedenen anderen Instinkten und Fähigkeiten: wie der gegenseitigen Sympathie einerseits und der Erwägung, Erfahrung und Nachahmung andererseits, zurechtzufinden.[19] Darwin war sich dieser Schwierigkeit vollkommen bewusst und äußerte sich deshalb nur sehr vorsichtig. – „Die elterlichen und kindlichen Instinkte bilden augenscheinlich die Grundlage der Geselligkeitsinstinkte", schrieb er, und an anderer Stelle äußerte er sich folgendermaßen: „Das Gefühl des Vergnügens an Gesellschaft ist wahrscheinlich eine Erweiterung der elterlichen oder kindlichen Zuneigung, denn der soziale Instinkt scheint sich dadurch entwickelt zu haben, dass die Jungen längere Zeit bei den Eltern bleiben."

Eine solche Vorsichtigkeit in seinen Äußerungen ist vollkommen natürlich, da Darwin an andern Stellen darauf hinweist, dass der *Geselligkeitstrieb ein besonderer, von allen andern verschiedener Instinkt ist;* die natürliche Auslese fördert seine Entwickelung *um seiner selbst willen* infolge seiner Nützlichkeit für die Erhaltung und das Wohlergehen der Art. So grundlegend ist dieser Trieb, dass er meist die Oberhand behält, wenn er in Gegensatz zu einem so mächtigen Instinkt gerät, wie es die Anhänglichkeit der Alten an ihre Nachkommenschaft ist. So verlassen z. B. die Vögel zur Zeit der Herbstwanderung manchmal ihre Nestlinge (zweite Brut), welche die lange Strichzeit nicht aushalten können, um sich ihren Genossen anzuschließen.

Dieser sehr wichtigen Tatsache kann ich hinzufügen, dass der gleiche Geselligkeitstrieb bei vielen niederen Tieren stark entwickelt ist, wie z. B. bei der Landkrabbe wie auch bei manchen Fischen, bei denen die Äußerung dieses Triebes schwerlich als Erweiterung des elterlichen oder kindlichen Instinkts anzusehen ist. In solchen Fällen neige ich eher zu der Ansicht, man müsse in ihm die Erweiterung der geschwisterlichen oder gesellschaftlichen Gefühle suchen, die sich wahrscheinlich in all den Fällen entwickeln, wenn eine bedeutende Anzahl des zur gewissen Zeit an gewissem Ort aus dem Ei geschlüpften Nachwuchses (bei Insekten und sogar Vögeln verschiedener Arten) das Leben gemeinsam mit den Eltern oder ohne diese fortsetzt. Aller Wahrscheinlichkeit nach wäre es richtiger, die geselligen und elterlichen sowie brüderlichen Instinkte als *zwei* engverbundene Triebe zu betrachten, wobei der erste, der Geselligkeitstrieb, sich früher als der zweite entwickelt haben mag, und deshalb auch stärker ist als dieser; heute jedoch entwickeln sie sich nebeneinander weiter in der allgemeinen Evolution des Tierreiches. Die Entwickelung beider wurde ge-

19 Darwin, *Abstammung des Menschen.*

wisslich durch die natürliche Auslese gefördert, welche, wenn sie einander widersprachen, das Gleichgewicht zwischen ihnen herstellte und so das Wohl der ganzen Art begünstigte.[20]

Der wichtigste Teil der Darwinschen Ethik besteht natürlich in ihrer Auslegung des sittlichen Bewusstseins im Menschen, seines Pflichtgefühls und seiner Gewissensbisse. In der Erklärung dieser Gefühle offenbarte sich am ehesten die Schwäche aller ethischen Lehren. Bekanntlich ist es Kant in seinem im Allgemeinen prächtig geschriebenen Werk über die Moral ganz und gar nicht gelungen, zu beweisen, weshalb man seinem kategorischen Imperativ gehorchen müsse, wenn er nicht die Willensäußerung eines höheren Wesens darstellt. Wir können vollkommen zugeben, dass das „Sittengesetz" Kants (wenn seine Formulierung bei Beibehaltung seiner Wesenheit leicht verändert werden soll) eine *notwendige Schlussfolgerung der menschlichen Vernunft* darstellt. Wir lehnen uns gewiss gegen die von Kant seinem Gesetz beigegebene metaphysische Form auf, aber letzten Endes besteht seine von Kant leider nicht ausgesprochene Wesenheit in nichts anderem, als in *Gerechtigkeit,* gleicher Gerechtigkeit für alle (*équité*, *equity*). Und wenn wir die metaphysische Sprache Kants in die Sprache der induktiven Wissenschaften übersetzen, so finden wir Berührungspunkte zwischen seiner Erklärung der Entstehung des Sittengesetzes und der Erklärung der Naturwissenschaften. Aber dadurch wird die Aufgabe nur zur Hälfte gelöst. Wenn wir (um den Streit nicht hinzuziehen) voraussetzen, dass die Kantische „reine Vernunft", abgesehen von jeder Beobachtung, jedem Gefühl und Instinkt, allein kraft ihrer eingeborenen Eigenschaften unabänderlich zum Gesetz der Gerechtigkeit, ähnlich dem Kantischen „Gebot" kommt; wenn wir sogar zulassen, dass kein denkendes Wesen auf irgendeinem Wege zu einer anderen Schlussfolgerung kommen kann – denn so sind die natürlichen Eigenschaften der Vernunft –, wenn wir das alles zulassen und den erhebenden Charakter der Kantischen sittlichen Philosophie vollkom-

20 In der ausgezeichneten Untersuchung des Geselligkeitstriebes auf S. 32 sagt Professor Lloyd Morgan, der Verfasser der allgemein bekannten Arbeiten über den Instinkt und die Vernunft der Tiere: „Auf diese Frage würde Kropotkin in Übereinstimmung mit Darwin und Espinas wahrscheinlich, ohne zu schwanken, antworten, dass der Ausgangspunkt, der Gemeinschaftszelle das andauernde Beisammensein der Elterngruppe mit ihrer Nachkommenschaft gewesen wäre." Sehr richtig; ich würde nur noch hinzugefügt haben: „oder aber der Nachkommenschaft ohne die Eltern", weil diese Bemerkung sich eher in Einklang mit den oben angeführten Tatsachen befände und den Gedanken Darwins besser wiedergeben würde.

men anerkennen, so bleibt doch die *große Frage jeder Sittenlehre* ungelöst: „Warum muss der Mensch dem Sittengesetz oder der von der Vernunft verfügten Anordnung gehorchen?“ oder mindestens: „Woher stammt das Gefühl der Verbindlichkeit, dessen sich der Mensch bewusst ist?“

Einige Kritiker der Kantischen Sittlichkeitsphilosophie haben schon darauf hingewiesen, dass sie diese grundlegende Frage ungelöst gelassen hat. Aber sie hätten hinzufügen können, dass er selbst seine Unfähigkeit, sie zu lösen, erkannt hat. Nachdem er vier Jahre lang über diese Frage angestrengt nachgedacht und geschrieben hatte, gestand er in seiner aus irgendeinem Grunde übersehenen *Religion innerhalb der Grenzen der bloßen Vernunft*, erschienen im Jahre 1792, *dass er keine Erklärung für die Entstehung des Sittengesetzes habe finden können.* Eigentlich entsagte er der Lösung dieser ganzen Frage, indem er „die Unbegreiflichkeit der sittlichen Fähigkeit, *die eine göttliche Abkunft verkündigt*“, anerkannte. Selbst diese Unbegreiflichkeit, schrieb er, „muss auf das Gemüt bis zur Begeisterung wirken und es zu den Aufopferungen stärken, welche ihm die Achtung seiner Pflicht nur auferlegen mag“.[21]

Dieses Ergebnis einer vierjährigen Denktätigkeit kommt einem völligen Verzicht der Philosophie auf die Lösung dieser Aufgabe und ihrer Überlassung an die Religion gleich.

Also erkannte die intuitive Philosophie ihre Unfähigkeit zur Lösung dieser Aufgabe. Wie aber löst sie Darwin vom Standpunkt des Naturforschers?

Hier, sagt er, ist ein Mensch, der, seinem Selbsterhaltungstriebe nachgebend, nicht sein Leben gewagt hatte, um das Leben eines anderen Menschen zu retten, oder der, vom Hunger getrieben, etwas gestohlen hatte. In beiden Fällen gehorchte er einem ganz natürlichen Instinkt; warum, ist ihm aber dabei nicht „ganz geheuer“? Weshalb glaubt er nun, er hätte irgendeinem anderen Trieb gehorchen und anders handeln müssen?

Deshalb, antwortet Darwin, weil in der menschlichen Natur die widerstandsfähigeren, geselligen Instinkte die weniger zähen Instinkte überwinden (*the more enduring social instincts conquer the less persistent instincts*).

Unser sittliches Gewissen, fährt Darwin fort, trägt immer den Charakter eines Überblicks über die Vergangenheit; es spricht in uns, wenn wir an unsere vergangenen Taten denken, und es ist das Ergebnis des Kampfes, in

21 Kants Werke im Verlag von Hartenstein, VI, S. 143-144.

welchem der weniger zähe, unbeständigere *persönliche* Instinkt dem beständigeren *gesellschaftlichen* Instinkt unterliegt. Bei Tieren, die immer in Gesellschaften leben, sind die gesellschaftlichen Instinkte immer vorhanden, immer wirksam.

Solche Tiere sind allezeit bereit, sich der Verteidigung der Gruppe anzuschließen und einander zu helfen. Sie fühlen sich unglücklich, wenn sie von den anderen getrennt sind. Desgleichen der Mensch. „Der Mensch, ohne eine Spur solcher Instinkte, wäre eine Missgeburt."

Andererseits ist der Wunsch, den Hunger zu stillen, dem *Ärger freien Lauf* zu lassen, einer Gefahr auszuweichen oder sich etwas Fremdes anzueignen, seiner Natur nach ein *zeitweiliges* Verlangen. *Seine Befriedigung ist immer schwächer als der Wunsch selbst*; und wenn wir an ihn als an etwas Vergangenes denken, können wir uns den Wunsch nicht mit der Kraft vergegenwärtigen, die er bis zu seiner Befriedigung gehabt hat. Der Mensch, der bei der Befriedigung eines solchen Wunsches gegen seinen gesellschaftlichen Instinkt gehandelt hat und nachher über seine Handlungsweise nachdenkt, – und wir tun es beständig, – kommt deshalb unvermeidlich zum folgenden Schluss: „Er wird zu Vergleichen gezwungen zwischen den Eindrücken einstigen Hungers, befriedigender Rache oder einer auf Kosten eines anderen vermiedenen Gefahr und dem fast immer gegenwärtigen Instinkt der Sympathie, sowie seiner früheren Kenntnis dessen, was andere für löblich oder tadelnswert halten." Und sobald er diesen Vergleich gezogen hat, „wird er das Gefühl haben, als wäre er irregegangen, indem er einem plötzlichen Instinkt oder einer Gewohnheit folgte, und das verursacht bei allen Tieren Unbefriedigung" und kann sogar den Menschen veranlassen, sich unglücklich zu fühlen.

Darauf beweist Darwin, wie die Eingebungen des Gewissens, das „auf die Vergangenheit sieht und als Richtschnur für die Zukunft dient", beim Menschen die Form der Beschämung, des Bedauerns, der Reue und sogar des schweren Vorwurfs annehmen können, wenn das Gefühl durch Betrachtungen darüber verstärkt wird, wie die Tat von denjenigen beurteilt werden wird, für die der Mensch Sympathie empfindet... Allmählich wird die Gewohnheit unvermeidlich die Macht des Gewissens über die Handlungen immer mehr verstärken und gleichzeitig die Wünsche und Leidenschaften des Einzelnen mit seinen gesellschaftlichen Sympathien und Wünschen in immer größere Übereinstimmung bringen.[22] Die allgemeine

22 In einer Anmerkung unter dem Strich macht jedoch Darwin in der ihm eigenen Scharfsichtigkeit eine Ausnahme. – „Freundschaft oder Hass scheint ebenfalls

größte Schwierigkeit jeder Philosophie des sittlichen Gefühls besteht in der Aufdeckung der ersten Keime des Pflichtgefühls, der Notwendigkeit des Auftauchens in der menschlichen Vernunft des Begriffs, der Idee der Pflicht. Ist jedoch diese Erklärung einmal gegeben, so erklärt die Ansammlung von Erfahrungen in der Gesellschaft und die Entwickelung der kollektiven Vernunft alles Weitere.

Wir haben also bei Darwin die erste Erklärung des Pflichtgefühls auf naturwissenschaftlicher Grundlage. Sie widerspricht gewisslich den weitverbreiteten Anschauungen von der Natur der Tiere und des Menschen, aber sie ist richtig. Fast alle, die bis heute das sittliche Prinzip behandelten, gingen von einer gänzlich unbewiesenen Voraussetzung aus, indem sie behaupteten, der allerstärkste der menschlichen und noch mehr der tierischen Instinkte sei der Selbsterhaltungstrieb, den sie dank einer gewissen Ungenauigkeit ihrer Terminologie mit der Selbstbehauptung oder eigentlich mit dem Egoismus identifizieren. Mit diesem Instinkt umfassten sie einerseits solche grundlegenden Antriebe, wie die Selbstverteidigung, die Selbsterhaltung und sogar die Stillung des Hungers, andererseits aber solche abgeleiteten Gefühle, wie der Drang nach Vorherrschaft, die Habsucht, die Bosheit, die Rachgier usw. Und diesen Unsinn, diesen Mischmasch von Instinkten und Gefühlen bei den Tieren und Menschen der gegenwärtigen Kultur, stellten sie als alles durchdringende, alles vermögende Kraft dar, die in der Natur der Tiere und des Menschen auf keinerlei Widerstand außer auf ein gewisses Gefühl des Wohlwollens und des Mitleids stößt.

Es ist verständlich, dass, *wenn ein für allemal die Natur der Tiere und des Menschen solchermaßen angesehen wird,* nichts mehr übrigbleibt, als den mildernden Einfluss der nach Barmherzigkeit rufenden Sittenlehrer zu preisen; dabei entlehnen sie den Geist ihrer Lehren einer Welt *außerhalb der Natur,* außerhalb und über der uns zugänglichen Sphäre. Und sie bemühen sich, den Einfluss ihrer Lehren durch die Unterstützung von übernatür-

ein sehr beharrliches Gefühl zu sein, vielleicht noch mehr als irgendein anderes … Dieses Gefühl scheint also angeboren zu sein und ist sicher eins der beharrlichsten. Es scheint das Komplement und der Gegensatz der echten sozialen Instinkte zu sein." – Dieses in der tierischen Natur tief verwurzelte Gefühl erklärt augenscheinlich die hartnäckigen Kriege, die zwischen verschiedenen Gruppen und Arten der Tiere, wie zwischen den Menschen, geführt werden. Es erklärt ebenfalls das gleichzeitige Nebeneinander zweier Sittengesetze bei den zivilisierten Völkern. Es wird jedoch besser sein, dieses weitläufige, noch nicht bearbeitete Beispiel im Zusammenhang mit der Idee der Gerechtigkeit zu beurteilen …

lichen Kräften zu verstärken. Wenn jemand, wie z. B. Hobbes, auf solche Ansichten verzichtete, so blieb ihm nur eins: dem strafenden Einfluss des von genialen Gesetzgebern geleiteten Staates besondere Bedeutung zuzuschreiben, was letzten Endes darauf hinauslief, dass der Besitz der „Wahrheit" nicht mehr dem Priester, wohl aber dem Gesetzgeber zugeschrieben wurde.

Seit dem Mittelalter stellten die Begründer ethischer Schulen, die meisteils wenig von der Natur wussten, deren Erforschung sie die Metaphysik vorzogen, den Instinkt der Selbstbehauptung als die erste notwendige Existenzbedingung für das Tier wie für den Menschen dar. Seinen Geboten zu gehorchen, galt als Grundgesetz der Natur; der Ungehorsam würde zur vollkommenen Überwindung der Art und zuletzt zu ihrer Vernichtung führen. Und daraus folgerte man, der Mensch könne die egoistischen Triebe nur mit Hilfe übernatürlicher Mächte bekämpfen. Der Triumph des sittlichen Prinzips erschien deshalb als Sieg der Menschen über die Natur, den er nur durch Hilfe von außen erringen kann, welche Hilfe als Lohn für seine guten Wünsche gedacht ist.

Man sagte uns z. B., dass es keine höhere *Tugend,* keinen höheren Triumph des Geistigen über das Körperliche gäbe, als die Selbstaufopferung für das Wohl der Menschen. In Wirklichkeit aber ist die Selbstaufopferung für das Wohl des Ameisenhaufens oder für die Sicherheit einer Vogelschar, einer Antilopenherde, einer Affengemeinschaft eine *zoologische, in der Natur täglich wiederkehrende Tatsache,* für die bei Hunderten und Tausenden von Tierarten nichts anderes verlangt wird, als eine naturgemäße wechselseitige Sympathie bei den Mitgliedern derselben Art, als die fortwährende Ausübung der gegenseitigen Hilfe und das Gefühl der Lebenskraft in jedem Einzelnen.

Darwin, der die Natur kannte, wagte es zu sagen, dass von den zwei Instinkten – dem geselligen und dem persönlichen – *der gesellschaftliche stärker, beharrlicher und beständiger anwesend sei als der zweite Trieb.* Und er war unbedingt im Recht. Alle Naturforscher, die das Leben der Tiere in der Natur – besonders auf von Menschen noch schwach bevölkerten Landstrichen – studiert haben, würden unbedingt seine Partei ergreifen. Der Trieb der gegenseitigen Hilfe ist tatsächlich in der ganzen Tierwelt entwickelt, weil die natürliche Auslese ihn fördert und alle Arten, in denen er aus irgendeinem Grunde schwächer wird, erbarmungslos ausrottet. Im großen Daseinskampf, den jede Tierart gegen die ihr feindlichen klimatischen Bedingungen, die äußeren Lebensumstände und die natürlichen, großen und kleinen Feinde führt, haben diejenigen Arten die meisten Aussichten auf weiteren Bestand, die sich folgerichtig an die gegenseitige Unterstützung halten, während die Arten, welche es zu tun versäumen, verschwinden. Dasselbe ersehen wir aus der Geschichte der Menschheit.

Es ist interessant zu bemerken, dass wir zu dem zurückkehren, was bereits *Baco,* der große Begründer der induktiven Wissenschaft, erfasst hatte, wenn wir dem gesellschaftlichen Instinkt eine solch hohe Bedeutung beimessen. In seinem berühmten Werk, der *Instauratio Magna* (Große Wiedergeburt der Wissenschaften), schrieb Baco, dass alle Wesen den Instinkt (den Appetit) auf zweierlei Wohl haben: auf das Wohl des Wesens selbst und auf das Wohl des Wesens als des Teiles des Ganzen; *dieser zweite Instinkt sei der wertvollere und stärkere,* da er der Erhaltung des Umfassenderen diene. Das erste Wohl könnte das individuelle oder persönliche Wohl genannt werden; das andere sei das Wohl der Gemeinde. So sei es allgemein, dass die Instinkte von der Erhaltung des Umfassenderen geleitet würden.

An anderer Stelle greift Baco auf dieselbe Idee[23] zurück, indem er von „zwei Appetiten, Instinkten der lebenden Wesen: 1. dem Trieb der Selbsterhaltung und des Schutzes und 2. dem Trieb der Vermehrung und Verbreitung" spricht, wobei er hinzusetzt: „Der zweite, tätige Trieb ist augenscheinlich stärker und wertvoller als der erste." Gewiss taucht die Frage auf: – Verträgt sich eine solche Anschauung von der Tierwelt mit der Theorie der natürlichen Auslese, in der der *Daseinskampf innerhalb der Art selbst* als unerlässliche Bedingung für die Entstehung neuer Arten und für die Evolution, d. h. die fortschrittliche Entwickelung im Allgemeinen gilt?

Da ich diese Frage in der *Gegenseitigen Hilfe* ausführlich behandelt habe, werde ich sie hier nicht nochmals untersuchen und nur folgende Bemerkung hinzufügen: in den ersten Jahren nach dem Erscheinen der *Entstehung der Arten* von Darwin waren wir alle geneigt anzunehmen, der scharfe Kampf um die Existenzmittel zwischen den Mitgliedern derselben Art sei notwendig, um *die Veränderlichkeit zu verstärken* und das Erscheinen neuer Arten und Abarten hervorzurufen. Meine Beobachtung der Natur in Sibirien erweckte, jedoch in mir die ersten Zweifel an der Existenz eines solch scharfen Kampfes *innerhalb der Arten;* sie bewies umgekehrt die ungeheu-

23 *On the Dignity and Advancement of Learning*, Bd. 7, 1. Kap., S. 270, herausgegeben in Bohns Library. Natürlich ist der Beweis Bacos zur Unterstützung seines Gedankens unzulänglich, da er erst die allgemeinen Züge der Wissenschaft festlegte, die zu bearbeiten seinen Anhängern vorbehalten blieb. Den gleichen Gedanken äußerten nachher auch Hugo Grotius und einige andere Denker.

re Bedeutung der gegenseitigen Unterstützung während der Wanderzeit der Tiere und überhaupt für die Erhaltung der Art. Zudem wurde es möglich, den „Kampf ums Dasein“ in weiterem und tieferem Sinne aufzufassen, in demselben Maße, wie die Biologie in die Erforschung der lebenden Natur tiefer eindrang und den *unmittelbaren Einfluss der Umwelt kennenlernte, der die Veränderung in einer bestimmten Richtung verursacht*, – besonders in den Fällen, wo während ihrer Übersiedelung ein Teil der Art vom anderen abgeschnitten wird. Die Biologen waren genötigt, anzuerkennen, dass Gruppen von Tieren oft wie ein Ganzes handeln und mit ungünstigen Lebensbedingungen oder äußeren Feinden, oft den Nachbararten, *mit Hilfe der gegenseitigen Unterstützung innerhalb ihrer Gruppen* kämpfen. In diesen Fällen werden Fertigkeiten errungen, die den inneren Kampf ums Dasein verringern und gleichzeitig zu einer höheren Entwickelung der Vernunft bei denen führen, die die gegenseitige Hilfe ausüben. Die Natur ist voll solcher Beispiele; dabei stehen in jeder Tierklasse die am meisten geselligen Arten auf der höchsten Entwickelungsstufe. Die *gegenseitige Hilfe innerhalb der Art* bildet also (wie Keßler schon kurz ausgesprochen hatte) *den Hauptfaktor, den Hauptantrieb dessen, was man fortschrittliche, Entwickelung nennen kann.*

Die Natur kann deshalb der *erste Lehrer der Ethik, des sittlichen Prinzips, in Bezug auf den Menschen,* genannt werden. Der dem Menschen, wie jedem geselligen Tier, angeborene gesellschaftliche Instinkt ist die Quelle aller ethischen Begriffe und der ganzen nachfolgenden Entwickelung der Sittlichkeit.

Der Ausgangspunkt eines jeden Werks über die Theorie der Sittlichkeit wurde von Darwin gezeigt, dreihundert Jahre nach den ersten Versuchen Francis Bacons in dieser Richtung, teilweise auch Spinozas und Goethes.[24] Nachdem man den Geselligkeitsinstinkt als Ausgangspunkt der weiteren Entwickelung der sittlichen Gefühle angenommen hatte, konnte man diese Grundlage mit weiteren Tatsachen befestigen und dann auf ihr die ganze Ethik aufbauen. Aber dieses Werk ist bis jetzt noch nicht vollbracht worden.

Diejenigen Entwickelungstheoretiker, welche die Frage der Sittlichkeit streiften, gingen aus verschiedenen Gründen die Wege, die von den Ethikern der Zeit vor Darwin und vor Lamarck angenommen waren, *nicht aber die Wege, die Darwin* – vielleicht etwas zu kurz – in der *Abstammung des Menschen* angedeutet hat.

---

24 Siehe Eckermanns *Gespräche mit Goethe.*

Die Bemerkung bezieht sich auch auf Herbert Spencer. Ohne hier auf die Beurteilung seiner *Ethik* näher einzugehen (das wird an anderer Stelle geschehen), bemerke ich nur, dass Spencer seine Philosophie der Sittlichkeit nach einem anderen Plan aufgebaut hat. Der ethische und soziologische Teil seiner „Synthetischen Philosophie“ wurden lange vor Erscheinen der Darwinschen Abhandlung über das sittliche Gefühl geschrieben, teils unter dem Einfluss von *Auguste Comte,* teils des Benthamschen „Utilitarismus“ und der Sensualisten des achtzehnten Jahrhunderts.[25]

Erst in den ersten Kapiteln der *Gerechtigkeit* (erschienen in der *Nineteenth Century* im März und April 1890) finden wir bei Spencer eine Erwähnung der „Ethik der Tiere“ und der „untermenschlichen Gerechtigkeit“, denen Darwin eine solche Bedeutung für die Entwickelung des sittlichen Gefühls beim Menschen zuschrieb. Interessant ist, dass diese Erwähnung in gar keinem inneren Zusammenhang mit der übrigen Spencerschen Ethik steht, da er die primitiven Menschen nicht als gesellschaftliche Wesen ansieht, deren Gemeinschaften eine Fortsetzung der bei Tieren gewohnheitsmäßigen Klassen und Gemeinschaften bilden sollten. Hobbes treubleibend, sah er die Wilden als durch nichts verbundene Ansammlungen einander fremder Menschen an, in denen beständig Feindseligkeit und Streit herrscht, wobei diese Ansammlungen erst dann aus ihrem chaotischen Zustand herauskommen, wenn irgendein hervorragender Mensch sich der Herrschaft bemächtigt und das gesellschaftliche Leben organisiert.

25 Die *Data of Ethics* Spencers erschienen 1879, seine *Gerechtigkeit* erst 1891, d.h. lange nach dem Erscheinen von Darwins *Abstammung des Menschen* im Jahre 1871. Das Erscheinen der *Social statics* Spencers fällt jedoch schon in das Jahr 1850; Spencer hatte natürlich Recht, als er den Unterschied zwischen ihm und Comte betonte; aber seine Beeinflussung durch den Begründer des Positivismus ist unzweifelhaft trotz des großen Unterschieds zwischen der geistigen Wesenheit des einen und des anderen Philosophen. Um von dem Einfluss Comtes einen Begriff zu bekommen, genügt es, die biologischen Anschauungen Spencers mit denen des französischen Philosophen zu vergleichen, besonders wie sie im dritten Kapitel seines *Discours préliminaire* im ersten Band der *Politique positive* sich äußern.
In der Ethik Spencers äußert sich der Einfluss Comtes besonders in der Bedeutung, die Spencer der Feststellung des Unterschieds zwischen der „militärischen“ und „industriellen“ Entwicklungsstufe der Menschheit beimisst, sowie in dem Entgegensetzen des „Egoismus“ dem „Altruismus“. Dieses letzte Wort gebrauchte Spencer in weitem und deshalb nicht genügend klarem Sinne, wie es auch Comte anwandte, als er zuerst das Wort einführte.

Auf diese Weise erscheint das von Spencer später hinzugefügte Kapitel von der Ethik der Tiere in dem allgemeinen System der sittlichen Philosophie Spencers als Überbau; auch gab er keinen Aufschluss über die Beweggründe, die ihn zu einer Änderung seiner früheren Anschauungen über diesen Punkt veranlasst hatten. Jedenfalls erscheint bei ihm das sittliche Gefühl des Menschen nicht als die weitere Entwickelung des bei den Vorfahren des Menschen bereits vorhandenen Geselligkeitsgefühls. Seiner Meinung nach taucht es in den menschlichen Gesellschaften viel später auf, und entstand es aus den Beschränkungen, die den Menschen von ihren politischen, sozialen und religiösen Führern auferlegt worden waren (*Data of Ethics* § 45). Das Pflichtgefühl, wie es nach Hobbes, Bain behauptete, ist auch bei Spencer ein Ergebnis des Zwanges (*conversion*) von Seiten der zeitweiligen Häuptlinge aus der Frühzeit des Lebens der Menschheit, oder besser gesagt, die „Erinnerung" an diesen Zwang.

Diese Voraussetzung – die, beiläufig gesagt, heute mit wissenschaftlichen Forschungen schwerlich zu belegen wäre – drückt der ganzen Spencerschen Ethik ihren Stempel auf. Für ihn teilt sich die ganze Geschichte der Menschheit in zwei Perioden: die bis heute andauernde „militärische" und die gegenwärtig im Entstehen begriffene „industrielle"; beide Perioden erfordern ihre eigene Sittlichkeit. Während der Kampfperiode war der Zwang mehr als notwendig; ohne ihn wäre kein Fortschritt denkbar gewesen. Auf dieser Entwickelungsstufe der Menschheit war es auch notwendig, die Persönlichkeit der Gesellschaft zu opfern und dieses Opfer durch besondere, eigens dazu verfasste, Sittengesetze zu rechtfertigen. Diese Notwendigkeit des staatlichen Zwanges und der Aufopferung der Persönlichkeit muss solange anhalten, bis die industrielle Ordnung über die militärische den Sieg erringt. Auf diese Weise anerkennt Spencer zweierlei verschiedene Sittengesetze, die zwei verschiedenen Entwickelungsstufen entsprechen (*Data of Ethics* §§ 48-50), und dieses führt zu einer Reihe von Schlussfolgerungen, deren Richtigkeit von der Wahrhaftigkeit der Grundthese bedingt ist.

Die Lehre von den sittlichen Prinzipien erscheint infolgedessen als Streben nach einem Kompromiss, nach einer Verständigung zwischen den Gesetzen der Feindseligkeit und den Geboten des Wohlwollens – der Gleichheit und der Ungleichheit (§ 85). Und da es aus diesem Zusammenprall der zwei entgegengesetzten Prinzipien keinen Ausweg gibt, weil die industrielle Ordnung erst bei Überwindung der militärischen anbrechen kann, so kann man solange in die wechselseitigen Beziehungen der Menschen eine gewisse Dosis „Wohlwollen" hineintragen, welches die gegenwärtige, auf individualistischen Prinzipien aufgebaute Ordnung ein wenig mildern kann. Auf diese Weise endet sein Versuch, die Grundlagen der Ethik wissenschaftlich festzustellen, mit einem Misserfolg, und zu guter Letzt kommt er zu einem vollkommen unerwarteten Schluss, dass alle Sittlichkeitstheorien, die philosophischen wie die religiösen, einander ergänzen. Der Darwinsche Gedanke war vollkommen entgegengesetzt: Darwin anerkennt, dass der Ursprung aller ethischen Systeme und aller Sittlichkeitslehren, auch der religiösen, die Geselligkeit und die Stärke des gesellschaftlichen Instinkts ist, die schon in der Tierwelt, noch mehr aber bei den wilden Stämmen, zum Vorschein kommen, – Spencer schwankt, wie Huxley, zwischen den Theorien des Zwanges, des Utilitarismus und der Religion, außerstande, eine andere Quelle der Sittlichkeit zu finden.

Zum Schluss kann hinzugefügt werden, dass, obwohl die Spencersche Auffassung vom Kampfe zwischen dem Egoismus und dem Altruismus dem Verhalten Comtes zu dieser Frage sehr ähnlich ist, dessen ungeachtet die Auffassung des gesellschaftlichen Instinkts durch den Positivisten – trotz seiner Ablehnung der Veränderlichkeit der Arten – der Auffassung Darwins näher kommt, als die Spencersche Auffassung. Bei der Bewertung der geselligen und individuellen Instinkte anerkennt Comte ohne Schwanken die überwiegende Bedeutung der ersteren. In dieser Anerkennung erblickte er sogar das Kennzeichen der von Theologie und Metaphysik losgelösten Sittlichkeitsphilosophie, ohne jedoch diese Behauptung bis zu ihrem logischen Schluss zu führen.[26]

Wie schon erwähnt wurde, versuchte keiner der nächsten Anhänger Darwins, seine ethische Philosophie zu entwickeln. *George Romanes* würde wahrscheinlich eine Ausnahme gemacht haben, da er sich vorgenommen hatte, nach Abschluss seiner Forschungen über den Verstand der Tiere zu den Fragen der Sittlichkeit bei den Tieren und zur Aufhellung der Entstehung des sittlichen Gefühls überzugehen. Zu diesem Zweck sammelte er schon Tatsachenmaterial.[27] Leider verloren wir ihn, noch ehe sein Werk greifbare Fortschritte gemacht hatte.

26 „Die positivistische Sittlichkeit", schrieb Comte, „unterscheidet sich also nicht nur von der metaphysischen, sondern auch von der theologischen dadurch, dass *sie als universales Prinzip das Vorwiegen der geselligen Gefühle anerkennt* (Politique Positive, Discours préliminaire, II, 93, auch an einigen anderen Stellen). Leider werden die genialen über den ganzen *Discours préliminaire* ausgestreuten Funken von den späteren Ideen Comtes verdunkelt, die man nicht als Weiterentwicklung der positivistischen Methode ansehen kann.

27 Er erwähnte dessen in seinem Werk *Mental Evolution in Animals* (London, 1883, S. 352).

Was die anderen Anhänger der Entwickelungslehre anbetrifft, so kamen sie entweder zu Schlussfolgerungen, die von den Darwinschen Anschauungen vollkommen verschieden sind – wie Huxley in seinem Vortrag „Evolution und Ethik" –, oder aber sie nahmen die Entwickelungslehre nur zur Grundlage ihrer Forschungen und arbeiteten im Übrigen in anderer Richtung. So ist die Sittlichkeitsphilosophie von Guyau,[28] in der die höheren Erscheinungsformen der Sittlichkeit untersucht werden, jedoch ohne Erwähnung der Ethik in der Tierwelt.[29] Deshalb hielt ich es für nötig, diese Frage nochmals in meinem Buch *Die gegenseitige Hilfe* zu untersuchen, in welchem die Instinkte und Gewohnheiten der gegenseitigen Hilfe als eine der Grundlagen und Triebkräfte der fortschrittlichen Entwickelung angesehen werden.

Jetzt steht uns die Untersuchung der geselligen Gewohnheiten von einem doppelten Standpunkt bevor: vom Standpunkt der ererbten *ethischen Veranlagung* und von dem der *ethischen Lehren,* die unsere primitiven Vorfahren durch die Beobachtung der Natur erhielten. Ich muss deshalb den Leser um Entschuldigung bitten, wenn ich kurz einige in meinem obenerwähnten Werk bereits untersuchte Tatsachen wiederhole, um ihre ethische Bedeutung zu zeigen.

Nachdem ich die gegenseitige Hilfe als Waffe der Art in ihrem Kampf ums Dasein, d. h. „in dem Sinne, in welchem sie für den Naturforscher wichtig ist", untersucht habe, will ich jetzt kurz aufzeigen, was sie als Quelle ethischer Gefühle beim Menschen darstellt. In dieser Beziehung ist sie für die ethische Philosophie von hohem Interesse.

Der Urmensch lebte mit den Tieren in enger Gemeinschaft. Mit einigen von ihnen teilte er aller Wahrscheinlichkeit nach seine Wohnung in Felsspalten und Höhlen; oft teilte er mit ihnen auch seine Nahrung. Noch vor etwa anderthalb Jahrhunderten versetzten die sibirischen und amerikanischen Urbewohner unsere Naturforscher durch ihre erschöpfenden Kennt-

28 *Sittlichkeit ohne Pflicht.*

29 Die Arbeit von Professor Lloyd Morgan, der sein früheres Buch über den Verstand der Tiere unter dem neuen Titel *Animals Behaviour*, London 1900, kürzlich vollkommen umgearbeitet hat, ist noch nicht beendet und soll nur deswegen erwähnt werden, weil sie eine vollständige Untersuchung dieser Frage besonders vom Standpunkt der vergleichenden Psychologie verspricht. Andere Werke, die diese Frage berühren, wie das ausgezeichnete Werk von Espinas: *Les Sociétés Animales* sind im Vorwort zu meinem Buch *Die gegenseitige Hilfe* erwähnt worden.

nisse der Lebensgewohnheiten der wildesten Tiere und Vögel in Erstaunen, aber der primitive Mensch befand sich in noch engerer Gemeinschaft mit den Wald- und Steppenbewohnern und kannte sie noch besser. Die Massenausrottung des Lebens mit Wald- und Wiesenbränden, vergifteten Pfeilen und Ähnlichem, hatte dazumal noch nicht begonnen; und von dem erstaunlichen, unglaublichen Tierreichtum, den die ersten Ansiedler in Amerika vorfanden, und der von erstklassigen Naturforschern, wie *Audubon, Asara* u. a. m., ausgezeichnet beschrieben worden ist, können wir auf die Dichtigkeit der Tierbevölkerung auf der Erde kurz nach der Eiszeit schließen.

Der Mensch der frühen und späteren Steinzeit lebte also in enger Gemeinschaft mit seinen stummen Brüdern; wie *Bering,* der genötigt war, auf einer Insel unweit Alaskas zu überwintern, und mit seinen Gefährten inmitten unzähliger Rudel von Polarfüchsen lebte, die im Lager der Menschen umherliefen, die Vorräte auffraßen und nachts die Felle zernagten, auf denen die Leute schliefen. Unsere primitiven Vorfahren lebten *inmitten der Tiere* und *mit ihnen.* Und sobald sie begannen, ihre Naturbeobachtungen irgendwie zu ordnen und sie der Nachkommenschaft zu übermitteln, boten die Tiere, ihr Leben und ihre Sitten das Hauptmaterial für eine mündliche Sammlung von Kenntnissen und Lebensweisheit, die in Sprüchen und Sprichwörtern ihren Ausdruck fand. Die Psychologie der Tiere war die erste vom Menschen studierte Psychologie, und noch heute bildet sie das beliebte Gesprächsthema am brennenden Holzhaufen in Wäldern und Steppen. Das mit dem Leben der Menschen eng verbundene Leben der Tiere war auch Gegenstand der ersten Keime der Kunst; sie begeisterte die ersten Zeichner und Bildhauer und gehörte zum Bestand der frühesten ethischen Sagen und Mythen.

Heute sind die Erzählungen von Raubtieren: Löwen und Tigern, das erste, was unsere Kinder aus der Tierkunde kennenlernen. Aber das erste, was die primitiven Wilden von der Natur erfahren mussten, war die Tatsache, dass sie eine ungeheuer große Ansammlung *tierischer Geschlechter und Stämme darstellt:* das dem Menschen so nahe Affengeschlecht, das sich immer herumtreibende Geschlecht der Wölfe, das alleswissende, schwatzhafte Vogelgeschlecht, das immer tätige Geschlecht der Ameisen usw.[30] In ihren Augen waren die Tiere eine Fortsetzung und Ausdehnung ihres eigenen Stammes, nur dass sie viel klüger als die Menschen waren. Der erste Keim zu einer Verallgemeinerung der Naturbeobachtung – einer so unbestimmten, dass sie sich kaum von einem einfachen Eindruck unter-

30 Kipling hat das einmal in seiner Maugli-Erzählung schön beschrieben.

schied, – musste sein, dass *das Lebewesen und sein Stamm nicht voneinander getrennt sind.* Wir können sie trennen, aber sie konnten es nicht. Man kann sogar bezweifeln, ob sie sich das Leben anders als innerhalb eines Geschlechts oder eines Stammes vorstellen konnten.

Zu jener Zeit musste sich unvermeidlich gerade eine solche Vorstellung von der Natur herausbilden. Bei seinen nächsten Verwandten, den Affen, sah der Mensch Hunderte von Arten,[31] die in großen Gemeinschaften lebten, in denen alle Mitglieder jeder Gemeinschaft eng miteinander verbunden waren. Er sah, wie die Affen einander bei der Suche nach Nahrung unterstützen, wie vorsichtig sie von Ort zu Ort wandern, wie sie sich zur Abwehr des gemeinsamen Feindes verbinden, wie sie einander kleine Dienste leisten, indem sie beispielsweise die Dornen und Stacheln aus dem Fell des Gefährten herausziehen, wie sie sich bei kaltem Wetter eng aneinander drängen usw. Gewiss, die Affen zankten oft miteinander, aber in ihrem Streit war, wie heute auch, mehr Lärm als Verletzungen; dagegen äußerten sie öfters, in Augenblicken der Gefahr, bewunderungswürdige Gefühle gegenseitiger Anhänglichkeit – von der Anhänglichkeit der Mutter an ihre Jungen und der alten Männchen an ihre Gruppe schon gar nicht zu reden. Die Geselligkeit war also das Kennzeichen des ganzen Affengeschlechts; wenn es jetzt zwei Arten ungeselliger großer Affen gibt – Gorilla und Orang-Utang –, die in kleinen Familien leben, so beweist die Tatsache, dass jede dieser zwei Arten ein sehr kleines Territorium bewohnt, dass sie aussterbende Arten sind: vielleicht deshalb aussterbende, weil der Mensch gegen sie, als gegen ihm zu ähnlich Geartete, einen erbarmungslosen Krieg führt.

Der primitive Mensch sah und wusste ferner, dass sogar die Raubtiere ein allgemeines Gesetz anerkennen: *sie töten einander niemals.* Manche von ihnen, besonders das ganze Geschlecht der Hunde: die Schakale, Hyänen und die wilden Hunde in Indien, sind sehr gesellig.

Andere leben in kleinen Familien; aber die klügsten von ihnen, wie die Löwen und Leoparden, versammeln sich wie das Geschlecht der Hunde, wenn sie auf die Jagd ziehen.[32] Was jedoch die einigen Wenigen anbetrifft, die – heute wenigstens – vollkommen zerstreut leben, wie die Tiger, oder in kleinen Familien, so gilt auch für sie die Regel: sie töten einander nicht. Sogar heute, da die unzähligen Herden, welche ehemals die Wiesengründe

31 In der Tertiärzeit gab es, wie die Geologen behaupten, fast tausend Affenarten.

32 Auf einer Momentphotographie ist zu sehen, dass bei der Tränke, wohin allerlei Tiere in Haufen kommen, Löwen nachts in Gruppen auftreten.

bevölkerten, nicht mehr da sind, und die Tiger, die nun auf die zahmen Herden des Menschen angewiesen sind, deshalb in der Nähe der Dörfer leben, – heute sogar wissen wir von den indischen Bauern, dass jeder Tiger auf sein Machtbereich sich beschränkt, ohne mit den anderen in Streitigkeiten zu geraten. Dabei ist es sehr wahrscheinlich, dass die wenigen Arten, deren Mitglieder heute abgesondert leben, wie Tiger, kleinere Katzenrassen (fast alle sind sie Nachttiere), Bären, Marder, Füchse, Igel u. a. –, dass sogar diese Arten nicht immer vereinzelt gelebt haben. Für einige von ihnen (Füchse, Bären) habe ich feste Beweise gefunden, dass sie gesellig waren, bis ihre Ausrottung durch den Menschen begann; und manche von ihnen leben noch heute in unbewohnten Wüsten gesellig; also haben wir volle Berechtigung zu glauben, dass sie einst fast alle in Gemeinschaft gelebt haben.[33] Sollte es aber immer einige ungesellige Arten gegeben haben, so können wir mit Bestimmtheit behaupten, dass diese Arten eine Ausnahme von der allgemeinen Regel bildeten.

Die von der Natur erteilte Lehre bestand also darin, dass sogar die stärksten Tiere genötigt sind, in Gemeinschaften zu leben.

Wer wenigstens einmal im Leben Gelegenheit hatte, einen Angriff wilder indischer Hunde etwa auf große starke Raubtiere mitanzusehen, der begriff ein für allemal die Kraft der Geschlechtsgemeinschaft und das Vertrauen auf seine Kraft und Tapferkeit, welches die Gemeinschaft jedem einzelnen einflößt.

In Steppen und Wäldern sahen unsere Vorfahren Millionen von zu großen Gemeinschaften – Geschlechtern und Stämmen – verbundenen Tieren. Unzählige Rudel Rehe, Rentiere, Antilopen, ungeheure Büffelherden und zahllose Herden wilder Pferde, wilder Esel, Quaggas, Zebras usw. wanderten durch die grenzenlosen Steppen und weideten überall nebeneinander, wie es noch vor kurzem Reisende in Mittelafrika sahen, wo Giraffen, Gazellen und Antilopen Seite an Seite grasten. Sogar auf den dürren Hochebenen Asiens und Amerikas befanden sich Herden Lamas oder wilder Kamele, und in den Bergen des Tibet fanden ganze Geschlechter schwarzer Bären gemeinsam Obdach. Und als der Mensch das Leben dieser Tiere besser kennenlernte, erkannte er bald, wie eng sie untereinander verbunden sind. Wenn sie sogar von der Aufziehung der Jungen gänzlich in Anspruch genommen wurden und der Umwelt scheinbar keinerlei Aufmerksamkeit

33 Siehe *Die gegenseitige Hilfe*, 1. und 2. Kapitel und die Nachträge. Nach dem Erscheinen des Buches sammelte ich viele neue Tatsachen zur Bestätigung dieses Gedankens.

schenkten, beobachteten sie einander scharf in stetiger Bereitschaft, sich zu einer gemeinsamen Aktion zusammenzuschließen. Der Mensch sah auch, dass alle Hirsch- und Ziegenherden beim Weiden oder Spielen ihre Wachen aufstellen, die ihre Bestimmung keinen Augenblick vernachlässigen, und das Herannahen gefährlicher Räuber sofort durch Signale anzeigen. Er wusste auch, dass bei unerwarteten Überfällen die Männchen und Weibchen einen engen Ring um die Jungen bilden, und wie sie dem Feind von Angesicht zu Angesicht gegenüberstehen, um mit eigener Lebensgefahr ihre noch hilflose Nachkommenschaft zu retten. Er wusste, dass die Viehherden beim Rückzug dieselbe Taktik verfolgen.

Der primitive Mensch wusste alles das, was wir nicht wissen und nur zu gern vergessen; und er erzählte von diesen Heldentaten der Tiere in seinen Märchen, indem er ihre Kühnheit und Aufopferungsfähigkeit mit seiner primitiven Poesie ausschmückte, und er *ahmte ihnen nach* in seinen religiösen Gebräuchen, die heute fälschlicherweise „Tanz" genannt werden.

Noch weniger konnten dem primitiven Wilden die großen Wanderungen der Tiere unbekannt sein. Er folgte ihnen, wie es heute die Tschuktschen machen, die hinter den Herden der wilden Hirsche herziehen, wenn diese von Mückenschwärmen aus einem Teil der tschukotskischen Halbinsel in den anderen gejagt werden, oder wie der Lappe den Herden der halbzahmen Rentiere auf ihren – von ihm unabhängigen – Wanderungen folgt. Und wenn wir mit unserer Büchergelahrtheit und unserer Unkenntnis der Natur uns nicht erklären können, wie in Gruppen über ungeheure Landstriche verstreute Tiere sich zu Tausenden an einem bestimmten Ort versammeln, um einen Fluss zu durchqueren (wie ich es am Amur beobachtet habe) oder um nach Nord, Süd oder West zu wandern, – so wunderten sich unsere Vorfahren, die die Tiere für weiser als sich selbst hielten, keinesfalls über jene Vereinigungen, ebensowenig wie sich die Wilden heute darüber wundern. In ihren Augen stehen die Lebewesen – Tiere, Vögel und Fische – in ständiger Gemeinschaft miteinander. Sie warnen einander mit kaum merkbaren Zeichen und Lauten; sie unterrichten einander von Ereignissen jeder Art und bilden auf diese Weise eine ungeheure Vereinigung, die ihre Sitten des höflichen Umgangs und der freundlichen Nachbarschaft haben. Bis auf den heutigen Tag sogar haben sich tiefe Spuren einer solchen Auffassung des Tierlebens in den Sagen und Sprichwörtern aller Völker erhalten.

Von den dichtbevölkerten, belebten und fröhlichen Ansiedlungen der Murmeltiere, Ziesel, Erdhasen usw. und von den Biberkolonien, die sich in Unmengen nach der Eiszeit an den Flüssen befanden, konnte der primitive Mensch – damals selbst noch ein Nomade – die Vorteile der Sesshaftigkeit, der beständigen Wohnstätte und der gemeinsamen Arbeit lernen. Noch jetzt sehen wir (ich sah es vor etwa fünfzig Jahren in Transbaikalien), dass die nomadisierenden Viehzüchter, deren Scharfblick bewunderungswürdig ist, von dem Erdhasen (*Tamias striatus*) den Vorteil des Ackerbaues und des Vorrätesammelns erkennen, da sie jeden Herbst seine unterirdischen Speicher ausrauben und sich seine Vorräte essbarer Zwiebeln aneignen. Auch Darwin erwähnt, wie in einem Hungerjahr die Wilden von den Pavianen lernten, welche Baum- und Strauchfrüchte ihnen zur Streckung ihrer Nahrung dienen konnten. Es unterliegt keinem Zweifel, dass die Speicher der kleinen Nagetiere mit Vorräten allerlei essbarer Körner dem Menschen den ersten Gedanken an den Anbau von Getreide eingegeben haben. Die heiligen Bücher des Ostens enthalten eigentlich recht viele Erwähnungen der Vorsorglichkeit und des Fleißes der Tiere und stellen sie dem Menschen als Beispiel hin.

Fast alle Vogelarten ihrerseits lehrten unsere entfernten Ahnen die engste Gemeinsamkeit, ihre Freuden und die durch sie entstehenden Vorteile. Die großen Gemeinschaften der Enten, Gänse und aller anderen Strandläufer lehrten den Menschen beständig die gemeinschaftliche Abwehr zum Schutze der Jungen und der Eier. Und im Herbst konnten die selbst in Wäldern oder an Waldflüssen lebenden Menschen das Leben der jungen Brut der Vögel beobachten, die sich im Herbst zu großen Scharen zusammenschließen, um den kleineren Teil des Tages mit gemeinsamer Speisung und die andere Zeit mit Zwitschern und Spielen zusammen zu verbringen.[34] Wer weiß, ob aus diesen herbstlichen Zusammenkünften nicht sogar der Gedanke an die herbstlichen Zusammenrottungen der wilden Stämme zu gemeinsamen Jagden entstanden ist (die *Abas* bei den Mongolen, die *Kadas* bei den Tungusen), die einen oder zwei Monate lang anhalten und für den ganzen Stamm Feste bilden, indem sie zugleich die Stammesverwandtschaft und die föderalen Bündnisse befestigen.

Der Mensch kannte auch die bei einigen Tierrassen so beliebten Spiele, ihren Sport, ihre Konzerte und Tänze (siehe die Nachträge zur *Gegenseitigen Hilfe*), ihre abendlichen Gruppenflüge. Er kannte die lärmenden Versammlungen der Schwalben und anderer Zugvögel, die jeden Herbst Jahr für Jahr an demselben Ort vor dem Antritt der weiten Wanderung nach dem Süden in unseren Gegenden stattfinden. Und wie oft geriet der Mensch in Verwunderung beim Anblick der unglaublich großen Scharen von Zug-

34 Diese Zusammenkünfte erwähnt neben vielen anderen Zoologen der bekannte Zoologe Professor Keßler.

vögeln, die tagelang über ihm dahinzogen, oder der zahllosen Tausende von Büffeln, Hirschen oder Murmeltieren, die ihm den Weg versperrten und ihn einige Tage hintereinander mit ihren dichten, nach Nord oder Süd ziehenden Kolonnen aufhielten.

Der „tierähnliche" Wilde kannte alle diese in den Städten und Universitäten vergessenen Naturschönheiten; er kannte all diese Schönheit des Lebens, von der in unsern toten Lehrbüchern der „Naturgeschichte" mit keinem Wort erwähnt wird, während die Berichte unserer großen Naturforscher, wie *Audubon, Humboldt, Asara, Brehm, Sewertzoff* und so vieler anderer, in den Bibliotheken schimmeln.

Zu jenen Zeiten war auch die große Welt der fließenden Wasser und der Seen für den Menschen kein Buch mit sieben Siegeln. Ihre Bewohner kannte er gut. Sogar jetzt hegen beispielsweise die halbwilden Bewohner Afrikas eine tiefe Verehrung für das Krokodil. Sie halten es für einen nahen Verwandten, fast für einen Vorfahren des Menschen. Im Gespräch vermeiden sie seine Namensnennung, und wenn sie seiner erwähnen müssen, so wird es mit dem Namen „alter Großvater" oder mit irgendeiner anderen, Verwandtschaft oder Verehrung ausdrückenden, Benennung bezeichnet. Das Krokodil, sagen sie, handelt immer wie sie selbst. Es wird nie seine Nahrung verzehren, ohne seine Verwandten und Freunde zum Schmause einzuladen; und wenn ein Mensch ein Krokodil nicht aus gesetzlicher Blutrache tötet, so glauben die Wilden, dass die Verwandten des getöteten Krokodils an einem Mitglied der Sippe des Mörders ihre Stammesvergeltung üben werden. Wenn also ein Krokodil einen Neger gefressen hat, so bemühen sich die Verwandten des gefressenen Negers aus allen Kräften, gerade das Krokodil zu töten, das ihren Verwandten gefressen hat, da sie sich fürchten, ein unbeteiligtes Krokodil zu töten, um nicht die Blutrache der Verwandten des unschuldigen Opfers auf sich zu ziehen. Deshalb untersuchen die Neger, die aus Blutrache ein ihrer Meinung nach schuldiges Krokodil getötet haben, eingehend die Eingeweide des getöteten Tieres, um in seinem Magen die Reste ihres Verwandten zu finden, und um sich davon zu überzeugen, dass sie sich tatsächlich nicht geirrt haben, und das Krokodil wirklich den Tod verdient hat. Wenn sie jedoch keinerlei Anzeichen der Schuld des getöteten Tieres gefunden haben, vollführen sie allerhand reumütige Handlungen, um sich bei den Verwandten des getöteten Krokodils zu entschuldigen, und fahren fort, den wahrhaft Schuldigen zu suchen, andernfalls die Verwandten des getöteten Tieres an ihrem Geschlecht Rache üben würden. Solche Aberglauben bestehen auch bei den amerikanischen Rothäuten in Bezug auf die Klapperschlange und den Wolf, bei den

Ostjaken in Bezug auf den Bären usw. Die Bedeutung dieser Aberglauben für die Ausgestaltung des nachmaligen Gerechtigkeitsbegriffs ist augenscheinlich.[35]

Die Fischzüge, ihre Wanderungen in durchsichtigen Gewässern und die ungefähren Untersuchungen der Kundschafter vor Antritt der Wanderung nach einem bestimmten Ort – alles das musste seit frühester Zeit den Verstand des Menschen erregen. Die Spuren dieses Eindrucks finden wir bis auf den heutigen Tag in den Volksmärchen der Wilden an vielen Orten. So berichtet die Sage vom Dekanavid, dem die Indianer die Schaffung ihrer Stammesorganisation zuschreiben, dass er sich anfangs von den Menschen entfernt habe, um im Schoße der Natur über alles nachzudenken. Er kam an das Ufer eines reinen durchsichtigen Baches voller Fische. Er setzte sich, indem er sich an das steile Ufer lehnte, und blickte aufmerksam in die Flut, in der die Fische „in völliger Übereinstimmung miteinander" spielten, und hier kam ihm der Gedanke, sein Volk in Geschlechter und Klassen oder „Totems" einzuteilen.[36] In anderen Sagen empfängt der Weise eines gewissen Stammes die Erfahrungen des Bibers, des Eichhörnchens oder eines Vogels.

Überhaupt sind die Tiere in den Augen der primitiven Menschen geheimnisvolle, rätselhafte Wesen, die im Leben der Natur äußerst bewandert sind. Sie wissen viel mehr, als sie uns sagen. So oder anders, dank ihren äußerst verfeinerten Sinnen und dank der Tatsache, dass sie einander beständig von dem unterrichten, was sie auf ihren Streifen und Flügen bemerken, wissen sie das, was viele Meilen im Umkreis geschieht. Und lässt ein Mensch sich ihnen gegenüber keine List oder Lüge zuschulden kommen, so warnen sie ihn vor der Gefahr, wie sie einander warnen. Aber sie schenken ihm keine Aufmerksamkeit, wenn er in seinen Handlungen nicht „ehrlich" gegen sie ist. Schlangen und Vögel (die Eule gilt als Anführer der Schlangen), Tiere und Insekten, Eidechsen und Fische – sie alle verstehen einander und teilen einander ihre Beobachtungen mit. Sie gehören alle zu einer Brüderschaft, in die sie manchmal den Menschen aufnehmen.

Innerhalb dieser Brüderschaft gibt es natürlich engere Vereine von Wesen „gleichen Blutes". Affen, Bären, Wölfe, Elefanten und Nashörner, die meisten Wiederkäuer, Hasen und fast alle Nagetiere, Krokodile usw. kennen ihre Sippen sehr gut und lassen nicht zu, dass einer ihrer Stammesver-

35 Es wäre schade, wenn die vielsagenden Tatsachen der Sittlichkeit der Tiere, die Romanes gesammelt hat, nicht erscheinen würden.

36 Brand-Sero: Dekanaviden (in der Zeitschrift *Man*, 1901, S. 166).

wandten vom Menschen getötet werde, ohne „ehrliche“ Rache zu nehmen. Diese Anschauung musste sich vor recht langer Zeit herausgebildet haben, als der Mensch noch nicht alles aß und noch nicht auf Vögel und Säugetiere der Nahrung wegen Jagd machte. Er begann vermutlich erst in der Eiszeit alles zu essen, als die Pflanzen in der sich immer weiter und bedrohlicher verbreitenden Kälte zugrunde gingen. Aber diese Anschauung erhielt sich bis auf den heutigen Tag. Sogar heute noch muss der Wilde, wenn er jagt, gewisse Regeln in Bezug auf die Tiere einhalten, und muss nach Beendigung der Jagd gewisse Bußgebräuche beobachten. Mehrere dieser Zeremonien werden noch heute streng ausgeführt, besonders in Bezug auf die Tiere, die, wie die Bären, zu den Verbündeten des Menschen gerechnet werden (so bei den Orotschonen am Amur).

Bekanntlich können zwei zu verschiedenen Geschlechtern gehörende Menschen sich verbrüdern, wenn sie ihr aus einer kleinen, eigens zu diesem Zweck beigebrachten Wunde gezogenes Blut vermischen. Das Schließen von Blutbrüderschaft war eine im Altertum sehr gebräuchliche Handlung, und wir wissen aus Mären und Märchen aller Völker, insbesondere aus den skandinavischen Sagen, wie heilig ein solcher Vertrag gehalten wurde. Aber gleiche Verträge waren zwischen Menschen und Tier sehr gebräuchlich. Die Märchen erzählen oft von ihnen: ein Tier z. B. sieht, dass der Jäger es töten will, und bittet ihn, es nicht zu tun; der Jäger willigt ein, und beide werden Brüder. Und dann unterstützen der Affe, der Bär, das Reh, der Vogel, das Krokodil oder sogar die Biene (jedes gesellige Tier) den Menschen in kritischen Augenblicken seines Lebens, indem sie ihm ihre Brüder aus ihrem oder anderen Geschlechtern zur Hilfe senden. Und wenn die Warnung zu spät kommt, oder falsch verstanden wird, und der Mensch stirbt, so bemühen sich alle Tiere und Tierchen, ihn ins Leben zurückzurufen; wenn ihnen das nicht gelingt, so nehmen sie wenigstens die Blutrache auf sich, als gehörte der Tote zu ihrer eigenen Sippe.

Während meiner Reisen in Sibirien bemerkte ich oft, wie eifrig der Tunguse oder Mongole es vermeidet, ein Tier ohne Grund zu töten. Tatsache ist es, dass der Wilde alles Leben achtet. So war es wenigstens, bevor er mit Europäern in Berührung kam. Wenn er ein Tier tötet, so tut er es nur um der Nahrung oder der Kleidung willen; aber niemals zerstört er ein Leben aus Vergnügen oder aus Zerstörungslust. Gewiss, gerade so verfuhren die Indianer mit den Büffeln, aber das geschah erst nach langem Zusammenleben mit den Weißen, denen sie das Gewehr und die Schnellfeuerpistole verdanken. Es gibt natürlich auch unter den Tieren welche, die als Feinde des Menschen angesehen werden, wie z. B. die Hyäne oder der Tiger, aber im Allgemeinen verhalten sich die Wilden zur Tierwelt mit Achtung und lehren die Kinder, das Gleiche zu tun.

Der Gedanke der „Gerechtigkeit“, die anfangs als Vergeltung aufgefasst wurde, ist also mit der Beobachtung der Tiere verknüpft. Aber es ist sehr wahrscheinlich, dass der Gedanke der Belohnung und Vergeltung für „gerechtes“ oder „ungerechtes“ Verhalten im primitiven Menschen erst aus dem Gedanken entstanden ist, dass die Tiere sich an dem Menschen rächen, wenn er sich ungehörig gegen sie benommen hat. Dieser Gedanke ist im Geiste der Wilden auf der ganzen Erde so tief verankert, dass man ihn als eine grundlegende Anschauung der Menschheit ansehen kann. Allmählich wuchs sich diese Anschauung zum Begriff von dem großen Ganzen aus, das durch die Bande der gemeinsamen Unterstützung zusammengefasst ist; dieses große Ganze wacht über alle Handlungen aller lebenden Wesen und übernimmt infolge dieser Gegenseitigkeit auf der ganzen Welt die Vergeltung für die schlechten Handlungen.

Aus dieser Auffassung entstand die Vorstellung von den Eumeniden und der Moira bei den Griechen, von den Parzen bei den Römern und von der Karma bei den Indern. Die griechische Legende von den Kranichen des Ibykus, die die Welt des Menschen und der Vögel zu einem Ganzen verbindet, und die unzähligen Sagen des Ostens bilden die poetische Verkörperung derselben Vorstellung. Später dehnte sich diese Auffassung auch auf die Himmelserscheinungen aus. Nach den alten religiösen Schriften Indiens, den Veden, zu schließen, wurden die Wolken als tierähnliche lebende Wesen angesehen.

Das alles sah der primitive Mensch in der Natur, das alles lernte er von ihr. Wir mit unserer Schulweisheit – die ganz folgerichtig nichts von der Natur wissen wollte und die gewöhnlichen Tatsachen des Lebens entweder durch Aberglauben oder durch metaphysische Feinheiten zu erklären versuchte –, wir beginnen, diese große Lehre zu vergessen. Aber für unsere Vorfahren der Steinzeit mussten die Geselligkeit und gegenseitige Hilfe *innerhalb der Art* eine so gewöhnliche, allgemeine Erscheinung in der Natur sein, dass sie sich das Leben in anderer Form gar nicht denken konnten.

Die Vorstellung vom Menschen als einem einsamen Wesen ist erst ein späteres Erzeugnis der Zivilisation, das Ergebnis von Sagen, die im Osten von Menschen, die die Gemeinschaft mieden, erdacht worden sind; um aber diese naturfremde Vorstellung von der Menschheit einzubürgern, brauchte es lange Jahrhunderte. Dem primitiven Menschen jedoch schien das Leben eines einsamen Wesens ein so seltsames, so ungewohntes, so widersinniges Vorkommnis in der Natur, dass, wenn er einen Tiger, einen Dachs, eine

Spitzmaus, die einsam leben, oder sogar einen einsamen, vom Walde entfernt wachsenden Baum sieht, er eine Legende, eine Sage erfindet, um sich die seltsame Erscheinung zu erklären. Er erfindet keine Legende, um das Leben in Gesellschaft zu erklären, aber er findet sie unverzüglich, sobald er auf einen Fall eines einsiedlerischen Lebens stößt. Nur ausnahmsweise sieht er in dem Einsiedler einen Weisen, der sich zeitweilig von der Welt zurückzieht, um über ihre Schicksale nachzusinnen, oder einen Zauberer; in den meisten Fällen erscheint ihm der Einsame als „Vertriebener", den die Tiere für irgendeine grobe Verletzung ihrer Umgangssitten aus ihrer Gemeinschaft ausgestoßen haben. Er hat etwas dem gewöhnlichen Übereinkommen so Widersprechendes getan, dass er aus dem Schoße seiner Gemeinschaft entfernt werden musste. Oft ist er ein Zauberer, der über allerhand böse Mächte herrscht, und er steht in irgendeiner Beziehung zu den Krankheiten verbreitenden Leichnamen der Toten. Deshalb irrt er nachts umher, um seinen heimtückischen Zielen unter dem Schutze der Dunkelheit nachzugehen.

Alle anderen lebenden Wesen leben in Gemeinschaften, auch der menschliche Gedanke arbeitet in dieser Richtung. Das gesellige Leben, d. h. *wir*, nicht aber *ich*, ist die einzige naturgemäße Lebensweise. *Das ist das Leben selbst.* Deshalb war das „Wir" der gewöhnliche Gedankenzustand des primitiven Menschen, eine „Kategorie" seines Verstandes, wie wohl Kant sagen könnte.

In dieser Gleichsetzung, man könnte sogar sagen: Auflösung des „Ich" in seinem Geschlecht und Stamm, liegt der Keim des ganzen ethischen Denkens, des ganzen Nachdenkens über die Sittlichkeit. Die Selbstbehauptung der „Einzelpersönlichkeit" kam erst viel später. Sogar heute existiert in der Psyche des primitiven Wilden der Begriff vom „Einzelnen", vom „Individuum", fast gar nicht. In ihrem Geiste nimmt die Sippe mit ihren festumrissenen Gebräuchen, Vorurteilen, Aberglauben, Verboten, Gewohnheiten und Interessen die wichtigste Stelle ein.

In diesem beständigen Gleichsetzen des Einzelnen mit dem Ganzen ist der Ursprung der ganzen Ethik; aus ihm entwickelten sich alle nachmaligen Begriffe der *Gerechtigkeit* und die noch umfassenderen Anschauungen von der *Sittlichkeit*. In den folgenden Kapiteln sollen diese weiteren Stufen untersucht werden.

Viertes Kapitel

Die sittlichen Anschauungen der primitiven Völker

Die Entwickelung des Geselligkeitstriebs bei den Wilden. – Der zwiespältige Charakter der Sittengesetze der Wilden: manche Gesetze sind *verbindlich*, während die Beobachtung anderer nur *wünschenswert* ist. – Mittel gesellschaftlicher Maßregelung einzelner Wilder im Falle von Missachtung verbindlicher Sittengesetze. – Bestimmung von der Gesellschaft nützlichen Gebräuchen und Sitten. – Stammesorganisation und Stammesgerechtigkeit. – Teilung der Gesellschaften in Klassen und Stände; Streben einzelner Gruppen nach der Macht und der Herrschaft über die anderen. – Die Entwickelung primitiver sittlicher Anschauungen. – Notwendigkeit der Erforschung dieser Entwickelung und Feststellung der Grundlagen der Ethik.

Die Erfolge der Naturwissenschaften im neunzehnten Jahrhundert erweckten in unseren zeitgenössischen Denkern den Wunsch nach Ausgestaltung einer neuen Ethik auf positiven, der Wirklichkeit entsprechenden Grundlagen. Nachdem die heutige Wissenschaft die Grundlagen einer von den Voraussetzungen übernatürlicher Kräfte befreiten, zugleich aber erhabenen, poetischen und zum Höchsten begeisternden Weltphilosophie geschaffen hat, hält sie es nicht mehr für notwendig, zwecks Rechtfertigung ihrer Ideale der sittlichen Schönheit zu übernatürlichen Eingebungen ihre Zuflucht zu nehmen. Zudem sieht die Wissenschaft voraus, dass die menschliche Gesellschaft, dank den Erfolgen der Wissenschaft, vom Elend der früheren Jahrhunderte befreit und auf den Grundsätzen der Gerechtigkeit für alle und der gegenseitigen Hilfe aufgebaut, in naher Zukunft dem Menschen die ungehinderte Auswirkung seines geistigen, technischen und künstlerischen Schaffens sichern können wird. Und diese Voraussicht eröffnet für die Zukunft so große sittliche Möglichkeiten, dass zu ihrer Verwirklichung weder die Einflüsse einer übernatürlichen Welt, noch die Furcht vor Vergeltung in einem Jenseits notwendig sind. Nötig ist also eine neue Ethik auf neuen Grundlagen; der Aufhellung dieser Notwendigkeit war das erste Kapitel unserer Untersuchung gewidmet.

Aus ihrem zeitweiligen Stillstand gegen Ende der fünfziger Jahre des neunzehnten Jahrhunderts erwacht, hat die heutige Wissenschaft das Material für die Schaffung einer neuen rationalen Ethik bereits zusammengetragen. In den Werken von *Jodl*, *Wundt*, *Paulsen* und vieler anderer besitzen wir ausgezeichnete Übersichten aller früheren Versuche, die Ethik auf verschiedenen – religiösen, metaphysischen und naturwissenschaftlichen – Grundlagen aufzubauen. Auch im Laufe des ganzen neunzehnten Jahrhunderts wurden viele Versuche gemacht, die Grundlagen der sittlichen Natur des Menschen in vernünftiger Selbstliebe und der Liebe zur Menschheit *(Auguste Comte* und seine Anhänger), in der wechselseitigen Sympathie und der geistigen Gleichsetzung des eigenen Selbst mit der Menschheit *(Schopenhauer),* in der Nützlichkeit (Utilitarismus von *Bentham* und *Mill)* und in der Entwickelungslehre (*Darwin*, *Spencer* und *Guyau*) zu finden.

Die Grundsteine dieser letzten Ethik wurden von *Darwin* gesetzt. Er bemühte sich, die ersten Grundlagen des sittlichen Gefühls aus dem allen geselligen Tieren angeborenen Geselligkeitstrieb abzuleiten; da aber die meisten Ethiker diesem Versuch keine Aufmerksamkeit zuteilwerden ließen und ihn selbst die meisten Darwinisten schweigend übersahen, so untersuchte ich ihn eingehend in dem dritten Kapitel dieses Buches. Auf die weite Verbreitung des Geselligkeitstriebes bei der großen Mehrzahl der Tiere aller Klassen und Gruppen habe ich schon in meinem Buche *Gegenseitige Hilfe* hingewiesen, im dritten Kapitel jedoch sahen wir, dass die primitivsten Menschen der Eiszeit und der früheren Postglazialzeit die Geselligkeit und ihre Sittlichkeit den Tieren absehen mussten, mit denen sie damals in engem Beisammensein lebten, und wie der Mensch tatsächlich aus seiner Kenntnis des Tierlebens geschöpfte praktische Verhaltungsmaßregeln in seinen ersten Märchen und Sagen von Geschlecht zu Geschlecht überlieferte.

Der erste Sittenlehrer des Menschen war also die Natur selbst – nicht jene Natur, welche die Büchergelehrten, die die Natur nicht kannten, geschildert und welche die Naturforscher, die die Natur nach toten Museumsstücken studierten, beschrieben haben, sondern dieselbe Natur, in der auf dem damals noch schwach bevölkerten amerikanischen Festland, in Asien und Afrika, die großen Begründer der beschreibenden Zoologie, *Audubon*, *Asara*, *Prinz Wied*, *Brehm* u. a., gelebt und gearbeitet haben; mit einem Wort, die Natur, die Darwin meinte, als er in seiner *Abstammung des Men-*

schen eine kurze Übersicht der Entstehung des sittlichen Gefühls bei den Menschen gab.

Zweifellos konnte der vom Menschen ererbte und in ihm festgewurzelte Geselligkeitstrieb sich nachher sogar trotz des schweren Kampfes ums Dasein entwickeln und befestigen; und ich zeigte in der *Gegenseitigen Hilfe* – wiederum auf Grund von Untersuchungen anerkannter Forscher – wie sehr bei den Wilden die Geselligkeit und zugleich bei den primitivsten Vertretern des Menschengeschlechts das Gefühl der Gleichberechtigung entwickelt ist; auch zeigte ich, wie dank der Geselligkeit die menschlichen Gemeinschaften, trotz aller Schwierigkeiten des Lebens, in der wilden Natur sich entwickeln konnten.

Indem ich deshalb den Leser auf die *Gegenseitige Hilfe* verweise, will ich jetzt untersuchen, wie in den Gesellschaften der primitiven Wilden sich die weiteren sittlichen Begriffe entwickelten, und welche Grundzüge sie der Weiterentwickelung der Sittlichkeit verliehen.

Wir wissen vom Leben der primitivsten menschlichen Wesen der Eiszeit und des Endes der Tertiärperiode nichts, als dass sie in kleinen Gesellschaften lebten, indem sie aus Seen und Wäldern mit Mühe ihre karge Nahrung holten und zu diesem Zweck Knochen- und Steinwaffen verfertigten.

Aber schon bei dieser Lebensweise musste sich der Wilde daran gewöhnen, seinem „Ich“ das gesellschaftliche „Wir“ gleichzusehen, und so gestaltete er die ersten Grundlagen der Sittlichkeit aus. Er lernte seine Sippe als ein Ganzes anzusehen, wovon er nur einen Teil bildete und nicht einmal den wichtigsten, da er sah, wie nichtig er angesichts der strengen, furchtbaren Natur wäre, sobald er aufhören würde, ein Teil des Ganzen zu sein. Deshalb gewöhnte er sich daran, seinem Willen durch den Willen der Anderen Schranken zu setzen, und dies war die Grundlage aller Sittlichkeit. Wir wissen tatsächlich, dass die primitivsten Menschen der Eiszeit und früheren Postglazialzeit, d. h. der Seenperiode, schon in Gesellschaften lebten – in Höhlen, Felsspalten oder unter überhängenden Felsblöcken – und dass sie mit ihren primitiven Geräten gemeinsam jagten und Fische fingen; gemeinsames Leben und Arbeiten setzen jedoch die Existenz einiger Regeln der gesellschaftlichen Sittlichkeit voraus.

Eine solche „Erziehung“ des primitiven Menschen dauerte Zehntausende von Jahren, und so gestaltete sich der Geselligkeitstrieb aus und wurde im Lauf der Zeit stärker als jede eigennützige Erwägung. Der Mensch gewöhnte sich, an sein Ich nicht anders als durch die Vorstellung von seiner

Gruppe zu denken. In der Folge werden wir die hohe erzieherische Bedeutung einer solchen Denktätigkeit erkennen.[37]

Schon in der Tierwelt sahen wir, wie der persönliche Wille der Einzelnen mit dem Willen aller verschmolz. Die geselligen Tiere lernen es schon in frühester Jugend in ihren Spielen,[38] in denen man sich gewissen Spielregeln bedingungslos unterwerfen muss und es nicht erlaubt ist, wirklich mit den Hörnern zu stoßen, einander tatsächlich zu beißen oder die Reihenfolge zu durchbrechen. Im reifen Alter ist die Aufsaugung des persönlichen Willens durch den gesellschaftlichen in vielen Fällen klar ersichtlich. Die Vorbereitungen der Vögel zu ihren Flügen von Nord nach Süd und zurück; ihre abendlichen „Übungsflüge" im Laufe einiger Tage vor Antritt der Reise; die aufeinander eingestellten Handlungen der Raubtiere und Vögel während der Jagd; die gemeinsame Abwehr aller Überfälle der Räuber durch alle in Herden lebenden Tiere; die Tierwanderungen und endlich das ganze gesellschaftliche Leben der Bienen, Wespen, Ameisen, Holzläuse, fast aller Strandläufer, der Papageien, Biber, Affen usw. – sie alle sind vielsagende Beispiele einer solchen Unterwerfung des persönlichen, Willens. In ihnen ist die Anpassung des Einzelnen an den Willen und die Absichten des Ganzen, die bereits zur ererbten Gewohnheit, d. h. zum Instinkt geworden ist, klar zu erkennen.[39]

Dass in einem solchen Instinkt schon die Keime des *Rechts* enthalten sind, wusste bereits *Hugo Grotius* im Jahre 1625. Aber es unterliegt keinem Zweifel, dass der Mensch der Eis- und Seenzeit, wenigstens auf dieser Stufe, vielleicht aber noch auf einer bedeutend höheren Stufe der gesellschaftlichen Entwickelung stand. Sobald ein Beisammenleben besteht, bilden sich unvermeidlich gewisse Lebensformen, gewisse Gebräuche und Sitten

37 Jedes Denken hat, wie Fouillée richtig bemerkte, das Bestreben, mehr und mehr objektiv zu werden, d. h. sich von persönlichen Erwägungen zu befreien und allmählich zu allgemeingültigen Erwägungen überzugehen. (Fouillée, *Critique des Systèmes de morale contemporains*, Paris 1883, S. 18.) Auf diese Weise entsteht allmählich das gesellschaftliche Ideal, d. h. die Vorstellung vom möglichst Besten.

38 Siehe darüber Karl Groos, *Play of Animals* (1898).

39 Der Leser findet viele Tatsachen zur Beurteilung der sittlichen Keime in den geselligen Tieren bei Espinas, der die verschiedenen Stufen der Geselligkeit bei den Tieren in seinem ausgezeichneten Werk *Les Sociétés animales*, Paris 1877, beschrieb, bei Romanes in seinem Werk über die Intelligenz der Tiere *Animal Intelligence*, im Werk Hubers und Forels über die Ameisen und in Büchners *Liebe und Liebesleben in der Tierwelt*, 1879, erweiterte Auflage 1885.

heraus, die, einmal als nützlich erkannt und zum gewohnten Gedankengang geworden, erst in instinktive Gewohnheiten, dann in Lebensregeln übergehen. So bildet sich eine eigene Sittlichkeit, eine eigene Ethik heraus, welche von den Ältesten, den Hütern der Stammesgebräuche, unter den Schutz des Aberglaubens und der Religion, d. h. im Wesentlichen unter die Obhut der toten Vorfahren, gestellt wird.[40]

Von einigen bekannten Naturforschern wurden vor kurzem Beobachtungen und Versuche unternommen, um festzustellen, ob bei Hunden, Pferden und anderen mit dem Menschen in naher Gemeinschaft lebenden Tieren überlegte sittliche Begriffe zu finden sind, und das Ergebnis waren recht bestimmte bejahende Antworten. Besonders überzeugend sind beispielsweise die von *Spencer* im Anhang zum zweiten Band seiner *Grundlagen der Ethik* erzählten Tatsachen, und sie führen zu durchaus nicht unwichtigen Schlussfolgerungen. Ebenso finden wir einige vollkommen überzeugende Tatsachen in der obenerwähnten Arbeit von *Romanes*. Aber wir wollen uns nicht bei ihnen aufhalten, da die Feststellung genügt, dass schon in tierischen Gemeinschaften, viel mehr aber noch in menschlichen Gesellschaften kraft der geselligen Gewohnheiten sich unvermeidlich Anschauungen herausbilden, aus denen heraus das persönliche Ich dem gesellschaftlichen *Wir* gleichgesetzt wird, und dass in dem Maße, wie diese Anschauungen sich in einen ererbten Trieb verwandeln, das persönliche Ich sich dem gesellschaftlichen *Wir* unterwirft.[41]

Sobald wir uns aber davon überzeugt haben, dass eine solche Identifizierung des Einzelnen mit dem Ganzen – wenn auch in geringem Maße – bei den Menschen existierte, so wird uns klar, dass sie, wenn sie der Menschheit nützlich war, sich unvermeidlich verstärken und im Menschen entwickeln musste, der über die zur Sage führende Gabe der Sprache verfügte, und dass sie letzten Endes zur Entwickelung eines fest gefügten sittlichen Triebes führen musste.

Eine solche Behauptung wird aller Wahrscheinlichkeit nach Zweifel erwecken, und sicherlich werden viele die Frage stellen: „Ist es möglich, dass aus der halbtierischen Geselligkeit sich solche hohe sittliche Lehren

40 Über die Bedeutung der „großen Menge“ der verstorbenen Ahnen – la grande multitude – schrieb Elie Reclus (Bruder des Geographen Elisée Reclus) in einem kleinen, aber an Gedanken und Tatsachen reichen, prächtigen Buch *Les Primitifs*.

41 Eine ausführliche Zergliederung dieser Tatsachen gab Spencer in seinen *Grundlagen der Ethik*.

entwickeln konnten, wie die Lehren des Sokrates, Plato, Konfutse, Buddha und Christus, dazu ohne die Einmischung einer übernatürlichen Macht?" Es ist eine Frage, auf welche die Ethik eine Antwort geben muss. Ungenügend wäre die bloße Bezugnahme auf die Biologie, welche zeigt, wie aus mikroskopisch kleinen, einzelligen Organismen im Laufe vieler Zehntausende von Jahren sich immer vollkommenere Organismen bis hinauf zu den Säugetieren und dem Menschen entwickelten. – Und deshalb muss die Ethik die gleiche Arbeit vollbringen, die Auguste Comte und Spencer in der Biologie und mehrere ihrer Anhänger in der Geschichte des Rechts ausgeführt haben. Die Ethik muss mindestens aufzeigen, wie die sittlichen Anschauungen sich entwickeln konnten: von der Geselligkeit der höheren Tiere und des primitiven Wilden bis zu den idealsten Sittenlehren.

Die Lebensregeln der verschiedenen heutigen wilden Stämme sind mannigfaltig. In verschiedenen klimatischen Zonen bei von verschiedenen Nachbarvölkern umgebenen Stämmen bildeten sich verschiedenartige Sitten und Gebräuche heraus. Zudem unterscheiden sich selbst die Schilderungen dieser Sitten und Gebräuche durch die verschiedenen Reisenden sehr stark voneinander, je nach dem Charakter des Schriftstellers und nach seinem allgemeinen Verhalten gegenüber den „kleineren Brüdern". Deshalb darf man die Schilderungen allerlei primitiver Stämme nicht zu einem einzigen Ganzen verbinden – wie manche beginnende Anthropologen verfahren –, ohne festgestellt zu haben, auf welcher Entwickelungsstufe der gegebene Stamm sich befindet, und ohne den Autoren der verschiedenen Beschreibungen gegenüber sich kritisch zu verhalten. Sogar *Spencer* konnte in seiner großen Ausgabe anthropologischer Tatsachen und sogar in seiner späteren *Ethik* diesen Fehler nichtvermeiden.[42] Ihn vermieden aber schon z. B. *Waitz* in seiner *Anthropologie der Naturvölker* und eine Reihe anderer Anthropologen, wie Morgan, Maine, Kowalewski, Post, Dargun und viele andere. Im Allgemeinen kann man von den Berichten über die Wilden nur die Schilderungen der Reisenden und Missionare benutzen, die genügend lange inmitten der von ihnen geschilderten Urbewohner gelebt haben; ihr langer Aufenthalt weist schon an sich bis zu einem gewissen Grade auf wechselseitiges Verständnis hin. Zudem müssen wir, wenn wir etwas über die ersten Keime der sittlichen Anschauungen erfahren wollen, diejenigen Wilden nehmen, welche die charakteristischen Züge der Stam-

42 *Descriptive Sociology*, classified und arranged by Herbert Spcencer, compiled and abstractcd by Davis Duncan, Richard Schappig and James Collier. 8 Foliobände.

mesorganisation seit der frühesten Postglazialzeit besser als die anderen bewahrt haben.

Es gibt natürlich keine Stämme mehr, welche die frühesten Lebensformen vollkommen rein erhalten hätten. Am reinsten haben sie jedoch die Wilden im äußersten Norden, die Aleuten, Tschuktschen und Eskimos, die bis heute bei denselben physischen Bedingungen existieren, unter denen sie lebten, als die große Eisdecke zu schmelzen begann,[43] bewahrt; desgleichen einige Stämme im äußersten Süden, z. B. in Patagonien und Neu-Guinea, und kleine Reste von Stämmen, die sich noch in manchen gebirgigen Gegenden, besonders im Himalajagebirge erhalten haben.

Gerade über die Stämme des hohen Nordens haben wir ausführliche Berichte von Leuten, die unter ihnen gelebt haben: besonders über die Aleuten in Nord-Alaska, von einem bedeutenden Sittenschilderer, dem Missionar Wenjaminoff, und über die Eskimos von den Expeditionen, die in Grönland überwinterten, wobei die Schilderung der Aleuten durch Wenjaminoff besonders lehrreich sind.

Zu allererst muss von der Ethik der Aleuten gesagt werden, dass sie, wie die Ethik anderer Naturvölker, aus zwei Teilen besteht: die Ausübung mancher Gebräuche und folglich mancher ethischer Vorschriften, ist unbedingt verbindlich; das Halten anderer Gebote wird jedoch nur als wünschenswert empfohlen, und für ihre Übertretung erleiden die Schuldigen Spott und Verhöhnung. So sagen z. B. die Aleuten, es sei „beschämend", das eine oder andere zu tun.[44]

So empfinden sie es z. B. als Schande, schrieb Wenjaminoff, sich vor dem unvermeidlichen Tode zu fürchten, einen Feind um Schonung zu bitten, des Diebstahls überführt zu werden, den Kahn im Hafen kentern zu lassen, beim Hinausfahren auf die stürmische See Furcht zu verraten, bei

43 Aller Wahrscheinlichkeit nach bewegten sie sich immer weiter nach Norden hin, da sie von der sich vermehrenden Bevölkerung der südlicheren Teile der Erde: Indiens, Nordafrikas u. a., an welche die Eisdecke nicht herangereicht hatte, verdrängt wurden. Diese Abwanderung nach Norden vollzog sich in dem Maße, wie die Eisdecke schmolz, die zur Zeit ihrer größten Ausdehnung auf der nördlichen Halbkugel bis an den fünfzigsten Grad nördlicher Breite gereicht hatte.

44 *Denkwürdigkeiten aus dem Bezirk Unalaschka* (russ,), drei Bände, St. Petersburg 1840. Auszüge aus diesem Werk finden sich in Dalls *Alaska*. Sehr ähnliche Beobachtungen besitzen wir über die grönländischen Eskimos, auch über australische Wilde, die Bewohner Neu-Guineas (von Miklucho-Maklai und einigen anderen).

weiten Reisen als erster Schwäche zu zeigen, beim Verteilen der Beute Habgier zu zeigen, in welchem Falle alle anderen dem Gierigen ihr Anteil geben, um ihn zu beschämen; es ist beschämend, seinem Weibe ein Stammesgeheimnis zu verraten, auf der Jagd dem Gefährten nicht die beste Beute anzubieten, mit seinen Taten, insbesondere den erfundenen, zu prahlen und jemand mit Worten Verachtung zu bezeugen. Es ist schließlich eine Schande, um Almosen zu bitten, sein Weib im Beisein anderer zu liebkosen oder mit ihr zu tanzen, selbst mit dem Käufer um den Preis zu feilschen, da der Wert eines verkäuflichen Gutes von einer dritten Person festgesetzt werden muss. Für die Frau ist es beschämend, nicht nähen oder tanzen zu können, überhaupt nicht alles das zu können, was zum Pflichtenkreis der Frau gehört, in Gegenwart von anderen den Mann zu liebkosen oder sogar mit ihm zu reden.[45]

Wodurch diese Züge der Ethik der Aleuten aufrechterhalten werden, sagte Wenjaminoff nicht. Aber eine Expedition, die in Grönland überwinterte, beschrieb, wie die Eskimos leben: einige Familien zusammen in einer Wohnung, die durch Vorhänge aus Tierfellen in mehrere Räume – jede Familie hat eine Kabine – eingeteilt ist. Diese Flurhäuser bilden manchmal die Form eines Kreuzes, in dessen Mitte sich der Herd befindet. In langen Winternächten singen die Frauen Lieder und auch Spottlieder auf die jeweiligen Übertreter der Regeln des Anstandes. Daneben aber gibt es unbedingt verbindliche Gesetze: Als oberstes Gesetz gilt natürlich das Verbot des Brudermordes, d. h. des Mordes innerhalb der eigenen Sippe. Ebenso unzulässig ist die Unterlassung der Stammesrache, wenn ein Stammesgenosse von einem Mitglied einer anderen Sippe getötet oder verwundet wurde.

45 Zu diesen Grundlagen der Sittlichkeit der Aleuten rechnet Wenjaminoff auch noch: „Sterben, ohne einen einzigen Feind getötet zu haben". Ich habe es nicht mit aufgenommen, weil ich hier auf ein Missverständnis schließe. Jemand aus der eigenen Sippe kann nicht als Feind angesehen werden; schreibt doch Wenjaminoff selbst, dass bei einer Bevölkerung von 60.000 Menschen im Verlauf von vierzig Jahren nur ein Mord vorgefallen sei, der durch Stammesrache oder eine Geldablösung schon lange seine Sühne gefunden haben muss. Der Feind, der unbedingt den Tod verdient hätte, könnte also nur zu einer anderen Sippe gehören. Dabei spricht Wenjaminoff nie von Streitigkeiten zwischen den Sippen. Wahrscheinlich hat er sagen wollen: „Sterben, ohne einen Feind getötet zu haben, der aus Stammesrache hätte getötet werden müssen". Diese Anschauung teilen leider heute noch die Anhänger der Todesstrafe, sogar in den sogenannten „zivilisierten" Gemeinwesen.

Außerdem gibt es eine ganze Kategorie von Gebräuchen solch hoher Verbindlichkeit, dass ihre Übertretung für den Schuldigen die Verachtung des ganzen Stammes nach sich zieht, und dass er Risiko läuft, aus der Gemeinschaft ausgestoßen zu werden. Sonst könnte durch den Schuldigen die Rache der beleidigten Tiere, etwa der Krokodile oder Bären, von denen im vorhergehenden Kapitel die Rede war, oder der unsichtbaren Wesen oder der Geister der Ahnen sich dem ganzen Stamme zuwenden.

So erzählt beispielsweise Wenjaminoff, dass einst bei seiner Abreise vergessen worden sei, die getrockneten Fische ins Boot mitzunehmen, die ihm ein Aleute als Geschenk gebracht hatte. Als er nach einem halben Jahr wieder an denselben Platz zurückkehrte, erfuhr er, dass der Stamm inzwischen eine Hungerzeit durchgemacht habe. Aber die ihm geschenkten Fische waren von niemand berührt worden und wurden ihm unversehrt zugestellt. Anders handeln hätte Anlass zu allerlei Widerwärtigkeiten für den ganzen Stamm gegeben. Ebenso schrieb auch Middendorf, dass in den Tundren, den Sumpfsteppen Nordsibiriens, niemand einen herrenlosen Schlitten berührt, und enthielte er sogar Proviant. Es ist bekannt, dass die Bewohner des hohen Nordens beständig hungern müssen, aber etwas von den zurückgelassenen Nahrungsmitteln an sich zu nehmen, würde als Verbrechen betrachtet werden, das dem Stamm jegliches Missgeschick zuziehen könnte. In diesem Fall identifiziert sich der Einzelne mit dem Stamm.

Endlich haben die Aleuten, wie alle primitiven Wilden, eine Reihe von unbedingt verbindlichen, heiligen Bestimmungen. Dazu gehört alles, was der Festigung der Stammesorganisation dient: die Einteilung in Klassen, die Hochzeitsgebräuche, die Eigentumsbegriffe in Bezug auf die Sippe und die Familie, die Gebräuche der Jagd und des Fischfanges (einzeln oder in Gesellschaft ausgeübt), der Wanderungen usw.; außerdem findet man bei ihnen eine Reihe Stammesgebräuche ausgesprochen religiösen Charakters. Hier sehen wir schon ein strenges Gesetz, dessen Übertretung der ganzen Sippe oder sogar dem ganzen Stamm Unglück bringen würde, weshalb die Übertretung undenkbar und fast unmöglich ist. Kommt aber die Verletzung des Gesetzes zur Seltenheit einmal vor, so wird der Schuldige als Verräter mit Ausstoßung oder Tod bestraft. Beiläufig sei gesagt, dass ein solcher Fall so selten ist, dass er als unvorstellbar gilt, so wie das römische Recht den Vatermord für unmöglich hielt und deshalb für dieses Verbrechen keine Strafe vorsah.

Im Allgemeinen haben alle uns bekannten Naturvölker ihre sehr komplizierten Stammesübereinkommen. Jedes Volk hat folglich seine eigene Sittlichkeit, seine eigene Ethik. Und in all diesen ungeschriebenen geheiligten Gesetzbüchern heben sich drei wichtigste Kategorien von Lebensregeln ab.

Die einen schützen die Formen, die für die Gewinnung von Nahrungsmitteln für den Einzelnen oder für den ganzen Stamm festgesetzt sind. Sie bestimmen den Gebrauch dessen, was dem ganzen Stamm gemeinsam gehört: der Gewässer, der Wälder, der wilden oder kultivierten Obstbäume, der Jagdgründe, der Boote; sie regeln streng die Jagden und die Wanderungen; bestimmen die Regeln zur Erhaltung des Feuers usw.[46]

Darauf werden die persönlichen Rechte und das persönliche wechselseitige Verhältnis bestimmt: die Gliederung der Sippe in Gruppen und das System der erlaubten ehelichen Beziehungen – wiederum ein sehr komplizierter Teil der Gesetzgebung, dessen Bestimmungen einen fast religiösen Charakter haben. Zu ihnen gehören: die Vorschriften der Jugenderziehung, meist in besonderen „langen Hütten", wie bei den Wilden im Stillen Ozean; das Verhalten zu Greisen und Neugeborenen; und endlich die Vorbeugungsmaßnahmen gegen scharfe persönliche Zusammenstöße, d. h. die Bestimmung dessen, was getan werden müsse, wenn innerhalb der Sippe selbst von Seiten einzelner Familien Gewaltakte möglich werden, oder wenn Zusammenstöße mit Nachbarsippen vorkommen, die möglicherweise zum Krieg führen könnten. Hier wird eine Reihe von Bestimmungen festgelegt, aus denen sich, wie der belgische Professor *Ernest Nys* aufzeigt, nachher die ersten Keime des Völkerrechts herausgebildet haben. Endlich gibt es noch eine dritte Kategorie heilig gehaltener Bestimmungen, die religiöse Aberglauben und Gebräuche im Zusammenhang mit den Jahreszeiten, der Jagd, dem Ortswechsel usw. betreffen.

Alles das können die Ältesten jedes Stammes ausführlich erklären. Diese Erklärungen sind natürlicherweise bei den vielen Stämmen und Völkerschaften ebenso verschieden, wie ihre Gebräuche mannigfaltig sind; aber wichtig ist, dass jeder Stamm, auf wie niederer Entwickelungsstufe er auch nicht stände, *seine eigene, äußerst komplizierte Ethik, sein eigenes System des Sittlichen und Unsittlichen,* besitzt.

Die Anfänge dieser Sittlichkeit liegen, wie wir sahen, im Geselligkeitsinstinkt, im Herdentrieb, im Bedürfnis nach gegenseitigem Beistand, die in allen geselligen Tieren entwickelt sind und in den primitiven menschlichen

---

46 Die Unterhaltung des Feuers ist eine sehr wichtige Angelegenheit. Miklucho-Maklai schrieb, dass bei den Bewohnern Neu-Guineas, wo er gelebt hatte, eine Sage existiert, wie sehr ihre Ahnen, als sie einst das Feuer ausgehen ließen, an Skorbut litten, bis sie von den Nachbarinseln Feuer bekommen konnten.

Gesellschaften sich immer weiter entfalteten. Dabei ist es natürlich, dass der Mensch, dank der Sprache, die die Entwickelung des Gedächtnisses unterstützte und die Überlieferung schuf, viel verwickeltere Lebensregeln, als sie die Tiere haben, ausarbeitete. Mit dem Erscheinen der Religion, wenn auch in der rohesten Form, trat in die menschliche Ethik ein noch neues Element, das ihr eine gewisse Festigkeit verlieh und nachher zum Träger der Vergeistigung und eines gewissen Idealismus wurde.

Nachher musste mit der Entwickelung des gesellschaftlichen Lebens der Begriff der *Gerechtigkeit* in den wechselseitigen Beziehungen immer mehr in den Vordergrund treten. Die ersten Keime der Gerechtigkeit, im Sinne der Gleichberechtigung, kann man schon bei den Tieren, besonders aber bei den Säugetieren, beobachten, wenn das Weibchen mehrere Junge säugt, oder in den Spielen vieler Tiere, wo die Einhaltung gewisser Spielregeln für alle gleich verbindlich ist. Aber der Übergang vom Geselligkeitstrieb, d. h. vom einfachen Drang oder Bedürfnis, im Kreise verwandter Wesen zu leben, *zum Vernunftschluss über die Notwendigkeit der Gerechtigkeit in den wechselseitigen Beziehungen,* zwecks Aufrechterhaltung des geselligen Lebens selbst, konnte notwendigerweise nur im Menschen stattfinden. Tatsächlich prallen in jeder Gesellschaft die Wünsche und Leidenschaften der Einzelnen mit den Wünschen der anderen Mitglieder der Gesellschaft unvermeidlich zusammen, und diese Zusammenstöße würden unabänderlich zu unendlichem Hader und zum Zerfall der Gesellschaft führen, entwickelte sich nicht gleichzeitig im Menschen (wie er sich bei gewissen geselligen Tieren entwickelt hat) der Begriff der Gleichberechtigung aller Mitglieder der Gesellschaft. Aus diesem Begriff jedoch musste sich allmählich der Begriff der *Gerechtigkeit* herausbilden, wie schon die Entstehung des Wortes aequitas, *équité* anzeigt, das den Begriff der Gerechtigkeit, der Gleichheit verkörpert. Nicht umsonst bildete man die Gerechtigkeit im Altertum als eine Frau mit verbundenen Augen und einer Waage in der Hand ab.

Greifen wir einen Fall aus dem Leben heraus. Zwei Menschen geraten beispielsweise in Wortwechsel. Ein Wort gibt das andere, einer wirft dem anderen vor, ihn beleidigt zu haben. Der andere beginnt zu beweisen, dass er im Recht sei und ein Recht dazu habe, das zu sagen, was er gesagt habe. Gewiss habe er den anderen damit beleidigt, aber die Beleidigung wäre die Antwort auf eine ihm zugefügte Beleidigung gewesen, sei also der vorangegangenen ziemlich gleichwertig und nicht schwerer wiegend als jene.

Wird der Wortwechsel zum Streit, und artet er in eine Schlägerei aus, dann werden beide beweisen, dass der erste Schlag als Antwort auf eine schwere Beleidigung verabfolgt worden sei, und dass jeder folgende

Schlag die Antwort auf einen vorangegangenen gleichen Hieb des Gegners gewesen sei. Haben die Streitenden Verletzungen davongetragen, und kommt also die Angelegenheit vor den Richter, so misst er die Wunden, und derjenige, der seinem Widersacher die größere Verletzung beigebracht hat, muss eine Ablösung entrichten, um die *Gleichheit der Beleidigungen wiederherzustellen.* So verfuhr man immer im Laufe vieler Jahrtausende, wenn eine Angelegenheit vor das Gemeindegericht kam.

Aus diesen nicht erfundenen, aus dem Leben gegriffenen Beispiel ist klar zu sehen, wie die primitivsten Wilden die „Gerechtigkeit“ auffassten, und was die gebildeten Völker unter demWort Recht, Gerechtigkeit, *justice*, *aequitas*, *équité* usw. verstehen. Sie sehen in ihm die *Wiederherstellung der verletzten Gleichberechtigung.* Niemand darf die Gleichheit zweier Mitglieder der Gemeinschaft verletzen; wird sie jedoch verletzt, so muss sie durch Einmischung der Gemeinschaft wiederhergestellt werden. So lautete das Mosaische Gesetz, das da sprach: „Auge um Auge, Zahn um Zahn, Wunde um Wunde“ – aber nicht mehr. So verfuhr die römische Gerechtigkeit, so verfahren noch heute alle Wilden, und vieles davon hat sich in unserer gegenwärtigen Gesetzgebung erhalten.

Natürlich gibt und gab es in jeder Gesellschaft auf jeder Entwickelungsstufe einzelne Persönlichkeiten, die ihre Kraft, Gewandtheit, Vernunft oder Kühnheit zu benutzen bestrebt sind, um sich den Willen anderer zu unterwerfen; und manche von ihnen erreichen ihren Zweck. Solche Persönlichkeiten gab es hin und wieder auch bei den Naturvölkern, und wir finden sie bei allen Stämmen und Völkern auf allen Entwickelungsstufen der Kultur. Aber auf allen Entwickelungsstufen entstanden auch als Gegengewicht Gebräuche, die der übermäßigen Entwickelung des Einzelnen zum Nachteil des Ganzen entgegenarbeiteten. Alle zu verschiedenen Zeiten bei der Menschheit entstandenen Institutionen – die Stammesorganisation, die Landgemeinde, die Stadt, die Republiken mit ihren Volksversammlungen, die Selbstverwaltung der Kirchspiele und Bezirke, die Volksvertretung usw. verfolgten im Wesentlichen das Ziel, die Gemeinschaften vor dem Eigenwillen solcher Leute, und vor ihrer beginnenden Macht zu schützen.

Schon die primitivsten Wilden haben, wie wir eben sahen, eine Reihe zu diesem Zweck geschaffener Gebräuche. Einerseits stellt der Gebrauch die Gleichberechtigung fest. So überraschte *Darwin* bei den Wilden Patagoniens der Brauch, dass der Naturmensch, wenn er von den Weißen etwas Essbares erhielt, das ihm geschenkte Stück unverzüglich unter alle Anwesenden gleichmäßig verteilte. Das Gleiche fanden viele Forscher bei vielen primitiven Stämmen, und auch ich fand es sogar in späteren Entwickelungsformen bei einem Hirtenvolke, den Burjaten, die an entlegeneren Orten Sibiriens wohnen.[47]

Eine Menge solcher Tatsachen ist in allen ernst zu nehmenden Schilderungen der Naturvölker enthalten.[48] Überall finden die Forscher dieselben gesellschaftlichen Sitten, denselben Gemeinschaftsgeist, dieselbe Bereitschaft zur Dämpfung des Eigenwillens zwecks Erhaltung des gesellschaftlichen Lebens. Und wenn wir uns bemühen, in das Leben des Menschen auf den primitivsten Stufen seiner Entwickelung einzudringen, dann finden wir die gleiche Stammesorganisation und die gleichen Vereinigungen der Menschen zum gegenseitigen Beistand. Und wir müssen gestehen, dass in den geselligen Eigenschaften des Menschen die wichtigste Kraft seiner vergangenen Entwickelung und seines weiteren Fortschrittes liegt.

Im achtzehnten Jahrhundert, unter dem Eindruck der ersten Bekanntschaft mit den Wilden des Stillen Ozeans, entstand das Bestreben, die im „Naturzustand" lebenden Wilden zu idealisieren, möglicherweise als Gegengewicht zur Philosophie des Hobbes und seiner Anhänger, welche die primitiven Menschen als Ansammlung wilder, zu gegenseitiger Vertilgung beständig bereiter Tiere schilderten. Die eine wie die andere Vorstellung war indessen falsch, wie wir heute von vielen gewissenhaften Forschern wissen. Der primitive Mensch ist durchaus kein Tugendspiegel und keinesfalls ein tigerähnliches Tier. Aber er lebte immer und lebt heute noch in Gemeinwesen wie Tausende anderer Lebewesen, und in diesen Gemeinschaften entwickelten sich nicht nur die für alle geselligen Tiere kennzeichnenden geselligen Eigenschaften; noch mehr entfaltete sich in ihnen dank der Sprache und folglich dem höher entwickelten Verstand die Geselligkeit, und zugleich mit ihr bildeten sich die Regeln des geselligen Lebens heraus, die wir Sittlichkeit nennen.

In der Geschlechtsgenossenschaft erlernte der Mensch zuerst das Grundgebot jeder Geselligkeit: dem anderen nicht das zuzufügen, was man

---

47 Bei den in Ssajani lebenden Okinskischen Burjaten versammelt sich, wenn ein Hammel geschlachtet wird, der ganze Ulus (Markgenossenschaft) um das Feuer, an dem das Festmahl bereitet wird, und nimmt an der Mahlzeit teil. Ebenso bei den Wercholenskischen Burjaten.

48 Näheres findet sich in den denkwürdigen Arbeiten von Theodor Waitz, Anthropologie der Naturvölker; Albert Hermann Post, *Afrikanische Jurisprudenz* und *Die Geschlechtsgenossenschaft der Urzeit*; Maxim Kowalewski, *Primitives Recht*; Lewis H. Morgan, *Ancient Society*; Dr. Hinrich Johannes Rink, *The Eskimo Tribes*, und in mehreren Einzelstudien, die in diesen Werken und in meinem Buch *Gegenseitige Hilfe* erwähnt werden.

nicht will, dass man ihm selbst tue, und mit verschiedenen Mitteln diejenigen zurückzuhalten, die dieses Gebot nicht halten wollen. Nachher entwickelte sich in ihm die Fähigkeit, *sein eigenes Leben mit dem Leben seiner Sippe zu identifizieren.* Beim Studium der primitiven Menschen, angefangen von denen, die noch die Lebensformen etwa der Eiszeit oder Postglazialzeit (Seenperiode) bewahrt haben, bis hinauf zu denen, die in einer späteren Entwickelung der Stammesgenossenschaft stehen, überrascht uns gerade dieser Zug: die Identifizierung des Menschen mit seinem Stamm. Dieser Zug geht durch die ganze Geschichte der früheren Entwickelung der Menschheit; er ist am besten da erhalten, wo sich die primitiven Formen der Geschlechtsgenossenschaft und die primitivsten Anpassungsformen an den Kampf mit der stiefmütterlichen Natur bewahrt haben, d. h. bei den Eskimos, den Aleuten, den Bewohnern des Feuerlandes und bei manchen Bergvölkern. Und je mehr wir den primitiven Menschen erforschen, desto mehr überzeugen wir uns, dass er sogar in seinen unwichtigen Handlungen sein Leben mit dem Leben seiner Sippe identifiziert, und dass er es auch noch heute tut.

Der Begriff von Gut und Böse gestaltete sich also nicht auf Grund dessen, was für den einzelnen Menschen gut oder böse ist, sondern dessen, was für den ganzen Stamm gut oder böse ist. Dieser Begriff veränderte sich naturgemäß an verschiedenen Orten und zu verschiedenen Zeiten; manche Gebote, wie beispielsweise die Darbringung von Menschenopfern zur Besänftigung der furchtbaren Naturkräfte – eines Vulkans, des Meeres, eines Erdbebens – waren einfach sinnlos.

Waren aber einmal die einen oder anderen Regeln vom ganzen Stamme festgesetzt, so unterwarf sich ihnen der Mensch, wie schwer ihre Einhaltung auch sein mochte.

Im Allgemeinen identifizierte sich der Wilde mit seinem Stamme. Er war ganz sicher unglücklich, wenn er etwas getan hatte, was seinem Stamm den Fluch des Beleidigten oder die Rache der „großen Menge" der Ahnen oder irgendeiner Tierklasse: der Krokodile, Bären, Tiger u. a., zuziehen konnte. Das „Gewohnheitsrecht" ist dem Wilden mehr, als dem heutigen Menschen die Religion bedeutet: es bildet die Grundlage seines Lebens, und deshalb ist die Selbstbeschränkung im Interesse des Stammes und die Selbstaufopferung des Einzelnen zu demselben Zweck eine ganz gewöhnliche Erscheinung.[49]

49 Siehe Adolf Bastian, *Der Mensch in der Geschichte*, 1860, Band III; George Grey, *Journals of two Expeditions*, 1841, Band II und alle ernst zu nehmenden

Je näher also die primitive Gesellschaft ihren ältesten Formen ist, desto strenger wird die Regel „einer für alle“ beobachtet. Und nur infolge völliger Unkenntnis des wirklichen Lebens der Naturvölker konnten Denker, wie Hobbes, Rousseau und ihre Anhänger, behaupten, die Sittlichkeit sei zuerst aus dem vermeintlichen „Gesellschaftsvertrag“ entstanden, während andere ihr Auftauchen mit einer „höheren Eingebung“ zu erklären suchten, die dem sagenhaften Gesetzgeber zuteil geworden wäre. In Wirklichkeit jedoch liegt der Ursprung der Sittlichkeit in der allen höheren Tieren und noch mehr dem Menschen eigentümlichen *Geselligkeit.*

Leider gilt in der Geschlechtsgenossenschaft die Regel „einer für alle“ nur für das eigene Geschlecht. Die Sippe braucht ihre Nahrung nicht mit anderen Geschlechtern zu teilen. Außerdem wird das Territorium wie bei manchen Säugetieren und Vögeln unter die verschiedenen Sippen verteilt, und jede Sippe hat ihren eigenen Bezirk für die Jagd und den Fischfang. So entstanden im Leben des Menschen seit den frühesten Zeiten Beziehungen zweierlei Art: innerhalb seiner Sippe und mit den Nachbarsippen, und die letzteren schufen den Boden für Zusammenstöße und Kriege. Gewiss, schon bei der Geschlechtsgenossenschaft wurden Versuche unternommen, die wechselseitigen Beziehungen der Nachbargeschlechter zu regeln. Beim Eintritt in die Hütte muss die Waffe am Eingang abgelegt werden, und sogar im Falle eines Krieges zwischen zwei Stämmen sind gewisse Regeln bezüglich der Wege zu den Brunnen einzuhalten, aus denen die Frauen Wasser holen. Im Allgemeinen aber sind die Beziehungen zu den Nachbarn aus einer anderen Sippe (wenn mit ihr kein Bündnis geschlossen wurde) ganz anders als die Beziehungen innerhalb des Geschlechts. Und während der ganzen folgenden Entwickelung der Menschheit konnte keine Religion den Begriff vom „Fremdling“ entwurzeln. Noch mehr, die Religionen wurden fast überall selbst zu Quellen grausamster Feindschaft, die sich mit der Entwickelung des Staates noch verstärkte. Daraus entstand eine zwiespältige Ethik, die sich bis auf den heutigen Tag erhalten und zu den Schrecken des Weltkrieges geführt hat.

Im Anfang bildete das ganze Geschlecht eine einzige Familie, und nur allmählich, wie heute bewiesen ist, begannen einzelne Familien sich herauszubilden, wobei in diesen Familien die Frauen aus anderen Geschlechtern zur Ehe genommen werden mussten.

Schilderungen des Lebens der Wilden. Über die Angst vor dem „Fluch“ siehe das bekannte Werk von Prof. Edvard Westermarck.

Die Einzelfamilie führte jedoch zum Verfall des früheren kommunistischen Gemeinwesens, da sie die Möglichkeit schuf, Familiengüter anzuhäufen. Aber dann begann das von den früheren Lebensformen überkommene Bedürfnis nach Geselligkeit, neue Formen anzunehmen. In den Dörfern entstand die Landgemeinde, in den Städten bildeten sich die Gilden der Handwerker und Kaufleute, aus denen sich die mittelalterlichen Freien Städte entwickelten, und mit Hilfe dieser Einrichtungen schufen sich die Volksmassen eine neue Lebensform, in der eine neue Vereinigung an Stelle der verwandtschaftlichen emporkeimte.

Andererseits führten die großen Völkerwanderungen und die beständigen Überfälle der benachbarten Stämme und Völker unvermeidlich zur Entstehung eines Kriegerstandes, der immer mehr Macht gewann in dem Maße, wie die friedliche bäuerliche und städtische Bevölkerung sich dem Kriegsdienst entfremdete. Gleichzeitig bemühten sich die Ältesten, die Schützer der Stammesüberlieferungen, ebenso die Beobachter der Natur, welche die ersten Keime des Wissens ansammelten, und die Hüter der religiösen Gebräuche, ihre Macht in den ländlichen Gemeinden und freien Städten zu befestigen, indem sie zu diesem Zweck geheime Bündnisse abschlossen. In der Folge, während der Entstehung des Staates, vereinigten sie sich miteinander – die kriegerische Macht und die kirchliche, indem sich beide der königlichen Macht unterwarfen.

Man muss jedoch einfügen, dass trotz alledem nie, in keiner Periode des Lebens der Menschheit, die Kriege eine normale Lebensbedingung waren. In derselben Zeit, wie die Krieger einander vernichteten und die Priester die gegenseitige Ausrottung priesen, fuhren die Volksmassen in Stadt und Land fort, ihr gewöhnliches Leben zu führen. Sie verrichteten ihre gewohnte Arbeit und bemühten sich gleichzeitig, ihre auf gegenseitige Hilfe und gegenseitige Unterstützung, d. h. auf das Gewohnheitsrecht, sogar unter der Herrschaft der Priester und Könige, gegründeten Organisationen auszubauen.

Im Wesentlichen kann man die ganze Geschichte der Menschheit ansehen einerseits als ein Streben einzelner Leute oder Gruppen nach der Macht, um sich weite Kreise zu unterwerfen, andererseits als eine Bemühung, die Gleichberechtigung – wenigstens der Männer – zu erhalten und die Machtergreifung zu verhindern oder wenigstens einzuschränken: mit anderen Worten, *die Gerechtigkeit innerhalb der Sippe, des Stammes oder des Geschlechterbundes zu erhalten.*

Dasselbe Bestreben tritt in den mittelalterlichen freien Städten, besonders in den ersten Jahrhunderten nach ihrer Befreiung von den Feudalherren, klar zutage. Im Wesentlichen waren die freien Städte Verbindungen gleichberechtigter Städter zur Abwehr der benachbarten Feudalherren.

Aber allmählich begann auch in den freien Städten eine Schichtenbildung innerhalb der Bevölkerung. Anfangs wurde der Handel von der ganzen Stadt gemeinsam geführt, da die Erzeugnisse des städtischen Gewerbes und die auf dem Lande angekauften Waren von der ganzen Stadt durch ihre Vertrauenspersonen ausgeführt wurden und der Gewinn der ganzen Stadtgemeinde gehörte. Aber allmählich verwandelte sich der Handel aus einer gemeinsamen in eine private Angelegenheit; an ihm bereicherten sich nicht nur die Städte allein, sondern auch Privatpersonen und freie Kaufleute, *mercatori libri*, besonders seit den Kreuzzügen, die einen regen Handelsverkehr mit dem Nahen Osten hervorriefen: es entstand der Bankierstand, an den im Notfalle wegen Anleihen sich nicht nur die verarmten Edelleute, sondern nachher auch die Städte selbst wandten.

So entstand in jeder der ehemals freien Städte eine kaufmännische Aristokratie, die die Städte beherrschte und bald den Papst, bald den Kaiser unterstützte, welche den Besitz der einen oder anderen Stadt erstrebten, bald dem König, bald dem Herzog ihren Beistand lieh, der die Städte eroberte, indem er sich entweder auf die Geldaristokratie oder die Besitzlosen stützte. So wurden unsere heutigen zivilisierten Staaten vorbereitet; ihr Zentralisationswerk vollendeten sie, als Europa sich im neunten, zehnten und elften Jahrhundert vor dem Einfall der Mauren in Spanien, im dreizehnten Jahrhundert vor dem Ansturm der Mongolen in Russland und im fünfzehnten Jahrhundert vor den Türken schützen musste. Gegenüber solchen Massenüberfällen waren die Städte und kleinen Fürstentümer, die oft miteinander in Fehde lagen, machtlos, und die Unterwerfung der kleineren Gemeinwesen durch die größeren und die Zentralisierung der Macht wurden von der Schaffung großer politischer Staaten gekrönt.

Es ist verständlich, dass solche wesentliche Veränderungen im Leben der Gemeinschaft, wie auch die religiösen Aufstände und Kriege dem ganzen Komplex der sittlichen Begriffe in jedem Land zu verschiedenen Zeiten ihren Stempel aufdrücken mussten; und vielleicht wird einmal ein ausführliches Werk geschaffen werden, in welchem die Evolution der Sittlichkeit im Zusammenhang mit den Veränderungen des gesellschaftlichen Lebens untersucht werden wird. Aber hier betreten wir ein Gebiet, auf dem die Wissenschaft von den sittlichen Begriffen und Lehren, d. h. die *Ethik,* oft mit einer anderen Wissenschaft, der Soziologie, d. h. der Wissenschaft vom Leben und von der Entwickelung der Gesellschaft, zusammentrifft. Und deshalb ist es besser, von vornherein darauf hinzuweisen, wie man das

Gebiet der Ethik abgrenzen muss, damit man nicht immerzu aus dem einen Gebiet in das andere hinübergerate.

Also weisen alle Menschen, auf wie niederer Entwickelungsstufe sie auch nicht ständen, und manche gesellige Tiere Züge auf, die wir sittliche nennen. Auf allen Entwickelungsstufen des Menschen finden wir den Herdentrieb und die Geselligkeit, und bei manchen Menschen entdecken wir eine Hilfsbereitschaft, die bis zum Einsetzen des eigenen Lebens geht. Und da solche Züge die Erhaltung und Entwickelung des gesellschaftlichen Lebens fördern, das seinerseits das Leben und den Wohlstand aller sichert, so wurden seit den ältesten Zeiten in den menschlichen Gesellschaften solche Eigenschaften nicht nur als wünschenswert, sondern sogar als notwendig anerkannt. Die Ältesten, die Weisen und die Zauberer der Naturvö1ker und in der Folge die Priester und die Geistlichkeit verwandelten diese Eigenschaften der menschlichen Natur in höhere Eingebungen, die von geheimnisvollen Naturkräften, d. h. den Göttern, oder von dem einen Schöpfer des Alls ausgehen. Aber schon seit sehr frühen Zeiten, besonders seit dem Aufblühen der Wissenschaften im alten Griechenland vor etwa 2500 Jahren, begannen die Denker die Erörterung der Fragen nach dem natürlichen Ursprung der sittlichen Gefühle, die die Menschen von schlimmen Handlungen an ihren Stammesverwandten und überhaupt von zur Schwächung der Geselligkeit führenden Handlungen zurückhalten. Mit anderen Worten, – sie versuchten, die natürliche Erklärung dessen zu finden, was man das Sittliche im Menschen nennt und was zweifellos in jeder Gesellschaft wünschenswert ist.

Solche Versuche wurden augenscheinlich schon im frühen Altertum gemacht, da man ihre Spuren in China und Indien findet. Aber in wissenschaftlicher Gestalt kamen sie auf uns nur aus dem alten Griechenland. Hier wirkten im Laufe von vier Jahrhunderten eine ganze Anzahl Denker – Sokrates, Plato, Aristoteles, Epikur und nachher die Stoiker, die in folgende Grundfragen philosophisch eindrangen:

„Woher hat der Mensch die sittlichen Regeln, die seinen Leidenschaften widersprechen und sie sogar oft eindämmen?“

„Woher kommt das Gefühl der Verbindlichkeit des Sittlichen, welches sogar bei Menschen, die die sittlichen Lebensregeln verneinen, hervorbricht?“

„Ist es die Frucht allein der Erziehung, von der uns freizumachen wir nicht wagen, wie manche heute behaupten, und zuzeiten auch früher schon manche Leugner der Sittlichkeit behaupteten?“

„Oder aber das sittliche Bewusstsein ist eine Frucht seiner Natur selbst. Ist es nicht in diesem Falle etwas Grundsätzliches, das sich infolge des geselligen Lebens im Laufe vieler Jahrtausende eingewurzelt hat?“

„Wenn es so ist, muss man dieses Bewusstsein entwickeln und befestigen, oder wäre es nicht besser, wenn es entwurzelt würde und wenn die Entwickelung des entgegengesetzten Gefühls (Egoismus) gefördert würde, das die Verneinung jeder Sittlichkeit in das Erwünschte, das Ideal des Kulturmenschen verwandelt?“

Das sind die Fragen, deren Lösung die Denker der Menschheit schon seit etwa zwei Jahrtausenden beschäftigt und die periodisch bald die eine, bald die andere Antwort hervorrufen. Aus diesen Forschungen entstand eine ganze Wissenschaft, die Ethik, die einerseits eng an die Soziologie, andererseits an die Psychologie, d. h. die Wissenschaft von dem Empfinden und Denken des Menschen, grenzt.

Im Wesentlichen können alle eben aufgezählten Fragen auf zwei Hauptaufgaben zurückgeführt werden: 1. *den Ursprung* der *sittlichen Begriffe und Gefühle festzustellen;* 2. *die wichtigsten Grundlagen* der *Sittlichkeit zu bestimmen* und so ein richtiges, d. h. zweckentsprechendes, sittliches Ideal auszuarbeiten.

Daran arbeiteten und arbeiten alle Denker aller Völker, und deshalb muss, ehe ich meine eigenen Gedanken über diese Fragen auseinandersetze, eine Übersicht der Schlussfolgerungen gegeben werden, zu denen die Denker verschiedener Schulen gelangt sind.

Dazu wollen wir nun übergehen; ich werde dabei die Entwickelung des Begriffs der Gerechtigkeit besonders berücksichtigen, die, wenn ich nicht irre, die Grundlage alles Sittlichen und den Ausgangspunkt aller praktischen Schlussfolgerungen jeder Sittenphilosophie bildet, obwohl das noch lange nicht von den Denkern, die sich mit der Ethik befassen, anerkannt wird.

Fünftes Kapitel

Die Entwicklung der Sittlichkeitslehren – Das alte Griechenland

Die sittlichen Anschauungen der alten Griechen. – Die Sittlichkeitslehre der Sophisten. – Sokrates. – Plato. – Aristoteles. – Epikur. – Die Stoiker.

Im vorigen Kapitel sahen wir, dass die primitivsten Völker ihre sorgfältig behüteten Sitten und Gebräuche schaffen, ebenso ihre eigenen Formen des geselligen Lebens herausbilden und ihre eigenen Anschauungen darüber, was gut und was böse ist, was nicht getan werden darf und wie man in verschiedenen Fällen zu handeln hat. Mit einem Wort, – es entsteht eine eigene Sittlichkeit, eine eigene Ethik.

Ein Teil dieser Lebensregeln wird unter den Schutz des Herkommens gestellt. Man darf Verschiedenes nicht tun, weil es schlecht oder „beschämend" wäre: – es würde eine körperliche oder Charakterschwäche bedeuten. Es gibt aber auch schwerere Vergehen und strengere Regeln. Wer sie übertritt, zeigt nicht nur unerwünschte Charaktereigenschaften, der fügt seinem Stamm auch Schaden zu. Das Wohlergehen des Stammes wird jedoch von allen verstorbenen Ahnen behütet, und wenn jemand die von Geschlecht auf Geschlecht vererbten Lebensregeln missachtet, dann rächen sich die toten Vorfahren nicht nur an dem Verächter ihrer Hinterlassenschaft, sondern an dem ganzen Stamme, der die Zurücksetzung des Althergebrachten zuließ.[50] Die Tierwelt hilft, wie wir im dritten Kapitel sahen, dem guten und gerechten Menschen und hemmt auf jede Art den bösen und ungerechten; wo aber das ganze Geschlecht an einer bösen und ungerechten Handlung

50 Dieser Glaube an die „große Menge" der Toten, welche die Lebenden beschützen, ist von Elie Reclus in seinem Buch *Les Primitifs* (1885) ausgezeichnet dargestellt.

teilnimmt, da greifen schon Naturkräfte, gute und böse Wesen, ein, mit denen die toten Ahnen des Menschen in Verbindung stehen. Im Allgemeinen wird bei den Naturvölkern vielmehr als bei den Kulturvölkern das einzelne Mitglied der Sippe mit der ganzen Sippe identifiziert; in der Blutrache, die – wie aus der Geschichte bekannt ist – sich bei allen Naturvölkern der Vergangenheit und Gegenwart findet, haftet einer für alle und alle für jeden ihrer Stammesverwandten.

Der Brauch, d. h. die Gewohnheit, nach dem Althergebrachten zu leben, die Furcht vor Veränderungen und die Trägheit des Denkens spielen folglich bei der Erhaltung der festgesetzten Lebensregeln die Hauptrolle. Aber zufällige Abweichungen sind immer möglich, und zwecks Erhaltung des einmal festgesetzten Übereinkommens greifen die Alten, die Wahrsager und Zauberer, zu jedem Mittel, das im Menschen Furcht erregt. Sie drohen dem Verächter des Brauches mit der Rache der Ahnen und verschiedener Luftgeister. Der Berg- oder Waldgeist, Lawinen, Schneestürme, Überschwemmungen, Krankheiten usw. erheben sich zum Schutz des niedergetretenen Brauches. Und um die Angst vor der Vergeltung für Übertretung der Regeln und Gebräuche zu nähren, werden geheiligte Zeremonien festgesetzt, welche die Verehrung der Naturkräfte ausdrücken, werden diesen Kräften Opfer dargebracht und mannigfaltige halbtheatralische religiöse Handlungen ausgeführt.[51]

Die Sittlichkeit wird auf diese Weise unter den Schutz vergötterter Mächte gestellt, und die Anbetung dieser Mächte gestaltet sich zur Religion, welche die sittlichen Anschauungen heiligt und festigt.[52]

Unter solchen Umständen verknüpft sich das Sittliche im Menschen so eng mit der Göttersage und der Religion, dass es sehr schwer wird, das Sittliche von geheimnisvollen höheren Eingebungen und überhaupt von der

51 Manche amerikanische Forscher nennen diese Handlungen „Tänze“, während diese einen viel wichtigeren Sinn als den eines einfachen Vergnügens tragen. Durch sie werden alle festgesetzten Gebräuche der Jagd und des Fischfanges sowie das ganze Übereinkommen der Stammesorganisation gestützt.

52 Professor Westermarck zeigte in einem ausführlichen, sowohl auf die Bekanntschaft mit der marokkanischen Bevölkerung, als auch auf das Studium der reichen Literatur über die Naturvölker gestützten Werk, welche Bedeutung bei Festsetzung von verbindlichen Sitten und Gebräuchen noch heute dem „Fluch“ zukommt! An dem Menschen, der von Vater oder Mutter, vom ganzen Stamm oder sogar einem Einzelnen (für Unterlassung einer Hilfeleistung oder für Beleidigung) verflucht ist, nehmen die unsichtbaren Geister, die Schatten der Ahnen und die Naturkräfte Rache.

Religion zu trennen, aus welchem Grunde der in Jahrhunderten gefestigte Bund der Sittlichkeit und der Religion sich bis auf die Gegenwart erhalten hat.

Ähnlich allen Naturvölkern dachten sich die alten Griechen lange die Himmelskörper und furchterregenden Naturerscheinungen als mächtige Wesen in menschlicher Gestalt, die beständig in das Leben der Menschen eingreifen; ein wunderbares Denkmal jener Zeiten ist die *Ilias*. Aus ihr erhellt, dass die sittlichen Anschauungen jener Zeit dieselben Züge tragen, die wir heute bei vielen Wilden finden. Die Übertretung des damals Sittlichen wurde von den Göttern gestraft, von denen jeder die eine oder andere Naturkraft in menschlicher Gestalt verkörperte.

Aber während viele Völker noch lange auf dieser Entwickelungsstufe stehen blieben, begannen im alten Griechenland schon einige Jahrhunderte nach der in der *Ilias* besungenen Zeit, d. h. vor mehr als sechshundert Jahren vor Beginn unserer Zeitrechnung, Denker aufzutauchen, welche die sittlichen Anschauungen des Menschen nicht nur auf der Götterfurcht aufzubauen versuchten, sondern auch auf der Erkenntnis ihrer eigenen Natur: der Selbstachtung, dem Gefühl der eigenen Würde und der Erfassung höherer geistiger und sittlicher Ziele.

Diese Denker bildeten schon damals mehrere Schulen. Die einen versuchten, die ganze Natur, folglich auch das Sittliche im Menschen, auf natürlichem Wege, d. h. dem Weg der Erkenntnis der Natur und der Erfahrung zu ergründen – wie heute die Naturwissenschaften verfahren. Die anderen aber behaupteten, die Entstehung des Weltalls und sein Leben könnte nicht auf natürlichem Wege erklärt werden, weil die für uns sichtbare Welt eine Schöpfung übernatürlicher Kräfte sei. Sie ist die Verkörperung irgendwelcher Kräfte, irgendwelcher „Wesenheiten", die außerhalb dessen liegen, was der menschlichen Beobachtung zugänglich ist. Deshalb kann der Mensch die Welt nicht durch die Eindrücke erkennen, die er aus der äußeren Welt erhält, sondern durch von der Wissenschaft losgelöste Betrachtung, die „Metaphysik".[53]

Nichtsdestoweniger sahen die damaligen Denker in diesen unserem Auge und Verstehen unzugänglichen Wesenheiten die Verkörperung der „Höchsten Vernunft" des „Wortes" (oder der Vernunft), des „Höchsten Willens" oder der „Weltseele", von denen der Mensch sich nur durch Selbster-

53 „Metaphysik" heißt auf Griechisch „außerhalb der Physik", d. h. außerhalb der Grenzen dessen, was zur Physik gehört. So benannte Aristoteles einen Teil seines Gesamtwerkes.

kenntnis einen Begriff machen kann. Wie sehr auch der abstrakte metaphysische Denker sich bemühte, diese Eigenschaften zu vergeistigen und ihnen eine über-menschliche, ja sogar über-natürliche Existenz zuzuschreiben, musste er sie sich doch, wie er mit den alten Göttern verfuhr, in der Art des menschlichen Verstandes und Gefühls vorstellen, und erfuhr er etwas über diese Fähigkeiten und Empfindungen gerade durch die Beobachtung seines eigenen Selbst und die Beobachtung anderer Menschen. Die Vorstellung einer geistigen, übernatürlichen Welt fuhr also fort, die Spuren der primitivsten Vermenschlichung der Natur in sich zu tragen. Die Homerischen Götter kehrten zurück, – jedoch in mehr vergeistigter Gestalt.

Es muss indessen gesagt werden, dass die metaphysische Philosophie seit den alten Griechen bis auf den heutigen Tag hochbegabte Anhänger fand. Sie begnügte sich nicht mit der Beschreibung der Himmelskörper und deren Bewegungen, des Donners, des Blitzes, der Sternschnuppen oder der lebenden Pflanzen und Tiere, sondern sie bemühte sich, die uns umgebende Natur als *das Weltganze* aufzufassen; und deswegen gelang es ihr, vieles für die Entwickelung des Wissens im Allgemeinen zu tun. Schon die ersten Denker der metaphysischen Richtung begriffen – und das war ihr großes Verdienst –, dass bei jeder Auffassung der Naturerscheinungen in ihnen keinesfalls die *Willkür* irgendwelcher Beherrscher der Welt zu sehen ist. Weder Willkür und Leidenschaften der Götter, noch blinde Zufälligkeiten sind imstande, das Leben der Natur zu erklären. Wir müssen gestehen, dass jede Erscheinung in der Natur – das Fallen des Steines, das Fließen des Baches, das Leben des Baumes oder des Tieres, notwendige Äußerungen der Eigenschaften *des Ganzen,* der ganzen belebten und unbelebten Natur darstellt. Sie sind das notwendige und vernunftgemäße Ergebnis der Entwickelung der Grundzüge der Natur und ihres ganzen vorangegangenen Lebens: und ihre Gesetze kann die menschliche Vernunft aufdecken. Infolgedessen ahnten die metaphysischen Denker nicht selten wissenschaftliche Entdeckungen voraus, die sie in poetischer Form beschrieben. Tatsächlich, dank dieser Auffassung des Weltlebens schon im fünften Jahrhundert vor Beginn unserer Zeitrechnung äußerten manche griechische Denker, ungeachtet ihrer Metaphysik, solche Vermutungen über die Naturerscheinungen, dass man sie als Vorboten der heutigen wissenschaftlichen Physik und Chemie betrachten kann. Ebenso wurden in der Folge im Mittelalter, und später bis zum siebzehnten Jahrhundert, wichtige Entdeckungen auch von solchen Denkern gemacht, die metaphysischen oder gar rein religiösen Erklärungen des geistigen und besonders des sittlichen Lebens des Menschen anhingen, aber dessen ungeachtet die wissenschaftliche Methode anwandten, sobald sie zur Erforschung physischer Wissenschaften übergingen.

Gleichzeitig erhielt auch die Religion einen mehr vergeistigten Charakter. Anstatt der Vorstellung von einzelnen menschenähnlichen Göttern tauchte in Griechenland, besonders bei den Pythagoreern, der Begriff allgemeiner, das Leben der Welt erschaffender Kräfte auf. So war die Vorstellung vom „Feuer“ (d. h. dem Wärmestoff), das die ganze Welt durchdringt; von den „Zahlen“, d. h. den mathematischen Bewegungsgesetzen; von der „Harmonie“, d. h. der Gesetzmäßigkeit im Leben der Natur. Dabei keimte auch schon der Begriff eines einzigen, die Welt regierenden Wesens. Es tauchten auch Andeutungen der „Weltwahrheit“ und der „Gerechtigkeit“ auf.

Indessen konnte sich augenscheinlich die griechische Philosophie mit solchen abstrakten Anschauungen nicht zufrieden geben; und schon vor mehr als vierhundert Jahren vor unserer Zeitrechnung tauchten einerseits die *Sophisten* und *Amoralisten* (die die Verbindlichkeit sittlicher Forderungen nicht anerkannten) auf, andererseits erschienen Denker, wie *Sokrates* und *Plato* (im fünften Jahrhundert), *Aristoteles* (im vierten Jahrhundert), und *Epikur* (im dritten Jahrhundert), welche die Grundlagen der Ethik, d. h. der Wissenschaft vom Sittlichen, schufen, die bis heute ihre Bedeutung nicht verloren haben.

Die Schriften des Sophisten *Protagoras* (geb. um 480 v. Chr.) sind nur in Bruchstücken auf uns gekommen, weshalb wir uns von seiner Philosophie keine einheitliche Vorstellung machen können. Es ist nur bekannt, dass er sich den Religionen gegenüber ablehnend verhielt und die Sittlichkeit selbst für eine Schöpfung der menschlichen Gemeinschaften hielt, wobei seiner Meinung nach diese Sittlichkeit von der ganzen Entwickelung des gegebenen Volkes zu gewisser Zeit bedingt ist. Deshalb sind die Sittenregeln bei den verschiedenen Völkern so unterschiedlich. Daraus wurde die Schlussfolgerung gezogen, dass gut und böse relative Begriffe sind.

Solche Ideen wurden nicht nur von Protagoras verbreitet, und bald entstand in Griechenland eine ganze Schule der *Sophisten,* die ähnliche Gedanken entwickelten.

Im Allgemeinen beobachten wir im alten Griechenland keine Neigung zur idealistischen Philosophie, dort war vorherrschend das Streben nach der *Tat,* nach der Erziehung des *Willens,* nach tätiger Teilnahme am Leben der Gemeinschaft und nach der Heranzüchtung des an Geist und Willen starken Menschen. Der Glaube an die menschliche Handlungen lenkenden Götter erlosch. Alle Lebensformen des damaligen Griechenlands, das aus kleinen unabhängigen Republiken bestand, das Streben nach Erkenntnis der Natur und der Erforschung der umgebenden Welt durch Reisen und Kolonisation, – alles das führte den Menschen zur Bestimmung seiner Eigenart, zur Verneinung der Herrschaft, des Brauches und der Religion, zur Befreiung des Geistes. Und zugleich vollzog sich die schnelle Entwickelung der Wissenschaften, die umso bewunderungswürdiger ist, als nach einigen Jahrhunderten schon im Römischen Reich, besonders aber nach dem Einfall der aus Asien kommenden Barbaren in Europa, die wissenschaftliche Entwickelung auf viele Jahrhunderte in der ganzen Menschheit erstickte.

Die von den Sophisten erzeugte geistige Bewegung konnte nicht lange in der gleichen Form vorhalten. Sie führte unabwendbar zu einer tieferen Erforschung des Menschen – seines Denkens, seiner Gefühle, seines Willens und seiner gesellschaftlichen Einrichtungen, wie auch des ganzen Lebens des Kosmos, des Weltalls, d. h. der ganzen Natur im Allgemeinen. Bei dieser Erforschung jedoch hörte das oberflächliche Verhalten der Sophisten zu den Fragen der Sittlichkeit bald auf, die nachdenkenden Menschen zu befriedigen. Und die Entwickelung der Wissenschaften, die den Menschen vom sklavischen Gehorsam gegenüber der Religion und dem Brauch befreit, führte zur Ausgestaltung der Grundlagen der Sittlichkeit auf dem Wege des erfahrungsgemäßen Wissens – und dies viel vollständiger, als es die Sophisten mit Hilfe der Dialektik tun konnten.

Alles dieses zusammen untergrub die Philosophie der bloßen Verneinung.

Im Namen des wahren Wissens trat *Sokrates* (469-399 v. Chr.) gegen die Sophisten auf. Er teilte ihre umstürzlerischen Bestrebungen, aber er suchte eine festere Stütze für die Begründung der Sittlichkeit, als die oberflächliche Kritik der Sophisten bieten konnte. Ein Revolutionär in der Religion und der Philosophie, führte er alles auf die erhabene Vernunft des Menschen zurück, und erhoffte er alles von der Ausgestaltung der inneren Harmonie zwischen der Vernunft und den mannigfachen Gefühlen und Leidenschaften. Dabei „leugnete“ Sokrates natürlich nicht die „Tugend“, sondern erfasste sie in sehr weitem Sinne als die Fähigkeit der Vervollkommnung in der geistigen Entwickelung, in den Künsten und im Schaffen, wozu vor allem *Wissen* nötig ist, nicht so sehr naturwissenschaftliches Wissen, sondern die Kenntnis des gesellschaftlichen Lebens und der gegenseitigen Beziehungen zwischen den Menschen. *Die Tugend* – lehrte er – *ist keine Eingebung der Götter, sondern das begründete Wissen* um *das, was wirklich gut ist und den Menschen befähigt zu leben, ohne die anderen zu beengen, sie gerecht zu behandeln, der Gemeinschaft und nicht sich allein zu dienen. Ohne das ist eine Gemeinschaft nicht denkbar.*

Ein Schüler des Sokrates, *Plato* (428-348 v. Chr.), erörterte diese Ansichten ausführlicher und vergeistigte sie durch die idealistische Auffassung des Sittlichen. Er nahm noch tieferen Einblick in das Wesen des Sittlichen, obwohl er als Metaphysiker dachte. Ohne die Grundgedanken Platos in ihrer abstrakten Form wiedergeben zu wollen, sondern sich nur an ihr Wesentliches haltend, kann man seine Lehre folgendermaßen ausdrücken: – In der Natur selbst existieren die Ideen des Guten und der Gerechtigkeit. Im Leben der Welt ist viel Böses und Ungerechtes, aber daneben finden sich die Grundlagen alles Guten. Plato war also bemüht, dieses Gute und Gerechte zu ergründen und dessen ganze Kraft aufzuzeigen, – damit es zum Leitfaden des menschlichen Lebens werde.

Statt den im damaligen Griechenland schon angedeuteten Weg zu gehen und zu zeigen, auf welche Weise die Grundlagen des Sittlichen und Guten aus dem Leben der Natur, aus der menschlichen Geselligkeit und aus seiner ganzen angeborenen, wie durch die Geselligkeit entwickelten geistigen Art entstehen, suchte Plato leider die Grundlagen des Sittlichen außerhalb der Natur – in der *Idee, die in der Weltordnung enthalten ist, sich aber in ihr nicht vollkommen bestimmt ausdrückt.*

Ungeachtet der unzähligen Auslegungen der abstrakten Gedanken Platos, ist es schwierig, zum eigentlichen Wesen seines Denkens vorzudringen. Aber wir irren kaum, wenn wir sagen, dass der große griechische Denker – bei seinem tiefen Verständnis für das enge Band zwischen dem Leben des Menschen und dem Leben der ganzen Natur – das Sittliche im Menschen nicht, wie die Sophisten, nur mit dem einfachen Suchen des Einzelnen nach dem ihm persönlich Angenehmen erklären konnte. Noch weniger fähig war er, das Sittliche als Zufallsergebnis der Geselligkeit nur deshalb anzusehen, weil es an verschiedenen Orten und zu verschiedenen Zeiten verschiedene Formen annimmt. Er musste sich die Frage stellen und stellte sie sich auch tatsächlich: – warum ergibt sich, dass der Mensch auf der Suche nach dem ihm persönlich Angenehmen nichtsdestoweniger zu sittlichen Anschauungn kommt, die im Wesentlichen bei verschiedenen Völkern zu verschiedenen Zeiten gleich sind, da sie das *Glück aller* als erstrebenswertes Ziel aufstellen? Warum identifiziert sich letzten Endes das *Glück der Persönlichkeit* mit dem *Glück aller*? Warum ist das erstere nicht ohne das allgemeinere zweite möglich, und was verwandelt den Menschen aus einem eigennützigen Wesen in ein Geschöpf, befähigt, mit den Interessen anderer zu rechnen und nicht selten für sie sein eigenes Glück und Leben zu opfern?

Als Schüler von Sokrates konnte Plato die Entstehung der Anschauung vom Guten nicht den Eingebungen der Götter: dem Donner, der Sonne, dem Mond usw., d. h. Naturkräften in Menschengestalt, zuschreiben, und bei dem damaligen primitiven Stand der Kenntnisse von den Gesellschaften der Menschen konnte er nicht die Erklärung des Guten, wie wir sie jetzt suchen und finden, in der allmählichen Entwickelung der Geselligkeit und des Gefühls der Gleichberechtigung suchen. Deshalb fand er ihre Erklärung in der *Idee*, in etwas Abstraktem, das die ganze Welt, das ganze All und auch den Menschen durchdringt. – „In dieser Welt kann nichts in Erscheinung treten, was nicht im Leben des Ganzen enthalten ist", – das war sein Grundgedanke, ein vollkommen richtiger, philosophischer Gedanke. Indessen hat er aus ihm nicht alle Schlussfolgerungen gezogen. Man sollte meinen, er würde zu dem Ergebnis kommen, dass, wenn die Vernunft des Menschen das Gute, die Gerechtigkeit, die Ordnung sucht, in Form von „Lebensgesetzen" sucht, sie es deshalb tut, *weil das alles im Leben der Natur enthalten ist*; dass der menschliche Verstand aus ihr die Grundlagen des Guten, der Gerechtigkeit und des geselligen Lebens schöpft. Stattdessen kam Plato – obwohl er bemüht war, die Irrtümer seiner Vorgänger abzulegen – zu dem Ergebnis, dass das Suchen des Menschen nach etwas Besserem, als das alltägliche Leben bietet, d. h. nach dem Guten und der Gerechtigkeit, seine Erklärung und Stütze nicht in der Natur, sondern in etwas außerhalb unserer Erkenntnis, unserer Gefühle und Erfahrungen Stehendem, in der Weltidee, findet.

Es ist verständlich, wie nachher die „Neoplatoniker" und später das Christentum diese Schlussfolgerung des griechischen Denkers benutzten, – zuerst für den Mystizismus, dann für die Begründung des Monotheismus, des Glaubens an einen einzigen Gott, und für die Erklärung alles Sittlichen im Menschen –, gewiss nicht durch die natürliche Entwickelung der geselligen Gefühle und der Vernunft, sondern durch die Offenbarung, d. h. die höhere, vom höchsten Wesen ausgehende Eingebung.

Es ist auch verständlich, dass Plato, ohne sich bei der Frage von der Notwendigkeit der Begründung des Sittlichen auf die Tatsache des geselligen Lebens weiter aufzuhalten, – was ihn wahrscheinlich zur Anerkennung der Gleichberechtigung aller Menschen geführt hätte, – und ohne von dem Gedanken durchdrungen zu sein, dass Sittlichkeitslehren machtlos sind, wenn ihnen die Formen des gesellschaftlichen Lebens widersprechen, – dass also Plato in seinem *Staat*, ebenso wie seine Vorgänger, als Ideal der Gesellschaftsordnung die Klassenrepublik, aufgebaut auf der Grundlage der Unterwerfung einer Klasse durch die andere, sogar auf der Sklaverei und der Todesstrafe, hinstellt.

Dadurch wird es auch verständlich, weshalb in der Folge durch die ganze Geschichte der Ethik, als der Wissenschaft von der Entwickelung der sittlichen Anschauungen im Menschen, von dem alten Griechenland bis zu *Baco* und *Spinoza* derselbe Grundgedanke vom außer-menschlichen und außer-natürlichen Ursprung des Sittlichen geht.

Gewiss, schon manche Sophisten, Vorgänger Platos, kamen zur naturgemäßen Erklärung der Erscheinungen. Schon damals versuchten sie, das Leben der Natur mit mechanischen Gründen zu erklären, wie es heute von der „positiven" Philosophie erklärt wird; und in den sittlichen Begriffen sahen manche Sophisten sogar eine notwendige Folge des körperlichen Baues des Menschen. Aber die wissenschaftlichen Kenntnisse jener Zeit genügten noch nicht, um eine solche Auffassung des Sittlichen einzubürgern, und lange Jahrhunderte noch verblieb die Ethik unter der Vormundschaft der Religion. Erst jetzt wird mit ihrem Ausbau auf der Grundlage der Naturwissenschaften begonnen.

Auf der tiefen Stufe, auf welcher sich damals die Naturkunde befand, war die Sittlichkeitslehre Platos der Mehrzahl der Gebildeten naturgemäß am meisten zugänglich. Mutmaßlich widersprach sie auch nicht allzu sehr den neuen religiösen Einflüssen aus dem Osten, wo damals schon die Grundlagen des Buddhismus im Entstehen begriffen waren. Aber damit allein ist der Einfluss Platos, der bis auf den heutigen Tag zu merken ist, nicht zu erklären. Die Sache ist, dass Plato in die Ethik die *ideale Auffassung des Sittlichen* einführte. Die „Seele" war für ihn die Vereinigung der Vernunft, des Gefühls und des Willens, denen die Weisheit, die Tapferkeit und die besonnene Selbstbeherrschung entstammen. Sein Ideal war die Liebe, die Freundschaft, aber das Wort Liebe (Eros) wurde dazumal in einem weiteren Sinne angewandt als heute, und Plato verstand unter Eros nicht nur die gegenseitige Anhänglichkeit zweier Wesen, sondern auch die Geselligkeit, aufgebaut auf der Übereinstimmung der Bestrebungen des Einzelnen und aller anderen Mitglieder der Gemeinschaft. Sein Eros war unter anderem auch das, was wir heute *Geselligkeit oder gegenseitiges Mitempfinden, Sympathie,* nennen, dasjenige Gefühl, das, wie aus den von mir an anderer Stelle angeführten Tatsachen aus dem Tier- und Menschenleben zu folgern ist, *die ganze Welt der lebenden Wesen durchdringt und eine ebenso notwendige Lebensbedingung wie der Selbsterhaltungstrieb ist.* Plato wusste das noch nicht, aber er ahnte die Bedeutung dieser ersten Triebkraft jeder fortschrittlichen Entwickelung, d. h. dessen, was wir heute *Evolution* nennen.

Obwohl Plato die Bedeutung der Gerechtigkeit für die Ausgestaltung der Sittlichkeit nicht gebührend einschätzte, stellte er die Gerechtigkeit so dar, dass man sich unwillkürlich wundern muss, warum die nachfolgenden Denker sie nicht zur Grundlage der Ethik gemacht haben. Im Gespräch *Der erste Alkibiades* lässt Sokrates den Alkibiades gestehen, dass die Menschen, obwohl sie angeblich für die Gerechtigkeit Krieg führen, in Wirklichkeit deswegen kämpfen, was für sie am nützlichsten ist. Das Gerechte ist immer schön: es ist immer das Gute, d. h. es ist immer nützlich, so dass es unmöglich ist, etwas zu finden, was wichtiger wäre als die Gerechtigkeit, die Schönheit, das Gute, das Nützliche.[54]

Bemerkenswert ist, dass in demselben Gespräch Plato, indem er Sokrates über die Seele und ihr Göttliches reden lässt, jenen ihrer Teile für „göttlich" hält, durch den sie erkennt und denkt, d. h. nicht das Gefühl, sondern die Vernunft. Und er schließt dieses Gespräch mit den folgenden Worten, die er Sokrates in den Mund legt:

„Wenn ihr gemeinsam mit eurer Stadt gerecht und bedachtsam lebt, so werdet ihr so leben, wie es den Göttern angenehm ist... Und dabei werdet ihr in das Göttliche und Klare, d. h. in die Vernunft, die eine seelische Kraft ist, hineinblicken. Aber indem ihr in dieses Göttliche hineinblickt, werdet ihr sehen und erkennen, wer ihr selbst seid, und worin euer Wohl ist."

In noch bestimmteren Ausdrücken behandelt Plato die Gerechtigkeit und überhaupt das Sittliche im Gespräch *Das Gastmahl*, in welchem die Teilnehmer des Festes Eros, den Gott der Liebe, preisen. Gewiss, nicht im ersten Teil des Gesprächs, wo über ihn Abgeschmacktes gesprochen wird, sondern im zweiten Teil, im Zwiegespräch des dramatischen Dichters Agathon und des Sokrates.

Die Tugenden des Eros – sagt der Dichter – sind seine Gerechtigkeit, seine Besonnenheit, seine Tapferkeit; sodann sein Schönheitssinn: das Hässliche erträgt er nicht. „Dieser Eros eben entledigt uns des Fremdartigen und sättigt uns mit dem Befreundeten... Mildheit dabei verleihend, Wildheit aber zerstreuend, Begründer des Wohlwollens, Verhinderer des Übelwollens... Sorgsam für die Guten, sorglos für die Schlechten" usw.[55]

54 „Der erste Alkibiades" wird dem jungen Plato zugeschrieben.

55 Plato, *Gastmahl oder Gespräch über die Liebe*. Kap. 19.

In demselben Werk lässt Plato Sokrates behaupten und beweisen, dass die Liebe vom Guten und Schönen unzertrennlich ist. „Die Liebe", spricht Sokrates im *Gastmahl*, „ist eine Ausgeburt in dem Schönen, sowohl dem Leibe als der Seele nach." Die Liebe strebt danach, sich zu dem Guten und Schönen zu gesellen, und also ist die Liebe letzten Endes nur das Suchen nach dem Guten und Schönen.

„Die Schönheit an irgendeinem Leibe ist der an jedem anderen verschwistert; wenn der Mensch dies innegeworden ist, soll er sich als Liebhaber aller schönen Leiber darstellen ... Späterhin aber muss er die Schönheit in den Seelen für weit herrlicher halten, als die in den Leibern ... So wird er dahin gebracht, das Schöne in den Bestrebungen und in den Sitten anzuschauen und auch von diesem zu sehen, dass es sich überall verwandt ist, um so die Schönheit des Leibes für etwas Geringes zu halten ... Wer nämlich bis hierher in der Liebe erzogen ist", fährt Plato fort, „der ... wird plötzlich ein von Natur wunderbar Schönes erblicken, welches zuerst immer ist und weder entsteht noch vergeht, weder wächst noch schwindet, ferner auch nicht etwa insofern schön ist und insofern hässlich, noch auch jetzt schön und dann nicht, noch in Vergleich hiermit schön, damit aber hässlich, noch auch hier schön, dort aber hässlich, als ob es nur für einige schön, für andere aber hässlich wäre ..." An dieser hohen Stufe des Idealismus angekommen, fügt Plato hinzu: „Noch auch wird ihm dies Schöne unter einer Gestalt erscheinen, wie ein Gesicht oder Hände oder sonst etwas, was der Leib an sich hat, noch wie eine Rede oder eine Erkenntnis, noch irgendwo an einem anderen befindlich, weder an einem einzelnen Lebenden, noch an der Erde, noch am Himmel, sondern an und für sich und in sich selbst ewig überall dasselbe seiend", mit anderen Worten, – als der Begriff unserer Vernunft und Gefühle, als die Idee.[56]

Das war der platonische Idealismus; es ist nicht verwunderlich, dass er bis auf den heutigen Tag Anhänger hat. Einerseits bahnte er der starken Strömung der „Eudämonisten" den Weg, die noch heute in der Ethik überwiegen und die (wie vor Plato die Sophisten und nach ihm Epikur und seine Nachfolger) behaupten, dass der Mensch alles, was er tut, zu dem Zweck tut, „dass es für ihn gut sei"; wobei Plato dieses „gut" gewiss nicht im engen Sinne der Freuden des immer noch tierähnlichen Menschen auffasste, sondern in jenem höheren Sinne, den er in den Gesprächen *Laches* und *Gastmahl* festgelegt hat. Indem er jedoch hier andererseits den Begriff der „Seele" und der „Schönheit" als etwas in der Natur, aber erhabener als

56 Plato, *Gastmahl*. Kap. 28 und 29.

diese Dastehendes einführte, bahnte er der religiösen Ethik den Weg, und deshalb blieb er bis zur Gegenwart der Liebling der religiösen Denker. Er war ihr Vorgänger. Bemerkenswert ist es indessen, dass seine hohe Auffassung der Natur und der sittlichen Schönheit in der Natur – die weder von der religiösen, noch von der nichtreligiösen Ethik bis heute gebührend gewürdigt wird – ihn von der einen wie von der anderen trennt.

In der zweiten Hälfte seines Lebens, als Plato, unter dem Einfluss der *Pythagoreer* stehend, mit Hilfe des syrakusanischen Tyrannen (Diktator oder Selbstherrscher) Dionysios einen Staat nach seinem Plane zu schaffen versuchte, den er in seinen Werken *Vom Staate* und *Von den Gesetzen* (die Frucht eines alternden Geistes) auseinandersetzt, war er nicht mehr der Idealist, der er in der ersten Hälfte seines Lebens und seiner Lehrtätigkeit gewesen ist. In seinem idealen Staat erhält Plato, worauf sein großer Anhänger Wladimir Ssolowjoff mit Bitterkeit hingewiesen hat, nicht nur die Sklaverei aufrecht, sondern auch die Todesstrafe, die den Sklaven für Verheimlichung und die Bürger überhaupt für die Missachtung der Staatsreligion trifft. Er ermutigte also die Menschen zu demselben Verbrechen, das ihn in der Jugend so sehr empört hatte, als die religiöse Unduldsamkeit seinen Lehrer Sokrates in den Tod trieb. Der Eros, d. h. die von Plato in so lieblicher Form gepredigte Liebe, konnte ihn nicht von dem Lobe derselben Verbrechen zurückhalten, in die nachher auch die christliche Kirche – ungeachtet der Predigt der Liebe durch ihren Begründer – verfiel.

Aristoteles. – Die Mitte zwischen der naturwissenschaftlichen und der metaphysischen Auffassung der Sittlichkeit nimmt die Lehre des Aristoteles (384-322 v. Chr.) ein.

Die Erklärung für unsere sittlichen Anschauungen suchte Aristoteles nicht, wie Plato, in der höchsten Vernunft oder in der höchsten Idee, sondern im wirklichen Leben der Menschen: *in ihrem Streben nach ihrem Glück und Nutzen und in ihrer Vernunft.* In diesem Streben – lehrte er – entfalteten sich die zwei wichtigsten gesellschaftlichen Tugenden: die *Freundschaft,* d. h. die Menschenliebe (wir würden heute Geselligkeit sagen), und die *Gerechtigkeit;* die Gerechtigkeit jedoch fasste er (wie wir nachher sehen werden) nicht im Sinne der Gleichberechtigung auf.

In der Philosophie des Aristoteles haben wir also erstmalig die Selbstbehauptung der menschlichen Vernunft. Wie Plato dachte er, die Quelle der Vernunft sei die Gottheit, aber diese Gottheit greife nicht in das Leben der Welt ein, obwohl sie der Ausgangspunkt „der Vernunft und der Bewegung in der Welt“ sei. Wo Plato bemüht ist, die Existenz zweier getrennter

Welten: der mit den Sinnen wahrnehmbaren Welt und der übersinnlichen, den Sinnen unzugänglichen Welt festzustellen, ist Aristoteles bestrebt, diese beiden Welten zu vereinigen. In seiner Lehre hatte der Glaube keinen Raum, und die persönliche Unsterblichkeit erkannte er nicht an. „Die wahre Erkenntnis unseres Lebens“ – sagte Aristoteles – „können wir nur aus der Erkenntnis des Weltganzen ableiten.“

Die Grundlage der sittlichen Anschauungen des Menschen sah er in den Tatsachen des wirklichen Lebens. Alle erstreben die größtmögliche „Glückseligkeit“ oder das größtmögliche Wohl (jetzt sagen wir: das höchste Glück); Glückseligkeit ist das, was das Leben wünschenswert macht und befriedigt. Die rohe Menge erblickt das Wohl und die Glückseligkeit im Genuss, die Gebildeten suchen sie in etwas „Höherem“: nicht in der „Idee“, wie Plato lehrte, wohl aber „in einer vernunftgemäßen Tätigkeit oder mindestens nicht in einer nichtvernunftgemäßen Tätigkeit der Seele“ (Ethik I, § 6). Das höchste Gut besteht für den Menschen in einer mit der Tugend übereinstimmenden Betätigung der Seele während der ganzen Dauer des Lebens und einer tätigen, mit der Energie verbundenen Tugend (I, §§ 6-9). Die Glückseligkeit besteht in einem den Anforderungen der Gerechtigkeit entsprechenden Leben, und ein solches Leben ist herrlicher als alles: es vereinigt in sich die Gesundheit und die Erlangung dessen, was man liebt.

„Es scheint indessen“, fügt Aristoteles hinzu, „dass die Glückseligkeit dennoch auch äußere Güter verlangt“, zu denen er Freunde, Wohlstand, politischen Einfluss, gute Herkunft, wohlgeratene Kinder und Schönheit zählt. Ohne „ähnliche Äußerlichkeiten“ erscheint die Glückseligkeit nicht als vollkommen (I, § 9). In der Verteilung der „Glückseligkeit“ spielt auch der Zufall eine Rolle; aber „alle nicht ganz von Tugend Entblößten sind imstande, sie durch eine gewisse Ausbildung und Mühe zu erreichen“ (§ 10), da sogar die unvernünftigen Teile der Seele (unsere Leidenschaften) „der Vernunft in gewissem Maße gehorchen“ (I, § 13). Im Allgemeinen wies Aristoteles der Vernunft eine sehr große Rolle in der Ausgestaltung der Sittlichkeit jedes Menschen zu: ihr fällt die Zügelung der Leidenschaften zu, sie befähigt uns zu der Erkenntnis, dass das Streben nach dem Wohle der Gemeinschaft eine viel höhere, viel „schönere“ „Glückseligkeit“ bietet als das Streben nach Befriedigung seiner persönlichen Triebe.

Daraus ist ersichtlich, dass Aristoteles, statt die Grundlagen der ethischen Anschauungen der Menschen in der höheren Eingebung zu suchen, diese Anschauungen schon auf einen Beschluss der Vernunft zurückführt, die nach größtmöglicher Befriedigung und nach Glück strebt; dabei verstand er, dass das Glück der Persönlichkeit eng verknüpft ist mit dem Glück der Gemeinschaft (er sagte: des „Staates“, worunter er eine organisierte Gemeinschaft verstand). Aristoteles ist also der Vorbote der sehr verbreiteten Schule der „Eudämonisten“, die in der Folge die sittlichen Triebe, Gefühle und Handlungen des Menschen mit dem Suchen nach persönlichem Glück erklärten, ebenso wie der heutigen Schule der „Utilitaristen“, angefangen von Bentham und Mill bis zu Herbert Spencer.

Die *Ethik* des Aristoteles ist in ihrer Form wie in der sorgfältigen Behandlung jedes einzelnen Gedankens unzweifelhaft ein ebensolches bewundernswürdiges Denkmal der Entwickelung des alten Griechenlands wie seine anderen, naturwissenschaftlichen und politischen Werke. Aber sowohl in der *Ethik* als auch in den *Politien* entrichtet er dem, was wir Opportunismus nennen, den vollen Tribut. So lautet seine berühmte Begriffsbestimmung der Tugend: – „Sonach“, lehrte er, „ist die Tugend eine feste, vorsätzliche Richtung des Gemüts, welche die für uns geltende Mitte einhält und durch die Vernunft bestimmt wird und wie der verständige Mann sie bestimmen würde. Sie ist die Mitte zwischen zwei Lastern, deren eines aus dem Übermaß, das andere aus dem Mangel hervorgeht“ (2. Buch, 6. Kap.).

Ganz so verhält er sich zum Begriff der Gerechtigkeit.[57] Obwohl er ihr ein ganzes Buch seiner *Ethik* widmete, bestimmte er sie in demselben Geiste, wie die Tugend im Allgemeinen, d. h. als die Mitte zwischen zwei Extremen, und er erfasste sie nicht als die Anerkennung der Gleichberechtigung der Menschen, sondern in einem sehr beschränkten Sinne.[58]

Eine solche Auffassung der Gerechtigkeit muss unterstrichen werden, umso mehr, als Aristoteles die Gerechtigkeit als die allergrößte Tugend

57 „Bei der Untersuchung der Gerechtigkeit und Ungerechtigkeit fragt es sich, welche Handlungen darunter fallen, welches mittlere Verhalten die Gerechtigkeit ist und von welchen Zuständen das Gerechte die Mitte ist“, – so beginnt er das fünfte Buch, das von der Gerechtigkeit handelt.

58 „Der, welcher die Gesetze übertritt, gilt für ungerecht; ebenso der Habsüchtige und der, welcher die Gleichheit nicht einhält.“ So bedeutet der Begriff der Gerechtigkeit gleichzeitig „das Gesetzliche und das die Gleichheit Einhaltende“, und das „Ungerechte ist das Ungesetzliche und das die Gleichheit Verletzende“ (V, 2). „Die Gesetze“, fährt er fort, „treffen aber über alles Bestimmungen, indem sie das Gemeinsam-Nützliche entweder für alle erstreben oder für die Vornehmeren oder für die Machthaber“ (V, 3); seine Auslegung der Gerechtigkeit als Gehorsam gegenüber dem Gesetz führt Aristoteles zur Anerkennung der Ungleichheit der Menschen, wie es in einer auf Sklaverei begründeten Gesellschaft nicht anders zu erwarten war.

auffasste, „bewundernswerter als der Abendstern und der Morgenstern“: „in der *einen* Gerechtigkeit sind alle Tugenden befasst“, sagte damals das Sprichwort. Aristoteles erkannte zweifellos ihre sittliche Bedeutung, da er lehrte, „es *scheine, die Gerechtigkeit allein von den Tugenden ein den Anderen gehöriges Gut zu sein“,* d. h. eine nicht egoistische „Tugend“.[59] Mehr noch, Aristoteles folgerte ganz richtig, dass „auch alle anderen widerrechtlichen Handlungen immer auf eine Schlechtigkeit zurückgeführt werden können“, woraus zu schließen ist, dass er auch verstand, dass jede Handlung, die wir eine schlechte nennen, fast immer eine Ungerechtigkeit gegen irgendjemand ist.

Zugleich unterschied Aristoteles zweierlei Arten von Ungerechtigkeit: eine allgemeine, die das Gesetz verletzt, und eine besondere, die in der ungleichen Behandlung der Menschen besteht, und auch zwei entsprechende Arten von Gerechtigkeit. Daneben anerkannte er aber auch zweierlei Arten der „besonderen Gerechtigkeit“. „Von der besonderen Gerechtigkeit und dem ihr zugehörenden Gerechten besteht *eine* Art in der Verteilung der Ehren oder des Vermögens und überhaupt aller Güter, welche unter die Genossen einer Staatsverbindung verteilbar sind; eine *andere* Art betrifft *das Rechte* im Privatverkehr.“ Und sofort fügt der große Denker des alten Griechenlands hinzu, dass in der Gleichheit und folglich auch in der Gerechtigkeit ein „Mittleres“ sein muss. Da aber das „Mittlere“ ein vollständig bedingter Begriff ist, so zerstörte er dadurch den ganzen Begriff der Gerechtigkeit, als einer *richtigen* Lösung schwieriger zweifelhafter sittlicher Fragen, bei denen der Mensch zwischen zwei Lösungen schwankt. Und wirklich, Aristoteles anerkannte nicht die Gleichheit bei der Verteilung, sondern forderte nur die „*Ausgleichung*“.[60]

59 „Die Gerechtigkeit ist nicht ein Teil der Tugend, sondern die ganze; ebenso wie ihr Gegenteil, die Ungerechtigkeit, kein Teil der Schlechtigkeit, sondern die ganze ist“ (V, 3).

60 „Dies erhellt auch aus dem, was man „nach der Würdigkeit“ nennt. Denn alle sind einverstanden, dass das Gerechte bei dem Verteilen nach einer gewissen Schätzung erfolgen muss, wobei indes nicht für alle die Schätzung auf dieselben Dinge gestützt wird; so beruht sie für die demokratisch Gesinnten auf der Freiheit, für die oligarchisch Gesinnten auf dem Reichtum oder auf dem Adel, und für die aristokratisch Gesinnten auf der Tugend“ (V, 6). Und indem er aus allem Gesagten die Folgerungen zur Bestätigung seines Gedankens zieht, schließt er mit den Worten: „– Hiermit habe ich dargelegt, was das Gerechte und Ungerechte ist. Nachdem ich beides definiert habe, ist es klar, dass das Gerechthandeln die Mitte zwischen Unrecht tun und Unrecht leiden ist, indem

So ist es also klar, dass Aristoteles, in einer auf Sklavenarbeit beruhenden Gemeinschaft lebend, die Gerechtigkeit nicht als Gleichberechtigung der Menschen anzuerkennen vermochte. Er beschränkte sich auf die kommerzielle Gerechtigkeit und stellte die Gleichberechtigung sogar nicht als Ideal des Gemeinschaftslebens auf. Die Menschheit musste noch über zweitausend Jahre in organisierten Gemeinschaften leben, ehe in einem Lande – in Frankreich – die Gleichheit, zusammen mit der Freiheit und der Brüderlichkeit, zum Ideal der Gesellschaftsordnung erhoben wurde.

In den Fragen des Sittlichen und in der Politik stand Aristoteles überhaupt nicht an der Spitze seines Jahrhunderts. Aber in den Begriffsbestimmungen der Wissenschaft, der Weisheit und der Kunst (VI, 3, 4, 7) war er der Vorläufer der Philosophie des Baco. In der Zergliederung der vielerlei „Güter" und der Klassifizierung der Genüsse griff er *Bentham* vor. Dabei erfasste er einerseits die Bedeutung der einfachen Geselligkeit, die er, beiläufig bemerkt, mit der Freundschaft und der wechselseitigen Liebe vermengte (VIII, 8), andererseits erkannte er als erster, was die meisten heutigen Denker außer Acht lassen, dass bei der Besprechung der Sittlichkeit ein Unterschied gemacht werden muss zwischen dem, was wir von allen zu verlangen das Recht haben, und zwischen der heldenhaften Tugend, welche die Kraft des Durchschnittsmenschen übersteigt (VII, 1). Indessen ist es gerade diese Eigenschaft (die wir heute Selbstaufopferung oder Großmut nennen), welche den Fortschritt der Menschheit fördert und das Streben nach der Verwirklichung des *Schönen* entwickelt, welches die Ethik des Aristoteles zu entfalten bestrebt ist (VIII, § 8). Aber wir haben natürlich kein Recht, diese Eigenschaft von allen zu fordern.

Das war die sittliche Philosophie des großen – aber nicht tiefen – Gelehrten, der aus der ganzen damaligen Zivilisation hervorragte, und der im Laufe der letzten drei Jahrhunderte (seit der Zeit der großen Wiedergeburt der Wissenschaften im sechzehnten Jahrhundert) auf die Wissenschaft im

jenes ein Zu-Viel haben und dieses ein Zu-Wenig haben ist. Die Gerechtigkeit aber ist die Mitte" usw. (V. 9). Aristoteles kam mehrmals auf diesen Gegenstand zurück. So schrieb er in Buch VIII (§ 9): „In der Gerechtigkeit bestimmt sich die Gleichheit zunächst nach dem Wert und erst an zweiter Stelle nach der Größe." In Buch V (§ 10) verteidigt er sogar die Sklaverei mit den Worten: „Was das despotische oder väterliche Gerechte anbetrifft… Es gibt nämlich keine Ungerechtigkeit gegen sein Eigentum und die Sklaven und die Kinder. Letztere gelten, solange sie noch nicht erwachsen sind und sich nicht getrennt haben, gleichsam als ein Teil von jenem, und niemand will sich selbst absichtlich beschädigen. Deshalb gibt es auch kein Unrecht gegen sich selbst."

Allgemeinen wie auch auf die ethische Philosophie einen starken Einfluss ausübte.

Epikur. – Die Lehren des Plato und Aristoteles stellten also zwei in der Auffassung des Sittlichen recht weit auseinandergehende Schulen dar. Der Streit zwischen ihnen währte noch lange nach dem Tode ihrer Gründer; aber allmählich büßte er sein anfängliches Interesse ein, weil beide Schulen zum Einverständnis darüber gelangten, dass das Sittliche im Menschen keine Zufallserscheinung ist, dass es seinen tieferen Grund in der Veranlagung des Menschen hat, und dass es allen menschlichen Gesellschaften gemeinsame sittliche Anschauungen gibt.

Im dritten Jahrhundert vor Beginn unserer Zeitrechnung traten zwei neue Schulen in den Vordergrund – die *Stoiker* und die *Epikureer*. Die Stoiker lehrten, wie ihre Vorgänger Plato und Aristoteles, man müsse in *Einklang mit seiner Natur,* d. h. mit seiner Vernunft und seinen Fähigkeiten, leben, weil nur in einem solchen Leben das größtmögliche Glück zu finden ist. Sie betonten jedoch bekanntlich, dass der Mensch seine Glückseligkeit, „Eudämonie" nicht in der Jagd nach äußeren Gütern – Reichtum, Ehren usw. – findet, sondern im Streben nach etwas Höherem, Idealem, in der Entfaltung des Seelenlebens zum Wohle des Menschen selbst, seiner Familie und seiner Gemeinschaft, und hauptsächlich in der Erlangung der *inneren Freiheit.*

Von der Lehre der Stoiker spreche ich nachher im gleichen Kapitel weiter. Hier will ich nur bemerken, dass die Stoiker, obwohl sie die Sokratische Metaphysik des Sittlichen bestritten, dennoch sein Werk fortsetzten, weil sie den Begriff *des Wissens* einführten, das die Möglichkeit bietet, sich mit den verschiedenen Arten des Lebensgenusses auseinanderzusetzen und das Glück in seiner v*ollkommeneren* und vergeistigten Form zu suchen. Der Einfluss der Stoiker war, wie wir weiter sehen werden, außerordentlich groß, besonders späterhin, in der römischen Welt; er bereitete die Geister zur Anerkennung des Christentums vor, und wir fühlen ihn noch heute. Besonders aber gilt das von der Lehre des *Epikur* (gegen Ende des zweiten und Anfang des ersten Jahrhunderts v. Chr.), die im Wesentlichen im Positivismus und in der gegenwärtigen naturwissenschaftlichen ethischen Schule wieder auflebt.

Die *Sophisten,* besonders *Demokrit* (470-380 v. Chr.), der erste Begründer der Molekularphysik, und überhaupt die Schule der *Cyrenaiker,* die als Grundzug des Menschen und jedes lebenden Wesens das Streben nach Lust, Genuss, Glück hinstellten (Hedonismus – Lustlehre), hoben im Gegensatz zu den Stoikern nicht genügend hervor, dass es verschiedene Arten des Glücksuchens gibt, von der rein tierischen Selbstsucht bis zur idealen Selbstaufopferung, von den eng persönlichen Bestrebungen bis zu den umfassend gemeinschaftlichen Zielsetzungen. Die Aufgabe der Ethik besteht jedoch gerade darin, sich mit den mannigfaltigen Formen des Glücksuchens auseinanderzusetzen und aufzuzeigen, zu welchen Ergebnissen sie führen, und bis zu welchem Grad die einen oder anderen Formen Befriedigung gewähren. Dieses tat vollkommen gewissenhaft *Epikur,* der im dritten Jahrhundert v. Chr. lebte und in der damaligen griechisch-römischen Welt sehr berühmt war, dank seinem bis ins einzelne ausgearbeiteten *Eudämonismus,* d. h. einer Sittlichkeitslehre, die ebenfalls auf dem Streben nach Glück, aber auch auf der Untersuchung dessen, was am besten zu einem glücklichen Leben führt, aufgebaut war.

Das Lebensziel aller lebenden Wesen, das sie ohne Erwägung verfolgen, ist das *Glück,* lehrte Epikur (man kann auch „das Angenehme" sagen), denn sobald sie geboren werden, gefällt ihnen die Lust und widerstrebt ihnen das Leid. Die Vernunft ist hier machtlos; die Natur selbst lenkt sie in diese Richtung. Vernunft und Gefühl fließen hier ineinander, und die Vernunft unterwirft sich dem Gefühl. Mit. einem Wort – „die Lust ist der Anfang und das Ziel des glücklichen Lebens – das erste und natürliche Gut." Die Tugend ist nur dann wertvoll, wenn sie zu diesem Gut führt, die Philosophie ist die Kraft, die auf dem Wege der Betrachtung zu einem glücklichen Leben führt.[61]

Seinen Grundgedanken äußerte Epikur wahrscheinlich mit Absicht in recht scharfer Form. „Der Ausgangspunkt und die Wurzel alles Guten", sagte er, „ist die Lust des Wanstes." Und diesen Ausspruch schlachteten seine Gegner aus, um den Epikureismus als lächerlich hinzustellen. Indessen wollte Epikur damit augenscheinlich nur sagen, das Vergnügen der Nahrungsaufnahme sei der Ausgangspunkt der angenehmen Empfindungen, aus denen sich in der Folge die niederen und erhabenen Gefühle herausbilden. Mit der Zeit verändert sich dieses Vergnügen auf tausenderlei Art, verwandelt es sich in die Lust des Geschmacks, des Gesichts, der Phantasie; aber der Ausgangspunkt der angenehmen Wahrnehmungen im

61 In der Darstellung der Lehre des Epikur folge ich hauptsächlich dem bedeutenden Werke Guyaus *Die Sittlichkeitslehre des Epikur*, in welchem er nicht nur seine wenigen auf uns gekommenen Schriften aufmerksam untersucht, sondern auch die Werke derjenigen, die nach seinem Tode seine Lehre auslegten. Gute Würdigungen der Lehre des Epikur gaben auch Jodl, Wundt, Paulsen u. a.

Tier und im Menschen ist die von der Nahrungsaufnahme herrührende angenehme Empfindung; diesem Gedanken werden auch die heutigen Biologen zustimmen, welche die ersten Äußerungen des bewussten Lebens verfolgen, besonders wenn die weiteren Ausführungen der Epikureer in Betracht gezogen werden.

„Weise und schöne Dinge", schrieb Epikur, „stehen mit dieser Lust in Zusammenhang." Sie ist gewiss nicht das Endziel des Glücks, kann aber als sein Ausgangspunkt angesehen werden, da ohne Nahrungsaufnahme das Leben unmöglich ist. Das Glück jedoch wird von allen Genüssen zusammen gebildet; und während die anderen Hedonisten (z. B. der jüngere Aristipp) den Unterschied zwischen den mannigfaltigen Genüssen nicht entschieden genug betonten, führte Epikur die Beurteilung der einzelnen Lustempfindungen nach ihrem Wert ein, der von ihrem Einfluss auf unser Leben als Ganzes bestimmt wird. Selbst Leiden können von Nutzen sein – lehrte er – und können zum Guten führen. Auf diese Weise erhob sich die Ethik des Epikur hoch über die Ethik der einfachen Lust;[62] sie beschritt den Weg, den im neunzehnten Jahrhundert *Bentham* und *John Stuart Mill* eingeschlagen haben.

Indem er einen glücklichen Gesamtzustand, nicht aber die Befriedigung vergänglicher Launen und Leidenschaften als Ziel des Menschen aufstellte, wies Epikur darauf hin, wie dieses Ziel zu erreichen sei: zu allererst muss man seine Wünsche einschränken und mit Wenigem zufrieden sein. Hier spricht Epikur, bereit, sein Leben lang mit Weizenbrot und Wasser auszukommen, wie der strengste Stoiker.[63] Zudem soll man, ohne innere Widersprüche, der eigenen Natur gemäß leben, ein *einheitliches Leben* führen und fühlen, dass man seiner Eigenart entsprechend, nicht als Sklave äußerer Einflüsse sein Leben eingerichtet hat.[64]

Die Grundlage der menschlichen Aufführung muss das sein, was dem Menschen die höchste Lust gewährt. Eine solche Grundlage kann aber nicht das entwürdigende Streben nach persönlichem Nutzen sein, da das höchste Glück nur im *Einklang zwischen den Bestrebungen der Persönlichkeit und den Bestrebungen der Anderen* erreicht werden kann. Das Glück ist die Freiheit von allen Übeln; aber diese Freiheit ist nicht erreichbar, *solange das Leben des Einzelnen nicht mit den Interessen der Allgemeinheit in*

62 Mehrere Forscher haben das trefflich bewiesen, unter ihnen Guyau (III, § 1 und IV, Einleitung).

63 Daselbst IV, § 1.

64 Daselbst IV, § 2.

Einklang gebracht ist. Das lehrt uns das Leben selbst; und der Mensch als vernunftbegabtes, die Lehren der Erfahrung nutzendes Wesen hat zu wählen zwischen den Handlungen, die diesen Einklang herbeiführen, und den Taten, welche ihn verhindern. So entsteht das sittliche Gesicht der Gesellschaft – ihre Ethik während einer gewissen Zeitdauer.

Es ist also leicht zu verstehen, wie Epikur, der von der Behauptung ausging, es gebe keine Tugend an sich und keine Selbstlosigkeit im genauen Sinne, und alle Sittlichkeit sei nichts anderes als vernünftig sich betätigende Selbstliebe (Egoismus), zu einer Sittlichkeitslehre gelangen konnte, die in ihren Schlussfolgerungen nicht hinter der Lehre des Sokrates und sogar der Stoiker zurückbleibt. Die rein körperliche Lust umfasst nicht das ganze Leben des Menschen – sie ist zu sehr vergänglich. Aber es gibt ein Leben *des Geistes und des Herzens,* ein Leben *der Erinnerrungen und Hoffnungen, des Gedenkens und des Vorahnens,* das dem Menschen ein reiches Gebiet neuer Genüsse eröffnet.

Außerdem bemühte sich Epikur, die Menschen von den Ängsten zu befreien, die ihre Entstehung dem Glauben an böse Götter, an ein strafendes Jenseits und an den Einfluss des „Schicksals“ verdanken, den sogar die Lehre des Demokrit unterstützte. Um die Menschen von diesem Schrecken zu erlösen, musste zuerst die Furcht vor dem Tode oder, besser gesagt, vor dem Jenseits von ihnen genommen werden, die im Altertum sehr stark war, weil man sich damals das jenseitige Leben als einen Traum in unterirdischem Dunkel dachte, der den Menschen seinen Gewissensqualen für immer überliefert.[65] Zugleich bekämpfte Epikur den von *Hegesias* gepredigten Pessimismus (dem gegenwärtigen Pessimismus Schopenhauers verwandt), – d. h. die Lehre von der Erwünschtheit des Todes in Anbetracht des Vorherrschens der Übel und Leiden in der Welt.

Im Allgemeinen erstrebte die Lehre des Epikur die geistige und sittliche Befreiung der Menschen. Aber wir finden in ihr eine wichtige Unterlassung: sie setzte keine hohen sittlichen Ziele, insbesondere übersah sie die Selbstaufopferung zum Nutzen der Gemeinschaft. Epikur wusste nichts von einem Ziel, wie es die Gleichberechtigung aller Mitglieder der Gemeinschaft oder die Aufhebung der Sklaverei ist. Tapferkeit z. B. bestand für ihn

65 Indem das Christentum den Menschen versprach, dass die „Auserwählten“ nicht in der unterirdischen Finsternis bleiben, sondern ins lichte Himmelreich kommen, brachte es – wie Guyau bemerkt – im Geist der Menschen eine große Umwälzung hervor. Jeder durfte die Hoffnung hegen, ein „Auserwählter“ zu sein.

nicht darin, die Gefahr zu suchen, sondern darin, sie zu meiden. Desgleichen in der Liebe: der Weise soll die leidenschaftliche Liebe meiden, weil sie weder der Natur noch der Vernunft entspricht; sie ist im Wesentlichen eine psychologische Täuschung und eine Art religiöser Vergötterung, die nicht sein darf. Er widerrät die Ehe, weil die Ehe und nachher die Kinder zu viel Scherereien verursachen (indessen liebte er Kinder). Dagegen schätzt er die Freundschaft sehr hoch. In der Freundschaft vergisst der Mensch seine eigenen Interessen; wenn wir dem Freund etwas Angenehmes zufügen, ist es uns selbst angenehm. Epikur war immer von Freunden umgeben; seine Schüler zogen durch ihr schönes gemeinsames Leben so viele Anhänger herbei, dass nach dem Ausspruch eines Zeitgenossen, *Diogenes von Laërte,* „ganze Städte sie nicht hätten aufnehmen können". Die Zeitgenossen konnten für die Treue der Epikureer in der Freundschaft nicht genug lobende Worte finden.

In seiner Arbeit über die Lehren der Epikureer wies Guyau auf noch eine andere interessante Eigenheit hin. Beim ersten Blick widerstreben die Freundschaft und die Selbstaufopferung zugunsten des Freundes der Theorie des eigenen Interesses, das nach der Lehre Epikurs der Leitfaden des denkenden Menschen sein muss; um diesen Widerspruch aufzuheben, wurde die Freundschaft von den Anhängern des Epikur als ein stillschweigend auf der Grundlage der Gerechtigkeit (d. h. der Gegenseitigkeit oder Gleichberechtigung) abgeschlossener Vertrag gedeutet. Dieser Vertrag wird von der Gewohnheit gestützt. Die ersten Beziehungen entstehen aus dem wechselseitigen persönlichen Vergnügen, allmählich jedoch werden die Beziehungen zur Gewohnheit; es entsteht die Liebe, und dann lieben wir unsere Freunde, ohne zu fragen, was für einen Nutzen wir persönlich aus ihnen ziehen. So rechtfertigten die Epikureer die Freundschaft, indem sie bewiesen, dass sie ihrem Grundprinzip – dem Streben nach persönlichem Glück – nicht widerspricht.

Aber die Frage tauchte auf: „Wie muss das Verhalten des Epikureers in Bezug auf die ganze Gesellschaft sein?" Schon Plato – sagt Guyau – äußerte (im Gespräch *Gorgias*) den Gedanken, das einzige Naturgesetz sei das Recht des Stärkeren. Nach Plato verneinten die Skeptiker und Demokrit die „natürliche Gerechtigkeit", und viele Denker jener Zeit gestanden, dass die Regeln des staatsbürgerlichen Lebens von der Macht bestimmt und durch die Gewohnheit befestigt wurden.

Epikur hat, wie Guyau behauptet, als erster den Gedanken ausgesprochen, der in der Folge von Hobbes und nach ihm von vielen anderen entwickelt wurde, dass das sogenannte „Naturrecht" nichts anderes war, „als ein gegenseitiger Vertrag, einander keinen Schaden zuzufügen und voneinander keinen Schaden zu ertragen". – „Die Gerechtigkeit an sich hat keinen Wert; sie existiert nur in gegenseitigen Verträgen und behauptet sich überall da, wo die gegenseitige Verpflichtung anerkannt wird, Unrechttun zu meiden und Unrecht nicht zu leiden." – „Solche Verträge werden von Weisen eingeführt", sagte Epikur, „und nicht dazu, kein Unrecht zu tun, sondern dazu, es nicht von anderen zu leiden." Erst infolge der Gegenseitigkeit kommt es dazu, dass wir, indem wir uns vor den Anderen schützen, die Anderen vor uns verteidigen. Ohne solche Verträge und Gesetze wäre die Gesellschaft unmöglich; die Menschen würden einander fressen, sagte ein Anhänger des Epikur, Metrodor.[66]

Aus der ganzen Lehre der Epikureer ließ sich also folgern, dass die Pflicht und die Tugend mit dem persönlichen Vorteil identisch seien. Die Tugend ist das sicherste Mittel zur Erlangung des Glücks, und wenn der Mensch im Zweifel ist, wie er zu handeln habe, so tut er am besten, der Tugend zu folgen.

Aber in dieser Tugend fehlten sogar die Keime zur Gleichberechtigung der Menschen. Die Sklaverei empörte Epikur durchaus nicht. Er selbst hielt seine Sklaven gut, aber er sprach ihnen alle Rechte ab; augenscheinlich kam ihm nie der Gedanke an die Gleichberechtigung der Menschen. Und noch viele Jahrhunderte mussten vergehen, ehe die Denker, welche die Frage der Sittlichkeit behandelten, sich dazu entschlossen, die Gleichberechtigung, die Gleichheit aller menschlichen Wesen, als Losung des Sittlichen aufzustellen.

Es muss jedoch zur Vollständigkeit der Charakterisierung der epikureischen Lehre bemerkt werden, dass bei einem Nachfolger des Epikur, dem wir die ausführlichste Schilderung seiner Lehre verdanken, d. h. bei dem römischen Schriftsteller Lukrez (im ersten Jahrhundert vor unserer Zeitrechnung) in seinem bekannten Poem *Von der Natur der Dinge* die Idee der fortschrittlichen Entwicklung, d. h. der Evolution, zu finden ist, welche die Grundlage der heutigen Philosophie ausmacht. Bei ihm findet sich die naturwissenschaftliche, materialistische Auffassung vom Leben der Natur, wie es die heutige Wissenschaft versteht. Überhaupt war die Auffassung des Epikur von Natur und Weltall ebenso wie seine Ethik ganz ohne Einmischung des Glaubens aufgebaut; indessen glaubten die Stoiker, obwohl sie Pantheisten waren, an eine dauernde Einmischung übernatürlicher Kräfte in unser ganzes Leben. Die Anhänger des Plato, insbesondere

66 Guyau, *Die Sittlichkeitslehre des Epikur*, 3. Buch, Kap. II.

die Philosophen der alexandrinischen Schule, die an Wunder und Zauberei glaubten, mussten naturgemäß vom christlichen Glauben überwunden werden. Nur die Epikureer verharrten in ihrer Ungläubigkeit; und ihre Lehre währte noch lange, d. h. mehr als fünfhundert Jahre. Bis zum Auftreten des Christentums war sie die am weitesten verbreitete Lehre der alten Welt, und nachher war sie noch etwa vierhundert Jahre einflussreich. Als nachher im zwölften Jahrhundert und zur Zeit der Renaissance in Europa rationalistische Bewegungen auftraten, stützten sie sich in Italien anfänglich auf die Lehren des Epikur.[67]

Die Lehre des Epikur war von starkem Einfluss auf einen Rationalisten des siebzehnten Jahrhunderts, *Gassendi* (1592-1655), auf seinen Schüler *Hobbes* und sogar auf *Locke,* welche der Strömung der Enzyklopädisten und der gegenwärtigen naturalistischen Philosophie den Weg bereiteten; und ebenso stark war ihr Einfluss auf die Philosophie der „Verneiner", wie *Larochefoucauld* und *Mandeville* und im neunzehnten Jahrhundert *Stirner, Nietzsche* und ihre Nachahmer.

Die Stoiker. – Die vierte Schule endlich, die sich im alten Griechenland und nachher in Rom entwickelte und im ethischen Denken eine tiefe Spur bis auf den heutigen Tag hinterlassen hat, war die Schule der *Stoiker.* Als ihre Begründer gelten *Zeno* (340-265 v. Chr.) und *Chrysippus* (ca. 281-208 v. Chr.); im Römischen Reich entwickelten dieselbe Lehre *Seneca* (54 v. Chr. bis 36 n. Chr.), insbesondere *Epictet* (Ende des 1. und Anfang des 2. Jahrhunderts) und *Marc Aurel* (121-180 n. Chr.).

Die Stoiker setzten sich als Ziel, dem Menschen das Glück zu geben, indem sie in ihm die Tugend entwickelten, die in einem mit der Natur, der Vernunft und der Erkenntnis des Weltalls übereinstimmenden Leben besteht. Sie suchten den Ursprung der sittlichen Anschauungen und Bestrebungen des Menschen nicht in irgendeiner übernatürlichen Kraft, sondern behaupteten umgekehrt, dass die Natur in sich selbst die Regeln – und folglich auch die Vorbilder des Sittlichen – trägt; was die Menschen das Sittengesetz nennen, entspringt den Weltgesetzen, die das Leben der Natur regeln, stellten sie fest. Ihre Anschauungen stimmen folglich mit den Ansichten überein, die seit *Baco, Spinoza, Auguste Comte* und *Darwin* in der Ethik der Gegenwart immer mehr an Boden gewinnen. Man muss nur bemerken, dass die Stoiker von den Grundprinzipien des Sittlichen und vom Leben der Natur im Allgemeinen oft in der Sprache der Metaphysiker

67 Guyau, *Die Sittlichkeitslehre des Epikur*, 4. Band, Kap I.

redeten. So lehrten sie, die Vernunft, oder das „Wort" (Logos), durchdringe die ganze Welt als die Weltvernunft, und das Sittengesetz entstamme den Weltgesetzen, in denen sich die Weltvernunft offenbart.[68] Die Vernunft des Menschen, lehrten die Stoiker, – und folglich auch unsere Anschauungen von der Sittlichkeit – ist nichts anderes als eine Erscheinungsform der Naturkräfte; was sie natürlich nicht an der Erkenntnis hinderte, dass das körperliche und sittliche Übel in der Natur wie im Menschen ein ebenso natürliches Ergebnis des Lebens der Natur ist, wie das Gute auch. Ihre ganze Lehre zielt folglich dahin, im Menschen das Gute zu fördern und das Böse zu bekämpfen, um ihm so zum größtmöglichen Glück zu verhelfen.

Die Gegner der Stoiker wiesen darauf hin, dass sie mit ihrer Lehre die Grenzen zwischen Gut und Böse verwischen, und man muss sagen, dass die Stoiker, obwohl sie in ihrer Mehrzahl im wirklichen Leben beide Begriffe auseinanderhielten, keinen bestimmten Maßstab für die Unterscheidung zwischen Gut und Böse zeigten, wie es zum Beispiel die Utilitaristen im neunzehnten Jahrhundert taten, als sie als Ziel der Ethik das größtmögliche Glück einer möglichst großen Anzahl Menschen hinstellten (Bentham), oder diejenigen, die auf das natürliche Überwiegen des geselligen Triebes über den persönlichen (Baco und Darwin) hinwiesen, oder aber diejenigen, die in die Ethik den Begriff der Gerechtigkeit, d. h. die Gleichberechtigung, hineintrugen.

Es ist überhaupt mit Recht bemerkt worden, dass die Stoiker ihre Betrachtungen nicht bis zum wirklichen Ausbau einer Sittlichkeitstheorie auf naturgemäßen Grundlagen geführt haben. Gewiss, die Stoiker behaupteten, der Mensch müsse den Naturgesetzen entsprechend leben, manche wiesen auch schon darauf hin, dass der Mensch ein geselliges Wesen sei und folglich seine Leidenschaften der Vernunft und dem Streben des Ganzen unterwerfen müsse, und Cicero (106-43 v. Chr.) erwähnt sogar die Gerechtigkeit als Grundlage des Sittlichen. Nur in Einklang mit der Weltvernunft lebend, kann der Mensch Weisheit, Tugend und Glück finden, und die Natur selbst flößt uns gesunde sittliche Triebe ein, sagten die Stoiker. – „Aber ... wie schlecht konnten die Stoiker das Sittliche im Natürlichen und das Natürliche im Sittlichen finden" – bemerkt Jodl mit Recht in seiner *Geschichte der Ethik.* Aber infolge dieser damals jedoch unvermeidlichen Lücke in ihrer Lehre gelangten manche Stoiker, wie Epictet, zur christlichen Ethik,

68 Epictet hielt es sogar nicht für nötig, die Natur zu erforschen, um das Wesen ihrer Gesetze zu ergründen. Unsere Seele, lehrt er, erkennt sie unmittelbar, da sie mit der Gottheit eng verbunden ist.

welche die Notwendigkeit der göttlichen Offenbarung für die Erkenntnis des Sittlichen annimmt; andere, wie Cicero, schwankten zwischen dem natürlichen und dem göttlichen Ursprung des Sittlichen, und Marc Aurel, der die trefflichen moralischen Lehrsprüche verfasst hat, gelangte (in der Verteidigung der öffentlich anerkannten Götter) dahin, dass er die grausamen Christenverfolgungen zuließ. Sein Stoizismus verwandelte sich in Religion und religiösen Fanatismus.

In der Lehre der Stoiker war überhaupt viel Unvollendetes und sogar Widerspruchsvolles. Aber dessen ungeachtet hinterließen sie in der Philosophie des Sittlichen eine tiefe Spur. Manche von ihnen landeten bei der Predigt der allgemeinen Brüderlichkeit; gleichzeitig bekämpften sie nicht den Individualismus, die Befreiung von den Leidenschaften und die Entsagung der Welt. *Seneca,* der Erzieher des Nero, der ihn nachher hinrichten ließ, vereinte den Stoizismus mit der Metaphysik des Plato und teilweise mit der Lehre des Epikur und der Pythagoreer. Cicero jedoch neigte unmittelbar zu einer religiösen Auffassung des Sittlichen, in welchem er den Ausfluss der Gesetze der Natur und der Gottheit erblickte.[69] Aber der Grundgedanke der Stoiker bestand darin, die Grundlagen der Sittlichkeit in der *Vernunft des Menschen* zu finden. Das Streben nach dem allgemeinen Wohl hielten sie für eine angeborene Eigenschaft, die sich im Menschen zugleich mit seiner geistigen Entwickelung entfaltet. Vernunftgemäß, fügten sie hinzu, ist die Aufführung, die der Natur des Menschen und „aller Dinge", d. h. der Natur im Allgemeinen, entspricht. Der Mensch muss seine Philosophie und seine Sittlichkeit auf dem Wissen, der Erkenntnis seiner Eigenart und der ganzen Natur aufbauen. Der Natur entsprechend leben bedeutete in der Auslegung Ciceros vor allem die Natur erkennen und in sich selbst die Gemeinschaftlichkeit entwickeln, d. h. die Fähigkeit, seine Leidenschaften, die zum Ungerechten führen, zu zähmen; es bedeutete mit anderen Worten die Züchtung der Gerechtigkeit, Tapferkeit und überhaupt aller sogenannten staatsbürgerlichen Tugenden. So wird es verständlich, dass Cicero seit der Renaissance allgemein beliebt wurde, insbesondere bei den Schriftstellern des siebzehnten Jahrhunderts, und dass er einen solchen Einfluss auf Locke, Hobbes, Shaftesbury und auf die Vorläufer der Großen Französischen Revolution Montesquieu, Mably und Rousseau ausübte.

69 Der naturalistische Pantheismus der ersten Stoiker wandelte sich bei ihm in einen naturalistischen Theismus, schrieb Jodl. Eine solche Wandlung des Stoizismus wurde auch von Seneca gefördert (Geschichte der Ethik, I, 27).

Also ist Eucken vollständig im Recht, wenn er sagt, der Grundgedanke des Stoizismus, d. h. die wissenschaftliche Begründung der Sittlichkeit und die Emporführung der Sittlichkeit auf ihre wahre Höhe und Unabhängigkeit im Zusammenhang mit der Auffassung der Welt als einer Einheit, habe sich bis auf unsere Zeit erhalten.[70] In der Welt zu leben, indem man sich ihr unbewusst unterwirft, ist des Menschen unwürdig. Man muss zur Erkenntnis des Lebens der Welt gelangen, es als eine fortwährende Entwickelung (Evolution) auffassen und im Einklang mit den Gesetzen dieser Entwickelung leben. So fassten die besten Stoiker die Sittlichkeit auf, und mit dieser Auffassung förderte der Stoizismus die Entwickelung der Wissenschaft von der Sittlichkeit ungemein.

Zudem forderten die Stoiker, sich dem Leben der Gemeinschaft gegenüber nicht gleichgültig, sondern tätig zu verhalten und deshalb die Charakterfestigkeit zu pflegen; und diese Gedanken entwickelte Epictet mit großem Nachdruck.

Im Leben ist der Rigorismus, d. h. Strenge gegenüber den eigenen Schwächen, notwendig, schrieben die Stoiker. *Das Leben ist ein Kampf* und kein epikureisches Genießen von allerlei Freuden. Der schlimmste Feind des Menschen ist die Abwesenheit eines höheren Zieles. Zu einem glücklichen Leben gehören innere Tapferkeit, Erhabenheit der Seele, Heldenmut. Und solche Ideen führten sie zu dem Gedanken an die allgemeine Brüderlichkeit, an die „Menschheit“, d. h. zu einem Gedanken, der ihren Vorgängern noch nicht gekommen war.

Aber neben diesen schönen Bestrebungen sehen wir bei allen bedeutenden Stoikern Unentschlossenheit, Zwiespältigkeit. Im Walten der Welt sahen sie nicht nur Naturgesetze, sondern auch den Willen der Weltvernunft; und diese Ansicht lähmte unvermeidlich die wissenschaftliche Naturforschung. Ihre Weltanschauung war zwiespältig, und diese Zwiespältigkeit führte auf verschiedenen Gebieten zu einer Nachgiebigkeit, die im Gegensatz zu den Grundsätzen ihrer Sittlichkeit stand, zum Frieden mit dem, was sie als Ideal verneinten; sie brachte einen Denker, wie Mare Aurel, zu grausamen Christenverfolgungen. Das Bestreben, das persönliche Leben mit dem Leben der Umwelt in Einklang zu bringen, führte zu kläglichen Kompromissen, zum Sichabfinden mit der rohen, jämmerlichen Wirklichkeit, und deshalb hört man in den Werken der Stoiker den ersten Widerhall

70 Eucken, *Lebensanschauungen großer Denker*. 1907, 7. Aufl., S. 90.

der Verzweiflung, des Pessimismus. Dennoch war der Einfluss der Stoiker außergewöhnlich stark. Sie bereiteten die Geister auf das Christentum vor, und ihren Einfluss spüren wir sogar heute noch bei den Rationalisten.

Sechstes Kapitel

Das Christentum – Das Mittelalter – Die Renaissance

Das Christentum. – Der Grund der Entstehung und des Erfolges der christlichen Lehre. – Das Christentum als Religion der Armut. – Christentum und Buddhismus. – Der wichtigste Unterschied des Christentums und des Buddhismus von allen früheren Religionen. – Das soziale Ideal des Christentums. – Wandlung des Urchristentums. – Bündnis zwischen Kirche und Staat. – Das Mittelalter. – Volksprotest gegen das Joch der Kirche und des Staates. – Kampf des Volkes gegen die offizielle Kirche und den Staat im Mittelalter. – Freie Städte und religiöse Bewegungen (Albigenser, Lollarden, Hussiten). – Die Reformation. – Die Renaissance. – Kopernikus und Giordano Bruno. – Kepler und Galilei. – Francis Bacon von Verulam. – Sittlichkeitslehre des Baco. – Hugo Grotius. – Fortschritt der Sittlichkeitslehren im 16. Jahrhundert.

Wenn wir das Ergebnis der vorchristlichen Ethik im alten Griechenland ins Auge fassen, so sehen wir, dass die griechischen Denker trotz der Mannigfaltigkeit in ihren Erklärungen der Sittlichkeit in einem Punkt miteinander übereinstimmten. Als Ausgangspunkt der sittlichen Antriebe im Menschen sahen sie seine natürliche Veranlagung und seine Vernunft an. Von dem wahren Wesen dieser Veranlagung legten sie sich wohl keine klare Rechenschaft ab. Aber sie lehrten, dass der Mensch, in der Gemeinschaft lebend, dank seiner Vernunft naturgemäß seine sittlichen Neigungen in sich entwickelt und festigt, die zur Erhaltung der ihm notwendigen Gesellschaftlichkeit dienen, und also suchten sie für den Menschen keinen Beistand von außen, von übernatürlichen Kräften.

Das war das Wesen der Lehren des Sokrates, des Aristoteles, teilweise des Plato und der ersten Stoiker, wobei schon Aristoteles versuchte, die Sittlichkeit auf naturwissenschaftlicher Grundlage aufzubauen. Nur Plato brachte in die Sittlichkeit einen halbreligiösen Bestandteil. Andererseits stellte Epikur – vielleicht im direkten Gegensatz zu Plato – ein neues Prinzip in den Vordergrund: das vernunftgemäße Streben des Menschen zum Glück, zur Lust, und er versuchte, das Glücksuchen als wichtigsten Quell des Sittlichen im denkenden Menschen hinzustellen.

Epikur war natürlich mit seiner Behauptung, dass das richtig aufgefasste Streben des Menschen nach persönlichem Glück, nach einem vollkommenen Leben, die sittliche Triebkraft bilde, vollkommen im Recht: ein Mensch, der ganz begriffen hat, wie sehr die Geselligkeit, die Gerechtigkeit und ein auf Gleichheit beruhendes gegenseitiges gutes Verhältnis der Menschen das glückliche Leben des Einzelnen wie der Gemeinschaft ausmacht, kann nicht unsittlich sein; mit anderen Worten, – ein Mensch, der die Gleichheit aller anerkennt und durch die Lebenserfahrung zur Identifizierung seines Vorteils mit dem Nutzen aller gekommen ist, *kann* unzweifelhaft in einer solchen Auffassung des persönlichen Glücks eine Stütze für seine Sittlichkeit finden. Aber mit der Behauptung, dass das vernunftgemäße Suchen nach Glück von selbst den Menschen zum sittlichen Verhalten den anderen gegenüber führe, beschränkte Epikur unnötig die wirklichen Grundlagen der Sittlichkeit. Er vergaß, dass im Menschen bei all seiner Neigung zum Egoismus noch die Gewohnheiten der Geselligkeit vorhanden sind; auch kennt der Mensch den Begriff der Gerechtigkeit, der wenigstens in gewissem Maße zur Anerkennung der Gleichberechtigung der Menschen führt, und noch die sittlich tief gesunkenen Menschen tragen eine unklare Vorstellung von einem Ideal und von der sittlichen Schönheit im Bewusstsein.

Epikur verkleinerte also die Bedeutung der geselligen Triebe des Menschen und half ihm, durch die praktische „Bedachtsamkeit“ die gerecht denkende Vernunft zu ersetzen, ohne die es in der Gemeinschaft keine fortschrittliche Entwicklung geben kann. Andererseits übersah er den Einfluss der Umwelt und die Einteilung der Gesellschaft in Klassen, die der Sittlichkeit feindlich ist, wenn der pyramidale Aufbau der Gesellschaft den Einen erlaubt, was er den Anderen verbietet.

Tatsächlich fanden die Anhänger des Epikur, die im Reiche Alexanders des Großen und nachher im Römischen Reiche recht zahlreich waren, in dem Fehlen eines die Gleichheit und Gerechtigkeit als Ziel ansehenden sittlichen Ideals die Rechtfertigung ihrer Gleichgültigkeit gegenüber den Krebsschäden der Gesellschaftsordnung.[71]

71 Guyau weist in seinem trefflichen Werk über die Philosophie des Epikur darauf hin, dass sie im Laufe mehrerer Jahrhunderte viele wohlwollende Men-

Die Auflehnung gegen die Schäden der damaligen Gesellschaft und gegen den Verfall der Gemeinschaftlichkeit war unabwendbar. Und sie zeigte sich, wie wir sahen, zuerst in der Lehre der Stoiker und darauf im Christentum.

Schon im fünften Jahrhundert vor unserer Zeitrechnung begannen die Kriege zwischen Griechenland und Persien, und diese Kriege führten allmählich zum völligen Verfall der freien Städterepubliken des alten Griechenlands, in denen die Wissenschaft, Kunst und Philosophie zu hoher Blüte gelangt waren. Darauf entstand im vierten Jahrhundert das Makedonische Königreich und begannen die Kriegszüge Alexanders des Großen nach dem Inneren Asiens. Die blühenden, unabhängigen Demokratien Griechenlands verwandelten sich damals in Gebiete, die der neuen Eroberermacht unterworfen waren; und die Eroberer, die aus dem Osten Sklaven und geraubte Schätze mitführten, brachten gleichzeitig die Zentralisation und den bei der Zentralisation unvermeidlichen Despotismus und die Bereicherungsgier ins Land. Mehr noch, die nach Griechenland eingeführten Schätze lockten Räuber aus dem Westen herbei, und schon gegen Ende des dritten Jahrhunderts v. Chr. begann die Eroberung Griechenlands durch Rom.

Das alte Griechenland, die Pflanzstätte des Wissens und der Kunst, verwandelte sich nun in eine Provinz des Römischen Erobererreiches. Das Licht der Wissenschaft, das in Griechenland brannte, erlosch für viele Jahrhunderte. Aus Rom aber breitete sich nach allen Seiten der räuberische zentralisierte Staat aus, wo der Luxus der oberen Klassen auf der Sklavenarbeit der besiegten Völker blühte, und wo das Laster der oberen, herrschenden Klassen seine äußersten Grenzen erreichte.

Eine Auflehnung war unter solchen Bedingungen unvermeidlich, und sie zeigte sich anfangs als Widerhall einer neuen Religion, des Buddhismus, der im gleichfalls verfallenden Indien emporkeimte, und nach vier Jahrhunderten als christliche Lehre in Judäa, von wo sie sich über die grie-

---

schen vereinigte; und das ist vollkommen richtig. In jeder Epoche gibt es einen Stamm von Menschen, die kein religiöses oder verneinendes Denken besser oder schlimmer im Sinne der Gemeinschaft machen kann. Aber neben ihnen stehen die Massen der immer schwankenden Durchschnittsmenschen, die den zu gewissen Zeiten vorherrschenden Lehren anhängen; und für diese willensschwache Mehrheit war die Lehre des Epikur eine Rechtfertigung ihrer Gleichgültigkeit, während die Anderen, auf der Suche nach einem Ideal, sich der Religion zuwandten.

chischen Kolonien Kleinasiens und nachher über Italien, das Herz der römischen Macht, verbreitete. Es ist leicht zu verstehen, wie groß der Eindruck dieser zwei Lehren, die so viel Gemeinsames aufweisen, auf die armen Klassen war. Die Kunde von der neuen in Indien entstandenen Religion begann in Judäa und Kleinasien bereits in den letzten zwei Jahrhunderten vor unserer Zeitrechnung einzudringen. Es ging das Gerücht, dass der Königssohn Gautama, vom Drang nach einem neuen Glauben getrieben, seinen Palast und sein junges Weib verließ, seine königlichen Gewänder ablegte, dem Reichtum und der Macht entsagte, und der Diener seines Volkes wurde. Von Almosen lebend, lehrte er die Verachtung des Reichtums und der Macht, die Liebe zu allen Menschen – Freunden und Feinden –, das Mitgefühl für alle lebenden Wesen, predigte die Sanftmut und anerkannte die Gleichheit aller, auch der niedersten Stände.

Unter den von Kriegen und Abgaben gefolterten, von den Herrschenden in ihren besten Gefühlen beleidigten Völkern fand die Lehre des Buddha[72] Gautama schnell zahlreiche Anhänger, und allmächtig verbreitete sie sich vom nördlichen Indien aus über den ganzen Süden und Osten Asiens. Millionen Menschen strömten dem Buddhismus zu.

Das gleiche geschah vierhundert Jahre später, als die ähnliche, noch erhabenere Lehre des Christentums sich aus Judäa über die griechischen Kolonien Kleinasiens ausbreitete und nachher in Griechenland und von da aus in Sizilien eindrang.

Der Boden für die Religion der Armut, die sich gegen das Laster der Reichen erhob, war gut bereitet. Und die unaufhaltsame Einwanderung ganzer Völker aus Asien nach Europa, die zu jener Zeit begann und ganze zwölf Jahrhunderte dauerte, versetzte die Geister in solchen Schrecken, dass das Bedürfnis nach einer neuen Religion nur noch anwachsen konnte.[73]

---

72 Das Wort Buddha bedeutet „Lehrer“.

73 Als nach der Eiszeit und der auf sie folgenden Seenperiode das schnelle Austrocknen der mittelasiatischen Hochebene begann, die heute aus menschenleeren Wüsten, jedoch mit Spuren ehemals bevölkerter, heute aber versandeter Städte besteht, nötigte die Trockenheit die Bewohner der Hochebenen, nach dem Süden, nach Indien, und nach dem Norden, in die Niederungen Dschungariens und Sibiriens hinabzusteigen, von wo aus sie nach Westen, den fruchtbaren Ebenen Südrusslands und Westeuropas, weiterwanderten. Ganze Völkerschaften drangen auf diese Weise vor, und man kann sich leicht den Schrecken vorstellen, in den diese Wanderungen die in den europäischen Ebenen ansässigen Völker versetzen mussten; die Neuangekommenen beraubten die Sesshaften oder rotteten die Bevölkerung ganzer Gebiete aus, die ihnen Widerstand leiste-

Inmitten der damals herrschenden Schrecken verloren sogar die nüchternen Denker den Glauben an eine bessere Zukunft der Menschheit; die Massen jedoch erblickten in diesen Überfällen die Wirkung einer bösen Macht; die Vorstellung vom „Weltuntergang“ griff um sich, und umso eher suchten die Menschen ihr Heil in der Religion.

Der wichtigste Unterschied zwischen dem Christentum und Buddhismus einerseits und den früheren Religionen bestand darin, dass diese zwei Bekenntnisse anstatt der grausamen Rachegötter, deren Geboten sich der Mensch unterwerfen musste, einen *idealen Gottmenschen* der Menschheit als Beispiel hinstellten, wobei im Christentum die Liebe des göttlichen Lehrers zu den Menschen – zu allen Menschen ohne Ansehen der Abstammung und des Standes, besonders aber zu den Armen – sich zu der erhabenen Heldentat, dem Kreuzestode, erhebt, um die Menschheit von der Herrschaft des Bösen zu erlösen.

Anstatt der Furcht vor dem Rachegott Jehova oder vor den böse Naturkräfte verkörpernden Göttern wurde *die Liebe zu den Opfern der Gewalt* gepredigt, und Lehrer des Sittlichen im Christentum war keine rächende Gottheit, kein Priester, kein Angehöriger der geistlichen Kaste, sogar kein Denker, kein Weiser, sondern ein Mann aus dem Volke. War noch der Begründer des Buddhismus, Gautama, ein freiwillig zum Bettler gewordener Königssohn, so ist der Begründer des Christentums ein Zimmermann, der Heim und Familie verließ und wie die „Vögel unterm Himmel“, in Erwartung des nahen „Jüngsten Gerichts“, lebte. Das Leben dieser zwei Lehrer verfloss nicht in Tempeln und Akademien, sondern mitten unter den Armen, und seine Apostel fand Christus nicht bei den Tempelbeamten, sondern bei den Armen. Und wenn in der Folge im Christentum wie im Buddhismus die „Kirche“ entstand, d. h. die Regierung der „Auserwählten“, mit den unvermeidlichen Lastern einer jeden Regierung, – so war das eine direkte Abweichung vom Willen beider Religionsgründer, wie sehr man auch nachher bemüht war, diese Abweichung mit Hinweisen auf Bücher zu rechtfertigen, die viele Jahre nach dem Tode beider Lehrer verfasst worden waren.

---

te. Was im dreizehnten Jahrhundert das russische Volk während der Einfälle der Mongolen erlitt, das erlebte Europa während der Dauer der ersten sieben oder acht Jahrhunderte unserer Zeitrechnung infolge der Völkerwanderungen, die sich nacheinander aus Mittelasien ergossen; dasselbe erduldeten Spanien und Südfrankreich infolge der Einfälle der Araber, die aus dem gleichen Grund der Trockenheit von Nordafrika her Europa überfluteten.

Ein anderer Grundzug des Christentums, der im Wesentlichen seine Größe ausmachte, war, dass es zur Richtschnur des menschlichen Lebens nicht das persönliche Glück, sondern *das Glück der Allgemeinheit* machte; so stellte es ein *gesellschaftliches Ideal* auf, das den Menschen zur Hingabe selbst seines Lebens befähigte (siehe z. B. das zehnte und dreizehnte Kapitel des Markusevangeliums). Das Ideal des Christentums war nicht das friedliche Leben des griechischen Weisen und nicht die kriegerischen oder staatsbürgerlichen Taten der Helden des alten Griechenlands und Roms, sondern der Prediger, der sich gegen die Missetaten der zeitgenössischen Gesellschaft erhebt und sein Leben für sein Glaubensbekenntnis hinzugeben bereit ist, das sich aus Gerechtigkeit gegen alle, Anerkennung der allgemeinen Gleichheit, gütigem Verhalten gegen alle, Nächste wie Fremde, und endlich aus *der Vergebung der Beleidigungen* zusammensetzt, im Gegensatz zu der damals weitverbreiteten Regel der Rache für Beleidigungen.

Leider begannen diese Grundsätze des Christentums – insbesondere die Gleichberechtigung und die Vergebung der Beleidigungen – sehr bald in den Predigten des neuen Glaubens an Kraft zu verlieren und gerieten ganz in Vergessenheit. In das Christentum, wie in alle Sittlichkeitslehren, stahl sich gar bald der Opportunismus, d. h. die Lehre von dem „goldenen Mittelweg". Und das umso leichter, als im Christentum, wie in jeder anderen Religion, sich schnell eine Zelle von Leuten heranbildete, die behaupteten, dass sie, die Vollzieher der heiligen und geheimen Bräuche, die Lehre Christi in ihrer ganzen Reinheit erhalten und vor immerzu entstehenden falschen Auslegungen bewahren.

Ohne Zweifel erklärt sich die Nachgiebigkeit der Apostel in gewissem Grade auch durch die grausamen Verfolgungen, denen die ersten Christen im Römischen Reich ausgesetzt waren, solange das Christentum nicht Staatsreligion war, und möglicherweise wurden die Abschwächungen nur zum Schein gemacht, während der innerste Kern der christlichen Gemeinden die Lehre in ihrer ganzen Reinheit bewahrte. Tatsächlich ist durch eine lange Reihe sorgfältiger Forschungen jetzt festgestellt, dass die vier Evangelien, die von der Kirche als die glaubwürdigsten Darstellungen des Lebens und der Lehre Christi anerkannt wurden, ebenso wie die Apostelgeschichte und die Apostelbriefe – in der auf uns gekommenen Fassung – nicht vor dem Zeitraum zwischen den Jahren 60 und 90 unserer Zeitrechnung oder sogar zwischen 90 und 120 entstanden sind. Aber auch diese Evangelien und Briefe waren bereits Abschriften von früheren Niederschriften, welche von den Abschreibern mit mündlichen Legenden vervollständigt wurden.[74] Aber gerade in diese Jahre fallen die grausamsten Christenverfolgungen des Römischen Staates. Die Hinrichtungen in Galiläa begannen bereits seit dem Aufstande des Juda aus Galiläa gegen das Römische Reich im Jahre 9 unserer Zeitrechnung; und darauf begannen noch grausamere Judenverfolgungen nach dem Aufstand in Judäa, der von 66 bis 71 anhielt und Hunderte Hinrichtungen nach sich zog.[75]

Angesichts solcher Verfolgungen konnten naturgemäß die christlichen Lehrer, obwohl selbst zum Tode am Kreuz oder auf dem Scheiterhaufen bereit, in ihren Sendschriften an die Gläubigen nebensächliche Abschwächungen der ursprünglichen Lehre zulassen, um die noch jungen Christengemeinden vor Verfolgungen zu behüten. So konnte z. B. der Ausspruch: „Gebet dem Kaiser, was des Kaisers ist, und Gott, was Gottes ist", auf den die Herrschenden sich so gern berufen, ins Evangelium als unbedeutende, das Wesen der Lehre nicht beeinträchtigende Konzession hineingeraten sein, umso mehr, als das Christentum die Lösung von allen irdischen Gütern predigte. Gleichzeitig verfiel das im Osten entstandene Christentum dem Einfluss der dortigen Glaubensrichtungen in einer sehr wichtigen Hinsicht. Die Religionen Ägyptens, Persiens und Indiens begnügten sich nicht mit der einfachen Vermenschlichung der Naturkräfte, wie sie beim griechischen und römischen Heidentum zu finden war. Sie erblickten in der Welt den Kampf zweier gleich starker Mächte – des Guten und des Bösen, des Lichts und der Finsternis –, und denselben Kampf versetzten sie in die Brust des Menschen. Und diese Vorstellung von den zwei feindlichen, miteinander um die Herrschaft über die Welt kämpfenden Mächten wurde allmählich zu einer Grundlage der christlichen Lehre. Und sodann benutzte die christliche Kirche während vieler Jahrhunderte die Vorstellung vom mächtigen, sich der menschlichen Seele bemächtigenden Satan, um mit unglaublicher Grausamkeit alle zu vernichten, die eine Kritik an ihren Priestern wagten.

Auf diese Weise verleugnete die Kirche im praktischen Leben geradezu die Güte und die Vergebung der Sünden, die der Begründer des Christentums lehrte, und die seinen Hauptunterschied von allen Religionen, den

74 Dies Vorhandensein vieler solcher Niederschriften bezeugt bereits der Evangelist Lukas (I. Kap. 1-4) zu Beginn seiner Darstellung, in welcher er die vorhandenen Niederschriften vereinigte und erweiterte.

75 Die Unruhen in Judäa begannen anscheinend bereits in den Jahren, als Christus predigte (siehe Lukas 13,1 und Markus 15,7).

Buddhismus ausgenommen, ausmacht. Mehr noch, in der Verfolgung ihrer Gegner kannte ihre Grausamkeit keine Grenzen.

In der Folge gingen die Anhänger Christi – auch die nächsten – auf dem Wege der Nachgiebigkeit noch weiter. Immer weiter und weiter entfernten sie sich von der ursprünglichen Lehre, und es kam dahin, dass die christliche Kirche ein vollständiges Bündnis mit den Herrschern schloss, so dass die „Kirchenfürsten" sogar anfingen, die wahre Lehre Christi als gefährlich anzusehen, als so gefährlich, dass die katholische Kirche die Evangelien nur in der dem Volke gänzlich unverständlichen lateinischen Sprache herausgab, während sie in Russland nur in der schwer verständlichen altslavischen Sprache zu haben waren.[76]

Aber schlimmer als alles war, dass das zur Staatsreligion gewordene offizielle Christentum den wichtigsten Unterschied des Christentums von allen Religionen, mit Ausnahme des Buddhismus, vergaß. Es vergaß die *Vergebung von Beleidigungen* und rächte sich für jede ihm widerfahrene Kränkung nicht minder grausam als die östlichen Despoten. Zuletzt wurden die Vertreter der Kirche ebensolche Besitzer von Leibeigenen wie der weltliche Adel, und allmählich bemächtigten sie sich der einträglichen Rechtsprechung wie die Grafen, Herzöge und Könige, wobei die geistlichen Fürsten bei der Ausübung ihrer Macht ebenso rachsüchtig und unersättlich waren, wie die weltlichen Herrscher. Als im fünfzehnten und sechzehnten Jahrhundert in den im Entstehen begriffenen Staaten die zentralisierte Macht der Könige und Fürsten sich zu entwickeln begann, förderte die Kirche überall durch ihren Einfluss und ihre Reichtümer das Aufkommen dieser Macht und segnete mit ihrem Kreuz solche bestienähnliche Herrscher, wie Ludwig XI., Philipp II. und Johann den Schrecklichen. Jede Auflehnung gegen ihre Macht bestrafte die Kirche mit wahrhaft östlicher Grausamkeit, – mit Folter und Scheiterhaufen, zu welchem Zweck die katholische Kirche sogar eine spezielle Einrichtung, die „heilige" Inquisition, schuf.

Die Konzessionen an die weltliche Macht, die von den ersten Anhängern Christi gemacht wurden, führten also das Christentum weitab von der Lehre seines Begründers. Die Vergebung der persönlichen Kränkungen

76 In Russland galt dieses Verbot bis zum Jahre 1859 oder 1860, und ich weiß noch genau, welchen Eindruck in Petersburg das erste Erscheinen der Evangelien in russischer Sprache hervorrief, und wie alle sich beeilten, die ungewöhnliche Ausgabe in der Synodaldruckerei zu erstehen, der allein das Recht des Vertriebs zustand.

wurde wie unnützer Ballast vergessen, und so wurde der Hauptunterschied des Christentums von allen Religionen, mit Ausnahme des Buddhismus, verwischt.[77]

Wenn wir vorurteilslos nicht nur die früheren Religionen, sondern sogar die Sitten und Gebräuche der primitivsten Wilden betrachten, finden wir tatsächlich, dass in allen primitiven Religionen und in den primitivsten Gemeinschaften bereits die noch heute gültige Regel bestand seinem Nächsten, d. h. dem Stammesgenossen, nicht das zuzufügen, was man sich selbst nicht wünscht. Auf dieser Regel fußten seit Jahrtausenden alle menschlichen Gemeinschaften, so dass das Christentum mit seiner Predigt der Gleichheit innerhalb des Stammes selbst nichts Neues geschaffen hat.[78]

Tatsächlich finden wir in einem solch altehrwürdigen Denkmal der Stammesorganisation, wie es das Alte Testament ist, die Regel: „Du sollst nicht rachgierig sein, noch Zorn halten gegen die Kinder deines Volks. Du sollst deinen Nächsten lieben wie dich selbst." So gesprochen im Namen Gottes im dritten Buch Mose (19,18). Die gleiche Regel wurde auch auf den Fremdling angewandt: – „Er soll bei euch wohnen wie ein Einheimischer unter euch, und sollst ihn lieben wie dich selbst; denn ihr seid auch Fremdlinge gewesen im Ägyptenland" (3. Buch Mose 19,34). Und selbst die Behauptung der Evangelisten, dass die Selbstaufopferung für die Stammesgenossen das höchste Verdienst sei, – selbst diese im dreizehnten Kapitel des Markusevangeliums so poetisch ausgedrückte Behauptung kann nicht als kennzeichnender Zug des Christentums gelten, da die Selbstaufopferung für die Stammesverwandten schon von den Heiden gepriesen wurde, wie auch die Verteidigung der Nächsten mit eigener Lebensgefahr nicht nur bei den wildesten Stämmen, sondern sogar bei der Mehrzahl der geselligen Tiere eine gewohnte Erscheinung ist.

---

77 Über die Vorbereitung, des Christentums durch Plato, insbesondere durch seine Lehre von der Seele, und durch die Lehre der Stoiker und über seine Anlehnung an manche vorhergehende Lehren gibt es eine reiche Literatur, aus der das Werk Harnacks *Die Mission und Ausbreitung des Christentums in den ersten drei Jahrhunderten*, erschienen 1902, besonders hervorzuheben ist.

78 Siehe z. B. die Schilderung des Lebens der Aleuten, die zu jener Zeit noch Messer und Pfeil aus Stein herstellten (Berichte des Missionars und nachmaligen Moskauer Metropoliten Wenjaminoff über den Unalaschkinkischen-Bezirk, St. Petersburg 1840), und die vollkommen ähnlichen Schilderungen der grönländischen Eskimos durch die dänische Expedition.

Dasselbe muss von der Wohltätigkeit gesagt werden, die oft als kennzeichnender Zug des Christentums zum Unterschied vom Heidentum angeführt wird. Indessen wurde es schon zur Zeit der Stammesgemeinschaft und wird es heute noch als ein Verbrechen angesehen, dem Stammesgenossen oder sogar dem fremden Wanderer die Unterkunft zu verweigern oder ihn nicht an dem Mahle teilnehmen zu lassen. Ich erwähnte schon in einem früheren Kapitel, dass ein zufällig verarmter Burjate das Anrecht auf Unterhalt durch alle Stammesgenossen der Reihe nach hat, und dass die Bewohner des Feuerlandes, die afrikanischen Hottentotten und andere „Wilde" jeden geschenkten Happen Nahrung untereinander verteilen. Wenn also im Römischen Reich, insbesondere in den Städten, diese Gebräuche der Stammesorganisation vollständig verschwunden waren, so muss nicht das Heidentum, aber die politische Beschaffung des Erobererreiches dafür verantwortlich gemacht werden. Ich bemerke jedoch, dass im heidnischen Italien zur Zeit des Numa und noch viel später, zur Zeit des Kaiserreichs, sehr stark die „Kollegien", d. h. Handwerkerzünfte, entwickelt waren, die nachher im Mittelalter „Gilden" genannt wurden, wobei in den Kollegien die gegenseitige Hilfe als Pflicht galt, und an gewissen Tagen gemeinsame Mahlzeiten abgehalten werden mussten, die in der Folge einen kennzeichnenden Zug jeder Gilde ausmachten. Und deshalb erhebt sich die Frage, ob dem römischen vorchristlichen Gemeinwesen die gegenseitige Hilfe wirklich fremd war, wie manche Verfasser behaupten, die auf das Fehlen *staatlicher und religiöser* Wohltätigkeit im alten Rom hinweisen. Machte sich das Bedürfnis nach einer solchen Wohltätigkeit nicht vielmehr erst infolge der Zersetzung der Zunftorganisationen in demselben Maße bemerkbar, in welchem die Verstärkung der staatlichen Zentralisation vor sich ging?

Wir müssen folglich anerkennen, dass das Christentum mit seiner Predigt der Brüderlichkeit und der gegenseitigen Hilfe keinen neuen sittlichen Grundsatz aufgestellt hat. Aber der wirklich neue Grundsatz, den das Christentum und der Buddhismus ins Leben des Menschen hineintrugen, war die Forderung, *das ihm angetane Böse vollständig zu vergeben.* Bis dahin forderte die Stammessittlichkeit aller Völker die persönliche oder gar allgemeine Rache für jede Schädigung: für Totschlag, Verwundung, Verstümmelung, Beleidigung. Jedoch die Lehre Christi in ihrer ursprünglichen Form verneinte die Rache und die gerichtliche Verfolgung, indem sie von dem Geschädigten den Verzicht auf jegliche „Wiedergutmachung" und die vollständige „Vergebung" der Beleidigung und nicht ein- oder zweimal, sondern immer und in jedem Falle verlangte. In den Worten: „übe nicht Rache an den Feinden“ liegt die wahre Größe des Christentums.[79]

Aber das wichtigste Gebot Christi, auf Rache zu verzichten, wurde von den Christen bald verworfen. Schon die Apostel erkannten es nur in sehr gemäßigter Form an. – „Vergeltet nicht Böses mit Bösem oder Scheltwort mit Scheltwort, sondern dagegen segnet“, – schrieb der Apostel Petrus in seinem ersten Brief (3, 9). Aber schon bei Paulus findet sich nur eine schwache Andeutung auf die Vergebung der Kränkungen, und auch diese in eine egoistische Form gekleidet: – „Darum, o Mensch, kannst du dich nicht entschuldigen, wer du auch bist, der da richtet: denn worinnen du einen anderen richtest, verdammest du dich selbst“ (Brief an die Römer 2, 1). Überhaupt geben die Apostel, anstatt der bestimmten Vorschriften Christi, die die Rache verneinten, den zaghaften Rat, „die Rache aufzuschieben“, – und die allgemein gehaltene Predigt der Liebe, so dass letzten Endes die gerichtliche Vergeltung in ihren grausamen Formen zum unentbehrlichen Rüstzeug dessen gehört, was im christlichen Staat und in der christlichen Kirche Gerechtigkeit genannt wird. Nicht grundlos steht der Priester neben dem Henker auf dem Blutgerüst.

Dasselbe gilt für einen anderen Grundsatz der christlichen Lehre. Seine Lehre war die Predigt der Gleichheit. Der Sklave und der freie römische Staatsbürger waren für sie Brüder, Gottessöhne. – „Welcher unter euch will der Vornehmste werden, der soll aller Knecht sein“, lehrte Christus (Markus 10,44). Aber bereits bei den Aposteln finden wir etwas anderes. Die Sklaven und Untertanen sind ihren Herren gleich ... „in Christo“. In Wirklichkeit erheben die Apostel Petrus und Paulus den Gehorsam der Untertanen gegenüber der herrschenden, als von Gott eingesetzten Macht „in Furcht und Beben“ und den Gehorsam der Sklaven gegenüber ihren Herren

79 Im Mosaischen Gesetz finden sich in der oben angeführten Stelle der „Leviten“ bereits die Worte: – „Du sollst nicht rachgierig sein und Zorn halten gegen die Kinder deines Volks“. Aber dieses Gebot steht einsam da, und seine Spuren sind in der weiteren Geschichte Israels nicht zu merken. Dagegen wird an anderer Stelle, im zweiten Buch Mose, die nur zeitweilige Knechtschaft bloß für den gekauften hebräischen Sklaven als Gesetz aufgestellt (21,2); es ist gestattet, ungestraft seinen Knecht oder seine Magd zu schlagen, wenn sie nur nicht an demselben oder den nächsten Tagen an den Verletzungen sterben; und wenn endlich, wie bei allen in Stammesgemeinschaft lebenden Völkern, ein Streit entsteht und eine Schädigung stattfindet, so soll er lassen Seele um Seele, Auge um Auge, Zahn um Zahn, Hand um Hand, Fuß um Fuß, Brand um Brand, Wunde um Wunde, Beule um Beule (21, 20, 23-25).

zu einer wahrhaft christlichen Tugend; dabei schlagen die beiden Apostel den Sklavenhaltern nur eine mildere Behandlung der Sklaven vor, jedoch durchaus nicht den Verzicht auf die *Rechte des Sklavenhalters* – auch wenn die Herren der Sklaven „Gläubige und Geliebte", d. h. zum Christentum Bekehrte, sind.[80]

Die Verhaltungsmaßregeln der Apostel kann man sicherlich nur mit ihrem Wunsch erklären, ihre Anhänger nicht den Verfolgungen der römischen kaiserlichen Wüteriche auszuliefern. Aber mit seiner Predigt des Gehorsams gegenüber den vertierten Kaisern, als *den Statthaltern Gottes,* d. h. mit der Anerkennung dieser Bestien als Statthalter Gottes, richtete das Christentum gegen sich selbst einen Schlag, von dem es sich bis heute nicht erholen kann. Es hörte auf, die Religion des gekreuzigten Christ zu sein, um zur Staatsreligion zu werden.

Infolgedessen erhielten sich die Sklaverei und der sklavische Gehorsam gegenüber der Macht mit Unterstützung der Kirche elf Jahrhunderte hindurch – bis zu den ersten Stadt- und Bauernaufständen im elften und zwölften Jahrhundert. *Johannes Chrysostomus, Papst Gregor,* den die Kirche den *Großen* nennt, und viele von der Kirche Heiliggesprochene bejahten die Sklaverei, und gar der „heilige" *Augustin* rechtfertigte sie mit der Behauptung, die Sklaven hätten für ihre Sünden die Freiheit verloren.

80 „Seid untertan aller menschlicher Ordnung um des Herrn willen, es sei dem Könige, als dem Obersten, oder den Hauptleuten, als die von ihm gesandt sind zur Rache über die Übeltaten und zu Lobe den Frommen" – schrieb Petrus, als in Rom Bestien, wie Caligula und Nero, herrschten (Erster Brief 2,13-14). Und weiter: „Ihr Knechte, seid untertan mit aller Furcht den Herren, nicht allein den gütigen und gelinden, sondern auch den wunderlichen usw. (daselbst 18-25). Die Verhaltungsmaßregeln, die der Apostel Paulus seiner Herde anriet, sind geradezu widerwärtig; sie sind eine unmittelbare Verneinung der Lehren Christi. – „Jedermann sei untertan der Obrigkeit, die Gewalt über ihn hat. Denn es ist keine Obrigkeit ohne von Gott"; „denn sie (d. h. die Gewaltigen) sind Gottes Diener", schrieb Paulus an die Römer (13,1-5). Den Sklaven riet er gotteslästerlich, ihren Herren – „als Christo" – gehorsam zu sein, – so heißt es wenigstens in seinem Brief an die Epheser, welchen die christlichen Kirchen als ein vom Apostel selbst verfasstes Schreiben anerkennen. Den Sklavenbesitzern empfiehlt Paulus, statt des Verzichtes auf die Sklavenarbeit, ein gemäßigteres Verhalten – „die Strenge mildernd" (Epheser 6,9; Kolosser 3,22: Timotheus 6,1); dabei gebot Paulus die Unterwürfigkeit gerade denjenigen Sklaven, „welche gläubige Herren haben; sie sollen die selbigen nicht verachten, weil sie Brüder sind, sondern sollen vielmehr dienstbar sein, dieweil sie gläubig und geliebt sind" (Timotheus 6,2; Titus 2,9 und 3,1).

Sogar der verhältnismäßig freiheitliche Philosoph *Thomas von Aquino* behauptete, die Sklaverei sei ein „göttliches Gesetz“. Nur einige Sklavenhalter schenkten ihren Sklaven die Freiheit, und manche Bischöfe sammelten Geld, um Sklaven freizukaufen. Erst seit dem Beginn der Kreuzzüge wurden die Sklaven frei, die mit dem Kreuz am Ärmel den Weg nach dem Osten zur Befreiung Jerusalems antraten.

Den Spuren der Kirche folgte – offen oder geheim – die Mehrzahl der Philosophen. Erst im achtzehnten Jahrhundert, am Vorabend der französischen Revolution, erhoben sich die Stimmen der Freiheitsliebenden gegen die Sklaverei. Die Revolution, nicht die Kirche, vernichtete die Sklaverei in den französischen Kolonien und die Leibeigenschaft in Frankreich selbst. Im Laufe der ganzen ersten Hälfte des neunzehnten Jahrhunderts blühte der Handel mit schwarzen Sklaven in Europa und in Amerika – und die Kirche schwieg dazu. Erst im Jahre 1861 wurde die Aufhebung der Sklaverei, genannt Leibeigenschaft, in Russland zur vollendeten Tatsache, nachdem sie durch die Verschwörung der Dekabristen im Jahre 1825, des Kreises um Petraschewski im Jahre 1848 und durch die Bauernaufstände der fünfziger Jahre, die im Adel die Furcht vor einem neuen Bauernkrieg, wie der Aufstand des Pugatschoff, erweckte, vorbereitet worden war; und erst im Jahre 1864 erfolgte die Aufhebung der Sklaverei in den „tief religiösen“ Vereinigten Staaten. Nach einem blutigen Krieg mit den Sklavenbesitzern wurden die Sklaven für frei erklärt; aber man gab ihnen für ihr weiteres Fortkommen kein einziges Stück des von ihnen bebauten Landes.

Im Kampf mit der Habsucht der Sklavenbesitzer und der Sklavenhändler war das Christentum machtlos. Die Sklaverei dauerte fort, bis die erhöhte Leistungsfähigkeit der Maschinen die Möglichkeit bot, sich durch Lohnarbeit schneller als durch Sklavenarbeit zu bereichern, und bis die Sklaven selbst sich gegen ihre Herren erhoben.

So wurden die zwei Grundgebote des Christentums – die Gleichheit und die Vergebung der Beleidigungen – von seinen Anhängern und Glaubenslehrern verworfen. Und fünfzehn Jahrhunderte währte es, bis einige Denker, die mit der Religion gebrochen hatten, sich dazu entschlossen, eines dieser Gebote – die Gleichheit – als Grundlage der bürgerlichen Gesellschaftsordnung anzuerkennen.

Endlich muss noch darauf hingewiesen werden, dass das Christentum den Glauben an den Teufel und seine höllischen Heerscharen, als an die mächtigen Widersacher des Guten, bestätigte. Der Glaube an die Macht des Bösen wurde besonders in den Zeiten der großen Völkerwanderungen genährt, und die Kirche machte nachher von diesem Glauben ausgiebigen

Gebrauch, um die „Teufelsschüler“ auszurotten, die ihre Lenker zu kritisieren wagten. Mehr noch: die katholische Kirche sah den christlichen Verzicht auf Rache als einen Irrtum des allzu guten Lehrers an und ersetzte die Barmherzigkeit durch das Schwert und die Scheiterhaufen zur Vernichtung derjenigen, die sie für Ketzer erklärte.[81]

Trotz der strengen Christenverfolgungen im Römischen Reich und trotz der kleinen Zahl der Christengemeinden während der ersten Jahrhunderte fuhr das Christentum fort, erst in Kleinasien, dann in Griechenland, in Sizilien, in Italien und überhaupt in Westeuropa die Geister zu bezwingen. Einerseits bedeutete es die Auflehnung gegen die damalige Lebensweise im Römischen Reich und gegen die Ideale dieser Lebensweise, bei der der Wohlstand der herrschenden Klassen auf dem tiefsten Elend der Bauern und des städtischen Proletariats aufgebaut war, und die „Kultur“ der Besitzenden auf die Vermehrung der Lebensbequemlichkeiten, auf einen gewissen äußerlichen Firnis und zugleich auf eine vollkommene Vernachlässi-

---

81 Eugène Sue gab in seinem ausgezeichneten Roman *Die Geheimnisse des Volkes. Die Geschichte einer Proletarierfamilie* (Les mystères du peuple. Histoire d’une famille de prolétaires) eine erschütternde Szene, in der der Großinquisitor Christus den Fehler vorwirft, zu den Menschen zu barmherzig gewesen zu sein. Dostojewski, der ein großer Verehrer von Sue war, flocht bekanntlich in seine *Brüder Karamasoff* eine gleiche Szene ein. Um zu verstehen, wie sehr die Kirche die freie Entwickelung der Ethik und auch aller Naturwissenschaften hemmte, genügt es, an die Herrschaft der Inquisition bis zum neunzehnten Jahrhundert zu denken. In Spanien wurde sie erst im Jahre 1808 von dem französischen Heer vernichtet, nachdem im Laufe von 320 Jahren ihr Gericht und fast immer ihre Folter mehr als 340.000 Menschen ausgekostet hatten, von denen 32.000 in eigener Person, 17.659 durch Puppen ersetzt, verbrannt wurden, und 291.450 verschiedenen anderen grausamen Strafen unterzogen wurden. In Frankreich wurde die Inquisition erst im Jahre 1772 aufgehoben; ihre Macht war derartig, dass sie einen solch gemäßigten Schriftsteller, wie Buffon, zwang, seine geologischen Erwägungen über das Alter der geologischen Rassen, die er im ersten Band seiner berühmten Beschreibung der den Erdball bevölkernden Tiere ausgesprochen hatte, öffentlich zu verleugnen. In Italien wurde zwar die Inquisition stellenweise gegen Ende des achtzehnten Jahrhunderts aufgehoben, wurde aber bald wieder errichtet und hielt sich in Mittelitalien bis um die Mitte des neunzehnten Jahrhunderts. In Rom jedoch, d. h. im päpstlichen Rom, haben sich ihre Überreste in der Form eines geheimen Gerichtshofes bis heute erhalten; und ein Teil der Jesuiten in Spanien, Belgien und Deutschland vertritt noch heute ihre Wiederherstellung.

gung höherer, geistiger wie sittlicher, Bedürfnisse hinauslief.[82] Aber schon damals fühlten sich viele von der mit allgemeiner Sittenroheit verbundenen Erlesenheit der Genüsse der höheren Klassen bedrückt, und deshalb suchten nicht nur die Armen, denen das Christentum Befreiung verhieß, sondern auch einzelne Menschen aus den freien und reichen Klassen in der christlichen Lehre ein höheres, vergeistigtes Leben.

Indessen entfaltete sich gleichzeitig das Misstrauen gegen die menschliche Natur. Seine ersten Anzeichen gehen bereits auf die griechisch-römische Welt seit Plato und seinen Anhängern zurück. Jetzt aber entwickelte sich aus ihm – unter dem Einfluss der düsteren Lebensbedingungen während der großen Völkerwanderungen, der Zersetzung der römischen Sitten, sowie der östlichen Strömungen – der Pessimismus: es erlosch der Glaube an die Möglichkeit, eine bessere Zukunft durch die Kraft des Menschen allein zu erreichen. Der Triumph der bösen Macht auf Erden schien unabwendbar; und die Menschen suchten gern Trost im Glauben an ein Jenseits ohne das irdische Übel und die irdischen Leiden.

Unter diesen Umständen erlangte das Christentum immer mehr Einfluss auf die Geister. Aber bemerkenswert ist es, dass es in den Lebensformen selbst keine wesentlichen Veränderungen hervorrief. Tatsächlich schuf es nicht nur keine neuen, irgendwie verbreiteten Lebensformen, sondern es fand sich, wie früher das Heidentum, mit der römischen Sklaverei, der normannischen Leibeigenschaft und den Scheußlichkeiten der römischen Selbstherrschaft ab. Die christlichen Priester wurden sogar bald die Stützen der Kaiser. Die Ungleichheit des Besitzes und die politische Unterdrückung blieben dieselben wie früher, und die geistige Entwickelung ging bedeutend zurück. Neue Gemeinschaftsformen hat das Christentum nicht gezeitigt. Im Wesentlichen bekümmerte es sich wenig um sie in Erwartung des baldigen Endes der Welt, so dass tausend Jahre vergingen, bevor in Europa zuerst an den Ufern des Mittelländischen Meeres und darauf im Inneren des Festlandes – aus ganz anderen Ausgangspunkten – eine neue Ordnung in den unabhängig gewordenen Städten entstand. In diesen neuen

82 In letzter Zeit verwechselt man in Russland und Deutschland oft die Begriffe „Kultur“ und „Zivilisation“, d. h. Bildung. In den sechziger Jahren jedoch wurden sie streng auseinandergehalten. Kultur nannte man damals die Entfaltung der äußeren Lebensbequemlichkeiten, der Hygiene, der Verkehrsmittel, die Gepflegtheit des Wohnheimes usw. Zivilisation jedoch, oder Bildung, bedeutete die Entwickelung des Wissens, des Denkens, die schöpferische Betätigung und den Drang nach einem höheren Leben.

Mittelpunkten des freien Lebens, die in dieser Hinsicht an die freien Städte des alten Griechenlands gemahnten, begann auch die Wiedergeburt der in Europa seit den Zeiten des Makedonischen und Römischen Reiches erstickten Wissenschaften.

Zur Zeit der Apostel bemühten sich die in Erwartung des Jüngsten Gerichts lebenden Anhänger Christi vorwiegend um die Ausbreitung der Lehre, die den Menschen das Heil verhieß. Sie beeilten sich, „die frohe Botschaft" zu verbreiten, und nahmen, wenn es notwendig war, den Martertod auf sich. Aber schon im zweiten Jahrhundert unserer Zeitrechnung begann die christliche „Kirche" sich herauszubilden. Es ist bekannt, wie im Osten neue Religionen leicht in eine Anzahl Sekten zersplitterten. Jede legt die Lehre auf ihre Weise aus und hält sich leidenschaftlich an ihre Auslegung, und auch dem Christentum drohte eine solche Zersplitterung, umso mehr, als in Kleinasien und Ägypten, wo es besonders verbreitet war, sich ihm andere Glaubenslehren, wie der Buddhismus und das alte Heidentum, beimengten.[83] Infolgedessen bemühten sich seit den frühesten Zeiten die Lehrer des Christentums, nach alttestamentarischem Vorbild, eine „Kirche" zu schaffen, d. h. eine fest zusammenhaltende Gruppe von Glaubenslehrern und Hütern der Lehre in ihrer wirklichen Reinheit oder wenigstens in einheitlicher Form zu bilden.

Aber sobald Kirchen als Hüterinnen der Lehre und ihrer Gebräuche entstanden, bildeten sich, wie im Buddhismus, einerseits das Mönchstum, d. h. die Entfremdung eines Teiles der Lehrer dem Leben der Gemeinschaft, und andererseits eine besondere, mächtige Kaste, die Geistlichkeit, die bald Annäherung an die weltliche Macht fand. Während die Kirche beschützte, was sie die reine Lehre nannte, und verfolgte, was sie als Entstellung und verbrecherische Ketzerei ansah, gelangte sie bald zur äußersten Grausamkeit in ihrer Verfolgung der „Abtrünnigen". Und um des Erfolges willen in diesem Kampf, suchte sie anfangs und forderte sie nachher den Beistand der weltlichen Macht, die ihrerseits für sich das wohlwollende Verhalten der Kirche und für ihre Bedrückung der Völker die Unterstützung der Religion in Anspruch nahm.

83 In seiner *Geschichte der Konflikte zwischen Religion und Wissenschaft* wies Draper darauf hin, wie viel heidnische Glaubenshandlungen Kleinasiens und Ägyptens dem Christentum beigemengt wurden. Aber er betonte viel zu wenig den noch größeren Einfluss des Buddhismus, der bis heute noch nicht genügend erforscht ist.

Auf diese Weise geriet der Grundgedanke der christlichen Lehre – ihre Bescheidenheit, der Geist der „weisen Demut" – in Vergessenheit. Die Bewegung, die als Protest gegen die Ausartung der Macht entstanden war, wurde jetzt zum Werkzeug dieser Macht; der Segen der Kirche vergab nicht nur den Herrschern ihre Verbrechen; er erklärte sogar die Verbrechen für einen Ausfluss von Gottes Willen.

Zugleich wandte die christliche Kirche alle Bemühungen an, um die Christen von der Erforschung „des heidnischen Altertums" abzuhalten. Die Denkmäler und Handschriften des alten Griechenlands – die damals alleinigen Quellen des Wissens – wurden vernichtet, weil die Kirche in ihnen nur den vom Teufel eingeflüsterten „Unglauben" und die „Überhebung" erblickte, und ihre Verbote waren so streng und dem allgemeinen Geist der Unduldsamkeit des Christentums so sehr entsprechend, dass manche Werke der griechischen Denker ganz verschwanden und nur deshalb Westeuropa wieder zugänglich wurden, weil sie sich bei den Arabern in arabischen Übersetzungen erhalten hatten. So beharrlich wurde die griechische Weisheit von den Christen ausgerottet.[84]

Indessen begann jedoch die in Europa nach dem Sturz des Römischen Reiches entstandene Lehnsverfassung mit der für sie charakteristischen Leibeigenschaft sich zu zersetzen, besonders während der Kreuzzüge und nach einer Reihe bedeutender Aufstände in den Städten und auf dem flachen Lande.[85] Dank der Beziehungen zum Osten und dem Anwachsen des Handels zur See und zu Lande entstanden allmählich in Europa Städte, in denen zugleich mit der Entwickelung des Handels, des Handwerks und der Künste sich der Freiheitsgeist entfaltete, und seit dem zehnten Jahrhundert begannen diese Städte die Herrschaft der weltlichen und geistlichen Machthaber abzuschütteln. Die Aufstände breiteten sich rasch aus. Die Bewohner der aufrührerischen Städte verfassten selbst ihre „Charten" oder Urkunden ihrer Freiheiten und nötigten die Herrschenden, sie anzuerkennen und zu unterschreiben, oder sie vertrieben kurzerhand ihre Herren und beschworen, ihre neuen Freiheitsbriefe in Ehren zu halten. Die Städter weigerten sich vor allem, die fürstliche oder bischöfliche Gerichtsbarkeit

84 Die Werke des großen Begründers der Naturwissenschaften Aristoteles wurden in Europa im Mittelalter zuerst in einer Übersetzung aus dem Arabischen ins Lateinische bekannt.

85 Die Kreuzzüge riefen große Wanderungen der Bevölkerung hervor, wobei der Bauernsklave, der das Kreuz nahm und sich den Kreuzfahrern anschloss, von der Leibeigenschaft befreit wurde.

anzuerkennen und wählten sich ihre Richter selbst; sie schufen ihre eigene Bürgerwehr zur Verteidigung der Stadt und bestimmten den Anführer, und sie schlossen endlich Bündnisse mit anderen, ebenfalls freien Städten. Viele Städte befreiten auch die Leibeigenen der Umgegend vom Joche der weltlichen und geistlichen Herren, indem sie ihre Bürgerwehren den Dörfern zur Unterstützung schickten. So verfuhr beispielsweise Genua bereits im zehnten Jahrhundert. Und allmählich verbreitete sich die Befreiung der Städte und die Entstehung der freien Kommunen über ganz Europa: anfangs in Italien und Spanien, nachher, im zwölften Jahrhundert, in Frankreich, in den Niederlanden, in England und endlich in ganz Mitteleuropa bis nach Böhmen, Polen und sogar nach dem Nordwesten Russlands, wo Nowgorod und Pleskau mit ihren Kolonien in Wjatka, Wologda usw. als freie Republiken mehrere Jahrhunderte lang existierten. In den freien Städten wurde also jene freie politische Ordnung wiedergeboren, der vor anderthalb tausend Jahren das alte Griechenland die üppige Blüte seiner Bildung verdankte. Jetzt wiederholte sich das gleiche in den freien Städten West- und Mitteleuropas.[86]

Zugleich mit dem Emporkeimen eines neuen freien Lebens begann die Wiedergeburt des Wissens, der Kunst, der Freiheitsliebe, die in der Geschichte die Benennung „Renaissance“ erhielt.

Ich unterlasse es indessen, auf die Gründe, die Europa zuerst zur „Renaissance“ und nachher, im sechzehnten und siebzehnten Jahrhundert, zur „Aufklärungsperiode“ führten, näher einzugehen, nicht nur aus dem Grunde, weil dieses Erwachen des menschlichen Geistes in vielen vortrefflichen Werken beschrieben ist, und weil sogar ein kurzer Überblick uns zu weit von unserem eigentlichen Ziele wegführen, würde. Aber ich würde weit ausführlicher, als bis jetzt geschehen ist, nicht nur den Einfluss auf die Entwickelung der Wissenschaften und Künste besprechen müssen, den die Entdeckung der Denkmäler der altgriechischen Wissenschaft, Kunst und Philosophie ausübte, ebenso wie den Einfluss der weiten See- und Landreisen, die in diesen Jahren der Handelsbeziehungen zum Osten unternommen wurden, der Entdeckung Amerikas usw.; ich müsste auch den Einfluss der *neuen Formen des Gesellschaftslebens,* das sich damals in den freien Städten herausbildete, behandeln. Außerdem wäre es notwen-

86 Über diesen Zeitabschnitt gibt es viele treffliche Forschungen, die in unseren staatlichen Schulen und Universitäten totgeschwiegen werden. Sie werden in meinem Buch *Gegenseitige Hilfe* aufgezählt, das auch eine kurze Übersicht des Lebens in den mittelalterlichen freien Städten enthält.

dig aufzuzeigen, wie diese neuen Bedingungen des städtischen Lebens und das Erwachen der ländlichen Bevölkerung zu einer neuen Auffassung vom Christentum und zu tiefwirkenden Volksbewegungen führten, in denen der Protest gegen die Macht der Kirche und das Streben nach Befreiung von der Leibeigenschaft ineinanderflossen.

Solche Aufstände ergossen sich in einer Woge über ganz Europa. Sie begannen mit der Bewegung der *Albigenser* in Südfrankreich im elften und zwölften Jahrhundert. Dann erfolgten im vierzehnten Jahrhundert in England die Bauernaufstände des *John Boll,* des *Wat Tyler* und der *Lollarden,* die, im Zusammenhang mit der religiösen Reformbewegung des *Wiclef* stehend, gegen die Lords und den Staat gerichtet waren. In Böhmen entstand die Lehre des großen Reformators und Märtyrers *Johannes Huß* (von der Kirche im Jahre 1415 verbrannt), dessen zahlreiche Anhänger sowohl gegen die katholische Kirche als auch gegen die Lehnsherren aufstanden; darauf begannen die kommunistischen Bewegungen der *Mährischen Brüder* in Mähren und der *Anabaptisten* (Wiedertäufer) in Holland, in Westdeutschland und in der Schweiz, wobei sie alle bestrebt waren, nicht nur das Christentum von dem Abschaum der weltlichen Macht, der Geistlichkeit zu reinigen, sondern auch die ganze Gesellschaftsordnung im Sinne der Gleichheit und des Kommunismus neu aufzubauen. Endlich müsste man auch bei den großen Bauernkriegen des sechzehnten Jahrhunderts, die in Deutschland im Zusammenhang mit dem Protestantismus begannen, verweilen, und die in England weit verbreiteten Aufstände gegen das Papsttum, die Gutsherren und die Könige zwischen den Jahren 1639 und 1648 behandeln, die mit der Hinrichtung des Königs und der Abschaffung der Lehnsverfassung endeten. Natürlich erreichte keine der Bewegungen ihre politischen, wirtschaftlichen und sittlichen Ziele, die sie sich stellten. Aber jedenfalls schufen sie in Europa zwei verhältnismäßig freie Staatenverbände – die Schweiz und die Niederlande – und danach zwei verhältnismäßig freiheitliche Staaten – England und Frankreich, in denen die Geister soweit vorbereitet waren, dass die Lehren freiheitsliebender Verfasser viele Anhänger fanden und die Denker ihre Werke abfassen und manchmal auch drucken lassen konnten, ohne Risiko zu laufen, von den Kirchenfürsten verbrannt oder auf Lebenszeit eingekerkert zu werden.

Um den Aufschwung des philosophischen Denkens, der das achtzehnte Jahrhundert auszeichnet, vollständig zu erklären, müsste man also dem Einfluss dieser revolutionären Volksbewegungen nachgehen und zugleich die Wirkungen der damals entdeckten Denkmäler des altgriechischen Schrifttums untersuchen, von denen die Geschichtsforscher der Renaissance so gerne sprechen, während sie die Volksbewegungen vergessen. Aber eine solche Untersuchung auf dem Gebiet der Geschichtsphilosophie würde uns zu weit von unserem unmittelbaren Ziel fortführen. Deshalb beschränke ich mich auf den Hinweis, dass all *diese Gründe zusammen* eine neue, freiheitlichere Lebensordnung schaffen halfen und, indem sie dem Denken eine neue Richtung gaben, das Entstehen der neuen *Wissenschaft* förderten, die sich allmählich aus der Vormundschaft der Gottesgelahrtheit befreite, der neuen Philosophie, die das Leben der ganzen Natur zu umfassen, es auf natürlichem Wege zu erklären und endlich die *Schaffenskraft* der menschlichen Vernunft zu erwecken strebte. Zugleich werde ich versuchen zu zeigen, wie seitdem auf dem Gebiet des Sittlichen immer klarer und tatkräftiger die *freie Persönlichkeit* hervortritt und ihre Unabhängigkeit von Kirche, Staat und verankerten Überlieferungen proklamiert.

Während der ersten zehn Jahrhunderte unserer Zeitrechnung sah die christliche Kirche die Naturforschung als etwas Unnützes, ja sogar Schädliches, zu Selbstüberhebung und „Stolz" Führendes an: der Stolz aber war als Quell des Unglaubens verpönt. Die Kirche behauptete, das Sittliche im Menschen habe seinen Ursprung nicht in der Natur, die ihm nur das Böse einflüstere, sondern ausschließlich in der göttlichen Offenbarung. Jede Erforschung der Quellen der menschlichen Sittlichkeit wurde abgelehnt, und deshalb wurde die griechische Wissenschaft, die nach einer natürlichen Begründung des Sittlichkeit strebte, bedingungslos zurückgewiesen. Zum Glück fanden die in Griechenland erblühten Wissenschaften einen Zufluchtsort bei den Arabern, die die griechischen Schriftsteller in ihre Sprache übersetzten und von sich aus unsere Kenntnisse besonders von der Erde und den anderen Himmelskörpern, in den mathematischen Wissenschaften überhaupt und in der Medizin erweiterten; die Erkenntnis des Sittlichen war für die arabische wie für die griechische Wissenschaft bloß ein Teil der Erkenntnis der Natur. Aber eine solche Erkenntnis wurde von der christlichen Kirche als Ketzerei abgelehnt. So verhielt es sich über tausend Jahre, und erst im elften Jahrhundert, als in Europa die Aufstände der Städte begannen, entstand auch eine rationalistische (freidenkerische) Bewegung. Man begann, eifrig nach an manchen Orten unversehrt gebliebenen Denkmälern der griechischen Wissenschaft und Philosophie zu suchen und nach ihnen Geometrie, Physik, Astronomie und Philosophie zu studieren. Inmitten der tiefen Finsternis, die in Europa so viele Jahrhunderte herrschte, war die Entdeckung und Übersetzung irgendeiner Handschrift von Plato oder Aristoteles ein Ereignis von Weltbedeutung: sie eröffneten neue, ungeahnte Gesichtskreise; sie weckten die Geister, ließen das Schönheitsgefühl und die Begeisterung für die Natur wieder aufleben und weckten zugleich den Glauben an die Kraft des menschlichen Geistes, von dem die christliche Kirche die Menschen so sorgfältig fernhielt.

Seit der Zeit begann die Wiedergeburt – zuerst in den Wissenschaften – überhaupt und dann auch in der Erforschung des Wesens und der Grundlagen der Sittlichkeit. Der Dulder *Abälard* (1079-1142) wagte schon am Anfang des zwölften Jahrhunderts, nach dem Beispiel der altgriechischen Denker, zu behaupten, dass der Mensch in sich selbst die Keime der sittlichen Anschauung trägt. Aber einer solchen Ketzerei wollte niemand seine Hilfe leihen, und erst nach einem Jahrhundert erschien in Frankreich der Denker *Thomas von Aquino* (l225-1278), der eine Verschmelzung der christlichen Kirchenlehre mit einem Teil der Lehren des Aristoteles anstrebte; und fast zu gleicher Zeit versuchte in England *Roger Baco* (1214-1294), endlich die überirdischen Kräfte bei der Erklärung der Natur überhaupt wie auch der menschlichen Sittlichkeit aus dem Spiel zu lassen.

Diese Strömung wurde indessen bald erstickt, und es mussten schon die oben erwähnten Volksbewegungen in Böhmen, Mähren, dem jetzigen Deutschland, der Schweiz, Frankreich, Holland und England kommen; es mussten Hunderttausende im Feuer und durch das Schwert ums Leben kommen und ihre Führer höllische Martern auf sich nehmen; es musste – mit einem Wort – die größte Erschütterung vom zwölften bis zum sechzehnten Jahrhundert Europa allmählich aufwühlen, – damit die Kirche und die von ihr geleiteten weltlichen Herren den Denkern gestatteten, über den *Geselligkeitstrieb des Menschen* als die Grundlage der sittlichen Begriffe und über die Bedeutung der *menschlichen Vernunft* für die Ausgestaltung der sittlichen Grundsätze zu reden und zu schreiben. Aber auch jetzt zog es das vom Kirchenjoch befreite Denken vor, den weisen Staatslenkern und Gesetzgebern das zuzuschreiben, was vorher der göttlichen Offenbarung zugeschrieben wurde, ehe die neue Gedankenströmung zu gestehen wagte, dass die Ausgestaltung der sittlichen Grundlagen der allgemeinen menschlichen schöpferischen Kraft zu verdanken ist.

Gegen Mitte des sechzehnten Jahrhunderts, kurz vor dem Tode des *Kopernikus* (1473-1543), erschien sein Werk über das Planetensystem, das dem naturwissenschaftlichen Denken zum starken Ansporn wurde. Darin wurde bewiesen, dass die Erde nicht der Mittelpunkt des Weltalls, sogar nicht der Mittelpunkt unseres Planetensystems ist, dass Sonne und Sterne sich gar nicht um sie drehen, wie es den Anschein hat, und dass nicht nur unsere Erde, sondern auch die Sonne, um die sie kreist, einfache Sandkörner in der Reihe der unzähligen Welten sind. Diese Gedanken widersprachen so sehr den Lehren der Kirche, die behauptete, die Erde sei der Mittelpunkt des Weltalls, und der Mensch sei ein Gegenstand der besonderen Fürsorge des Schöpfers, dass die Kirche naturgemäß begann, diese Lehre grausam zu verfolgen, und diese Verfolgungen erforderten nicht wenig Opfer; so wurde der Italiener *Giordano Bruno* (geb. 1548) im Jahre 1600 in Rom von der Inquisition verbrannt, für sein Werk *Spaccio della bestia trionfante*, in welchem er sich für die Ketzerei des Kopernikus einsetzte. Aber die neue Richtung wurde von den Astronomen angenommen, und die Bedeutung gewissenhafter genauer Beobachtungen und ihrer mathematischen Bearbeitung und des auf Erfahrung begründeten Wissens im Gegensatz zu metaphysischen Vernunftschlüssen fand immer mehr Anerkennung. In Florenz wurde sogar eine Akademie del Cimento, d. h. der Erfahrung, gegründet.

Bald darauf, in den Jahren 1609 und 1619, bestätigten die ausführlichen Forschungen *Keplers* (1571-1630) über die Gesetze der Planetenbewegung um die Sonne die Ergebnisse des Kopernikanischen Systems, und nach etwa zwanzig Jahren gab der italienische Gelehrte *Galilei* (1564-1642) seine wichtigsten Werke heraus, die nicht nur die Kopernikanische Lehre bestätigten, sondern noch zeigten, wohin die auf der Erfahrung begründete Physik führt. Für die Anerkennung des Kopernikanischen Systems wurde Galilei von der Kirche im Jahre 1633 gefoltert und so genötigt, auf der Folter der „Ketzerei" zu entsagen. Aber der Gedanke befreite sich doch allmählich aus dem Joch der christlichen und althebräischen Lehren, und die Naturwissenschaft fand im englischen Denker und Forscher *Francis Bacon* von Verulam nicht nur einen Fortführer der kühnen Forschungen des Kopernikus, Keplers und Galileis, sondern auch den Begründer einer neuen wissenschaftlichen Forschungsmethode – der *induktiven Methode,* die auf der sorgfältigen Untersuchung der Naturerscheinungen und auf den aus diesen Erscheinungen gezogenen Schlussfolgerungen aufgebaut ist, statt – wie die deduktive Methode – auf von vornherein gezogenen wirklichkeitsfremden Vernunftschlüssen. Mehr noch, Baco entwarf die Grundlagen der neuen, in allen ihren Hauptzweigen auf Beobachtung und Erfahrung aufgebauten Wissenschaft. In England ging um diese Zeit eine ernste geistige Gärung vor sich, die bald zur Revolution 1639 bis 1648 führte, einer Bewegung des Bauernstandes und besonders des städtischen Mittelstandes, die mit der Ausrufung der Republik und der Hinrichtung des Königs abschloss. Und neben der wirtschaftlichen und politischen Umwälzung, d. h. der Vernichtung der Lehnsherrenmacht und der Machtergreifung durch den städtischen Mittelstand, vollzog sich die Befreiung des Geistes aus dem Joche der Kirchen und die Ausgestaltung einer neuen Philosophie – einer neuen Naturauffassung, die nicht auf rein geistigen Betrachtungen, sondern auf einem ernsthaften Studium der Natur und der allmählichen Entwickelung des Lebens, d. h. auf der Evolution, aufgebaut ist, welche die Grundlage der heutigen Wissenschaft bildet.

Baco und Galilei waren die Vorläufer dieser Wissenschaft, die in der zweiten Hälfte des siebzehnten Jahrhunderts immer mehr ihre Kraft und die Notwendigkeit der Befreiung von der katholischen wie von der neuen, protestantischen Kirche erkannte. Zu diesem Zweck begannen die Gelehrten sich zusammenzuschließen und gründeten wissenschaftliche „Akademien“, d. h. Vereine, die für die freie Naturforschung eintraten; und in diesen Akademien anerkannte man als Grundsatz die *erfahrungsmäßige Forschung* anstatt der früheren Wortklopfereien. Dieses Ziel verfolgten die Akademien, die zuerst in Italien entstanden, dann die Königliche Gesellschaft, die im siebzehnten Jahrhundert in England gegründet und seitdem der Grundpfeiler der naturwissenschaftlichen Erkenntnis und das Vorbild aller ähnlicher Gesellschaften wurde, die in Frankreich, Holland, Preußen usw. entstanden.

Ein solcher Umschwung in den Wissenschaften musste naturgemäß seine Wirkung auch auf die Wissenschaft von der Sittlichkeit ausüben; schon einige Zeit vor der Revolution machte *Francis Bacon* den sehr vorsichtigen Versuch, die Frage nach dem Ursprung und Wesen der sittlichen Anschauungen von der Religion loszulösen. Er wagte es auszusprechen, dass dem Fehlen religiöser Überzeugungen kein zersetzender Einfluss auf die Sittlichkeit zugeschrieben werden darf, und dass der Ungläubige ein ehrlicher Staatsbürger sein kann, während andererseits eine abergläubige Religion zu einer wirklichen Gefahr werden kann, wenn sie sich unterfängt, die Sittlichkeit des Menschen zu leiten. Baco drückte sich sehr zurückhaltend aus, – anders durfte man sich zu jener Zeit nicht äußern; aber das Wesentliche seines Gedankens war verständlich, und seitdem wurde dieser Gedanke immer lauter und bestimmter in England und Frankreich ausgesprochen. Dann eben erinnerte man sich der Philosophie des Epikur und der Stoiker, und es begann die Entwickelung der *rationalistischen Ethik,* d. h. der Ethik auf wissenschaftlichen Grundlagen, in den Werken des *Hobbes*, *Locke*, *Shaftesbury*, *Cudworth*, *Hutcheson*, *Hume*, *Adam Smith* u. a. in England und Schottland und des *Gassendi, Helvetius, Holbach* und vieler anderer in Frankreich.[87]

Merkwürdig ist es jedoch, dass der Hauptgedanke der Baconischen Erklärung der Sittlichkeit (auf den ich bereits im dritten Kapitel hinwies), dass sogar bei den Tieren *der Geselligkeitstrieb stärker und ununterbrochener tätig ist als der Selbsterhaltungstrieb,* von seinen Anhängern und sogar von den tapferen Verteidigern der natürlichen Erklärung der Sittlichkeit unbeachtet blieb.[88]

Erst *Darwin* wagte es an seinem Lebensabend, den Gedanken Bacos auf Grund seiner eigenen Naturbeobachtung zu wiederholen, und nahm ihn zur Grundlage einiger bemerkenswerter Seiten über die Entstehung des sittlichen Gefühls seines Buches *Abstammung des Menschen* (siehe oben das dritte Kapitel), aber noch heute wird diese Frage von den Ethikern umgangen, welche die Grundlage der rationalistischen Ethik bilden müsste, umso mehr, als sie, wenn auch in weniger bestimmten Umrissen, in allen Lehren auftaucht, welche die Erklärung der Sittlichkeit in der Natur des Menschen selbst suchten.

Nach Baco wurde dieser Gedanke im siebzehnten Jahrhundert von *Hugo Grotius* in seinem Werk *Vom Recht des Krieges* (De jure belli), 1625 erschienen, richtig erkannt und noch bestimmter ausgesprochen. Nach einigen Bemerkungen über den Schöpfer und seinen Einfluss auf die Ausgestaltung der sittlichen Anschauungen, der nicht unmittelbar, sondern durch die Vermittlung „der, wenn auch durch ihn erschaffenen, so doch unver-

87 Das bedeutende Werk Giordano Brunos *Spaccio della bestia trionfante*, das im Jahre 1584 erschien, fand fast gar keine Beachtung. Allem Anschein nach fand auch das Buch Charrons *Traité de la sagesse* in der Ausgabe des Jahres 1601 (in der Ausgabe 1604 ist die kühne Stelle von der Religion fortgelassen), in welchem der Versuch der Begründung der Sittlichkeit auf dem einfachen gesunden Menschenverstand gemacht wurde, in Frankreich nicht viel Verbreitung. Dagegen hatten die *Essais* von Montaigne, erschienen 1588, der die Vielfältigkeit der Religionen rechtfertigte, einen großen Erfolg.

88 Es ist bemerkenswert, dass auch Jodl, der den neuen Strömungen der ethischen Philosophie gegenüber so feinfühlige Historiker der Ethik, die wenigen Worte des Baco, die seinen Gedanken aussprachen, nicht gebührend eingeschätzt hat. Er sah in ihnen einen Abglanz der griechischen Philosophie oder des sogenannten Naturgesetzes, der *lex naturalis* (1573), während Baco mit seiner Ableitung der Sittlichkeit aus der dem Menschen wie der Mehrzahl der Tiere eigentümlichen Geselligkeit eine neue, naturwissenschaftliche Erklärung der Grundlagen der Sittlichkeit gegeben hat.

änderlich vernunftbegabten Natur“ gedacht ist, – erkannte Grotius unumwunden an, dass die Quelle des „Rechts“ und der mit ihm eng verknüpften sittlichen Anschauungen *die Natur und die sie erkennende Vernunft war.*

Die religiöse Sittlichkeit und die Bestimmungen der Gebräuche schied er von der natürlichen Sittlichkeit und beschäftigte sich nur mit der Erforschung der letzteren. Unter der Natur jedoch verstand er die menschliche Natur, und er schrieb ihr die Fähigkeit zu, das Rechte vom Unrechten zu unterscheiden, da im Menschen und in den Tieren die *Geselligkeit* entwickelt sei, die den Menschen unvermeidlich zur Schaffung eines ruhigen Zusammenlebens mit den anderen Menschen führe.

„Neben diesem starken geselligen Antrieb“, fuhr Grotius fort, „besitzt der Mensch dank der Sprache die Fähigkeit, allgemeine Regeln zur Erhaltung des gemeinschaftlichen Lebens aufzustellen und nach ihnen zu handeln, und diese Fürsorge um die Erhaltung der Gemeinschaft wird zum Ausgangspunkt der anerkannten Gewohnheiten und des sogenannten *Naturrechts* oder *Gewohnheitsrechts.*“ Die Ausgestaltung dieser Bestimmungen wird durch den *Begriff des allgemeinen Nutzens* und den abgeleiteten *Begriff des als gerecht Anerkannten* gefördert. „Aber es wäre ganz falsch, zu behaupten“, fuhr er fort, „dass die Menschen zu der Pflege des Rechts von der über ihnen stehenden Macht genötigt würden; oder dass sie es nur um des Nutzens willen pflegen.“ Dahin führt den Menschen seine natürliche Veranlagung. „Denn“, schrieb Grotius, „manche Tiere mäßigen die Sorge für ihren Nutzen durch die Rücksicht teils auf ihre Jungen, teils auf Ihresgleichen. Es mag dies bei ihnen von einem verständigen Prinzip außerhalb ihrer herkommen, da die gleiche Einsicht für andere, keineswegs schwierigere Tätigkeiten bei ihnen nicht angetroffen wird.“[89]

Dasselbe Bestreben, anderen Gutes zu tun, findet man in gewissem Maße schon bei Kindern. In dieser Richtung wirkt auch die gesunde Urteilskraft (§ 9). „Das natürliche Recht“, schrieb Grotius weiter, „ist ein Gebot der Vernunft, dass einer Handlung, wegen ihrer Übereinstimmung oder Nichtübereinstimmung mit der vernünftigen Natur selbst, eine moralische Hässlichkeit oder eine moralische Notwendigkeit innewohne“ (Buch I, Kap. I, § X, 1).

„Das Naturrecht ist so unveränderlich“, fuhr Grotius fort, „dass selbst Gott es nicht verändern kann. Denn obgleich die Macht Gottes unermesslich ist, so kann man doch Einzelnes aussprechen, auf das sie sich nicht ausdehnt“ (Buch I, Kap. 1, § X, 5).

89 Hugo Grotius, *Das Recht des Krieges und Friedens*. Einleitung, § 7.

Mit anderen Worten, – aus der Vereinigung der Lehren des Baco und Grotius erhellt der Ursprung der sittlichen Anschauungen mit voller Klarheit, wenn als Grundzug des Menschen der *Geselligkeitstrieb* angenommen wird. (Diesem Instinkt zufolge gestaltet sich das Gemeinschaftsleben mit einigen Konzessionen an den persönlichen Egoismus; wobei es seinerseits der Ausgestaltung der Anschauungen der *Stammessittlichkeit* hilft, die wir bei allen Naturvölkern finden.) Auf Grund dieses unter dem Einfluss des unzweifelhaft starken Geselligkeitstriebes sich gestaltenden Lebens arbeitet dann ununterbrochen die Vernunft, die den Menschen zur Festlegung der Lebensregeln führt, die immer vielfältiger werden und zugleich die Antriebe des Geselligkeitssinnes und der von ihm eingeflößten Gewohnheiten verstärken. Also vollzieht sich auf natürlichem Wege die Ausgestaltung dessen, was wir das Recht nennen.

So wird es klar, dass die sittliche Veranlagung und die Anschauungen des Menschen durchaus keiner übernatürlichen Erklärung bedürfen. Und tatsächlich wiesen die meisten Schriftsteller, die im achtzehnten und neunzehnten Jahrhundert die Sittlichkeit behandelten, auf ihren Ursprung aus zwei Quellen hin: aus dem angeborenen Gefühl oder dem Geselligkeitstrieb, und aus der Vernunft, die das festigt und entwickelt, was dem Menschen sein ererbtes Gefühl und seine triebhaft gewordenen Gewohnheiten eingeben.

Wer aber durchaus in die Ethik das übernatürliche, „göttliche“ Prinzip einführen wollte, erklärte die Triebe und geselligen Gewohnheiten mit einer göttlichen Eingebung, ohne die Tatsache zu erwähnen, dass der Instinkt und die Gewohnheiten der Geselligkeit auch der Mehrzahl der Tiere eigen sind; wobei, wie ich bemerken will, wir jetzt erkennen, dass die Gewohnheiten der Geselligkeit die verlässlichste Waffe im Kampf ums Dasein darstellen, weshalb sie sich in den geselligen Arten immer mehr und mehr entwickeln.

Die von Baco und Hugo Grotius angenommene Auffassung des Sittlichen stellt indessen unvermeidlich die Frage in den Vordergrund: – Auf was fußt die Vernunft bei der Ausgestaltung der sittlichen Anschauungen?

Andeutungen auf diese Frage finden sich bereits im alten Griechenland, und sie löste verschiedenartige Antworten aus. Plato, insbesondere im zweiten Abschnitt seines Lebens, und seine Anhänger wiesen natürlich der Vernunft einen ganz bescheidenen Platz an, indem sie die sittlichen Anschauungen des Menschen mit der ihm von übernatürlichen Mächten eingegebenen „Liebe“ erklärten. Die menschliche Vernunft war für sie nur der Abglanz des „Weltgeistes“ oder die Eingebung der übersinnlichen Macht.

Die zweifelsüchtigen Schulen der Sophisten und nachher Epikur und seine Schule halfen zwar den Denkern des alten Griechenlands, die religiöse Ethik abzuwerfen; aber diese zwei Schulen, die, wie die Cyrenaiker und die Anhänger des Aristoteles, das Eingreifen einer höheren Macht verneinten, wiesen der Vernunft, obwohl sie ihre große Bedeutung erkannten, nur einen beschränkten Wirkungskreis zu, nämlich die Abschätzung des Wertunterschieds zwischen verschiedenen Handlungen und Lebensweisen zwecks Feststellung derjenigen, die den Menschen am ehesten zum Glück führen. Sittlich ist diejenige Lebensweise, sagten sie, die das größtmögliche persönliche Glück und einen möglichst befriedigenden allgemeinen Zustand für die Einzelperson und die Gesamtheit zugleich herbeiführt. Das Glück ist die Freiheit von allem Übel, und wir können dank unserer Vernunft augenblicklichen Genüssen um minder vergänglicher Freuden willen entsagen und in unserem Leben das erwählen, was uns sicherer zu einem Zustand des Gleichgewichts der allgemeinen Befriedigung, zu einem harmonischen Leben in Übereinstimmung mit unserer Veranlagung, zur Entfaltung unserer Persönlichkeit in Einklang mit ihrer Eigenart führt.

In dieser Ethik wird also auf das absichtslose Streben nach der Gerechtigkeit oder der sogenannten Tugend verzichtet; wenig Aufmerksamkeit wird auch einem vom Ideal der platonischen Liebe geleiteten Leben geschenkt. Der *Vernunft* wird ein großer Einfluss zugeschrieben, – insbesondere von Aristoteles. Aber die Tätigkeit der Vernunft sieht er eher in der *Besonnenheit* und der *Lebensklugheit* als in kühnen Schlussfolgerungen des freien Gedankens. Sein Ideal war das „richtige“ Denken, das Bezähmen der Triebe, denen der Mensch unter einem starken Eindruck zu folgen bereit ist, und der Wille, die „weise Mitte“ in Übereinstimmung mit der Veranlagung eines jeden Menschen einzuhalten.

Aristoteles verwarf die Metaphysik und stand auf dem Boden der Wirklichkeit, indem er als den Ausgangspunkt jeglicher Tätigkeit die Selbstliebe (Egoismus), das Streben nach Glück ansah. Noch mehr nahm, wie wir sahen, den gleichen Standpunkt Epikur ein, und nach ihm seine Anhänger während fünf oder fast sechs Jahrhunderten. Seit der Renaissance jedoch, d. h. seit dem sechzehnten Jahrhundert, wurde dieser Standpunkt von einer Reihe von Denkern geteilt, zu denen nachmalig die Enzyklopädisten des achtzehnten Jahrhunderts, die heutigen Utilitaristen (Bentham, Mill) und die Naturwissenschaftler (Darwin, Spencer) gehören.

Diese Lehren hatten zwar große Erfolge, insbesondere als die Menschheit die Notwendigkeit der Befreiung vom Kirchenjoche fühlte und neue Wege für die Entwickelung der Gemeinschaftsformen zu erschließen versuchte, – aber sie lösten nicht die Frage des Ursprungs der sittlichen Anschauungen im Menschen.

Wenn man sagt, der Mensch strebe immer nach dem Glück und nach einer möglichst vollkommenen Erlösung vom Übel, so spricht man nur eine seit langem augenscheinliche, aber oberflächliche, sogar im Sprichwort enthaltene Wahrheit aus. Tatsächlich ist schon oft bemerkt worden, dass alle Sittlichkeit längst vom Erdboden verschwunden wäre, wenn das sittliche Leben den Menschen zum Unglück führen würde. Zweifellos besteht in jedem lebenden Wesen fortwährend der Wunsch nach dem größtmöglichen Glück: letzten Endes wird der Mensch immer gerade von diesem Wunsch gelenkt. Aber ebendeswegen beschäftigt uns die Frage: „Weshalb, aus welchen geistigen oder sinnlichen Vorgängen heraus verzichtet der Mensch aus Erwägungen, die wir 'sittliche' nennen, so oft auf das, was ihm unzweifelhaft einen Genuss verschaffen müsste? Weshalb erträgt er oft Entbehrungen jeder Art, um nicht seinem einmal angenommenen sittlichen Ideal untreu zu werden?" Indessen wird unser Verstand nicht von der Antwort befriedigt, die von den eben genannten Denkern des alten Griechenlands und späterhin von den Utilitaristen gegeben wird: Wir fühlen, dass es sich nicht nur um die lebenskluge Abwägung der Genüsse und nicht um den persönlichen Verzicht auf kleinere Freuden um anderer stärkerer und beständigerer Genüsse willen handelt; wir erkennen, dass es um etwas viel Reichhaltigeres und zugleich viel Allgemeineres geht.

Teilweise erfasste dies Aristoteles, als er schrieb, dass der Mensch, der zwischen zwei möglichen Entschlüssen wählen muss, dann vernunftgemäß handelt, wenn er den Entschluss festhält, der in *sein inneres Ich keinen Zwiespalt hineinträgt und ihm die größte Zufriedenheit mit sich selbst einbringt*. Freuden, Ehre, Achtung usw. – schrieb er – begehren wir nicht nur um ihrer selbst willen, sondern hauptsächlich *wegen des durch sie hervorgerufenen Gefühls der Zufriedenheit unserer Vernunft*. Dasselbe in noch treffenderer Form sagte, wie wir wissen, Epikur. Wenn jedoch die Bedeutung der Vernunft in dieser Form anerkannt wird, entsteht die Frage: „Was eigentlich wird in unserer Vernunft in diesem Falle befriedigt?" Und wenn die Frage so gestellt wird, so erfolgt, wie wir weiter sehen werden, unabänderlich die Antwort: *„Das Bedürfnis nach Wahrheit, die zugleich Gerechtigkeit* (d. h. Gleichberechtigung) *ist."* Aristoteles und Epikur stellten sich möglicherweise diese Frage, sie gaben indessen nicht die richtige Antwort; die ganze damalige auf der Sklaverei der Mehrheit aufgebaute Gesellschaftsordnung, der ganze Geist der Gesellschaft waren so weit von der Gerechtigkeit und der aus ihr unvermeidlich sich ergebenden Gleichberechtigung entfernt, dass Aristoteles und Epikur diese Frage auch übersehen konnten.

Heute aber, da die alte Weltanschauung sich überlebt hat, können wir uns mit den Schlussfolgerungen der zwei genannten Denker nicht zufrieden geben und wir fragen: – „*Warum erwächst dem entwickelten Geist die größte Zufriedenheit gerade aus den Entschlüssen, die im Interesse der Gesamtheit gefasst werden?* Spricht etwa dabei ein tieferer physiologischer Grund mit?“

Die Antwort Bacos und nachher auch Darwins auf diese Frage ist uns bereits bekannt (siehe 3. Kapitel). – Im Menschen, sagten sie, ist wie bei allen in Herden lebenden Tieren der Geselligkeitstrieb so weit entwickelt, dass er *ununterbrochener und stärker* als die Instinkte ist, die man mit der allgemeinen Benennung „Selbsterhaltungstrieb“ zusammenfassen kann. Dabei wurde der Mensch, ein vernunftbegabtes, bereits seit Zehntausenden von Jahren in Gemeinschaften lebendes Wesen, von der Vernunft unterstützt, die Sitten, Gebräuche und Lebensregeln zu entwickeln und einzuhalten, die eine vollständigere Entwickelung des Gemeinschaftslebens und zugleich die Entfaltung der Einzelpersönlichkeit begünstigen.

Aber auch diese Antwort kann uns noch nicht ganz befriedigen. Aus unserer Lebenserfahrung wissen wir, wie oft im Kampf zwischen den verschiedenen Antrieben die rein egoistischen Gefühle über die Gefühle gemeinschaftlicher Art die Oberhand behalten. Wir sehen es in einzelnen Menschen und ganzen Gemeinschaften. Und wir kommen deshalb zu der Überzeugung, dass die rein egoistischen Beschlüsse immer die gesellschaftlichen Bestrebungen besiegen würden, wenn die menschliche Vernunft nicht die Eigenschaft hätte, ihre Betrachtungen durch Erwägungen gesellschaftlicher Art zu verbessern. Und eine solche Verbesserung findet, wie wir in den folgenden Kapiteln sehen werden, wirklich statt, einerseits durch den in uns tief verwurzelten Geselligkeitstrieb und durch das bei geselliger Lebensweise in uns entwickelte Mitgefühl für alle, mit denen wir leben, und andererseits vor allem durch die für unsere Vernunft charakteristische *Auffassung von der Gerechtigkeit.*

Diese Schlussfolgerung wird von der weiteren Geschichte der Sittlichkeitslehren bestätigt.

Siebtes Kapitel

Die Entwicklung der Sittlichkeitslehren der Neuzeit (17. und 18. Jahrhundert)

Die zwei Richtungen der neuen Ethik. – Hobbes und seine Sittlichkeitslehre. – Cudworth und Cumberland. – Die Ethik Spinozas. – John Locke. – Clarke. – Shaftesbury. – Hutcheson. – Leibniz.

Die zwei Strömungen, die bereits in der Ethik des alten Griechenlands angedeutet waren, hielten auch bei den späteren Denkern bis zur Mitte des achtzehnten Jahrhunderts an. Dabei suchten die meisten Philosophen und Denker die Erklärung des Ursprungs der Sittlichkeit gerne in etwas Übernatürlichem, dem Menschen von oben Eingegebenem. Die von der christlichen Kirche entwickelten und gestützten Anschauungen Platos bildeten und bilden noch heute den inneren Kern dieser Lehren, werden jedoch dabei bedeutend eingeschränkt. Für Plato wie für Sokrates besteht die wirkliche Triebkraft alles Sittlichen in der Erkenntnis des Guten. Aber diese Erkenntnis erschien Plato nicht als eine von außen hergekommene. Die Grundlage der Weltanschauung Platos und insbesondere der Stoiker war der Gedanke, dass das im Menschen – wenn auch in vollkommener Form – vorhandene sittliche Gefühl ein Teil irgendeines im Leben des Weltalls enthaltenen Ganzen ist. Wäre es nicht in der Natur vorhanden, so könnte es nicht beim Menschen in Erscheinung treten.

Also weisen die altgriechische Philosophie und die neuzeitliche Wissenschaft etwas Verwandtes auf; indessen gaben sich die christliche Kirche und die von ihr beeinflussten Lehren alle Mühe, diesen Gedanken aus unserer Weltanschauung auszumerzen. Gewiss, das Christentum trug in die Ethik, oder – richtiger – verstärkte in ihr das Ideal der Selbstaufopferung zugunsten der Nächsten; und wie der Buddhismus gab das Christentum dem Menschen eine hohe Sittlichkeitslehre, indem es dieses Ideal in der

Menschengestalt Christi verkörperte. Aber die Anhänger dieser Lehre, insbesondere die Kirche, begannen bald zu lehren, dass die Tugenden derjenigen, die dieses Ideal zu verwirklichen streben, gar nicht von menschlichem Ursprung sind. – „Die Welt liegt im Argen", sagten sie im Gegensatz zu den Denkern des alten Griechenlands. Der düsteren Stimmung ihrer Zeit Ausdruck verleihend, behaupteten die Leiter der christlichen Kirche, der Mensch sei ein solch unsittliches Geschöpf, und die Welt sei so sehr der Macht des Bösen verfallen, dass der Schöpfer der Welt seinen Sohn auf die Erde senden musste, um den Menschen den Weg zum Guten zu weisen und mit seinem Martertode die Welt vom Übel zu erlösen.

Diese Lehre war, wie wir sahen, so fest verankert, dass über anderthalb Jahrtausende vergehen mussten, bevor im neuen Europa Stimmen zugunsten der Keime des Sittlichen in der Natur selbst laut wurden. Wir sprachen davon bereits im vorigen Kapitel. Aber bis heute werden solche Stimmen entgegen den augenscheinlichen Tatsachen von denjenigen erstickt, die fortfahren selbstgewiss zu behaupten, dass die Natur den Menschen nur das Böse lehrt, dass die Rolle der Vernunft sich bloß auf die Abschätzung dessen beschränkt, was uns unter den gegebenen Umständen die größte Befriedigung bietet, und dass deshalb das Sittliche im Menschen einen übernatürlichen Ursprung hat.

Dennoch entwickelte sich in den letzten dreihundert Jahren trotz aller Hemmungen von Seiten der Kirche und des Staates die neue ethische Strömung, die im Menschen selbst und in der ihn umgebenden Natur den Ausgangspunkt seiner sittlichen Anschauungen findet. Und umso größere Wahrscheinlichkeit erhielt die Behauptung, dass unsere sittlichen Begriffe auf ganz natürliche Weise aus dem den Menschen und vielen Tieren angeborenen Geselligkeitsgefühl entstanden sind und sich aus ihm entwickelt haben.

Zur Untersuchung dieser neuen Lehren gehen wir jetzt über, und wir werden sehen, was sie auszuhalten hatten und noch bis heute zu bestehen haben im Kampf mit der entgegengesetzten Lehre, die immer neue, oft gut maskierte Formen annimmt. Da jedoch die naturwissenschaftliche Auffassung der Sittlichkeit in England und Frankreich etwas verschiedene Wege einschlug, so werden wir diese Entwickelung in jedem Lande besonders betrachten. Wir beginnen mit England, wo *Baco* der Stammvater der neuen Richtung war und nach ihm *Hobbes* ihr allgemein bekannter Verfechter wurde.

Hobbes (1588-1679). – Wir sahen, dass die griechischen Philosophen trotz der Vielfältigkeit ihrer Schulen anerkannten, dass die sittlichen Begriffe den natürlichen Anlagen des Menschen ihren Ursprung verdanken, und dass diese Begriffe vom Menschen selbst in dem Maße in die Wirklichkeit umgesetzt werden, wie sich die vernunftgemäße Auffassung der Gesellschaftlichkeit durchsetzt. Wir sahen auch, wie *Baco* und sein Zeitgenosse *Hugo Grotius* mit völliger Bestimmtheit das Sittliche vom Geselligkeitstrieb ableiteten. So erstand also in der neuen naturwissenschaftlichen Philosophie aufs Neue der Gedanke der Stoiker, dass das Sittliche im Menschen etwas seiner Natur Eigentümliches ist.

Indessen nahm *Hobbes* eine ganz entgegengesetzte Position ein. Seine Anschauungen waren sicherlich von den Ideen seines französischen Freundes *Gassendi* beeinflusst.[90] Aber zweifellos entstand sein verachtungsvolles Verhalten dem Menschen gegenüber, den er sich als böses, seinen Leidenschaften ausgeliefertes Tier dachte, schon in England während der stürmischen Jahre der Revolution, die im Jahre 1639 begann und 1648 mit der Absetzung und Hinrichtung des Königs abschloss. Hobbes hasste schon damals die Revolutionäre und musste nach Frankreich flüchten, wo er sein erstes Werk *Vom Staat* (De cive) schrieb.[91]

Bei der damaligen völligen Unkenntnis über das Leben der Naturvölker stellte Hobbes das Leben des primitiven Menschen als einen Zustand „des fortwährenden Krieges aller gegen alle“ dar, den die Menschen nur dann verließen, wenn sie sich zu Gesellschaften vereinigten und zu diesem Zweck einen „Gesellschaftsvertrag“ schlossen. Deshalb begann Hobbes sein Werk vom Staat mit der Behauptung, der Mensch sei durchaus nicht das mit den Gewohnheiten der Geselligkeit geborene „Gesellschaftstier“, von dem Aristoteles sprach; im Gegenteil: der Mensch sei für seinesgleichen ein Wolf – „homo homini lupus“.

Wenn die Menschen sich Genossen suchen, so nicht kraft der angeborenen Geselligkeit, sondern um des Nutzens willen, um der Furcht willen, die sie voreinander hegen (Kap. I und II).

---

90 Die Sittlichkeitslehre des Gassendi wird im nächsten Kapitel behandelt.

91 Die Revolution in England begann bekanntlich im Jahre 1639. Das erste Werk des Hobbes *Vom Staat* (De cive) erschien anfänglich in lateinischer Sprache in Paris im Jahre 1648 und erst nach fünf Jahren wurde es in England in englischer Sprache herausgegeben. Das zweite Werk des Hobbes *Leviathan* erschien in englischer Sprache erst drei Jahre nach der Hinrichtung des Königs, im Jahre 1652.

„Wenn im Menschen das Geselligkeitsgefühl vorhanden wäre“, schrieb Hobbes, „dann würden die Menschen jeden ersten Besten lieben. Wir aber suchen uns Genossen nicht kraft irgendeines natürlichen Instinkts, sondern um der Achtung willen, die uns erwiesen wird, und um des Nutzens willen, den wir von den Menschen erwarten.“ „Wenn Menschen sich versammeln, um sich zu unterhalten, so redet jeder gern das, was die anderen lachen macht, – augenscheinlich zu dem Zweck, dass man seine guten Eigenschaften lobe und dass man sie mit den Fehlern und Mängeln irgendeines anderen aus derselben Gesellschaft vergleiche.“ – „Ich behaupte noch einmal“, schrieb Hobbes weiter, „dass die ganze Gesellschaft auf dem Wunsch nach Ehren und Lebensbequemlichkeiten aufgebaut ist und dass die Verträge eher aus Eigennutz als aus unserem Drang nach unseresgleichen geschlossen werden.“ Und er schließt diesen Abschnitt mit den Worten: „also ist vollkommen festgestellt, dass die Entstehung der größten und dauerhaftesten Gesellschaften das Ergebnis nicht des gegenseitigen Wohlwollens der Menschen füreinander, sondern der gegenseitigen Furcht der Menschen voreinander ist.“

Auf einer solch oberflächlichen Darstellung der Natur baute Hobbes seine Ethik auf. Diese Anschauung war für ihn grundlegend, und er bestätigte sie in seinen später geschriebenen Anmerkungen, die anscheinend von Entgegnungen auf seine Feststellungen und Schlussfolgerungen hervorgerufen waren.[92]

Die Gesellschaften mancher Tiere und Wilder sind noch kein Staat, sagt Hobbes; schon die geistige Begabung hindert die Menschen, sich zu Gesellschaften zusammenzuschließen. Gerade infolge dieser Begabung ist der Mensch dem Menschen feind; und sogar die vom Menschen geübte Geselligkeit ist durchaus keine natürliche, sondern eine anerzogene Eigenschaft. Solange die Erziehung nicht eingreift, dünkt der Mensch sich jedem anderen Menschen gleich und berechtigt, ihm alles Böse zuzufügen und

92 So schrieb Hobbes als Anmerkung zum eben angeführten Paragraphen: „Es ist nicht zu leugnen, dass das Bedürfnis nach Unterstützung während der Kindheit und des Alters die Menschen veranlasste, in Gesellschaften zu leben: die Natur treibt uns an, Gesellschaft zu suchen; aber die bürgerliche Gesellschaft ist keine Ansammlung von Tieren derselben Art: sie stellt durch Gesetze gestützte Bünde und Vereinigungen dar, und diese Gesetze waren festgesetzt und bestätigt mit der Zusage, dass sie eingehalten werden.“ Als man ihm jedoch entgegenhielt, dass die Menschen, wie er sie schildert, einander gemieden haben würden, antwortete er: „das machen sie auch; beim Schlafengehen verschließen sie ihre Türen; vor einer Reise bewaffnen sie sich mit einem Degen usw.“

sich seines Eigentums zu bemächtigen. Daher der Zustand des beständigen Krieges aller gegen alle. Diesen Zustand verlässt der Mensch erst dann, wenn er von anderen stärkeren oder listigeren Menschen unterworfen wird, oder wenn eine Gruppe, die Gefahr des wechselseitigen Kampfes erkennend, ein Übereinkommen trifft und eine Gemeinschaft begründet.[93]

Wie irrig die Vorstellung des Hobbes vom Naturmenschen war, wissen wir heute, nachdem wir das Leben der primitiven Wilden und der meisten Tiere auf von Menschen schwach bevölkerten Landstrichen näher kennengelernt haben. Jetzt ist es uns klar, dass die Geselligkeit eine dermaßen starke Waffe im Kampf mit feindseligen Naturkräften und den anderen Tieren darstellt, dass sie bei vielen Herdentieren noch vor dem Auftauchen menschenähnlicher Wesen auf der Erde entwickelt war. Und deshalb bedurfte der Mensch zu ihrer Entfaltung weder des „Gesellschaftsvertrags" noch des „Leviathan-Staates".

Es ist klar, dass Hobbes aus dieser seiner Auffassung der Grundlagen der menschlichen Gesellschaft auch seine „Naturgesetze" ableitete, die er der Gesellschaftsordnung zugrunde legte; und da er ein eifriger, leicht volksfreundlich zugestutzter Konservativer war, (er war königstreu und hielt zum Thronanwärter während der Cromwellschen Republik), so machte er die Bestrebungen seiner Grundbesitzerpartei und daneben so allgemein gehaltene Prinzipien, dass niemand daran Anstoß nehmen konnte, zur Grundlage des Staates.

Wer das Leben der Tiere und Wilden auch nur oberflächlich kennt, dem ist das gänzlich Irrige der Anschauungen des Hobbes vollkommen klar. Im siebzehnten Jahrhundert, als man vom Leben der Naturvölker noch wenig wusste, waren diese Anschauungen möglich; aber wir fragen uns, wie sie sich trotz der Reisen und Entdeckungen des achtzehnten und neunzehn-

93 Der Grund der Angst, die die Menschen voreinander empfinden, liegt teils in der natürlichen Gleichheit der Menschen und teils in ihrem Wunsch, einander zu schädigen (daselbst §§ III und IV). Da aber der schwächste Mensch den stärksten erschlagen kann, und alle, die das Gleiche tun können, einander gleich sind, so sind naturgemäß alle Menschen untereinander gleich. Die jetzt herrschende Ungleichheit wurde erst durch die bürgerlichen Gesetze eingeführt (§ III). Vorher überließ das Naturrecht jedem Einzelnen die Entscheidung über die Mittel, die er zu seiner Selbsterhaltung anwenden wollte (§§ VIII und IX); kraft dieses „Naturrechts" gehört alles allen (§ X). Da aber dieser Zustand zum Kriege führen würde, schlossen die Menschen einen Gesellschaftsvertrag, durch den sie den Frieden sicherten, und kraft des „Naturgesetzes" verpflichteten sich alle, den Vertrag zu halten.

ten Jahrhunderts bis auf den heutigen Tag erhalten konnten. Wenn es noch verständlich ist, dass Rousseau diese Ansichten über die Entstehung der menschlichen Gesellschaften teilen konnte, so ist es doch gänzlich unverständlich, wie unser Zeitgenosse, der Naturalist *Huxley,* sich diesen Ideen anschließen konnte; als er Ansichten entwickelte, die eines Hobbes würdig waren, musste ich ihn daran erinnern, dass *die Gesellschaften schon vor dem Menschen auf der Erde entstanden sind.*

Die Verirrungen des Hobbes sind nur damit zu erklären, dass er zu einer Zeit schrieb, in der man die damals weitverbreitete Ansicht vom idyllischen „Naturzustand" des Menschen bekämpfen musste – eine Ansicht, die mit der Sage vom Paradies und vom Sündenfall verknüpft ist; diese Sage anerkannten neben der katholischen die damals im Entstehen begriffenen protestantischen Kirchen, für welche die Erlösung als Glaubenssatz noch grundlegender war als für die katholische Kirche.

Unter diesen Umständen musste ein Schriftsteller, der bedingungslos den idealen „Naturzustand" verneinte und die sittlichen Anschauungen des primitiven Tiermenschen aus der Erwägung ableitete, das friedliche Zusammenleben sei nutzbringender als der fortwährende Krieg, unvermeidlich Erfolg haben. Entweder „Gesellschaftsvertrag" oder die Unterwerfung durch einen Eroberer, der die uneingeschränkte Willkür der Einzelnen gewaltsam eindämmt, das waren, nach Hobbes, die ersten Schritte zur Ausgestaltung der Sittlichkeit und Gesetzlichkeit. Darauf begrenzte die Vernunft in Anbetracht des persönlichen Nutzens die natürlichen Rechte der Einzelpersönlichkeit, und daraus entwickelten sich mit der Zeit alle „sittlichen" Tugenden: das Mitgefühl, die Ehrlichkeit, die Dankbarkeit usw.

Die sittlichen Anschauungen entwickeln sich sehr verschieden, sagt Hobbes, in Übereinstimmung mit den mannigfachen Bedingungen der Zeit und des Ortes, und deshalb weisen die Sittenregeln *nichts Allgemeingültiges, Unbedingtes* (Absolutes) auf.[94] Sie sind nur dann zu befolgen, wenn sie auf Gegenseitigkeit beruhen, wobei die Beschlüsse nur von der Ver-

94 Die Sittenphilosophie, schrieb Hobbes, ist nichts anderes, als die Wissenschaft davon, was im Wechselverkehr und in den Gemeinschaften der Menschen gut und böse ist. Gut und böse sind Benennungen für unsere Wünsche und Abneigungen, die bei den verschiedenen Temperamenten der Menschen, den verschiedenen Sitten und Lehren mannigfaltig sind; so unterscheiden sich die Menschen in ihren Ansichten über gut und böse, und das Angenehme und Unangenehme erhalten in ihren Erwägungen eine ganz verschiedenartige Auslegung. (De cive. Kap. XV).

nunft abzuhängen haben. Unvernünftig jedoch ist, die Sittengesetze im Umgang mit Menschen einzuhalten, die uns gegenüber die Sittenregeln verletzen. Bei der Errichtung der Sittlichkeit ist auf die gesellschaftliche Vernunft im Allgemeinen wenig Verlass. *Es bedarf einer Macht, welche die gesellschaftliche Sittlichkeit unter Androhung von Strafe einführt,* und dieser Macht eines Einzelnen oder einer Gruppe müssen alle bedingungslos gehorchen.

Der Gehorsam der Macht des allvermögenden Staates „Leviathan" ist die Grundlage der Gesellschaftlichkeit. Nur auf diesem Wege wird ein friedliches Zusammenleben erreichbar, das unsere sittlichen Regeln und Gesetze erstreben. Was den ererbten Geselligkeitstrieb anbetrifft, so muss ihm keine Bedeutung zugemessen werden, da er im Naturmenschen zu wenig entwickelt ist, um zum Ausgangspunkt sittlicher Vorschriften zu werden. Gleichzeitig kommt auch der Vernunft bei der Ausgestaltung der Geselligkeitsregeln keine Bedeutung zu: ein angeborener Begriff der Gerechtigkeit ist im Menschen nicht vorhanden; die menschliche Vernunft legt die Regeln des Gemeinschaftslebens wahrhaft opportunistisch in Anpassung an die Zeitforderungen fest. Der Sieger ist im Recht, weil die Tatsache seines Sieges beweist, dass er das Begehren seiner Zeitgenossen erraten hat. So fasste Hobbes die Sittlichkeit auf, und so wird sie bis heute von der größten Mehrzahl der herrschenden Klassen aufgefasst.

Die Tatsache jedoch, dass Hobbes in seinen Betrachtungen über die Sittlichkeit endgültig mit der Religion und Metaphysik gebrochen hat, führte ihm viele Anhänger zu. Zu einer Zeit, da in England zwischen Katholiken und Protestanten erbitterte Kämpfe ausgefochten wurden und die Befreiung der Persönlichkeit und des Denkens im Allgemeinen zum unerlässlichen Bedürfnis wurde, war eine Lehre besonders wertvoll, die der so wichtigen Frage der Sittlichkeit eine vernunftgemäße Grundlage schuf. Im Allgemeinen war die Befreiung der Philosophie und Ethik von der Religion ein großer Fortschritt, und diese Befreiung wurde von den Werken des Hobbes bedeutend gefördert. Dabei bewies Hobbes in Anschluss an Epikur, dass, obwohl der Einzelne immer seinen persönlichen Vorteil sucht, der Mensch dennoch zur Überzeugung kommt, dass sein unmittelbares Interesse die größtmögliche Entfaltung der Gesellschaftlichkeit und der friedlichen wechselseitigen Beziehungen verlangt. Folglich kam dabei heraus, dass, obwohl die sittlichen Vorschriften dem persönlichen Egoismus entspringen, sie nichtsdestoweniger die Grundlage der Entwickelung besserer gegenseitiger Beziehungen und der Gesellschaftlichkeit bilden.

Cudworth (1617-1688). – Aus den obenerwähnten Gründen hatte die Lehre des Hobbes in England einen großen und andauernden Erfolg. Sie konnte aber viele nicht befriedigen und fand bald in England viele ernsthafte Gegner. Zu ihnen gehörten unter anderen der berühmte englische Dichter *John Milton,* ein überzeugter Republikaner und Verteidiger der Gewissens- und Pressfreiheit, und *James Harrington,* der im Jahre 1656 seine Utopie *Oceana* veröffentlichte, in der er in Gegensatz zu Hobbes die demokratische Republik verherrlichte. Aber die bedeutendsten Kritiker entstanden Hobbes in einer Gruppe von Gelehrten der Cambridger Universität. Diese Gruppe war dem Cromwellschen republikanischen Puritanismus ebenso feind, wie der naturwissenschaftlichen Art der Hobbes'schen Lehren. Diese Gegner des Hobbes teilten zwar nicht die bei den englischen Gottesgelehrten vorherrschenden engen Gesichtspunkte, aber dessen ungeachtet konnte ihre Philosophie sich weder mit dem Rationalismus überhaupt, noch mit den Schlussfolgerungen des Hobbes abfinden, in denen sie eine unmittelbare Bedrohung der abwehrenden sittlichen Kraft erblickten. Aus Erwägungen des persönlichen Vorteils kann man die von uns empfundene Verbindlichkeit mancher sittlicher Vorschriften nicht herleiten, sagte *Cudworth.* Noch mehr, die Sittlichkeit ist keine menschliche Schöpfung, bewies er: Ihre Wurzel liegen *in der Natur* der *Dinge selbst, die auch nicht von dem göttlichen Willen geändert werden, kann*: Die sittlichen Forderungen sind ebenso unumgänglich wie mathematische Wahrheiten. Der Mensch entdeckt die Eigenschaften des Dreiecks, aber er erschafft sie nicht: sie liegen in der unveränderlichen Natur der Dinge.

In diesen Gedanken des Cudworth finden wir also eine Annäherung an den Begriff der Gleichwertigkeit (Äquivalenz) und der Gleichberechtigung der Menschen, die sich in der gegenwärtigen rationalistischen Ethik andeutet. Aber Cudworth war vor allem Gottesgelehrter und konnte sich die Philosophie ohne die vergeistigende Kraft der Religion und ohne die Glaubensfurcht nicht vorstellen.

Eine viel größere Annäherung an die heute sich andeutende Ethik vollzog ein anderer Vertreter der Cambridger Schule, *Richard Cumberland* (1632-1718). In seinem lateinisch geschriebenen Werk *Philosophische Untersuchung der Naturgesetze,*[95] äußert er sich folgendermaßen: „Das Wohl der Gesellschaft ist das höchste Sittengesetz. Alles, was dahin führt, ist sittlich."

95 *De legibus naturae disquisitio philosophica.* London 1672.

Der Mensch gelangt deshalb zu dieser Folgerung, weil seine Natur selbst ihn in dieser Richtung führt. Die Geselligkeit ist eine von der menschlichen Natur unzertrennbare Eigenschaft, eine unvermeidliche Folge seiner ganzen Veranlagung. Die Beweisführung des Hobbes zugunsten des Gegenteiligen ist falsch, da die Geselligkeit bereits seit den ersten Zeiten des Naturzustandes *existiert haben musste.*

Gewiss verfügte Cumberland noch nicht über die Beweise für seinen Gedanken, die uns heute zur Verfügung stehen, seit die Weltreisen und der Aufenthalt bei den Wilden uns die Sitten des Naturmenschen näher erkennen ließen; und deshalb unterstützte er seine Vermutungen bloß mit allgemeinen Betrachtungen über die Beschaffenheit der Welt, die Veranlagung des Menschen und sein Verhalten zu anderen gleichfalls vernunftbegabten lebenden Wesen. Insofern ist das Sittliche eine Offenbarung des göttlichen Willens, schrieb er (anscheinend als Konzession an sein Zeitalter); aber daraus ist noch nicht ihre Willkürlichkeit oder Veränderlichkeit abzuleiten.

Die Vermutungen Cumberlands über den Ursprung der sittlichen Anschauungen des Menschen aus der Entwickelung des Geselligkeitsgefühls waren also richtig. Leider hat Cumberland die weitere Entwickelung dieses Gefühls nicht erforscht; er wies nur darauf hin, dass das Wohlwollen gegen alle, welches dem von der Natur geförderten und entwickelten Geselligkeitsgefühl entspringt, jedem vernunftbegabten Wesen so viel Gutes bringt, dass der Mensch auch ohne Eingreifen der göttlichen Macht die Sittengesetze als für ihn verbindlich anerkennen wird. Dem Drange nach Geselligkeit folgend, strebt natürlich der Mensch gleichzeitig auch nach persönlichem Glück; aber unter dem Einfluss der Geselligkeit führt selbst das Streben nach persönlichem Glück zum Wohl der Allgemeinheit; und deshalb wird der Gehorsam gegenüber dem Geselligkeitsgefühl von allein zum Quell von Freuden und Genüssen, sobald er zu einem höheren Ziele führt.

Hier machte Cumberland halt. *Wie und warum* der Mensch, vom Geselligkeitstrieb ausgehend, seine sittlichen Ideale bis zu ihrer heutigen Höhe und Weite bringen konnte, untersuchte er nicht weiter, und den Begriff der Gerechtigkeit, die zur Gleichberechtigung und zu weiteren Folgen führt, übersah er.

Die Lücke auszufüllen, unternahmen nach ihm *John Locke* und seine Anhänger, die die Sittlichkeit auf dem Nutzen begründeten, und andererseits *Shaftesbury* und seine Schüler, welche den angeborenen Trieb und das Gefühl für den Ausgangspunkt des Sittlichen ansahen. Ehe wir jedoch zu ihnen übergehen, müssen wir bei der Ethik *Spinozas* verweilen, die auf die Entwickelung der ethischen Lehren einen ungeheuren Einfluss ausübte.

Spinoza (1632-1677). – Die Ethik Spinozas hat mit der Hobbesschen Ethik etwas Gemeinsames in ihrer Ablehnung des außernatürlichen Ursprungs der Sittlichkeit. Aber gleichzeitig unterscheiden sie sich voneinander unbedingt in ihren Grundbegriffen. Für Spinoza ist Gott die Natur selbst. „Außer Gott kann keine Substanz sein und keine begriffen werden."[96]

Die körperliche Substanz von der göttlichen zu trennen, ist unmöglich; Gott ist die bewirkende Ursache aller Dinge. Er handelt allein nach den Gesetzen seiner Natur, und von niemandem gezwungen. Es wäre falsch, anzunehmen, dass er bewirken kann, dass das, was in seiner Gewalt steht, nicht geschieht, oder von ihm nicht hervorgebracht wird. Ferner wäre es falsch, zu beweisen, dass zur Natur Gottes der höchste Verstand und ein freier Wille gehöre (I, 17). In der Natur der Dinge gibt es nichts Zufälliges, sondern alles ist kraft der Notwendigkeit der göttlichen Natur bestimmt, auf gewisse Weise zu existieren und zu wirken (I, 29). Mit einem Wort, – das, was die Menschen Gott nennen, ist die vom Menschen nicht erkannte Natur selbst. Der Wille ist nur ein gewisser Modus des Denkens, wie der Verstand; und daher kann jede einzelne Wollung nur dann existieren und zum Wirken bestimmt werden, wenn sie von einer anderen Ursache bestimmt wird, und diese wiederum von einer anderen, und so weiter ins Unendliche (I, 32). Daraus erhellt, dass die Dinge auf keine andere Weise und in keiner anderen Ordnung von Gott hervorgebracht werden konnten, als sie hervorgebracht sind (I, 33). Jene Macht, die die große Menge Gott andichtet, ist nicht nur eine bloß menschliche (was zeigt, dass die große Menge Gott nur als Menschen oder nach dem Bilde des Menschen begreift), sondern schließt sogar Ohnmacht ein (II, 3). (Die Gründe, die die Menschen bestimmen, allerlei Ereignisse in ihrem Leben der göttlichen Macht zuzuschreiben, wurden von Spinoza im Anhang zum ersten Teil trefflich zergliedert.)

Spinoza war also ein Nachfolger des Descartes[97] und entwickelte seine Ansichten von der Natur weiter, während er in der Verneinung des göttlichen Ursprungs der sittlichen Anschauungen mit Hobbes übereinstimmte. Aber Spinoza, der seine naturwissenschaftlichen Ansichten kühn ent-

96 *Ethik*, I. Teil, Lehrsatz 14. In den folgenden Anmerkungen werden die Teile nur mit römischen und die Lehrsätze mit arabischen Ziffern bezeichnet.

97 Über Descartes siehe im folgenden Kapitel.

wickelte und die christliche Mystik vollkommen abgestreift hatte, kannte die Natur und die Menschen zu gut, um in der Ethik Hobbes nachzufolgen. Und er konnte sich gewiss nicht vorstellen, dass das Sittliche auf den Zwang der Staatsmacht begründet werden könnte. Er zeigte im Gegenteil, wie die völlig unabhängige Vernunft des Menschen ohne jede Einmischung des Angstgefühls vor einem höheren Wesen oder einem Machthaber unvermeidlich zu einem sittlichen Verhalten den anderen Menschen gegenüber gelangen musste, und wie der Mensch gerade darin die höchste Glückseligkeit fand, *weil es so sein frei und richtig arbeitender Verstand verlangt.*

Also schuf Spinoza eine wahre, von tiefem moralischem Gefühl durchdrungene Sittlichkeitslehre. Ihr entsprach sein persönliches Leben voll und ganz.

Zu seinen Schlussfolgerungen kam Spinoza auf folgendem Wege: – „Wille und Verstand sind ein und dasselbe. Beide sind nichts weiter als die einzelnen *Wollungen* und *Ideen* selbst. Die Falschheit besteht bloß in dem *Mangel an Erkenntnis*, den die inadäquaten oder verstümmelten und verworrenen Ideen in sich schließen“ (II, 35), und dem die falschen Handlungen entspringen. Überhaupt sind von den Gedanken jedes Menschen ein Teil *vollkommen,* ein anderer jedoch *unvollkommen* und *verworren.* Im ersten Falle folgt auf den Gedanken die *Tat,* während im zweiten Falle unsere Seele sich in einem untätigen, leidenden Zustand befindet, und je mehr der Mensch unvollkommene Gedanken hat, desto mehr ist seine Seele den *Leidenschaften* unterworfen.

Nach der Lehre Spinozas sind Seele und Körper ein und dasselbe Ding, das wir bald vom Standpunkt des Denkens, bald vom Standpunkt der Ausdehnung betrachten. Spinoza beweist eingehend diesen Lehrsatz, indem er die verbreitete Ansicht widerlegt, „diese oder jene Handlung des Körpers gehe von der Seele aus, die die Oberherrschaft über den Körper hat“. Wenn die Menschen das tun, so gestehen sie einfach ein, dass sie die wahre Ursache ihrer Handlungen nicht kennen (III, 2). „Die Entschlüsse der Seele entstehen mit derselben Notwendigkeit in der Seele, wie die Ideen der wirklich existierenden Dinge“ (III, 2). „Was die Wirkungskraft unseres Körpers vermehrt oder vermindert, fördert oder hemmt, dessen Idee vermehrt oder vermindert, fördert oder hemmt die Denkkraft unserer Seele“ (III, 11). Freude, Heiterkeit und ein allgemeiner froher Zustand führen die Seele zu größerer Vollkommenheit; die Trauer jedoch hat eine entgegengesetzte Wirkung (III, 11). Mit einem Wort, Körper und Seele sind nicht voneinander zu trennen. „Liebe ist nichts anderes, als Freude, begleitet von der Idee einer äußeren Ursache; und Hass nichts anderes, als Trauer, begleitet von der Idee einer äußeren Ursache“ (III, 13). Und das erklärt uns, was Hoffnung, Furcht, Sicherheit, Verzweiflung, Freudigkeit („Hoffnung ist Freude, die aus dem Vorstellungsgebilde eines zukünftigen oder vergangenen Dinges entsteht, über deren Ausgang wir zweifelhaft sind“) und was Gewissensbiss ist („Gewissensbiss ist die Trauer, die der Freudigkeit entgegengesetzt ist“) (III, 18).

Aus diesen Feststellungen leitet Spinoza alle Grundlagen des Sittlichen ab. „Wir streben, von uns und von einem Dinge, das wir lieben, all das zu bejahen, wovon wir uns vorstellen, dass es uns und das geliebte Ding in Freude versetzt, und umgekehrt“[98] (111, 25). Da aber das Streben der Seele oder ihre Fähigkeit des Denkens ihrer Natur nach dem Streben des Körpers oder seiner Fähigkeit des Handelns in Art und Zeit gleich ist, so „streben wir, das zu fördern, von dem wir denken, dass es die Freude in uns und auch in den von uns geliebten Wesen fördert“. Auf diesen Grundsätzen baute Spinoza die höchste Sittlichkeit auf.

Die Natur kennt niemals ein *Sollen*; sie kennt nur die *Notwendigkeit,* schrieb er. „Die Erkenntnis des Guten und des Schlechten ist nichts anderes, als der Affekt der Freude oder der Trauer, sofern wir uns seiner bewusst sind. Wir nennen gut oder schlecht das, was der Erhaltung unseres Seins nützt oder zuwider ist, d. h. das, was unsere Wirkungskraft vermehrt oder vermindert, fördert oder hemmt“ (IV, 8). Aber „die wahre Erkenntnis des Guten und Schlechten kann einen Affekt (eine Wollung), sofern sie wahr ist, nicht hemmen“. Erst insofern, als sie selbst Affekt ist, d. h. in den Wunsch des Handelns übergeht, kann sie den Affekt hemmen, wenn sie stärker als der zu hemmende Affekt ist (IV, 14).

Man kann sich leicht vorstellen, welchen Hass im Lager der Gottesgelehrten Spinoza mit seinen Behauptungen sich zuziehen musste. Spinoza verwarf den Dualismus, die Spaltung in zwei entgegenwirkende Kräfte, von dem die Religionslehrer sprachen und demzufolge Gott der Träger der ewigen Gerechtigkeit ist, während die von ihm erschaffene Welt ihre Verneinung bildet.[99]“

98 Spinoza braucht das Wort „Ding“ sowohl für unbelebte Gegenstände, als auch für belebte Wesen.

99 Die Behauptung, dass der Mensch nicht frei ist und nur das seiner Natur Entsprechende tun kann, im Zusammenhang mit derselben Behauptung in Bezug auf Gott findet sich an vielen Stellen der *Ethik.* So sagt beispielsweise Spinoza in der Vorrede zum vierten Teil „Von der menschlichen Knechtschaft oder von den Kräften der Affekte“: „Jenes ewige und unendliche Wesen, das wir Gott

Spinoza begründete seine Sittlichkeit mit dem Eudämonismus, d. h. mit dem *Streben des Menschen nach Glück.* Der Mensch, sagte er, strebt wie alle anderen Wesen nach dem *größtmöglichen Glück*, und aus diesem Streben folgert seine Vernunft sittliche Lebensregeln. Dabei ist der Mensch indessen *nicht frei,* weil er nur das tun kann, was mit Notwendigkeit seiner Natur entspricht.

Ohne Zweifel bemühte sich Spinoza vor allem, unsere Sittlichkeit von den Gefühlen zu befreien, die von der Religion eingeflößt werden, und er wollte beweisen, dass unsere Leidenschaften und unsere Wollungen (Affekte) nicht von unserem guten oder bösen Willen abhängen. Er strebte danach, das sittliche Leben des Menschen unter die Leitung der Vernunft zu bringen, deren Kraft zugleich mit der Entwickelung der Erkenntnis wächst. Mehrere Seiten des vierten Kapitels, das „von der menschlichen Knechtschaft" handelt, sind dieser Frage gewidmet; außerdem widmete Spinoza den ganzen fünften Teil seiner *Ethik* „der Macht des Verstandes oder der menschlichen Freiheit", und in seinem ganzen großen Werk bemüht er sich unermüdlich, den Menschen zum Handeln anzutreiben, indem er bewies, dass unser Ich nur dann vollkommen befriedigt ist, wenn wir aktiv, tätig eingreifend und nicht bloß leidend uns zu unserer Umgebung verhalten. Leider aber übersah er, dass die *Fähigkeit, zu entschließen, was Recht und was Unrecht ist, einen Ausdruck* der *Grundform unseres Denkens darstellt, ohne den das Denken nicht wäre.*

Die Ethik Spinozas ist vollkommen wissenschaftlich. Sie weiß nichts von metaphysischen Feinheiten noch von höheren Eingebungen. Ihre Urteile entspringen der Erkenntnis der Natur überhaupt und der menschlichen Natur insbesondere. Was jedoch sieht sie in der Natur? Was lehrt die Natur unseren Verstand, dem die Entschließung in sittlichen Fragen zusteht? Welche Richtung schlagen ihre Lehren ein? Sie lehrt, schrieb Spinoza, man dürfe sich nicht auf das Mitleid beschränken, nicht den Freuden und Leiden der Menschen von ferne zuschauen, sondern man müsse aktiv sein. In welcher Richtung muss diese Aktivität zutage treten? Auf diese Frage gab Spinoza leider keine Antwort. Er schrieb in der zweiten Hälfte des siebzehnten Jahrhunderts, und die *Ethik* erschien erst nach seinem Tode im Jahre 1677. In diese Zeit fielen zwei Umwälzungen: die Reformation und die englische Revolution; beide Bewegungen beschränkten sich nicht auf den Kampf mit der Gottesgelahrtheit und der Kirche. Sie trugen einen stark

---

oder die Natur heißen, handelt mit derselben Notwendigkeit, mit der es existiert."

sozialen Charakter, und die Gleichberechtigung aller war die wichtigste Losung dieser Volksbewegungen. Aber bei Spinoza finden wir keine Widerspiegelung dieser bedeutungsvollen Erscheinungen.

Wie Jodl richtig bemerkt, hat Spinoza den tiefsten Einblick in das Wesen der Ethik getan. Das Sittliche in seinem Sinne ist zugleich das Göttliche und das Menschliche, der Egoismus und die Selbstentäußerung, die Vernunft und der Affekt (die Wollung), die Freiheit und die Notwendigkeit. Aber indem Spinoza seine Ethik auf dem Egoismus aufbaute, übersah er, wie Jodl richtig erkennt, vollkommen die sozialen Neigungen des Menschen. Gewiss anerkannte Spinoza die durch das gesellige Leben hervorgerufenen Neigungen, von denen die rein egoistischen Neigungen besiegt werden müssen. Aber der Gesellschaftsverband war für ihn Nebensache, und die Befriedigung der in sich vollendeten Persönlichkeit galt ihm mehr als die gemeinsame Arbeit im gemeinschaftlichen Leben.[100] Vielleicht lässt sich dieser Fehler damit erklären, dass im siebzehnten Jahrhundert, als im Namen des „wahren Glaubens" Massengemetzel vorgenommen wurden, die vornehmste Aufgabe der Ethik darin bestand, die Sittlichkeit von jeglicher Beimischung christlicher Tugenden loszulösen; nachdem Spinoza dieses vollbracht hatte, konnte er sich möglicherweise nicht dazu entschließen, mit der Verteidigung der *gesellschaftlichen* Gerechtigkeit, d. h. der damals von den Religionsbewegungen hochgehaltenen kommunistischen Ideen, ein noch größeres Unwetter auf sich herab zu beschwören. Vor allem sollten die *Rechte der persönlichen unabhängigen Vernunft* wiederhergestellt werden, und *deshalb* musste beim Aufbau der Sittlichkeit auf der höchsten Glückseligkeit, die sie ohne jede Belohnung in der Form von „vermehrten Herden" oder „himmlischer Seligkeit" gewährt, endgültig mit der theologischen Ethik gebrochen werden, ohne weder in „Utilitarismus" noch in die Ethik des Hobbes und seiner Anhänger zu verfallen. Jedenfalls ist die von Jodl bemerkte Lücke in der Ethik Spinozas sehr wesentlich.

John Locke (1632-1704). – Die induktive Philosophie *Bacos,* die kühnen Verallgemeinerungen des *Descartes,* der das natürliche Leben des ganzen Weltalls zu erkennen strebte, die Ethik *Spinozas,* die das Sittliche im Menschen ohne jedes Eingreifen einer geheimnisvollen Kraft erklärte, und der Versuch des *Grotius,* die Entwickelung der Geselligkeit wiederum ohne die Einmischung übernatürlicher Kräfte zu erklären, – alles das bereitete eine

100 Jodl, *Geschichte der Ethik*, Band 1 (1882).

neue Philosophie vor; und sie fand tatsächlich einen bedeutenden Vertreter in der Person des englischen Denkers *Locke.*

Eine besondere Sittlichkeitslehre hat Locke nicht geschrieben. Aber in seinem Werk *Versuch über den menschlichen Verstand*[101] wurden die Grundprinzipien unseres ganzen Wissens so fein zergliedert, dass das Buch die Grundlage einer neuen Philosophie für eine ganze Generation wurde; und beim Untersuchen der praktischen Anwendbarkeit seiner Ideen auf die Politik und das Leben überhaupt, die er in seinen anderen Werken[102] unternahm, sagte er soviel Wichtiges über den Ursprung der sittlichen Anschauungen, dass seine Ansichten allem, was im achtzehnten Jahrhundert über die Sittlichkeit geschrieben wurde, ihren Stempel aufdrückten.

Die Verbreitung des Einflusses Lockes wurde natürlich dadurch gefördert, dass er kein Begründer einer neuen Lehre mit streng festgelegten Anschauungen war; indem er seine Auffassung vom menschlichen Denken, von der sogenannten Freiheit des Willens und der Sittlichkeit im Allgemeinen bekundete, war er anderen Lehren gegenüber äußerst duldsam und bemüht, in ihnen das zu finden, was trotz falscher Darstellung richtig sein konnte.

Locke war, wie Spinoza, vor allem Anhänger des Descartes und seiner Erklärung unseres Wissens, d. h. des Prozesses unseres Denkens, und der Wege, auf denen der Mensch zu seinen Vernunftschlüssen gelangt. Wie Descartes, verwarf er die Metaphysik, und stellte er sich auf vollkommen wissenschaftlichen Boden. Aber Locke trennte sich von Descartes in der Frage des Vorhandenseins *angeborener Ideen* im Menschen, in denen Descartes und andere Vorgänger Lockes den Ausgangspunkt der sittlichen Anschauungen des Menschen sahen. Weder in der Sittlichkeit noch in der Vernunft überhaupt gibt es angeborene Ideen, behauptete Locke. „Wo ist die praktische Wahrheit“, fragte er, „die ohne Zweifel und Bedenken allgemein so anerkannt würde, wie es bei einer angeborenen Wahrheit sein muss? In der Gerechtigkeit und in der treuen Erfüllung der Verträge scheinen noch die meisten Menschen übereinzustimmen; dieser Grundsatz erstreckt sich selbst auf die Höhlen der Diebe und auf die Verbindungen zwischen den verworfensten Menschen ... aber nicht, weil sie sie als angeborene Gesetze

101 *An essay concerning human understanding* erschien 1689, ein Jahr nach der Errichtung der konstitutionellen Monarchie in England. Zitiert wird nach der sechsten, bedeutend erweiterten Ausgabe, erschienen 1710 in London.

102 *Die Vernunftmäßigkeit des Christentums* (1695) und *Briefe über Toleranz* (1689).

der Natur anerkennen." Sie sehen in ihnen einfach zweckmäßige Regeln, ohne deren Befolgung ihre Verbindungen nicht existieren könnten. Das sind die Bedingungen der Geselligkeit. „Kann man aber deshalb sagen, dass die, welche vom Betruge und Raube leben, angeborene Grundsätze der Gerechtigkeit und Wahrheit haben?" (Versuch über den menschlichen Verstand, Bd. I, Kap. III, § 2). Denjenigen, die auf den Widerstreit zwischen dem Denken und dem Handeln verweisen, antwortet Locke nicht ganz beweiskräftig, dass die Handlungen der Menschen immer die besten Ausleger ihrer Gedanken waren. Da aber die Grundsätze der Gerechtigkeit und der Sittlichkeit von vielen geleugnet, von manchen zwar anerkannt, jedoch nicht verwirklicht werden, so wäre es sonderbar, die Existenz angeborener praktischer Grundsätze anzunehmen, denen gegenüber die Menschen sich bloß auf denkende Betrachtung (Kontemplation) beschränken.

Wer sich gegenwärtig die Entwickelungslehre zu eigen gemacht hat, wird wahrscheinlich bemerken, dass der Gedankengang Lockes oberflächlich ist. Gewiss hatte er Recht, wenn er die Existenz angeborener Ideen oder Vernunftschlüsse, auch sittlicher, im Menschen leugnete, und er hatte Recht, wenn er sagte, dass der Mensch in der Sittlichkeit, wie in allem anderen, *seine Vernunftschlüsse aus der Erfahrung schöpft.* Wenn er aber die Vererbungsgesetze gekannt hätte, wie wir sie heute kennen, oder wenn er einfach an sie gedacht hätte, würde er kaum verneint haben, dass die geselligen Wesen, Menschen wie andere Herdentiere, auf *dem Wege der Vererbung von Geschlecht zu Geschlecht, nicht nur den Drang nach geselligem Leben, sondern auch nach Gleichberechtigung und Gerechtigkeit* in sich entwickeln *konnten und mussten.*[103]

103 Gewiss, – schrieb Locke – saget einem Menschen, der es noch nicht gehört hat, dass er anderen gegenüber so handeln muss, wie er wünscht, dass man ihm gegenüber verfahre, und er wird, fragen: „Weshalb?" Darauf wird das Christentum antworten, dass es so Gott befiehlt, und der Anhänger des Hobbes wird sagen, dass es die Gesellschaft verlangt und dass Leviathan, d. h. der Staat, denjenigen bestrafen wird, der es nicht ausführt (B. I, Kap. III, § 5). Überhaupt wird die Tugend nicht deshalb gelobt, weil sie eine angeborene Eigenschaft ist, sondern weil sie nützlich ist (§ 6); wobei der obenerwähnte Rat öfter anderen gegeben als befolgt wird (§ 7). So richtete sich Locke vollkommen nach Hobbes, ohne eines zu bemerken – dass die Gewohnheiten übernommen und zu Instinkten werden und dass die Instinkte, die man damals „appetite" auf etwas nannte, in bedeutendem Maße erblich sind. Indem er den Begriff der angeborenen Gedanken bekämpfte, übersah er die Vererbung, die schon Baco und teilweise Spinoza kannten.

Nichtsdestoweniger war zu jener Zeit, d. h. im siebzehnten Jahrhundert, der Feldzug Lockes gegen die „angeborenen“ sittlichen Anschauungen ein wichtiger Fortschritt, da diese Verneinung die Philosophie vom Gehorsam gegenüber den Lehren der Kirche von dem Sündenfalle und dem verlorenen Paradiese befreite.

Nach dieser Einleitung, die Locke brauchte, um zu beweisen, dass die sittlichen Begriffe nicht als eine höhere Eingebung betrachtet werden dürfen, ging er zum wichtigsten Gegenstand seiner Forschung über: zum Beweis des Ursprungs unserer Ideen und Vernunftschlüsse aus *der Beobachtung, der Erfahrung.* Auch hier war seine Untersuchung so erschöpfend, dass sie in der Folge von allen großen Denkern des achtzehnten Jahrhunderts anerkannt und übernommen wurde und die Positivisten noch heute an ihr festhalten. Locke bewies mit vollkommener Bestimmtheit, dass alle unsere *Ideen* (Begriffe, Gedanken) entweder unmittelbar *aus unseren* von den Sinnen empfangenen *Empfindungen* oder aus *den Betrachtungen über unsere Empfindungen* stammen. Den ganzen Stoff für unser Denken entnehmen wir *der Erfahrung,* und *in der Vernunft ist nichts, das nicht vorher in der Empfindung war.*

„Diese große Quelle unserer meisten Vorstellungen, die ganz von unseren Sinnen abhängen und durch sie in den Verstand übergeführt werden, nenne ich die Sinnes-Wahrnehmung“ schrieb Locke (B. II, Kap. I, § 3). Aber dabei verneinte er selbstverständlich nicht, dass es gewisse Denkverfahren gibt, die unserer Vernunft innewohnen und ihr die Möglichkeit gewähren, neue Wahrheiten zu entdecken. Das sind beispielsweise die von der Vernunft aufgefangene Einerleiheit oder Verschiedenheit zweier Dinge; ihre Gleichheit oder Ungleichheit; ihre Angrenzung oder Entfernung in Zeit oder Raum; Ursache und Folge.

Locke wies darauf hin, dass alle einfachen Vorstellungen, die wir durch Sinnes- oder Selbstwahrnehmung erhalten, in zwei Gruppen zerfallen: „Lust oder Schmerz, eines von beiden, verbindet sich beinahe mit allen unseren Vorstellungen, sowohl denen der Sinnes- wie der Selbstwahrnehmung; es wird kaum eine Erregung unserer Sinne von außen oder einen Gedanken, wo die Seele sich auf sich selbst zurückgezogen hat, geben, der nicht Schmerz oder Lust in uns erregen könnte“ (B. II, Kap. VII, § 2). „Alle Dinge sind also nur gut oder böse durch ihre Beziehung auf Lust oder Schmerz. Etwas heißt ein Gut, was die Lust in uns zu erwecken oder zu steigern oder den Schmerz zu mindern vermag“ (B. II, Kap. XX, § 2). Die Sinneswahrnehmungen jedoch rufen in uns Neigungen und Leidenschaften hervor, die wir erkennen, indem wir sie beobachten, und der Mensch sucht, was ihm Lust gewährt, und meidet, was ihm Schmerz verursacht. Dabei wies Locke darauf hin, dass es nicht nur körperliche, sondern auch geistige Freuden und Leiden gibt, und legte so den Grund zu der Lehre, die unter dem Namen *Utilitarismus* von John Stuart Mill trefflich entwickelt wurde.

Wenn wir mittels der Sinne täglich die Veränderungen unserer einfachen Vorstellungen wahrnehmen, gelangen wir zur Vorstellung des Willens, d. h. der Fähigkeit, so oder anders zu handeln; aus diesen Wahrnehmungen entsteht der Begriff der Willensfreiheit (B. II, Kap. XXI, §§ 1 ff). „Man bemerkt in sich", spricht Locke, „eine Kraft zum Beginnen oder Anhalten, zum Fortfahren oder Beenden jener verschiedenen Tätigkeiten der Seele und Bewegungen des Körpers, welche lediglich durch ein Denken oder Vorziehen der Seele gleichsam das Vollziehen oder Nicht-Vollziehen von solch einer einzelnen Handlung anordnet oder befiehlt" (B II, Kap. XXI, § 5). Aus der Betrachtung des Umfanges der Kraft unserer Vernunft entspringt die Vorstellung der *Willensfreiheit* (§ 7). Im Wesentlichen aber ist die Frage der Freiheit oder Gebundenheit des Willens falsch gestellt. Man müsste fragen: ist der Mensch in seinen Handlungen frei? – Die Antwort darauf wird sein, dass der Mensch natürlich handeln kann, *wie* er *will.* Aber – ist er in seinem Wollen frei? – Und auf diese Frage gab Locke naturgemäß eine verneinende Antwort, da *der Wille des Menschen von einer ganzen Reihe vorangegangener Einflüsse bestimmt wird.*

In der Untersuchung darüber, wie der Verstand den Willen leitet, wies Locke auch darauf hin, dass die Voraussicht des Leidens oder sogar bloß einer unangenehmen Empfindung unseren Willen stärker beeinflusst, als die Aussicht auf die höchsten Freuden im Jenseits. Überhaupt hat Locke die Beziehungen unserer Vernunft zu unseren Handlungen so ausführlich behandelt, dass er in dieser Hinsicht als der Stammvater der ganzen späteren Philosophie betrachtet werden kann.

Man muss jedoch gleichzeitig bemerken, dass Locke nicht nur die verneinende Philosophie des achtzehnten Jahrhunderts, sondern auch Kant und die deutschen Philosophen der ersten Hälfte des neunzehnten Jahrhunderts mit ihrer Versöhnung der Philosophie und der Religion beeinflusst hat.

Indem Locke die Sittlichkeitsphilosophie vom Joche der Kirche befreite, stellte er die Sittlichkeit unter den Schutz von dreierlei Gesetzen: der göttlichen, bürgerlichen und den Gesetzen der öffentlichen Meinung (XXVIII, §§ 4-14), und so trennte er die Ethik von der kirchlichen Sittlichkeit, die auf der Verheißung der jenseitigen Seligkeit fußte.

Den Schluss des zweiten Buches seiner Untersuchung widmete Locke der Entwicklung eines bei Ethikern oft auftauchenden Gedankens, dass die sittlichen Wahrheiten ganz so wie die mathematischen Wahrheiten bewiesen werden können, wenn sie vereinfacht und auf ihre Grundbegriffe zurückgeführt werden. „*Das Wissen der Moral ist der Gewissheit ebenso fähig wie die Mathematik*“, schrieb Locke, „*die moralischen Vorstellungen sind ebenso wie die mathematischen ihre eigenen Urbilder* und daher entsprechende und vollständige Vorstellungen; deshalb ist jede in ihnen angetroffene Übereinstimmung oder Nichtübereinstimmung ebenso wie bei den mathematischen Figuren ein wirkliches Wissen“ (B. IV, Kap. IV, § 7). Dieser ganze Teil, besonders aber der Paragraph „Die Sittlichkeit ist beweisbar“, ist äußerst interessant. Er zeigt deutlich, dass Locke der Anerkennung der Gerechtigkeit als Grundlage der sittlichen Begriffe sehr nahegekommen war. Als er aber versuchte, die Gerechtigkeit zu definieren, begrenzte er unnötig diesen Begriff, indem er ihn zum Eigentumsbegriff herabdrückte: – „Wo es kein Eigentum gibt, da gibt es auch kein Unrecht“, schrieb er, „dies ist ein Satz, so sicher wie irgendein Lehrsatz im *Euklid*“ (B. IV, Kap. III, § 18). So entkleidete er den Begriff der Gerechtigkeit und der Gleichberechtigung seiner ungeheueren Bedeutung, die er, wie wir aus dem zweiten Bande dieses Werkes ersehen werden, für die Ausgestaltung der sittlichen Ideen hat.

Die Philosophie Lockes übte einen ungeheuren Einfluss auf die ganze weitere Entwicklung der Philosophie aus. In verständlicher Sprache, ohne die barbarischen Fachausdrücke der deutschen Philosophen geschrieben, verhüllte sie nicht ihre grundlegenden Lehrsätze in den Nebel metaphysischer Phrasen, die manchmal den Schreibenden selbst daran hindern, sich eine klare Vorstellung von dem zu machen, was er sagen will. Locke sprach in klaren Worten über die Grundlagen der naturwissenschaftlichen Erkenntnis der Welt auf einem so wichtigen Erkenntnisgebiet, wie es die Sittlichkeit ist. Und deshalb ging die ganze spätere Philosophie – von der Kantischen Metaphysik bis zum englischen „Utilitarismus“, zum „Positivismus“ Comtes und sogar bis zum heutigen „Materialismus“ – bewusst oder unbewusst von Locke und Descartes aus, wie wir aus der Philosophie der Enzyklopädisten und des neunzehnten Jahrhunderts ersehen werden. Jetzt wenden wir uns den Nachfolgern Lockes zu.

Samuel Clarke (1675-1729). – Über die Ähnlichkeit der Sittlichkeitsregeln mit mathematischen Lehrsätzen in dem Sinne, dass sie mit Genauigkeit aus einigen grundlegenden Bestimmungen abgeleitet werden können, schrieb unter anderem auch Samuel Clarke, ein Schüler von Newton und Descartes, in seinem Werk „Betrachtung über die unveränderlichen Pflichten der natürlichen Religion".[104] Er maß dieser Tatsache eine große Bedeutung bei, umso mehr, als er die Unabhängigkeit der Sittlichkeit vom Willen eines höheren Wesens energisch verfocht, wie er auch behauptete, dass der Mensch die Sittlichkeit auch dann für verbindlich ansieht, wenn er nicht an die Folgen unsittlicher Handlungen denkt. Deshalb dürfte man erwarten, dass Clarke den Baconischen Gedanken der Vererbung sittlicher Triebe weiterenwickeln und die Entfaltung dieser Triebe aufzeigen werde. Clarke konnte die gleichzeitige Existenz der ungeselligen Instinkte, die im Allgemeinen gern betont wird, anerkennen und die Rolle der Vernunft bei der Wahl zwischen den zweierlei Instinkten näher betrachten, sowie den historisch wachsenden Einfluss der Geselligkeitstriebe aufzeigen. Aber er tat es nicht. Noch war die Zeit der *Entwickelungslehre* nicht gekommen, und obwohl es von einem Gegner Lockes am allerwenigsten zu erwarten war, rief Clarke, wie Locke auch, die göttliche Offenbarung zu Hilfe. Zugleich griff Clarke, wie Locke und seine utilitaristischen Nachfolger, zu Nützlichkeitserwägungen, und dadurch schwächte er noch mehr den Teil seiner Lehre ab, in dem er die sittlichen Anschauungen von ererbten Instinkten herleitete. Infolgedessen war sein Einfluss auf die ethische Philosophie viel schwächer, als er hätte sein können, wenn er sich auf die ausführliche Entwickelung des ersten Teiles seiner Lehre beschränkt hätte.

Shaftesbury (1671-1713). – Bedeutend einheitlicher ist die Sittlichkeitsphilosophie *Shaftesburys,* und von allen Philosophen des siebzehnten Jahrhunderts näherte er sich am meisten dem Gedanken des großen Baco. Shaftesbury behandelte die Frage des Ursprungs der sittlichen Anschauungen viel kühner und bestimmter als seine Vorgänger, obwohl auch er natürlicherweise seine Grundgedanken mit Konzessionen an die Religionen verdecken musste, weil man damals auf solche Konzessionen nicht verzichten durfte.

Shaftesbury bemühte sich vor allem, zu beweisen, dass das sittliche Gefühl kein abgeleitetes, sondern ein in der menschlichen Natur begründetes Gefühl ist. Es entspringt durchaus nicht der Abschätzung der nützlichen oder schädlichen Folgen unserer Handlungen; und „dieser ursprüngliche und unmittelbare Charakter des sittlichen Gefühls beweist, dass die Sittlichkeit auf Gefühlen (Affekten, emotions) und Neigungen (Instinkten, propensities) fußt, deren Ursprung in der natürlichen Veranlagung des

104 Clarke, *Discourse concerning the inalterable obligations of Natural Religion* (17018).

Menschen liegt und über die er *erst nach* ihrem Zutagetreten urteilen kann (only secondarity). Indem der Mensch die Äußerungen seiner Gefühle und Instinkte beurteilt, nennt er sie sittliche oder unsittliche."

Also gehört zur Begründung der Sittlichkeit die Vernunft, das Verständnis dafür, was gerecht und was schlecht ist, um das Urteil besser fällen zu können: „Nichts Scheußliches oder Unnatürliches, nichts, was ein böses Beispiel gibt, nichts, was diejenigen natürlichen Triebe zerstören könnte, durch welche die Gattung oder Gesellschaft erhalten wird, darf aus irgendeinem Grunde oder vermöge irgendeines Prinzips oder Begriffs von Ehre oder Religion jemals als ein guter und Achtung verdienender Gegenstand erstrebt und verfolgt werden."[105]

Der Religion maß Shaftesbury für die Bestimmung der sittlichen Begriffe keine Bedeutung bei. „Im Menschen, der unter dem Einfluss der Religion sittlich geworden ist, ist nicht mehr Wahrhaftigkeit, Frömmigkeit und Heiligkeit als im Tiger, der mit Ketten gefesselt ist", schrieb er.[106] Überhaupt äußerte sich Shaftesbury in seinen Betrachtungen über die Religion und Ungläubigkeit mit vollkommener Offenheit.

Den Ursprung der sittlichen Anschauungen erklärte Shaftesbury vollkommen aus den angeborenen geselligen Instinkten unter der Oberaufsicht der Vernunft. Aus ihnen entwickelten sich die Begriffe der Gerechtigkeit und des Rechts (equity and right), wobei in dieser Entwickelung Folgendes eine Rolle spielte: „Ein Geschöpf verdient nur dann die Bezeichnung gut oder tugendhaft, wenn alle seine Triebe und Neigungen, wenn die Stimmung von Seele und Gemüt zweckentsprechend und mit dem Wohle von seinesgleichen oder dem des Systems, in welches es eingeschlossen und von welchem es einen Teil ausmacht, übereinstimmend sind"[107] (d. h. mit dem Wohle der Gesellschaft, zu der es gehört und von der es ein Teil ist). Dabei bewies Shaftesbury, dass die Interessen der Persönlichkeit und die Interessen der Gesellschaft nicht nur miteinander zusammenfallen, sondern voneinander unzertrennlich sind. Die bis zum äußersten gesteigerten Gefühle der Lebensgier und der Liebe zum Leben liegen nicht im Interesse der Persönlichkeit; sie hemmen zugleich ihr Glück.[108]

Zugleich deuten sich bei Shaftesbury die Anfänge der Bewertung der Genüsse nach ihrer Nützlichkeit an, die nachher John Stuart Mill und ande-

105 Shaftesbury, *Untersuchung über die Tugend* (Bd. I, T. 2, § 3).

106 Daselbst, Bd. II, T. 2, § 1.

107 Daselbst, Bd. II, T, 2.

108 Daselbst, Bd. II, T. 2, § 2.

re Utilitaristen entwickelten, indem sie die Bevorzugung geistiger Genüsse vor sinnlichen Freuden empfahlen.[109] Und im Gespräch *Die Moralisten*, erschienen 1709, in dem er seine Theorie verteidigt, verspottete er den „Naturzustand", in welchem, nach Hobbes, die Menschen einander feind waren.[110]

Es ist bemerkenswert, dass Shaftesbury bei der Widerlegung der Hobbesschen Behauptung, die Menschen seien zueinander wie Wölfe, als erster auf das Vorhandensein der gegenseitigen Hilfe bei den Tieren hingewiesen hat. – „Die Gelehrten", schrieb er, „lieben es, sich über diesen eingebildeten Zustand zu verbreiten..." Aber „wenn man, um den Menschen herabzusetzen, behauptet, die Menschen seien zueinander wie Wölfe, so ist das gewissermaßen sinnlos, da die Wölfe im Verhalten zu ihresgleichen sehr freundliche Tiere sind. Bei ihnen teilen sich beide Geschlechter in der Fürsorge um die Jungen, und diese Verbindung besteht bei den ausgewachsenen Tieren weiter; sie heulen, um die anderen Wölfe zusammenzurufen, wenn sie jagen, oder wenn sie die Beute umstellen wollen, oder wenn sie fettes Aas gefunden haben. Sogar den Schweinearten fehlt es nicht an gegenseitiger Anhänglichkeit, und sie erretten ihre Artgenossen aus der Not."

Also wurden augenscheinlich die Worte *mutuam juventum*, d. h. „gegenseitige Hilfe", von Baco, Grotius und Spinoza nicht umsonst gebraucht, und Shaftesbury führte sie in das System der Ethik ein. Jetzt aber wissen

---

109 Daselbst, Schluss des zweiten Teiles des zweiten Buches.

110 „Zu behaupten, dass sie in ihrem Naturzustand voneinander getrennt lebten, ist unmöglich, ohne in völligen Unsinn zu geraten, weil man einem lebendigen Wesen eher jedes andere Gefühl oder jede andere Anhänglichkeit nehmen kann, als die Anhänglichkeit an der Gesellschaft und an seinesgleichen." (Die Moralisten, eine philosophische Rhapsodie.) Weiter sagte er: „Wenn die Veranlagung dieser Wesen der unsrigen gleich wäre ... wenn sie *Gedächtnis* und *Anhänglichkeitsgefühl* besäßen, so würden sie augenscheinlich ebenso wenig aus eigenem Antrieb auf das Leben in der *Gesellschaft* verzichten, wie ihr Leben ohne sie erhalten können" (§ 4). Darauf wies Shaftesbury auf die Schwäche des Menschenkindes, auf die Notwendigkeit, es zu schützen und ihm bekömmliche Ernährung angedeihen zu lassen, hin, und schrieb: „musste die Familie sich nicht zum *Geschlecht*, und das Geschlecht zum *Stamm* auswachsen? Wäre sie auch nur bis zum *Geschlecht* gediehen, würde dann das Geschlecht nicht eine Vereinigung zu gegenseitigem Schutz und gegenseitigem Vorteil sein?" Augenscheinlich war die *Gemeinschaft* der *Naturzustand* des Menschen und *konnte er niemals anders als in Gesellschaften leben*. Diesen Gedanken wiederholte Hume, wie wir weiter sehen werden.

wir aus den gründlichen Forschungen unserer besten Zoologen in den unbevölkerten Teilen Amerikas und aus den eingehenden Beobachtungen, die im neunzehnten Jahrhundert an Wilden vorgenommen wurden, wie sehr Shaftesbury im Recht war. Leider gibt es bis heute noch nicht wenige Stubengelehrte, „Naturforscher“ und „Ethnologen“, welche die unsinnige Behauptung des Hobbes wiederholen.

Die Ansichten Shaftesburys waren für ihre Zeit so kühn und in einigen Teilen denjenigen so ähnlich, zu denen die heutigen Denker kommen, dass man über sie noch einige Worte sagen muss. Shaftesbury teilte die verschiedenen menschlichen Antriebe in gesellschaftliche, egoistische und solche, die ihrem Wesen nach unnatürlich sind, wie Hass, Zorn, Leidenschaften. Die Sittlichkeit ist eben nichts anderes, als das richtige Verhältnis zwischen den gese llschaftlichen und den egoistischen Neigungen (affections). Im Allgemeinen verfocht Shaftesbury die Unabhängigkeit der Sittlichkeit von der Religion und von Vernunftgründen, da ihr Ursprung nicht in Erörterungen über Handlungen, sondern in der Veranlagung des Menschen und in seinen in Jahrhunderten herausgebildeten Sympathien liegt. Deshalb ist sie von irgendwelchen *Zielen* unabhängig, da der Mensch nicht von der äußeren Vorteilhaftigkeit der einen oder anderen Handlungsweise, sondern von *der inneren Harmonie in ihm selbst,* d. h. von dem Gefühl des Befriedigtseins oder des Unbefriedigtseins nach der Tat, gelenkt wird.

Wie Wundt bereits hingewiesen hat, setzte sich also Shaftesbury tapfer für den unabhängigen Ursprung des sittlichen Gefühls ein. Und er begriff auch, wie aus diesem Urquell unvermeidlich eine ganze Sammlung sittlicher Regeln entstand. Gleichzeitig verneinte er bedingungslos den Ursprung der sittlichen Anschauungen aus Nützlichkeitserwägungen. Alle sittlichen Vorschriften der Religionen und Gesetze sind abgeleitete sekundäre Formeln, deren erste Grundlage die ererbten sittlichen Triebe bilden.

In diesem Punkt trennte sich die naturalistische Sittlichkeitsphilosophie Shaftesburys und die naturalistische Philosophie der Denker des achtzehnten Jahrhunderts, auch der Enzyklopädisten, die in Sittlichkeitsfragen den Standpunkt Epikurs und seiner Nachfolger vorzogen. Interessant ist es, dass diese Spaltung bereits bei den Begründern der neuen Philosophie in England und Frankreich zu erkennen ist, in Baco, der sich sofort auf den naturwissenschaftlichen Standpunkt stellte, und bei Descartes, der seine Richtung noch nicht klar festlegte.

Jedenfalls stellte sich Darwin in seinem zweiten grundlegenden Werke *Die Abstammung des Menschen* auf denselben Stand punkt wie Shaftesbury. Und auf denselben Standpunkt wird sich unvermeidlich jeder unvoreingenommene Psychologe stellen. In Shaftesbury haben wir auch einen Vorgänger Guyaus in seinem Werk *Sittlichkeit ohne Pflicht*. Zu den gleichen Folgerungen kommt die Naturwissenschaft, so dass ich angesichts der Rolle der gegenseitigen Hilfe bei Menschen und Tieren sagen konnte, dass der Mensch eher wieder zum Gehen auf allen Vieren zurückkehren, als seine sittlichen Instinkte ablegen wird, da diese Instinkte im Tierreiche schon lange vor dem Menschen entstanden sind.[111]

---

111 In seinem Werke *Die Moralisten* beschrieb Shaftesbury sich selbst folgendermaßen: – „da er in Bezug auf die Tugend das ist, was man seit kurzem einen Realisten nennt, so bemüht er sich, zu beweisen, dass es wirklich etwas Nichtwillkürliches, Nichtkünstliches – wenn man so sagen darf – in der Natur der Dinge unabhängig Existierendes gibt, das jedoch außerhalb und unabhängig von Herkommen, Mode oder Willen, sogar vom Allerhöchsten Willen ist, der es nicht leiten kann, sondern selbst, da er notwendig gut ist, von ihm geleitet wird oder mit ihm identisch ist." (§ 3 des 3. Teiles der gesammelten Werke).
An anderer Stelle schrieb Shaftesbury: „Wo kein Begriff davon vorhanden ist, was schlecht, was widerlich, was sittliche Hässlichkeit oder was tadelnswert ist, da können weder die Furcht vor der Hölle noch tausend Ängste vor der Gottheit die Entstehung des Gewissens zeitigen. Wo aber dieser Begriff ist, da ist auch das Gewissen und da ist – auch unabhängig von einer äußeren Bedrohung – die Furcht vor Strafe (II. Bd., 2. T., § l).
Eine andere Stelle aus seinen *Charakteristiken* sei angeführt: „Sicherlich kennt Ihr, mein Freund, die verbreitete Behauptung, dass die Welt vom persönlichen Vorteil regiert wird. Aber ich glaube, dass der aufmerksamere Beobachter erkennen wird, dass Leidenschaft, Stimmung, Laune, Eifer, Partei und viele andere dem persönlichen Vorteil widersprechende Neigungen für die Bewegung dieser Maschine eine große Bedeutung haben." (An Essay on the Freedom of Wit and Humour) – „Tatsächlich", fügt er hinzu, „haben die guten Neigungen, – Freundlichkeit und Freigiebigkeit, Gutmütigkeit und Freundschaft, gesellschaftliche und natürliche Antriebe – im Leben die gleiche Bedeutung: und das aus ihnen entstandene Gemeinsame und ihrer Natur meistenteils Entsprechende ist die Triebkraft." So verspottet er boshaft Hobbes und andere Verfechter der „egoistischen" Auffassung des Lebens. – „Unstreitig suchen alle das Glück", schrieb er, „aber es ist fraglich, ob wir es finden, wenn wir der Natur folgen und unseren gewohnten Neigungen nachgeben, oder wenn wir diese Neigungen unterdrücken und uns leidenschaftlich dem persönlichen Vorteil, dem engherzigen Egoismus oder sogar nur der Erhaltung des Lebens widmen." „In nichts ist der Mensch so ganz er selbst, wie in seiner Seelenverfassung (temper) und in der Art seiner Leidenschaften und Neigungen. Wenn er einbüßt, was an ihnen Männliches und Würdevolles ist, verliert er sich selbst so sehr, als wenn er Gedächtnis und Verstand verlöre."

Hutcheson (1694-1746). – Stärker als seine Zeitgenossen äußerte sich zugunsten des angeborenen sittlichen Gefühls der schottische Denker Hutcheson, ein Schüler Shaftesburys. Shaftesbury gab uns noch keine genügende Erklärung darüber, weshalb selbstlose Bestrebungen zugunsten anderer das Übergewicht über die Äußerungen des persönlichen Egoismus bekommen, und damit ließ er der Religion einen Weg offen. Hutcheson, obwohl unvergleichlich gläubiger und der Religion gegenüber ehrfürchtiger als Shaftesbury, zeigte klarer als alle Denker jener Zeit den selbständigen unabhängigen Charakter unserer sittlichen Urteile.

In seinen Werken *Philosophiae moralis institutio compendiaria* und in seinem System der Sittlichkeitsphilosophie bewies Hutcheson, dass wir durchaus nicht von Erwägungen über den *Nutzen* wohlwollender und den *Schaden* übelwollender Handlungen geleitet werden, sondern wir fühlen eine geistige *Befriedigung,* schrieb er, nach einer auf das Wohl anderer gerichteten Handlung, und wir nennen diese Handlung eine „sittliche“, ehe wir über dem Nutzen oder Schaden unserer Handlungen nachgedacht haben, ebenso wie uns die Regelmäßigkeit und Harmonie der Verhältnisse eines Gebäudes oder die musikalische Harmonie gefällt, während der Mangel an Harmonie in der Architektur und Musik uns unangenehm berührt. Die Vernunft an sich wäre unfähig, uns zu einer auf das Wohl aller gerichteten Handlung zu veranlassen, wenn wir nicht die Neigung, das Bedürfnis hätten, so zu handeln. Und deshalb misst Hutcheson der Vernunft eine recht bescheidene Bedeutung bei. Die Vernunft, sagt er, ordnet nur unsere Sinneseindrücke und Empfindungen, und ihr gebührt bloß eine erzieherische Rolle. Sie gibt uns die Möglichkeit, die höheren Freuden kennenzulernen, die für unser Glück die größte Bedeutung haben. Durch unsere Vernunft, schrieb Hutcheson weiter, erkennen wir die Weltordnung und den lenkenden Geist; aber der Vernunft entstammen auch die Unterschiede in der Auffassung des Sittlichen und Unsittlichen, welche die auf verschiedenen Entwickelungsstufen stehenden Völker zur Festsetzung der verschiedenartigsten sittlichen, manchmal aber auch der unsittlichsten Vorschriften und Gebräuche veranlassen. Die Schandtaten, die zu den verschiedensten Zeiten geschahen, hatten ihren Grund in irrigen Vernunfturteilen, während das sich selbst überlassene sittliche Gefühl unfähig war, in schwierigen Fragen einen richtigen Entschluss zu fassen.

Hinzugefügt sei noch, dass Shaftesbury naturgemäß den freien Willen verneinte. „Wäre der Wille noch so frei, so wird er doch von Stimmung und Laune geleitet“, schrieb er.

Dazu bemerke ich, dass es richtiger wäre zu sagen, dass das sittliche Gefühl immer gegen die Schandtaten war, und dass zuzeiten einzelne gegen sie auftraten; aber das sittliche Gefühl verfügte nicht über genügende Kraft, um den Schandtaten ein Ende zu machen. Man muss auch dessen eingedenk sein, wie viel Schuld an unseren sittlichen Hässlichkeiten die Religionen bis auf den heutigen Tag tragen. Die Religionen leugneten das Recht der Vernunft auf Ausgestaltung der Sittlichkeit und brachten so fast immer die Menschen in Abhängigkeit von der Macht und flößten ihnen Hass gegenüber den Anhängern anderer Religionen ein, der in die Grausamkeiten der Inquisition und in Vernichtung ganzer Städte um Religionsstreitigkeiten willen ausartete.

Gewiss, Hutcheson sah den größten Wert der Religion „in den unermesslich hohen Eigenschaften, die wir Gott zuschreiben", und in der Schaffung eines *gemeinschaftlichen* Gottesdienstes, mit dem sie den geselligen Neigungen des Menschen entgegenkam. Zweifellos fördert die Religion, wie einige andere gesellschaftliche Einrichtungen, die Ausgestaltung eines Ideals. Aber in der gesellschaftlichen Sittlichkeit spielen, wie bereits verschiedene Ethiker betonten, nicht so sehr Ideale, wie alltägliche Gewohnheiten des Gemeinschaftslebens die wichtigste Rolle. So dienen die christlichen und buddhistischen Heiligen zweifellos als Vorbilder und gewissermaßen als Anreger einer sittlichen Lebensweise. Aber man darf nicht vergessen, dass die meisten Menschen ihnen nicht nachfolgen und dabei die viel angewandte Ausrede gebrauchen: „Was ist da zu machen, wir sind keine Heiligen." – Was jedoch den gesellschaftlichen Einfluss der Religion anbelangt, so sind in dieser Hinsicht die anderen gesellschaftlichen Einrichtungen und die gewohnte Lebensweise viel stärker als die Religionslehren. Die kommunistische Lebensweise vieler Naturvölker fördert das Gefühl und die Gewohnheiten der Solidarität viel mehr als die christliche Religion; und in Gesprächen mit den „Wilden" während meiner Reisen in Sibirien und in der Mandschurei fiel mir oft die Erklärung dafür sehr schwer, wie Menschen Hungers sterben, wenn neben ihnen andere im Wohlstand leben. Den Tungusen, Aleuten und vielen anderen ist dies vollkommen unerklärlich; sie sind Heiden, leben jedoch in Stammesgemeinschaft.

Das Hauptverdienst Hutchesons bestand in dem Versuche, zu erklären, weshalb die rein persönlichen Antriebe von den uneigennützigen Bestrebungen verdrängt werden können und auch verdrängt werden; er erklärt dies aus dem in uns vorhandenen Gefühl der inneren Billigung, welches immer eintritt, sobald das gesellschaftliche Gefühl in uns die eigennützigen Antriebe unterdrückt. Auf diese Weise befreite er die Ethik von der Notwendigkeit, entweder der Religion oder den Nützlichkeitserwägungen bei dieser oder jener Handlung den Vorrang zu geben. Aber der wesentliche Fehler seiner Lehre bestand darin, dass er, wie seine Vorgänger, nicht zwischen dem, was die Sittlichkeit für *verbindlich* hält, und dem, was ihr nur als *wünschenswert* gilt, einen Unterschied macht, weshalb er auch nicht bemerkte, dass in allen sittlichen Lehren und Begriffen das *Verbindliche auf der Anerkennung der Gleichberechtigung durch Gefühl und Verstand beruht.*

Dieser Fehler ist, wie wir weiter sehen werden, auch bei den meisten Denkern der Gegenwart anzutreffen.

Leibniz (1646-1716). – Ich werde bei der Lehre des deutschen Zeitgenossen Shaftesburys und Hutchesons, der Philosophie von Gottfried Wilhelm Leibniz, nicht lange verweilen, obwohl man aus seiner Kritik an Spinoza und Locke viel Lehrreiches schöpfen kann, ebenso wie aus seinem Versuch, die Theologie mit der Philosophie zu verbinden, sowie die Gedankengänge der katholischen und protestantischen Lehren und der schottischen und englischen Ethik in Einklang zu bringen. Er führte bekanntlich unabhängig von Newton ein neues, äußerst fruchtbares Verfahren zur Erforschung der Erscheinungen durch Auflösung unendlich kleiner Größen in die Mathematik ein und schlug eine Theorie der Zusammensetzung der Körper vor, die der atomistischen Lehre ähnlich ist. – Aber weder sein umfassender Geist noch seine bedeutende Darstellung halfen ihm, den philosophischen Pantheismus mit dem christlichen Glauben und die auf Erforschung der Grundeigenschaften der Natur begründete Ethik mit der auf dem Jenseitsglauben fußenden christlichen Ethik zu versöhnen.

Diese Versuche waren zwar für Leibniz ein Fehlschlag, aber er förderte unzweifelhaft den Fortschritt der Ethik, indem er auf die früher zu sehr vernachlässigte Bedeutung des in allen Menschen wirkenden *natürlichen Geselligkeitstriebes* für die Ausgestaltung der Grundlagen der Sittlichkeitsbegriffe hinwies und die Rolle des *Willens* bei der Ausgestaltung eines Ideals und des sittlichen Gesichts eines jeden Menschen betonte.

Ohne Zweifel konnte Leibniz seiner ganzen geistigen Veranlagung nach sich in seiner Philosophie nicht von der theologischen christlichen Ethik trennen, ebenso wie er den Gedanken, dass der Glaube an ein Jenseits die sittlichen Kräfte des Menschen stärke, nicht aufgeben konnte. Aber stellenweise näherte er sich dem Atheismus Bayles und Shaftesburys so sehr, dass er sicherlich den Einfluss ihrer Kritik verstärkte. Andererseits führte gerade sein Schwanken zwischen der religiösen und nichtreligiösen Sittlichkeit unvermeidlich zu dem Gedanken, dass der Sittlichkeit außer den Instinkten, den Leidenschaften und Gefühlen noch etwas anderes zugrunde liegt, und dass bei der Beurteilung „sittlicher“ und „unsittlicher“ Erscheinungen unser Verstand nicht nur vom Grundsatz des persönlichen oder allgemeinen Nutzens geleitet wird, wie die Epikur nachfolgende Schule der Intellektualisten behauptete; dass es in unserer Vernunft etwas Allgemeineres und allgemeiner Anerkanntes gibt. Leibniz selbst gelangte nicht zu dem Vernunftschluss, dass das höhere Prinzip unserer Vernunft der Begriff der *Gerechtigkeit* ist, aber er war sein Wegbereiter. Andererseits schilderte er den Drang nach erhabenen Gedanken und Handlungen und nach Selbstaufopferung mit so schönen Worten, und umschrieb er die Rolle des *Ideals* in der Gestaltung des Sittlichen so treffend, dass er die jetzt im Entstehen begriffene Unterscheidung vorbereitete, die von der Ethik gemacht werden muss zwischen der Gerechtigkeit, die als unbestrittene Grundlage des Lebens der Gesellschaft gelten muss, und der Bereitschaft zur Selbstaufopferung, die der Mensch fortwährend, *die Gerechtigkeit überbietend,* kundgibt.[112]

112 Seine wichtigsten philosophischen Werke sind: *Essais de Théodicée sur la bonté de Dieu, la liberté de l'homme et l'origine du mal*, 1710; *Nouveaux essais sur l'entendement humain* (gegen Locke gerichtet, 1704 geschrieben, 1760 erschienen); *Système nouveau de la Nature et de la communication des substances*, 1695.

Achtes Kapitel

Die Entwicklung der Sittlichkeitslehren der Neuzeit (17. und 18. Jahrhundert. Fortsetzung)

Anfänge der neuen Philosophie in Frankreich. – Montaigne und Charron. – Descartes. – Gassendi. – Bayle. – -Larochefoucauld. – Lamettrie. – Helvetius. – Holbach. – Die Enzyklopädisten. – Morelly und Mably. – Montesquieu. – Voltaire und Rousseau. – Turgot und Condorcet. – David Hume. – Adam Smith.

Die Befreiung der Wissenschaften und folglich auch der Sittlichkeitslehren vom Joche der Kirche vollzog sich in Frankreich ungefähr zur gleichen Zeit wie in England. Der französische Denker René Descartes nahm in dieser Bewegung dieselbe Stelle ein wie Francis Bacon in England, und ihre Hauptwerke erschienen fast gleichzeitig.[113]

Aber aus vielen Gründen nahm die Bewegung in Frankreich einen etwas anderen Charakter an als in England; deshalb drangen die freiheitlichen Ideen in Frankreich in weitere Kreise ein und hatten einen tieferen Einfluss in Europa als die Bewegung, deren Begründer Baco war und die in der Wissenschaft und in der ethischen Philosophie eine ungeheure Umwälzung hervorbrachte.

Die Freiheitsbewegung in Frankreich begann bereits am Ende des sechzehnten Jahrhunderts, sie schlug aber einen anderen Weg als in England ein, wo sie die Formen einer protestantischen Bewegung und einer bäuerlich-mittelständischen Revolution annahm. In Frankreich brach die Revolution erst gegen Ende des achtzehnten Jahrhunderts aus, aber die freiheitlichen Ideen waren in der französischen Gesellschaft schon lange vor der Revolution weit verbreitet. Der wichtigste Vermittler dieser Ideen

113 Bacos *Novum Organum* erschien 1620; Descartes' *Discours sur la méthode* wurde 1641 veröffentlicht.

war die Literatur. Freiheitliche Gedanken finden wir in der französischen Literatur zuerst bei Rabelais (1483-1553), dessen Nachfolger Michel de Montaigne war.

Montaigne (1533-1592). – Montaigne, einer der glänzendsten französischen Schriftsteller, äußerte erstmalig in leichtverständlicher Form vom Standpunkt des „gesunden Menschenverstandes" kühne und durchaus nicht „rechtgläubige" Gedanken über die Religion.

Das berühmte, im Jahre 1583 erschienene Buch Montaignes *Versuche* (Essais) hatte einen ungeheueren Erfolg; es erschien in mehreren Auflagen und wurde überall in Europa gelesen, und in der Folge verschmähten es sogar bedeutende Schriftsteller des achtzehnten und neunzehnten Jahrhunderts nicht, Montaigne zu ihren Lehrern zu zählen. Mit seinem Buch förderte Montaigne ungemein die Befreiung der Sittlichkeit von scholastischen Glaubensregeln.

In seinen *Essais* gab Montaigne nichts anderes, als das offenherzige Bekenntnis eines lebenserfahrenen Mannes von Welt über seinen eigenen Charakter und die Gründe seines Denkens und Handelns und auch über den Charakter der meisten Menschen seiner Kreise. Er beurteilte die Handlungen seiner Mitmenschen wie ein feiner, menschenfreundlicher Epikureer, dessen Eigenliebe durch einen leichten Anflug von Philosophie gemildert wurde und der dabei die religiöse Heuchelei entlarvt, in die sich egoistische Epikureer und ihre religiösen Berater hüllen. So schuf er mit seinem großen literarischen Talent den kritischen, spöttischen Ton gegenüber der Religion, mit dem im achtzehnten Jahrhundert die ganze französische Literatur durchtränkt war. Leider hat weder Montaigne noch seine Nachfolger bis heute mit der gleichen allgemein zugänglichen spöttischen Kritik die Staatsmaschinerie von innen heraus erleuchtet, die heute die Stelle der Kirche in der Leitung des Gesellschaftslebens der Menschen einnimmt.[114]

Mit einer tiefergreifenden Kritik, aber immer in demselben Geiste, trat etwas später der Theologe und Prediger der Königin Margarethe, Pierre Charron (1541-1603), hervor. Sein Buch *Untersuchung über die Weisheit* (Traité de la sagesse) erschien im Jahre 1601 und wurde sofort populär. Ei-

114 Nur einer der nächsten Freunde Montaignes, Etienne de la Boëtie (1530-1563), verfasste eine sprühende Spottschrift über die Tyrannei, *La servitude volontaire* (Freiwillige Sklaverei), in welcher er dem politischen Despotismus die natürliche Freiheit, die gesunde Vernunft und die Gerechtigkeit entgegensetzt. [Anmerkung N. Lebedeffs]

gentlich war Charron, obwohl er Geistlicher blieb, ein vollständiger Zweifler, wobei sein Skeptizismus viel schärfer als der Montaignes war. Charron zeigte, wie viel Gemeinsames Christentum und Heidentum haben, und wie wenig die Sittlichkeit der Religion bedarf.[115]

Im Allgemeinen bildete dieses zweifelnde und gleichzeitig lebenswahre Verhalten gegenüber der Religion in der Folge das Merkmal der französischen Literatur des achtzehnten Jahrhunderts und fand in den Schriften Voltaires und der Enzyklopädisten, ebenso wie im Roman und Drama vor und während der Revolution seinen klarsten Ausdruck.

René Descartes, Cartesius (1596-1650). – Baco gab der Wissenschaft eine neue, äußerst fruchtbare Methode der Naturforschung, die *induktive Methode,* und schuf damit die Möglichkeit, die Wissenschaft vom Leben der Erde und des Weltalls ohne jede Einmischung religiöser oder metaphysischer Erklärungen aufzubauen. Descartes jedoch fuhr fort, sich der *deduktiven* Methode zu bedienen. Sein Gedanke eilte den Entdeckungen voraus, zu denen die induktive Naturforschung erst führen musste, und er versuchte mit Hilfe physikalisch-mathematischer Voraussetzungen, solche Gebiete des Lebens der Natur zu erklären, welche der wissenschaftlichen Auslegung noch nicht zugänglich waren, und in welche wir erst jetzt allmählich eindringen. Bei alledem blieb er jedoch immer auf dem festen Boden der *physikalischen Auffassung der Erscheinungen.* Sogar in seinen kühnsten Voraussetzungen über die Beschaffenheit des Stoffes blieb er *Physiker* und bemüht, seine Vorausschauungen in mathematischer Sprache auszudrücken.

Da er seine Werke in Frankreich erscheinen ließ, das damals noch unter der von England nach kurzer Zeit abgeworfenen Herrschaft der katholi-

115 Jodl führt in seiner *Geschichte der Ethik* aus der ersten Auflage des Traité de la sagesse eine Stelle an, die in den folgenden Auflagen unterdrückt worden ist. Hier gestand Charron ohne Umschweife: „Ich will auch Frömmigkeit und Religion, aber nicht um die Sittlichkeit im Menschen hervorzubringen, die mit und in ihm geboren ist und von der Natur in ihn gepflanzt wird, sondern um ihr Vollendung und Krönung zu verleihen." Dieses Zitat beweist, dass die Anerkennung der Sittlichkeit als einer angeborenen menschlichen Eigenschaft bei den Denkern viel verbreiteter ist, als man aus ihren Schriften schließen kann.

schen Kirche stand, war er genötigt, seine Schlussfolgerungen mit großer Vorsicht bekanntzugeben.[116]

Bereits im Jahre 1628 musste er Frankreich verlassen und sich in Holland ansiedeln, wo er seine *Philosophischen Versuche* (Essais philosophiques) im Jahre 1637 herausgab. Einen Teil dieses Werkes bildete seine grundlegende Schrift *Discours sur la méthode* (Unterhaltung über die Methode), die eine tiefe Wirkung auf die Entwickelung des philosophischen Denkens ausübte und den Grundstein der *mechanistischen* Naturauffassung bildete.

Speziell mit der Frage der Sittlichkeit und ihrer Beziehungen zur Religion befasste sich Descartes wenig, und seine Ansichten über Sittlichkeitsfragen sind nur aus seinen Briefen an die schwedische Prinzessin Christine zu erkennen.

Sogar das Verhältnis der Wissenschaft zur Religion im Allgemeinen interessierte ihn wenig, und der Kirche gegenüber zeigte er sich recht gemäßigt, wie alle anderen französischen Schriftsteller jener Zeit. Die Verbrennung Giordano Brunos war noch allen in frischer Erinnerung, ebenso wie die Verfolgung Galileis durch die Inquisition für seine Verneinung der Unbeweglichkeit der Erdkugel. Indessen wurden alle Lehren der Kirche durch den Versuch des Descartes, das Leben des Weltalls mit physikalischen, mathematisch genau erforschbaren Gründen zu erklären, so untergraben (dieser Versuch wurde bald unter dem Namen „Cartesianismus" bekannt), dass die Cartesianische Philosophie bald, ebenso wie die induktive Methode Bacos, eine Waffe zur *Befreiung des Wissens vom Glauben* wurde.

Descartes vermied sorgfältig, die Lehren der Kirche anzugreifen, und er brachte sogar eine Reihe von Beweisen für die Existenz Gottes, aber sie wurden aus so wirklichkeitsfernen Betrachtungen abgeleitet, dass sie den Eindruck machten, nur durch den Wunsch hervorgerufen zu sein, die Anklage der Gottlosigkeit abzuwenden. Gleichzeitig ist der wissenschaftliche Teil seiner Ansichten so aufgebaut, dass eine Einmischung des göttlichen Willens aus ihm nicht zu ersehen ist. Der Gott des Descartes war, wie nach-

116 So ist aus den Briefen des Descartes an seinen Freund Mersenne vom Juli 1633 und Januar 1634, die Friedrich Albert Lange in seiner *Geschichte des Materialismus* anführt (Anmerkung 69 zum zweiten Teil des ersten Bandes), zu ersehen, dass er bereit war, von der Bekanntgabe seiner Ansichten über die Bewegung der Erde Abstand zu nehmen, als er erfuhr, dass die Inquisition Galilei für dieselbe Ansicht verhaftet und sein Buch verurteilt hatte. Es sind noch viele Hinweise auf andere ähnliche Konzessionen zu finden.

her der Gott Spinozas, das ganze große Weltall, die Natur selbst. Als er über das Seelenleben des Menschen schrieb, versuchte er trotz der damaligen Armseligkeit dieses Wissensgebiets, ihm dennoch eine physiologische Erklärung zu geben.

Dafür aber waren auf dem Gebiete der exakten Wissenschaften, insbesondere auf dem Gebiete der mathematischen Erforschung der physikalischen Erscheinungen, die Verdienste des Descartes ungemein groß. Man darf kühn behaupten, dass er mit seinem neuen mathematischen Untersuchungsverfahren, besonders in der von ihm geschaffenen analytischen Geometrie, eine neue Wissenschaft entdeckt hat. Er erfand nicht nur neue Methoden, sondern er bediente sich ihrer auch bei der Erforschung einiger der schwierigsten Aufgaben der Weltphysik, nämlich bei der Erforschung der wirbelförmigen Bewegungen der unendlich kleinen Stoffteilchen im unendlichen Raume. Erst vor ganz kurzem näherte sich die Physik beim Erforschen des Weltäthers diesen Grundfragen des Lebens des Weltalls.

Wie Baco bewies Descartes, indem er der Wissenschaft eine neue Methode zum Eindringen in die Geheimnisse der Natur gab, zugleich die Macht der Wissenschaft im Vergleich mit der Nichtigkeit der Aberglauben und der intuitiven, d. h. mutmaßlichen, wortreichen Erklärungen.

Kopernikus hatte kurz vorher bewiesen, dass die von uns bewohnte Erde nichts anderes als ein Folgestern der Sonne ist und dass die unermessliche Zahl der für uns sichtbaren Sterne Millionen ebensolcher Welten, wie unsere Sonnenwelt, darstellt. So erhob sich vor dem Menschen in seiner ganzen Riesengröße das Rätsel des Weltalls und seiner Entstehung, und der menschliche Verstand begann nach einer Erklärung des Lebens der Welt zu suchen. Baco äußerte sich zuerst in bejahendem Sinne, dass die Erfahrung und die induktive Methode uns helfen können, dieses Leben zu erklären; Descartes jedoch versuchte, in dieses Leben einzudringen und wenigstens einige ihrer Grundgesetze vorauszuahnen, die nicht nur im Bereiche unseres Sonnensystems, sondern weit über seine Grenzen hinaus in der Sternenwelt wirksam sind.

Gewiss, Descartes suchte die Grundlagen der Naturerkenntnis im mathematischen Denken, wie Pythagoras und seine Schüler, wie späterhin Giordano Bruno, und dadurch verstärkte er die Bedeutung der Metaphysik in der Philosophie des siebzehnten und achtzehnten Jahrhunderts und half ihnen, ihr Suchen nach Gewissheit nicht auf dem Boden der Beobachtung und Erfahrung, sondern des abstrakten Denkens in einen Schein der Wissenschaftlichkeit zu hüllen. Aber dafür stellte auch Descartes die Physik auf eine Grundlage, die ihr im neunzehnten Jahrhundert zu der Entdeckung verhalf, dass das Wesen der Wärme und der Elektrizität in Schwingungen der letzten Stoffteilchen besteht, und sie gegen Ende des Jahrhunderts zur Entdeckung mehrerer unsichtbarer Schwingungen führte, von denen die Röntgenstrahlen nur den ersten Schritt auf einem riesengroßen Gebiete bedeuten, auf dem sich eine Reihe anderer ebenso erstaunlicher Entdeckungen andeuten, wie es diese Strahlen oder die drahtlosen Telefongespräche auf eine Entfernung von mehreren Tausenden Kilometern sind.[117]

Baco entdeckte eine neue wissenschaftliche Methode und ahnte die Entdeckungen Lamarcks und Darwins voraus mit seinem Hinweis darauf, dass unter dem Einfluss veränderlicher Naturbedingungen fortwährend neue Pflanzen- und Tierarten entstehen, und Descartes sah mit seiner „Wirbeltheorie" die wissenschaftlichen Entdeckungen des neunzehnten Jahrhunderts voraus.

Gassendi (1592-1655). – Im vierten Kapitel war bereits die Rede von dem Einfluss, den die Lehre des Epikur fünf Jahrhunderte lang auf die griechische und nachher auf die römische Welt ausübte. Sie wurde von den Stoikern hartnäckig angefehdet, aber selbst bedeutende Vertreter des Stoizismus, wie Seneca und sogar Epictet, konnten sich ihrer Wirkung nicht immer erwehren. Sie wurde nur vom Christentum überwunden, aber auch Christen, wie Lucianus und sogar der „heilige" Augustinus verfielen ihrem Einfluss, wie Guyau bemerkt.

Als während der Renaissance die Denkmäler des griechisch-römischen Wissens hervorgesucht und erforscht wurden, wandten sich die Denker verschiedener Richtungen, welche die Vormundschaft der Kirche abschütteln wollten, mit besonderem Eifer zu den Schriften des Epikur und seiner Anhänger *Diogenes von Laërte, Cicero* und *Lukrez,* der zugleich einer der frühesten Vorläufer der jetzigen naturwissenschaftlichen Weltauffassung war.

Die größte Stärke der Lehre Epikurs bestand, wie wir sahen, in der Verneinung alles Übernatürlichen und Wunderbaren, auch bei der Entstehung des sittlichen Gefühls im Menschen. Sie erklärte dieses Gefühl mit dem vernunftgemäßen Streben nach Glück; aber das Glück – fügte Epikur hinzu – besteht nicht nur in der Befriedigung der leiblichen Bedürfnisse,

117 Siehe die Abhandlung „Unvorhergesehene Ausstrahlungen" im Überblick über die wissenschaftlichen Entdeckungen des 19. Jahrhunderts im Jahresbericht 1900 der Smithsonianischen Gesellschaft und in der Zeitschrift *Nineteenth Century* vom Dezember 1900.

sondern in der größtmöglichen Vollkommenheit des Lebens, d. h. in der Befriedigung auch der höheren Gefühle und Bedürfnisse einschließlich des Verlangens nach Freundschaft und Geselligkeit. In dieser Form wurde nun der „Epikureismus" von denjenigen gepredigt, die die kirchliche Sittlichkeit ablehnten.

Schon in der zweiten Hälfte des sechzehnten Jahrhunderts betätigte sich in Frankreich in dieser Richtung Montaigne. Etwas später, im siebzehnten Jahrhundert, teilte den Standpunkt Epikurs in Fragen der Moral der Philosoph Pierre Gassendi, zugleich aufgeklärter Geistlicher, Physiker, Mathematiker und Denker.

Bereits im Jahre 1624 ließ der damalige Professor der Philosophie in Südfrankreich in lateinischer Sprache ein Werk erscheinen, das offen gegen die in den damaligen Kirchenschulen vorherrschende Lehre des Aristoteles[118] gerichtet war.

In der Astronomie setzte Gassendi Aristoteles den Kopernikus entgegen, der bekanntlich damals bewies, dass die Erde durchaus nicht der Mittelpunkt des Weltenbaues, sondern ein kleiner Folgestern der Sonne ist, weshalb die Kirche ihn für einen gefährlichen Ketzer hielt. In Fragen der Moral nahm Gassendi vollkommen den Standpunkt Epikurs ein.

Der Mensch, behauptet er, sucht im Leben vor allem „Glück und Genuss", aber beides ist, wie bereits der griechische Philosoph lehrte, in weitem Sinne aufzufassen: nicht nur im Sinne leiblicher Genüsse, um derentwillen die Menschen einander auch Böses zufügen können, sondern hauptsächlich im Sinne der Seelenruhe, die nur dann erlangt werden kann, wenn man in seinen Mitmenschen nicht Feinde, sondern Genossen sieht. Die Werke Gassendis entsprachen also den damaligen Anforderungen der Gebildeten, die schon die Befreiung von Kirche und Aberglauben erstreb-

118 *Exercitationes paradoxicae adversus Aristotelem*. Aus diesem Werk musste er indessen auf Bitten seiner Freunde fünf Kapitel ausscheiden, da die Lehren des Aristoteles und Ptolomäus, nach denen die Erde der Mittelpunkt des Weltalls ist, um den sich Sonne, Planeten und alle Sterne drehen, mit allen Mitteln von der Kirche verteidigt wurden, die sich auf als heilig anerkannte Bücher stützte und erst fünf Jahre zuvor für ein ähnliches ketzerisches Buch Vanini auf dem Scheiterhaufen verbrannt hatte. Außerdem verneinte er auch die Lehre des Descartes von der Beschaffenheit des Stoffes und entwickelt seine Auffassung, die der heutigen atomistischen Theorie recht nahe ist. Zwei Bücher über Epikur ließ Gassendi selbst erscheinen, als er noch Professor am Collège de France war, aber sein grundlegendes Werk *Syntagma philosophiae Epicuri* erschien erst nach seinem Tode.

ten, obwohl sie sich des Bedürfnisses nach einer wissenschaftlichen Naturerkenntnis noch nicht bewusst waren. Desto eifriger strebten sie nach dem neuen Ideal des auf Gleichberechtigung aufgebauten Gemeinschaftslebens; dieses Ideal nahm erst später, im achtzehnten Jahrhundert, deutlichere Formen an.

Pierre Bayle (1637-1706). – Seit Baco und Descartes, d. h. seit der Wiedergeburt der wissenschaftlichen Naturforschung, begann, wie wir sahen, eine Umwälzung auch in der Ethik. Die Denker begannen, im Menschen selbst die natürlichen Quellen des Sittlichen zu suchen. Hobbes, der etwas später als die zwei Begründer der heutigen Naturwissenschaft lebte (seine Hauptwerke erschienen um die Mitte des siebzehnten Jahrhunderts, d. h. zwischen 1642 und 1658), entwickelte, wie wir wissen, ein ganzes System der von der Religion befreiten Ethik.

Leider ging Hobbes, wie wir oben zeigten, mit ganz irrtümlichen Vorstellungen vom Naturmenschen und von der Natur des Menschen überhaupt an seine Arbeit und gelangte deshalb zu vollständig falschen Schlüssen. Aber das Studium der Sittlichkeit war bereits in eine neue Bahn gelenkt worden, und seither bemühten sich viele Denker, zu beweisen, dass das Sittliche im Menschen nicht durch die Furcht vor Strafe im Diesseits oder Jenseits hervorgerufen wird, sondern sich als die *natürliche Entwickelung der ureigensten Veranlagung des Menschen* darstellt. Noch mehr, in der heutigen Menschheit macht sich in dem Maße, wie sie sich von den durch die Religionen eingeflößten Ängsten befreit, das Bedürfnis bemerkbar, dem Gemeinschaftsleben immer höhere Ziele zu setzen und das Ideal des sittlichen Menschen immer mehr zu vervollkommnen.

Wir wissen bereits, wie sich in dieser Hinsicht der Pantheist *Spinoza,* ein Nachfolger des Descartes, und sein Zeitgenosse Locke äußerten. Eine noch bestimmtere Auffassung bekundete in Frankreich ein Zeitgenosse Lockes, *Pierre Bayle.*

An der Philosophie des Descartes herangebildet, legte er mit seiner berühmten Enzyklopädie[119] den Grund zu einer naturwissenschaftlichen

119 Sein *Dictionnaire historique et critique*, zuerst in zwei Bänden im Jahre 1696 in Rotterdam, nachher im Jahre 1820 in sechzehn Bänden erschienen. Seine antireligiösen Ansichten äußerte Bayle zum ersten Mal im Jahre 1680 – aus Anlass des Erscheinens eines Kometen und des im Zusammenhang damit neu erwachten Aberglaubens – in den *Pensées diverses sur la comète*, welche natürlich verboten wurden.

Weltanschauung, die bald dank *Hume, Voltaire, Diderot* und den Enzyklopädisten im Allgemeinen für die geistige Entwickelung der Menschheit eine äußerst große Bedeutung erlangte. Er begann als erster, offen für die Befreiung der Sittlichkeitslehren von ihrer religiösen Begründung einzutreten.

Auf die Bestimmungen der Kirche selbst gestützt, bewies Bayle, dass die Ungläubigkeit nur dann als Quelle oder Stütze schlechter Sitten angesehen werden könnte, wenn man unter Glauben bloß die Liebe zu Gott, als dem höchsten Sittlichkeitsideal, verstände. Aber in Wirklichkeit ist es anders. Der Glaube trägt bekanntlich einen anderen Charakter und ist mit einer Menge Aberglauben verknüpft. Außerdem geben das einfache Bekenntnis zu gewissen Glaubenssätzen und selbst der aufrichtige Glaube an die Wahrhaftigkeit der Religionssatzungen noch nicht die Kraft, sie zu befolgen, aus welchem Grunde alle Religionen die Angst vor der Strafe im Falle der Nichtbefolgung in ihre Lehre einführen. Andererseits paart sich bekanntlich die Sittlichkeit sehr gut mit der Ungläubigkeit.

Woraus erhellt, dass zu erforschen bleibt – *ob nicht die menschliche Natur selbst sittliche Prinzipien aufweist, die dem menschlichen Zusammenleben entstammen.*

Von dieser Erwägung ausgehend, betrachtete Bayle die sittlichen Grundlagen als „ewiges Gesetz", allerdings nicht göttlichen Ursprungs, sondern als Grundgesetz der Natur, richtiger gesagt, als ihre grundlegende Tatsache.

Leider war die Geistesveranlagung Bayles vorwiegend skeptisch-kritischer, nicht schöpferischer Art, und deshalb blieb sein Gedanke des natürlichen Ursprungs der menschlichen Sittlichkeit nicht entwickelt. Aber auch seine Kritik führte er nicht bis zu Ende aus, weil die Kirche und die herrschenden Klassen ihm einen solchen Widerstand entgegensetzten, dass er seinen Gedanken eine bedeutend gemilderte Form geben, musste. Aber bei alledem war seine Kritik der alten Sittlichkeitsbegriffe und der gemäßigten Religiosität so stark und geistvoll, dass wir in ihm bereits einen unmittelbaren Vorgänger von Helvetius, Voltaire und den Enzyklopädisten des achtzehnten Jahrhunderts sehen können.

Larochefoucauld (1613-1680). – Larochefoucauld, ein Zeitgenosse Bayles, schuf zwar kein eigenes System der Philosophie, aber mit seinem Buche *Grundsätze* (Maximes) bereitete er in Frankreich vielleicht noch mehr als Bayle den Boden für eine von der Religion unabhängige Sittlichkeit. Larochefoucauld war ein Weltmann und bewegte sich immer in der höchsten

Gesellschaft. Ein feiner Menschenkenner und aufmerksamer Beobachter, sah er die ganze Hohlheit der höchsten französischen Kreise seiner Zeit, ihre ganze Heuchelei und Eitelkeit (*vanité*), auf der die scheinheilige Tugend beruhte; er sah, dass die Angehörigen seiner Kreise sich eigentlich nur vom Streben nach eigenem Nutzen und eigenem Vorteil leiten ließen. Larochefoucauld erkannte sehr gut, dass die offizielle Religion die Menschen nicht von unsittlichen Handlungen zurückhalten kann, und malte das Leben seiner Zeitgenossen in düsteren Farben. Auf Grund seiner Beobachtungen kam er zu der Folgerung, dass der Egoismus die einzige Triebkraft des menschlichen Handelns ist, und dieser Gedanke bildet die Grundlage seines Buches. Der Mensch, sagt Larochefoucauld, liebt nur sich selbst; sogar in den Anderen liebt er sich selbst; alle menschliche Leidenschaft und Anhänglichkeit ist nur eine veränderte Spielart der schlecht verhehlten Selbstliebe. Selbst die besten Gefühle des Menschen erklärte Larochefoucauld mit egoistischen Beweggründen; in der Kühnheit und Tapferkeit sah er die Eitelkeit (*vanité*), im Großmut die Ausgeburt des Stolzes, in der Freigebigkeit den bloßen Ehrgeiz, in der Bescheidenheit die Heuchelei usw. Indessen förderte Larochefoucauld ungeachtet seines Pessimismus mit seinem Buche sehr stark das Erwachen des kritischen Denkers in Frankreich und seine *Lebensregeln* waren neben den *Charakteren* des *La Bruyère* während der zweiten Hälfte des siebzehnten und während des Anfangs des achtzehnten Jahrhunderts die verbreitetsten und beliebtesten Bücher in Frankreich.

La Bruyère (1645-1696) war weniger pessimistisch als Larochefoucauld, obwohl auch er die Menschen als ungerechte, undankbare, mitleidslose Egoisten ihrer inneren Natur nach schildert, aber er fand, dass die Menschen Nachsicht verdienen, weil sie durch das Missgeschick des Lebens schlecht werden: Der Mensch ist mehr unglücklich als böse.

Indessen konnten weder Bayle noch Larochefoucauld, noch La Bruyère, welche die religiöse Moral verwarfen, ein auf rein natürlichen Gesetzen fußendes System der Ethik schaffen; das war das Ziel der Bemühungen von Lamettrie, Helvetius und Holbach.

Lamettrie (1709-1751). – Lamettrie war einer der ruhelosesten Geister des achtzehnten Jahrhunderts; in seinen Werken erklärte er allen metaphysischen, religiösen und politischen Überlieferungen den Krieg und bearbeitete er als Nacheiferer des Hobbes die materialistische Weltanschauung mit der gleichen Kühnheit, mit der sie zu unseren Zeiten, in den fünfziger und sechziger Jahren des neunzehnten Jahrhunderts behandelt wurde. In seinen Werken *Die Naturgeschichte der Seele*, *Der Mensch als Pflanze*, *Der Mensch als Maschine* verneinte er die Unsterblichkeit der Seele und predigte materialistische Ideen. Schon die Benennungen seiner Bücher, besonders das 1748 in Paris erschienene Buch *L'homme machine*, beweisen, wie er die menschliche Natur auffasste. Unsere Seele, sagt Lamettrie, erhält alles von den Gefühlen und Wahrnehmungen, und außerhalb des mechanischen Gesetzen unterworfenen Stoffes gibt es nichts in der Natur. Für seine Ideen wurde Lamettrie aus Frankreich vertrieben, und sein Buch *Der Mensch als Maschine* wurde in Paris durch den Henker verbrannt. Gleichzeitig mit Lamettrie entwickelte auch Condillac (1714-1780) die materialistische Weltauffassung, der seine Gedanken in zwei Werken niederlegte, in der *Untersuchung über den Ursprung der menschlichen Kenntnisse* (1746) und in der *Abhandlung über die Sinneswahrnehmungen* (1754).

Claude Helvetius (1715-1771). – In der Geschichte der geistigen Entwickelung der Menschheit stellt das achtzehnte Jahrhundert einen bedeutungsvollen Zeitabschnitt dar, in welchem eine ganze Anzahl in Frankreich und England hervorragender Denker die Grundlagen unserer Weltanschauung umbaute, sowohl in Bezug auf die Außenwelt als auch in unserer eigenen Auffassung von uns selbst und von unseren Sittlichkeitsbegriffen. Der französische Philosoph Claude Helvetius versuchte um die Mitte des achtzehnten Jahrhunderts, in seinem berühmten Buche *Vom Verstand*, die Ergebnisse der Eroberungen des wissenschaftlichen Denkens zu sammeln. In diesem Buche schilderte Helvetius in verständlicher und lebendiger Form alle wissenschaftlichen Errungenschaften des achtzehnten Jahrhunderts und des Ausgangs des siebzehnten Jahrhunderts, insbesondere auf dem Gebiete des Sittlichen.

Auf Betreiben der Pariser Geistlichkeit wurde das Buch im Jahre 1759 verbrannt, was nicht hindern könnte, dass es sich auch nach wie vor eines großen Erfolges erfreute. Die Ideen des Helvetius gehen im Allgemeinen auf Folgendes hinaus: der Mensch ist ein mit Sinnen begabtes Tier; die Grundlage der menschlichen Natur ist die Empfindung, aus der alle Formen der menschlichen Tätigkeit, die von Lust oder Leid gelenkt werden, abzuleiten sind. Deshalb besteht das höchste Sittengesetz darin, die Lust zu suchen und das Leid zu vermeiden; danach beurteilen wir die Eigenschaften der Dinge und die Handlungen der Menschen, indem wir das Angenehme und Nützliche Tugend und das Entgegengesetzte Laster nennen. In seinen erhabensten und selbstlosesten Handlungen sucht der Mensch nur sein Vergnügen, und er vollführt sie, wenn der aus ihnen entspringende Genuss größer ist als die Leiden, die sie verursachen können. In der Ausgestaltung des sittlichen Charakters schrieb Helvetius eine große Bedeutung der Erziehung zu, welche im Menschen das Bewusstsein zu entwickeln hat, dass unser eigenes Interesse mit den Interessen der Anderen in Einklang gebracht werden muss.

Die Philosophie des Helvetius und seine Ansichten waren von großem Erfolg begleitet und übten einen bedeutenden Einfluss auf die französische Gesellschaft aus, indem sie den Boden für die Aufnahme der Ideen der Enzyklopädisten vorbereiteten, die in Frankreich in der zweiten Hälfte des achtzehnten Jahrhunderts auftraten.

Paul Dietrich Holbach (1723-1789). – In derselben Richtung, in der Lamettrie und Helvetius ihre Ideen entwickelten, schrieb auch Baron Holbach. Seine Ansichten von der Sittlichkeit legte er in seinem 1773 erschienenen Buche *Das soziale System* nieder. Dieses Buch wurde vom französischen Parlament im Jahre 1776 verurteilt.

Holbach versuchte, die Ethik auf rein natürliche Prinzipien ohne metaphysische Umschweife zu begründen. Er erkannte an, dass der Mensch nach Glück strebt; seine ganze Natur drängt ihn, das Leid zu vermeiden und die Lust zu suchen. Bei seinem Streben nach Genuss wird der Mensch von der Vernunft, d. h. von dem Wissen um das wahre Glück und um die Mittel zu seiner Erlangung geleitet.[120] Die Gerechtigkeit besteht darin, dass dem Menschen die Möglichkeit gegeben wird oder er nicht daran gehindert wird, seine Fähigkeiten, Rechte und alles für Leben und Glück Notwendige zu benutzen.[121]

Die Holbachschen Ansichten von der Sittlichkeit wurden von den meisten französischen Enzyklopädisten geteilt, die mit Holbach nah befreundet waren. Sein Pariser Salon war der Sammelpunkt aller hervorragenden Denker der damaligen Zeit: Diderot, d'Alembert, Grimm, Rousseau, Marmontel u. a. m. Von ihnen wurden die Ansichten Holbachs weiter entwickelt und wurden so zu einem grundlegenden Bestandteil der Philosophie der Enzyklopädisten.[122]

---

120 *Système social*, 1. Band.

121 Daselbst.

122 Der Ideen Holbachs bedienten sich in bedeutendem Maße die französischen Utilitaristen.

Die *Enzyklopädisten* und ihre Philosophie sind die hauptsächlichsten und kennzeichnendsten Vertreter des Geisteslebens des ganzen achtzehnten Jahrhunderts. Die *Enzyklopädie* ist ein Sammelwerk alles dessen, was die Menschheit auf dem Gebiete der Wissenschaft und Politik bis zum Ende des achtzehnten Jahrhunderts erreicht hat. Sie ist das wahre Denkmal des wissenschaftlichen Gedankens des achtzehnten Jahrhunderts, weil an ihr alle hervorragenden Vertreter der fortschrittlichen Richtung in Frankreich mitarbeiteten, denen der Geist der zerstörenden Kritik zu verdanken ist, welche nachmalig die besten Männer der Großen Revolution anfeuerte.

Triebkraft und Seele der Enzyklopädie waren bekanntlich die Philosophen *Diderot* (1713-1784) und *d'Alembert* (1717-1783). Die Enzyklopädisten verfolgten das Ziel, den menschlichen Geist mittels des Wissens zu befreien; sie befehdeten die Regierung und alle überlieferten Ideen, auf die sich die alte Ordnung stützte. So war es selbstverständlich, dass Regierung und Geistlichkeit den Enzyklopädisten unverzüglich den Krieg erklärten und der Verbreitung der Enzyklopädie jedes Hindernis in den Weg legten.

Die Ethik der Enzyklopädisten stand natürlich in engem Zusammenhang mit den damals in Frankreich vorherrschenden Ansichten; ihre Grundbestimmungen sind: die Menschen erstreben das Glück und vereinigen sich zu diesem Zweck zu Gesellschaften; alle Menschen haben das gleiche Anrecht auf Glück, folglich auch auf die Mittel zu seiner Erlangung; also ist das Gerechte dasselbe wie das Nützliche. Die aus dem Zusammenstoß verschiedenartiger Rechte entstehenden Missverständnisse müssen von den Gesetzen beseitigt werden, die den Ausdruck des Gemeinschaftswillens darstellen und nur das billigen dürfen, was dem Glücke aller zuträglich ist.

In diesem Sinne schrieb auch der Geistliche *Raynal* (1713-1796), dessen Werk *Geschichte der Ansiedelung und des Handels der Europäer in Indien* dem Geiste nach so eng der Enzyklopädie verwandt ist, dass es von vielen Diderot zugeschrieben wurde. Es war so anziehend geschrieben, dass es in kurzer Zeit zwanzig Auflagen erlebte. In ihm wird der „Naturzustand" der wilden Stämme in die richtige Beleuchtung gesetzt und wurde die Wahrheit darüber wiederhergestellt, was in Wirklichkeit die Wilden sind, die von katholischen Missionaren als Ausgeburten der Hölle geschildert wurden. Gleichzeitig trat Raynal warm für die Notwendigkeit der Befreiung der Neger ein, so dass sein Buch nachmalig das „Evangelium der Schwarzen" genannt wurde.

In demselben menschenfreundlichen und wissenschaftlichen Geist schrieb auch der Italiener *Cesare Beccaria* (1738-1794) über die Notwendigkeit der Milderung der Sitten, der Aufhebung der Folter und der Todesstrafe. Er verbreitete in Italien die Ideen der Enzyklopädisten und schrieb im Jahre 1764 das Buch *Dei delitti e delle pene* (Von Verbrechen und Strafen). Dieses Buch wurde unverzüglich vom Abbé Morellet ins Französische übersetzt, und Voltaire, Diderot und Helvetius schrieben dazu Ergänzungen. In diesem Buche bewies Beccaria, dass grausame Strafen, wie sie damals in Europa verhängt wurden, nicht nur die Verbrechen nicht vermindern, sondern die Sitten noch wilder und grausamer machen. Er schlug vor, zur Vorbeugung von Verbrechen in den Volksmassen die Bildung zu verbreiten.

Gegen Ende des siebzehnten und Anfang des achtzehnten Jahrhunderts tauchten in Frankreich verschiedene „Utopien" auf, d. h. Versuche, die menschliche Gesellschaft zu schildern, wie sie sein könnte, wenn sie auf der Grundlage der Vernunft aufgebaut würde. All diese Utopien fußen auf dem Glauben an die Allmächtigkeit der Vernunft und auf der Überzeugung, dass die Sittlichkeit zur innersten Natur des Menschen gehört. Der bedeutendste Schriftsteller, der in Frankreich mit einer solchen Utopie hervortrat, war der *Abbé Morelly*, der im Jahre 1753 einen kommunistischen Roman *Der Untergang der schwimmenden Inseln* (Naufrage des îles flottantes) schrieb; in diesem Roman versuchte Morelly zu beweisen, dass die Menschen nicht auf dem Wege politischer Reformen, sondern der Erfüllung der Naturgesetze zu einem glücklichen Leben gelangen. Seine kommunistischen Ideen beschrieb Morelly ausführlicher in seinem Werk *Code de la Nature ou véritable esprit de ses loix de tout temps négligé ou méconnu* (Paris, 1755), (Gesetzbuch der Natur). In diesem seinem Werk schildert Morelly eingehend die kommunistische Gesellschaftsordnung, in welcher nichts, außer den Gegenständen des täglichen Bedarfs, Eigentum des Einzelnen sein darf.

Die Werke Morellys hatten vor der Revolution einen großen Einfluss und dienten oft als Vorbild für Pläne der Umgestaltung der Gesellschaft nach kommunistischen Prinzipien. Von ihnen wurde allem Anschein nach Mably (1709-1785) angefeuert, der in seinen Werken *Entretiens de Phocion sur le rapport de la morale avec la politique* (1763) und *Les droits et les devoirs du citoyen* den Kommunismus und die Gemeinschaftlichkeit der Güter (communauté des biens) predigte. Nach Mably ist die Habgier das größte Hindernis für ein glückliches und sittliches Leben, und deshalb muss vor allem dieser „ewige Feind der Gleichheit" vernichtet werden und muss eine Gesellschaftsordnung geschaffen werden, die niemandem Anlass gäbe, das Glück in der Vermehrung seines Wohlstandes zu suchen. In der Folge begeisterte sich an diesen Ideen Gracchus Babeuf, der mit seinen Freunden Buonarotti und Sylvain Maréchal die „Verschwörung der Gleichen“ begründete, wofür Babeuf im Jahre 1796 hingerichtet wurde.

Neben der kommunistischen Kritik der Utopisten unterzogen um die Mitte des achtzehnten Jahrhunderts die Physiokraten mit *Quesnay* (1694-1774) an der Spitze die zeitgenössische Gesellschaft einer rein wissenschaftlichen Kritik, deckten als erste das Grundübel der Gesellschaftsordnung auf: die Spaltung der Gesellschaft in die Klasse der Erzeugenden und die Schmarotzerklasse der Besitzenden, und schlugen die Nationalisierung des Grundbesitzes vor. Die Notwendigkeit einer gesellschaftlichen Reform machte sich in Frankreich immer fühlbarer, und um die Mitte des achtzehnten Jahrhunderts trat in Frankreich der größte Denker jener Zeit, Baron Montesquieu, mit seiner Kritik des alten Regimes hervor.

Montesquieu (1689-1755). – Das erste Werk Montesquieus, in welchem er den Despotismus und alle seine Lebensäußerungen einer Kritik unterzog, waren die *Persischen Briefe*. Im Jahre 1748 veröffentlichte er sein Hauptwerk *Geist der Gesetze*, das zu den bedeutendsten Büchern seiner Zeit gehört. Mit dem *Geist der Gesetze* Montesquieus bürgerte sich eine neue Auffassung der menschlichen Gesellschaft sowie der Sitten und Gesetze ein, die er als natürliche Ergebnisse der gesellschaftlichen Entwickelung unter mannigfaltigen Bedingungen betrachtete.

Dieses Werk Montesquieus übte einen ungeheuren Einfluss auf alle Denker der zweiten Hälfte des achtzehnten Jahrhunderts aus und rief eine ganze Anzahl Forschungen in derselben Richtung am Anfang des neunzehnten Jahrhunderts hervor. Das Wichtigste in dem bedeutenden Werk Montesquieus war die Anwendung der induktiven Methode auf die Behandlung der Entwickelung der staatlichen Institutionen gerade in dem von Baco gewünschten Sinne, aber auch die einzelnen Schlussfolgerungen Montesquieus waren für seine Zeit sehr wichtig. Seine Kritik an der Monarchie, sein Voraussehen einer friedliebenden Lebensauffassung im Zusammenhang mit der industriellen Entwickelung, sein Kampf gegen die Grausamkeit der damaligen Strafgesetze usw. wurden zu Losungen aller fortschrittlichen Bewegungen in Europa.

Der von Montesquieu auf das Denken seiner Zeit ausgeübte Einfluss war außerordentlich, aber dem Stil und der ganzen Darstellungsweise nach war sein Buch nur den Gebildeten zugänglich; Montesquieu verstand oder wünschte es nicht, für die weiten Volkskreise zu schreiben. Dazu bedarf es besonderer Eigenschaften, hauptsächlich eines die Geister mitreißenden

Stiles, der ihnen gleichzeitig die Ideen, um die es sich handelt, deutlich sichtbar macht. Über diese Eigenschaft verfügten in hohem Maße zwei Philosophen jener Zeit – Voltaire und Jean Jacques Rousseau –, die deshalb Frankreich auf die kommende große Revolution vorbereiten und auf sie einen außerordentlichen Einfluss ausüben konnten.

François Marie Arouet de Voltaire (1694-1778). – Voltaire war ein Mann von hervorragendem Geist. Er war jedoch kein Philosoph im genauen Sinne dieses Wortes, aber er bediente sich der Philosophie als einer Waffe im Kampfe gegen Aberglauben und Vorurteile. Er war auch kein Moralist getreu im Sinne dieses Wortes; seine Sittlichkeitslehre ist nicht tief, aber allen sinnenfeindlichen und metaphysischen Übertreibungen abhold. Voltaire hat kein eigenes System der Ethik geschaffen, aber mit seinen Schriften förderte er stark das Gefühl der *Menschlichkeit,* der Achtung vor der Einzelpersönlichkeit in der Ethik. In seinen Werken forderte Voltaire tapfer Gewissensfreiheit, Aufhebung der Inquisition, der Folter und der Todesstrafe usw. Durch Voltaire fanden die Ideen der staatsbürgerlichen Gleichberechtigung und der Gesetzlichkeit, denen die Revolution nachmalig feste Gestalt zu verleihen versuchte, die allerweiteste Verbreitung.[123]

Jean Jacques Rousseau (1712-1778). – Neben Voltaire übte auf die Französische Revolution der Philosoph Rousseau einen starken Einfluss aus. Rousseaus Auftreten war anderer Art als die Tätigkeit Voltaires; er trat mit einer Kritik der damaligen Gesellschaftsordnung hervor und rief die Menschen zu einem einfachen, naturgemäßen Leben auf. Er lehrte, dass der Mensch von Natur aus gut ist, dass aber alles Böse von der Zivilisation kommt. Die sittlichen Neigungen erklärte Rousseau mit dem richtig aufgefassten Vorteil, gleichzeitig aber setzte er sich die Entwickelung der höchsten Gemeinschaftsideale zum Ziele; als Ausgangspunkt einer jeglichen vernünftigen Gesellschaftsordnung sah er die *Gleichberechtigung* an („alle Menschen sind von Geburt aus gleich“); diesen Gedanken bewies er so lei-

123 Gewiss ist Voltaire weder Revolutionär, noch sogar Demokrat; er forderte niemals den Sturz der damaligen Gesellschaftsordnung, und wenn er von der Gleichheit der Menschen sprach, so anerkannte er sie bloß dem Wesen nach, während in der Gesellschaft „die Menschen verschiedene Rollen spielen“. „Alle Menschen sind gleich als Menschen, aber ungleich als Mitglieder der Gesellschaft“, sagte er in seinen *Pensées sur l'Administration.* Sein politisches Ideal war der auf das Wohl des Volkes gerichtete „aufgeklärte Despotismus“.

denschaftlich, so hinreißend und richtig, dass seine Schriften nicht nur in Frankreich, wo die Revolution auf ihre Fahnen die Losung „Freiheit, Gleichheit, Brüderlichkeit“ schrieb, sondern in ganz Europa einen außerordentlichen Einfluss ausübten. Im Allgemeinen ist Rousseau in allen seinen Schriften ein Philosoph des Gefühls, in welchem er eine belebende Kraft sieht, die fähig ist, alle Unzulänglichkeiten gutzumachen und große Taten zu vollbringen; er ist ein begeisterter Sänger hoher Ideale und ein Prophet der Menschen- und Bürgerrechte.

Von den französischen Philosophen der zweiten Hälfte des achtzehnten Jahrhunderts müssen wir zwei Denker, erwähnen, die als erste die Idee des Progresses entwickelten, welche in dem Werden der heutigen Sittlichkeitsphilosophie eine große Rolle spielt. Diese Denker waren Turgot und Condorcet.

Turgot (1727-1781). – Turgot entwickelte als erster den Gedanken des Fortschritts, die Idee der menschlichen Vervollkommnung, in einer einheitlichen Lehre in seinem Werk *Untersuchung über die Weltgeschichte*. Er formulierte das Gesetz des Progresses folgendermaßen: „Indem das Menschengeschlecht allmählich von der Ruhe zur Tätigkeit übergeht, schreitet es langsam, aber unabänderlich zu immer größerer Vollkommenheit, die in der Aufrichtigkeit des Denkens, der Mildheit der Sitten und der Gerechtigkeit der Gesetze besteht.“

Condorcet (1743-1794), der als Opfer des Terrors im Jahre 1794 starb, entwickelte die Idee des Progresses weiter; in seinem berühmten Buche *Versuch eines historischen Bildes des Fortschritts des menschlichen Geistes* versuchte er nicht nur die Existenz des Fortschrittsgesetzes festzustellen und zu beweisen, sondern unternahm es sogar, gestützt auf die vergangene Geschichte der Menschheit, die Entwickelungsgesetze der Gesellschaft für die kommenden Zeiten festzulegen. Condorcet behauptete, der Progress bestehe im Streben, die gesellschaftliche Ungleichheit der Bürger zu vernichten; er sagte, dass die zukünftigen Menschen es lernen werden, die Einzelinteressen mit den Gesamtinteressen zu vereinigen, und dass die Sittlichkeit selbst ein natürliches Erfordernis des Menschen werden wird.

Alle eben geschilderten Lehren und Gedanken beeinflussten auf die eine oder andere Weise die große soziale Bewegung, die man die Französische Revolution nennt. Wir können aus dem Gesagten schließen, dass diese Revolution sich schon gegen Ende des achtzehnten Jahrhunderts in den Geistern vollzogen hatte, und neue, kühne, vom Gefühl der Menschenwürde eingegebene Gedanken ergossen sich, einem rauschenden Strome gleich, über die Gesellschaft, alle veralteten Einrichtungen und Vorurteile zerstörend. Die Revolution vernichtete die letzten Überreste der Lehnsordnung, aber die von ihr neu geschaffenen Einrichtungen waren das Ergebnis der philosophischen Bewegung, die, von England ausgehend, in Frankreich ihre Vollendung gefunden hatte. Die berühmte *Deklaration der Menschenrechte*, die von der Französischen Revolution geschaffen wurde, besteht aus Ideen, die in den Werken Montesquieus, Voltaires, Rousseaus und Condorcets entwickelt sind; ihre Grundbestimmungen lauten: alle Menschen sind von Geburt aus gleich; alle Menschen sind von Geburt aus frei; alle haben das gleiche Recht auf Entfaltung ihrer Kräfte und Fähigkeiten, mit denen sie von der Natur bedacht sind, alle haben das Recht auf Freiheit des Bekenntnisses und des Gewissens. In allen diesen Bestimmungen sehen wir in gedrängter und klarer Form die Ideen Hobbes und Lockes, weiterentwickelt durch französische Denker und Philosophen. Dieses Programm wurde von der französischen Revolution den kommenden Geschlechtern als Vermächtnis hinterlassen.

David Hume (1711-1776). – Die Ideen Bacos und Lockes wurden in England in der zweiten Hälfte des achtzehnten Jahrhunderts von dem tiefen Philosophen und Denker *David Hume,* dem unabhängigsten Geist seiner Zeit, glänzend entwickelt. Hume gab der neuen Philosophie eine feste Grundlage und dehnte sie auf alle Wissensgebiete aus, wie es Baco gewünscht hatte; er hatte einen tiefgehenden Einfluss auf das ganze spätere Denken. Hume begann damit, dass er die Sittlichkeit streng von der Religion trennte und dass er die der Religion von allen seinen englischen und schottischen Vorgängern, mit Ausnahme Shaftesburys, zugeschriebene Bedeutung für die Ausgestaltung der sittlichen Begriffe verneinte. Er selbst stand, wie Bayle, auf dem Boden des Skeptizismus, obwohl er sich – in den *Dialogen über die natürliche Religion* – zu einigen Konzessionen herbeiließ.[124]

124 Die wichtigsten Werke Humes sind: *Traktat über die menschliche Natur* (Treatise upon human nature), London, 1738-1740, 3 Bände; *Untersuchung über die Prinzipien der Moral* (Enquiry concerning the principles of Morals), Edinburg, 1751; *Untersuchung über den menschlichen Verstand* (Enquiry concerning human understanding), London, 1748; *Natürliche Geschichte der Religion* (Natural history of Religion), London, 1752.

Indem Hume die Gedanken Bacos und Bayles entwickelte, schrieb er, dass sich im selbständigen Menschen seine eigenen sittlichen Anschauungen bilden; aber „in jeder Religion, wie erhaben ihr Begriff von der Gottheit auch nicht sein mag, werden viele ihrer Anhänger – wahrscheinlich sogar die Mehrzahl – dennoch die göttliche Gnade nicht durch Tugend und Sittlichkeit, die allein einem vollkommenen Wesen wohlgefällig wäre, sondern durch Einhalten leerer Gebräuche, unbändigen Glaubenseifer, verzückte Begeisterung oder Glauben an geheimnisvolle Ungereimtheiten erwirken wollen“.[125]

Hume sprach oft vom „Höchsten Schöpfer“ der Natur, aber nicht ihm schrieb er die Entstehung der sittlichen Urteile des Menschen zu. „In unseren Urteilen über das Verhalten des Menschen kann nichts die wahren Grundsätze des Sittlichen in ihrer Unantastbarkeit erhalten, als die unbedingte Notwendigkeit dieser Grundsätze für die Existenz der Gesellschaft.“

Der ethische Teil der Philosophie Humes stellte natürlich nur einen Einzelfall seiner allgemeinen Ansicht über die Entstehung der Erkenntnis im Menschen dar. „Alle unsere Ideen kommen aus der Erfahrung“, schrieb er; „alle unsere Begriffe kommen aus der Erfahrung“, und sie setzen sich zusammen aus den von uns aufgenommenen Eindrücken (*impressions*) und den Vorstellungen (*ideas*), den Ergebnissen des Gedächtnisses, der Phantasie und des Denkens. Die Grundlage alles Wissens wird von der Naturwissenschaft gebildet, und deren Methoden müssen von den anderen Wissenschaften übernommen werden. Man muss bloß dessen eingedenk sein, dass wir nur auf dem Wege der allmählichen „Annäherungen“ zur Erkenntnis der „Gesetze“ der Welt des Stoffes kommen.

In betreff der Sittlichkeit wies Hume darauf hin, dass fortwährend Streitigkeiten über die Frage entstehen, ob ihre Grundlagen in der Vernunft oder im Gefühl zu suchen sind; ob wir zur Sittlichkeit über eine *Kette von Denkvorgängen* oder unmittelbar durch *das Gefühl* und *den inneren Antrieb* kommen, und ob die Grundlagen der Sittlichkeit für alle denkenden Wesen gleich sind, oder ob sie, wie die Begriffe von Schönheit und Hässlichkeit, bei verschiedenen Völkern verschieden sind und das Ergebnis der geschichtlichen Entwickelung des Menschen bilden. Zwar behaupteten die Philosophen oft, dass die Sittlichkeit mit der Vernunft übereinstimme, aber nichtsdestoweniger begründeten sie sie noch öfter mit innerer Nei-

125 Natural history of Religion, in den *Essays and treatises on several subjects*, Basel, 1793.

gung und mit dem Gefühl. Die heutigen Denker jedoch neigen mehr zur Anerkennung der Vernunft als Grundlage der Sittlichkeit und leiten das Sittliche von abstrakten Prinzipien ab. Am wahrscheinlichsten ist es jedoch, dass unser endgültiges Urteil in Fragen der Sittlichkeit – das, was das Sittliche zum tätigen Prinzip unseres Lebens macht – bestimmt wird „von irgendeinem inneren Gefühl, das von der Natur zu einem dem ganzen Menschengeschlecht gemeinsamen Empfinden gemacht wurde". Um jedoch die Möglichkeit eines solchen Gefühls vorzubereiten, mussten ihm viele Denkprozesse und richtige Schlussfolgerungen eine feine Analyse der verwickelten Verhältnisse und die Feststellung allgemeiner Tatsachen – folglich eine sehr große Verstandesarbeit – vorangehen.[126] Mit anderen Worten, – unsere sittlichen Anschauungen sind das Ergebnis unserer Gefühle und unserer Vernunft und ihrer natürlichen Entwickelung im Leben der menschlichen Gesellschaften.

Das Streben nach dem allgemeinen Nutzen ist das Kennzeichen jeder Handlung, die wir eine sittliche nennen, und die sittliche Pflicht besteht darin, dass wir uns von dem Streben nach dem allgemeinen Wohle leiten lassen. In diesem Streben nach dem Nutzen für die Allgemeinheit verneinte Hume nicht den Wunsch nach persönlichem Glück. Aber er verstand auch, dass man allein mit egoistischen Antrieben nicht die Sittlichkeit erklären kann, wie es beispielsweise Hobbes versucht hat. Außer dem Wunsch nach persönlichem Wohl anerkannte er das *Mitempfinden* (Sympathie), den Begriff der *Gerechtigkeit* und das Gefühl des *Wohlwollens* (*benevolence*) als Grundlagen der Sittlichkeit; aber die Gerechtigkeit begriff er nicht als das Bewusstsein von etwas Verbindlichem, das in unserem Geiste bei geselligem Leben unvermeidlich entsteht, sondern eher als eine Tugend, als eine Art Wohltätigkeit. Wie *Shaftesbury,* unterstrich auch er im sittlichen Leben das Gefühl der harmonischen Übereinstimmung und Vollendung, das dem sittlichen Charakter eignet, den Wunsch nach Vervollkommnung, die Möglichkeit der vollkommenen Entwickelung der menschlichen Natur und den Schönheitssinn, die sich alle aus der möglichst vollkommenen Entwickelung der Persönlichkeit ergeben, – ein Gedanke, den bekanntlich in der Folge Guyau trefflich entwickelte.

Den zweiten Teil seiner Untersuchung widmete Hume dem Wohlwollen, wobei er unter anderem zeigte, dass unsere Sprache über sehr viele

126 An Enquiry concerning the principles of Morals (Untersuchung über die Grundlagen der Sittlichkeit), in den *Essays and treatises on several subjects*, Basel, 1793.

Wörter verfügt, die beweisen, dass das Wohlwollen die allgemeine Billigung der Menschheit findet. Im folgenden Teil besprach er die *Gerechtigkeit* und machte dabei die interessante Bemerkung, dass sie für die Gesellschaft von Nutzen ist und sich deshalb allgemeiner Achtung erfreut. Aber eine solche Erwägung kann nicht die alleinige Quelle dieser Achtung sein. Die Gerechtigkeit erwies sich als notwendig.

In einer Gesellschaft, in welcher alles ohne Mühe in ausreichender Menge zu haben wäre, würden allerlei gesellschaftliche Tugenden blühen, und niemand würde an eine solche vorsichtige, missgünstige Tugend, wie die Gerechtigkeit, auch nur denken.[127] Weshalb sogar heute alles in genügenden Mengen Vorhandene gemeinsames Gut bildet. Wären unsere Vernunft, Freundlichkeit und Freigebigkeit stark entwickelt, so würde die Gerechtigkeit nicht vonnöten sein. – „Wozu soll ich den Anderen mit Urkunden oder Verpflichtungen binden, wenn ich weiß, dass er selbst mein Wohl will." Wozu sind Grenzen des Besitztums u. a. m. Überhaupt ist die Gerechtigkeit desto weniger nötig, je mehr gegenseitiges Wohlwollen vorhanden ist. Da aber die menschliche Gesellschaft ein Mittleres, vom Ideal recht Entferntes ist, so brauchen die Menschen den Begriff des Eigentums und der Gerechtigkeit. Woraus erhellt, dass Hume die Gerechtigkeit hauptsächlich im Sinne der *Justiz,* zur Verteidigung der Eigentumsrechte, durchaus aber nicht im weiteren Sinne der *Gleichberechtigung* auffasste. „Also hängen die Regeln der Gerechtigkeit (equity, justice) gänzlich von den Bedingungen ab, unter denen die Menschen leben – folgerte er –, und diese Regeln verdanken ihre Entstehung und Existenz dem Nutzen, den die Gesellschaft aus ihrer strengen Befolgung zieht."

Hume erkannte weder das „Goldene Zeitalter", noch eine Zeit an, in der die Menschen ungesellig gelebt hätten. Die Gemeinschaft war immer da, und hätten die Menschen voneinander getrennt gelebt, so würde niemals der Begriff der Gerechtigkeit und würden auch keine Lebensregeln entstanden sein.

Das Gerechtigkeitsgefühl erklärte Hume damit, dass es entweder aus Betrachtungen über das gegenseitige Verhalten der Menschen, oder aber aus einem natürlichen *„Trieb",* den die Natur in uns zu nützlichen Zwecken verwurzelte, entstanden ist. Anscheinend aber muss diese zweite Voraussetzung abgelehnt werden. Die Allgemeingültigkeit des Gerechtigkeitsbegriffs beweist, dass er unvermeidlich aus dem Gemeinschaftsleben selbst entsteht; ohne ihn könnte die Gesellschaft nicht existieren. Und deshalb

127 An Enquiry concerning the principles of Morals.

muss anerkannt werden, dass „die Notwendigkeit der Gerechtigkeit für die Existenz der Gesellschaft die einzige Begründung dieser Tugend ist". Ihrer unbezweifelbaren Nützlichkeit ist ihre weite Verbreitung zu verdanken, und zugleich ist sie „die Quelle eines bedeutenden Teiles der guten Eigenschaften, die das Menschengeschlecht aufweist: der Wohltätigkeit, Freundschaft, des Gemeinsinnes usw."[128]

In der Ausgestaltung der sittlichen Begriffe und Gebräuche wies Hume dem persönlichen Interesse einen bedeutenden Anteil an, und er begriff, weshalb manche Philosophen alle Fürsorge um das Wohl der Allgemeinheit als eine Spielart der Fürsorge um das eigene Wohl auffassen konnten. Aber es gibt viele Fälle, in denen das sittliche Gefühl auch dann wirksam ist, wenn der eigene Vorteil nicht mit dem allgemeinen Nutzen zusammenfällt; Hume führte eine Reihe solcher Beispiele an und folgerte mit Bestimmtheit, dass „wir auf die Theorie verzichten müssen, die jedes sittliche Gefühl mit der Selbstliebe erklärt" (Kap. 5). Es gibt Gefühle, die aus der Menschlichkeit entstehen, und diese sind bei allen Menschen die gleichen, und bei allen rufen sie die selbe Billigung oder dieselbe Missbilligung hervor (Schluss des 9. Kap.).

Da aber jeder danach strebt, nicht die Missbilligung anderer herauszufordern, so bewies Hume, dass der Glaube an Gott nicht die Quelle der Sittlichkeit sein kann, da die Religiosität den Menschen nicht sittlich macht. Viele religiöse Menschen, vielleicht sogar die meisten, suchen die „göttliche Gnade" nicht durch Tugend und sittliches Leben, sondern durch das Einhalten leerer Gebräuche oder durch den begeisterten Wunderglauben zu verdienen.[129]

Ohne den Glauben des Hobbes an den ursprünglichen Zustand des Kampfes aller gegen alle zu teilen, war Hume auch weit davon entfernt, in der menschlichen Natur nur Keime des Guten zu sehen. Hume erkannte an, dass der Mensch in seinen Handlungen sich von der Liebe zu sich selbst leiten lässt, dass er aber auch das Pflichtgefühl anderen gegenüber kennt.

Wenn der Mensch ruhig über seine Handlungen nachdenkt, die von diesen oder jenen Eindrücken, Antrieben oder Leidenschaften hervorgerufen werden, fühlt er den Wunsch nach der einen oder anderen *Veranlagung,* und es keimt in ihm das *Pflichtgefühl.* Hier traf also Hume mit Spinoza

128 An Enquiry concerning the principles of Morals.

129 „Menschen, die die verbrecherischsten und gefährlichsten Handlungen vollführen, sind gewöhnlich die abergläubigsten. Ihre Frömmigkeit und Gläubigkeit wachsen mit der Furcht."

zusammen. Aber bei der Untersuchung dessen, wie die sittlichen Beurteilungen der Handlungen entstehen, äußerte sich Hume bald zugunsten der Vernunft, bald zugunsten des Gefühls, statt ihren zweifachen Ursprung – aus der Vernunft und dem Gefühl – unmittelbar anzuerkennen. Er warf sogar die Frage einer Zwischenstufe zwischen Vernunft und Gefühl auf und gab schließlich dem Gefühl den Vorrang. Wie Shaftesbury und Hutcheson schrieb er allem Anscheine nach der Vernunft bloß die *Vorbereitung* der Urteile und die Beurteilung der Tatsachen zu. Der endgültige Urteilsspruch liegt beim Gefühl, worauf der Vernunft die Aufstellung allgemeiner Regeln zufällt.[130]

Besondere Bedeutung schrieb Hume dem *Mitgefühl* (Sympathie) zu. Es mildert unsere engherzig egoistischen Antriebe und unterdrückt sie zugleich mit Hilfe des natürlichen Wohlwollens des Menschen; so dass der Begriff von der Nützlichkeit der einen oder anderen Handlungsweise zwar eine gewisse Bedeutung hat, aber in Fragen der Sittlichkeit durchaus nicht ausschlaggebend ist. Adam Smith entwickelte bekanntlich in der Folge diesen Begriff des Mitgefühls oder der Sympathie und schrieb ihm die ausschlaggebende Bedeutung bei der Herausbildung der sittlichen Prinzipien zu.

---

130 Hier gehen die Meinungen der Beurteiler Humes auseinander. Pfleiderer sah in Humes Erörterung nur eine Vorbereitung auf Kants Begriff der „praktischen Vernunft“. Gizycki und Jodl jedoch sind anderer Meinung, wobei Jodl in den Anmerkungen zu seiner *Geschichte der Ethik* einen sehr richtigen Gedanken aussprach: „Dass das Sittliche nie wirklich werden könne, wenn man seine affektiven Grundlagen, Egoismus und Sympathie, namentlich für die niederen Stufen, für die sittliche Entwickelung und Bildung, hinwegnähme, ist von Hume sicher bewiesen. Aber er hat eines vergessen: die Fähigkeit sittlicher Idealbildung, für welche in seinem nur mit Verbinden und Trennen von Vorstellungen beschäftigten Intellekt (reason) kein Raum war. Damit fängt das Sittliche natürlich nicht an, so wenig als die menschliche Tätigkeit im Denken oder künstlerischen Schaffen damit beginnt; aber die Tatsachen des sittlichen Lebens werden nur unter der Voraussetzung begreiflich, dass sich auf der durch Erziehung und Erfahrung geschaffenen Grundlage Ideale praktischen Verhaltens aufbauen, in welchen das intellektuale und das praktische Element untrennbar verbunden sind und welchen das Streben nach Verwirklichung unmittelbar innewohnt.“ (*Geschichte der Ethik*, Bd. I, 27. Anmerkung zu Kap. XII). Mit anderen Worten: das Gefühl und die Vernunft sind für die Ausgestaltung der sittlichen Begriffe und für ihre Umwandlung in Triebkräfte unserer Handlungen von gleich großer Bedeutung.

Am interessantesten ist Humes Verhalten zum Begriff der Gerechtigkeit. Hume konnte seinen Einfluss nicht übersehen und anerkannte die Bedeutung der Gerechtigkeit für die Entstehung der sittlichen Anschauungen. Aber sei es, dass er sich nicht entschließen konnte, der Vernunft die ausschlaggebende Bedeutung zuzuschreiben, oder dass er begriff, dass die Gerechtigkeit letzten Endes die Anerkennung aller Mitglieder der Gemeinschaft bedeutet, die von der Gesetzgebung abgelehnt wird, während er nicht mit den Gesetzen brechen wollte, wie er es bereits mit dem Kirchenglauben getan hatte,[131] – jedenfalls trennte er die Gerechtigkeit von dem Gebiete der Ethik ab und stellte sie als etwas in der Gesellschaft unabhängig, kraft Gesetzesbestimmungen sich Entwickelndes dar.

Augenscheinlich folgte Hume hierin Hobbes, der nach dem Hinweis darauf, dass auf dem Gebiete der Gesetzgebung immer Willkür (oder richtiger gesagt, das Interesse der herrschenden Klassen) regiert, das Recht, d. h. die Gesetzgebung, von dem Gebiet der Sittlichkeit als etwas gänzlich Nichtdazugehöriges abtrennte. Aber auch hier, wie bei der Frage der Bedeutung des Gefühls oder der Vernunft für die Ausgestaltung der Sittlichkeit, kam Hume zu keinem genauen, bestimmten Ergebnis, so dass die Verfasser in der Auslegung seiner Philosophie verschiedener Meinung sind.[132] Überhaupt gab Hume keine neue, in sich abgeschlossene Erklärung der sittlichen Begriffe, auch schuf er keine neue wohlgeordnete Sittlichkeitslehre. Aber er behandelte die Frage der menschlichen Antriebe in den unendlich vielfältigen Handlungen des Menschen so sorgfältig und stellenweise so glänzend, ohne sich auf schablonenmäßige Erklärungen zu beschränken, und wies der Religion, dem Egoismus, den Nützlichkeitserwägungen einen so bescheidenen Platz an, dass er die späteren Verfasser veranlasste, in diese verwickelte Erscheinung viel tiefer einzudringen, als es bis dahin der Fall war. Er arbeitete der naturwissenschaftlichen Erklärung des sittlichen Prinzips vor, aber gleichzeitig bereitete er, wie manche seiner Ausleger bemerkten, der entgegengesetzten, irrationalistischen Sittlichkeitslehre Kants den Weg.

Sein Einfluss auf die Entwickelung der Ethik ist aus dem Folgenden zu ersehen.

---

131 Seine den atheistischen Anschauungen ähnlichen Ansichten entwickelt er ausführlich in den *Dialogen über die natürliche Religion*, die im vierten Band der Baseler Ausgabe vom Jahre 1793 und im 15. Kapitel seiner *Natürlichen Geschichte der Religion* enthalten sind.

132 Siehe Jodl, *Geschichte der Ethik*, Bd. I, Kap. X.

Adam Smith (1723-1790). – Ein bedeutender Nachfolger Humes in England war Adam Smith, dessen Werk *Theorie der sittlichen Gefühle* im Jahre 1759 erschien und bereits im achtzehnten Jahrhundert zehn Auflagen erlebte. In der Folge wurde er besonders bekannt als Verfasser einer bedeutenden wissenschaftlichen Untersuchung über die Nationalökonomie, während seine Leistung auf dem Gebiete der Ethik oft übersehen wurde. Aber seine Untersuchung der sittlichen Gefühle stellt einen neuen und bedeutenden Fortschritt dar; sie erklärt die Sittlichkeit ganz natürlich als Eigenschaft der menschlichen Natur, nicht aber als höhere Eingebung, zugleich aber verneinte sie die Begründung der Sittlichkeit auf Nützlichkeitserwägungen.

Als Hauptantrieb der Entwickelung der Sittlichkeitsgefühle anerkannte Smith die *Sympathie*, das *Mitgefühl,* d. h. das dem Menschen als geselligem Wesen eignende Gefühl. Wenn wir uns zu einer Handlung billigend, zur anderen aber missbilligend verhalten, so werden wir dabei nicht von der Vorstellung des allgemeinen Nutzens oder Schadens gelenkt, wie es die Utilitaristen behaupteten. Wir stellen uns vor, wie die Handlungen auf uns selbst wirken würden, wenn sie uns gegenüber ausgeübt würden, und daraus entsteht die Übereinstimmung oder Nichtübereinstimmung unserer Gefühle mit den Gefühlen, von welchen die Handlungen beeinflusst wurden. Beim Mitansehen fremden Leidens können wir es in uns selbst miterleben, und dieses Gefühl nennen wir *Mit-Leid;* oft eilen wir dem Leidenden oder Beleidigten zu Hilfe. Ebenso nehmen wir in uns ein freudiges Gefühl wahr, wenn wir fremde Freude miterleben. Wir empfinden Unbefriedigtheit, Missvergnügtheit, wenn wir sehen, dass anderen Böses zugefügt wird, und umgekehrt fühlen wir Dankbarkeit, wenn anderen Gutes getan wird. So ist unsere Veranlagung, und so wurde sie dank dem Gemeinschaftsleben und durchaus nicht infolge von Erwägungen über Schaden oder Nutzen irgendwelcher Handlungen für die gesellschaftliche Entwickelung, wie die Utilitaristen und mit ihnen Hume behaupteten. Wir erleben einfach mit den Anderen, was sie erleben, und da wir denjenigen verurteilen, der anderen Böses zufügt, verurteilen wir in der Folge uns selbst, wenn wir einem Anderen ein Leid zufügen. So bildete sich allmählich unsere Sittlichkeit heraus.[133]

---

133 Smith maß dieser Erklärung der sittlichen Gefühle eine solch große Bedeutung bei, dass er sie sogar in den Titel seines Buches einführte, indem er es benannte, wie folgt: *Theorie der sittlichen Gefühle oder Versuch einer Analyse der Prinzipien, nach denen die Menschen das Benehmen und den Charakter zuerst ihrer Nächsten und nachher ihrer eigenen Person beurteilen.*

Adam Smith verneinte also den übernatürlichen Ursprung der Sittlichkeit und gab dafür eine natürliche Erklärung, zugleich aber zeigte er, wie die sittlichen Anschauungen des Menschen sich ohne die Erwägung der Nützlichkeit dieser oder jener gegenseitigen Beziehungen entwickeln konnten, welche bis dahin außer der „höheren Eingebung“ als einzige Erklärung für das Sittliche im Menschen herhalten musste. Dabei beschränkte sich Smith nicht auf den Hinweis, dass die Sittlichkeit natürlichen Ursprungs sei. Im Gegenteil, er widmete einen großen Teil seines Werkes der Untersuchung dessen, wie gewisse sittliche Anschauungen sich entwickeln konnten, indem er neben allen anderen Erwägungen vor allem die Sympathie zum Ausgangspunkt machte. Und zum Schluss seiner Untersuchung wies er auch darauf hin, wie alle jungen Religionen den Schutz und die Unterstützung der nützlichen Sitten und Gebräuche übernehmen mussten.

Es sollte scheinen, als müsste Smith, bei einer solchen Auffassung des Sittlichen, als Grundlage der Sittlichkeit nicht nur das *Gefühl der Sympathie,* das sich tatsächlich infolge des Gemeinschaftslebens entwickelt und zu sittlichen Urteilen führt, anerkennen, sondern auch eine *gewisse geistige Veranlagung,* die derselben Gesellschaftlichkeit entspringt und in der *Gerechtigkeit,* d. h. der *Anerkennung der Gleichberechtigung* aller, ihren Ausdruck findet. Smith zog keinen Trennungsstrich zwischen Gefühl und Verstand, deren Teilnahme an der Ausgestaltung der sittlichen Urteile er anerkannte.

Außerdem ist es möglich, dass in den Jahren, in denen er an seiner Untersuchung arbeitete, d. h. lange vor der französischen Revolution, Smith dem Gedanken der Gleichberechtigung noch fremd gegenüberstand. Infolgedessen fasste Smith, obwohl er dem Begriff der Gerechtigkeit in unseren sittlichen Urteilen eine große Bedeutung beimaß, die Gerechtigkeit mehr im Sinne des Strafgesetzes auf, d. h. im Sinne der Entschädigung des Opfers und der Bestrafung des Täters. Das Gefühl der Empörung, das in uns erwacht, wenn jemandem ein Leid zugefügt wird, schrieb er dem – seiner Meinung nach – natürlichen Wunsch nach Vergeltung und Bestrafung zu; und in diesem Wunsch erblickte er eine Grundlage der Gesellschaftlichkeit. Er bemerkte selbstverständlich, dass nur von unwürdigen Antrieben hervorgerufene schädliche Handlungen eine Strafe verdienen.[134] Aber er erwähnte mit keinem Worte die Gleichheit der Menschen und ihre Gleichberechtigung, und im Allgemeinen schrieb er mehr über die gerichtliche Gerechtigkeit, als über die, welche von unserer Vernunft jenseits der Ge-

134 *The theory of moral sentiments* (Theorie der sittlichen Gefühle).

danken an Gericht und Rechtsprechung gesucht wird.[135] Indessen wird bei einer solchen Einschränkung die *Ungerechtigkeit der Gesellschaft,* der Klassen, übersehen, die von den Gerichten unterstützt und deswegen auch von der Gesellschaft gefördert wird, indem sie die Ungerechtigkeit nicht verwirft.

Überhaupt machen die von Smith der Gerechtigkeit gewidmeten Seiten den Eindruck, als wäre in ihnen nicht alles gesagt. Ebenso lässt es sich nicht feststellen, welchen Anteil an der Ausgestaltung der Sittlichkeit Smith einerseits dem Gefühl und andererseits der Vernunft zuschrieb. Dafür aber ist eines ganz klar, dass Smith das Sittliche im Menschen nicht als etwas ihm geheimnisvoll Angeborenes und nicht als eine höhere Eingebung auffasste, sondern als ein *in der Menschheit sich allmählich entwickelndes Ergebnis der Gesellschaftlichkeit,* das nicht von Erwägungen über Schaden oder Nutzen gewisser Charakterzüge, sondern von dem Mitgefühl eines jeden mit den Freuden und Leiden seiner Stammesgenossen unvermeidlich hervorgerufen wurde.

Der Untersuchung dessen, wie sich im Menschen naturgemäß das Gewissen, „der unvoreingenommene Zuschauer in uns“, entwickelt, und gleichzeitig mit ihm die Verehrung der Charakterwürde und des sittlich Schönen sich entfaltet, widmete Smith einige vorzügliche Kapitel, die noch bis heute nicht ihre Frische und Schönheit eingebüßt haben. Seine Beispiele sind dem wirklichen Leben entnommen (manchmal auch der klassischen Literatur) und von großem Interesse für jeden, der über Fragen der Sittlichkeit nachdenkt und nicht in Geboten von oben, sondern in seinem eigenen Gefühl und Verstand eine Stütze sucht. Indem man sie liest, bedauert man indessen, dass Smith von demselben Standpunkt aus nicht auch das Verhalten des Menschen zu vielen Fragen der Gesellschaftsordnung untersuchte, umso mehr, als diese Fragen, als er die oben erwähnten Kapitel schrieb, bereits die Gesellschaft bewegten und in Form von Forderungen der gesellschaftlichen Gerechtigkeit in die Wirklichkeit umgesetzt wurden.[136]

135 Daselbst. In allem, was Smith über Gerechtigkeit geschrieben hat, ist seine eigene Überzeugung schwer von Ansichten der Juristen zu unterscheiden.

136 In der historischen Übersicht der vorhergegangenen Erklärungen der Sittlichkeit machte Smith folgende Bemerkung, indem er erklärte, auf welchem Wege die Utilitaristen zu ihrer Schlussfolgerung von der Entwickelung der sittlichen Anschauungen aus Nützlichkeitserwägungen kamen: Vom philosophischen Standpunkt stellt sich die menschliche Gesellschaft als eine riesengroße arbeitende Maschine dar, deren regelmäßige Bewegungen viele ange-

Wie aus dem Gesagten zu ersehen ist, gab Smith keine andere Erklärung für unser zustimmendes oder ablehnendes Verhalten verschiedenen Handlungen gegenüber, als dass wir im Geiste diese Handlungen auf uns selbst beziehen und uns an die Stelle des die Handlung Erleidenden setzen.

Man sollte meinen, dass Smith, der ein solches geistiges Sichhineinversetzen in die Lage des Leidenden zuließ, bemerken musste, dass zugleich im Geiste die Anerkennung der Gleichberechtigung stattfindet. Sobald man sich geistig an die Stelle des Beleidigten setzt, wird seine Gleichheit und seine gleiche Fähigkeit, die Beleidigung zu empfinden, anerkannt. Aber bei Smith fehlt diese Anerkennung. Aus irgendeinem Grunde führte er das Element der *Gleichberechtigung und der Gerechtigkeit nicht in das Mitgefühl ein.* Überhaupt vermied er es, wie bereits Jodl bemerkte, der sittlichen Billigung eine objektive Begründung zu geben. Außerdem übersah Smith vollkommen die Notwendigkeit, auf die allmähliche Entwickelung des sittlichen Gefühls im Menschen hinzuweisen. Man kann ihm natürlich keinen Vorwurf daraus machen, dass er nicht auf den Gedanken der allmählichen Entwickelung des zoologischen Menschentypus gekommen ist, zu dem uns im neunzehnten Jahrhundert die Untersuchung der Entwickelung in der Natur geführt hat. Aber er übersah auch die guten Lehren, die der Naturmensch aus seiner Umgebung – aus dem Leben der Tiergemeinschaften

---

nehme und schöne Eindrücke hervorrufen. Je weniger unnütze Reibungen in ihr entstehen, desto leichter und schöner wird ihr Gang sein. Ebenso können in der Gesellschaft gewisse Handlungen ein Leben ohne Reibungen und Zusammenstöße fördern, während andere Handlungen entgegengesetzte Folgen haben; und je weniger Anlässe zu Zusammenstößen es gibt, desto leichter und glatter gestaltet sich das Leben der Gesellschaft. Wenn man uns schildert, welche zahllosen Vorteile dem Menschen aus dem Leben in der Gemeinschaft erwachsen, und welche neuen, weiten Aussichten die Gesellschaftlichkeit dem Menschen eröffnet, übersieht es der Leser, dass nicht diese Vorzüge des gesellschaftlichen Lebens, an die er wahrscheinlich vorher nie gedacht hatte, die Grundlage seiner Zuneigungen oder Abneigungen waren, sondern dass auf ihn etwas Anderes einwirkte. Wenn wir in der Geschichte von den guten Eigenschaften irgendeines Helden vernehmen, bringen wir ihm nicht deshalb Sympathien entgegen, weil diese Eigenschaften uns heute von Nutzen sein könnten, sondern weil wir uns vorstellen, was wir gefühlt haben würden, wenn wir zu jener Zeit gelebt hätten. Diese Sympathie für Menschen der Vergangenheit kann man nicht als Äußerungen unseres Egoismus betrachten.
Smith dachte, dass der Erfolg, dessen sich die Begründung der Sittlichkeit auf den Egoismus erfreut, der falschen Auffassung von der Sympathie zuzuschreiben ist.

– schöpfen konnte, worauf schon Hugo Grotius und Spinoza Andeutungen gemacht hatten. Diese Lücke müssen wir unbedingt ausfüllen, und wir müssen darauf hinweisen, dass eine so wichtige Tatsache in der Entwicklung der Sittlichkeit, wie das Mitgefühl, keine Eigentümlichkeit des Menschen allein ist; es eignet der größten Mehrzahl aller lebenden Wesen und entwickelte sich bei allen Herdentieren und geselligen Wesen. Das Mitgefühl ist eine grundlegende Tatsache der Natur, und wir finden es bei allen herdenweise weidenden Tieren und bei den gemeinschaftlich nistenden Vögeln. Bei ihnen allen eilen die Stärkeren herbei, um Raubtiere zu verscheuchen, und bei Vögeln finden wir, dass Vögel der einen Art sich der Jungen einer anderen Art annehmen, wenn sie aus dem Nest gefallen sind – eine Tatsache, von der bekanntlich Goethe entzückt war, als er sie von Eckermann vernahm.[137]

Smith wendet in der Frage der Sittlichkeit seine ganze Mühe darauf an, zu zeigen, wie infolge der menschlichen Natur selbst im Menschen die Sittlichkeit sich entwickeln *musste*. Über den Einfluss der in der Menschheit entwickelten Regeln der Gegenseitigkeit und Sittlichkeit auf die Charakterausbildung schrieb Smith ganz wie ein Philosoph und Naturforscher. Nachdem er auf die Antriebe hingewiesen hatte, die den Menschen von einem sittlichen Verhalten zu anderen Menschen zurückhalten können, fügte er hinzu, dass unsere Natur selbst diesen Fehler verbessert. Indem wir fortwährend die Handlungen anderer beobachten, bilden wir uns gewisse Regeln, wie man handeln muss und wie man nicht handeln darf. So gehen die gesellschaftliche Erziehung des Charakters und die Festlegung allgemeiner Sittlichkeitsregeln vor sich (B. 3, Kap. 4).

Aber unmittelbar darnach, im folgenden Kapitel, behauptet er, dass die auf diesem Wege entstandenen Lebensregeln mit Recht als Gesetze der Gottheit angesehen werden (Überschrift des fünften Kapitels desselben Teiles). „Die Achtung dieser Vorschriften ist das, was man das Pflichtgefühl nennt, ein Gefühl von allergrößter Wichtigkeit im Leben der Menschen und die einzige Regel (*principle*), nach der die Mehrzahl der Menschen sich in ihren Handlungen richten kann. Und es ist nicht zu bezweifeln“, fügte er hinzu, „dass diese Regeln uns zur Richtschnur in diesem Leben gegeben wurden“ (B. 3, Kap. 5).

Diese Bemerkungen zeigen, wie sehr Smith noch von seiner Zeit abhängig war, und wie schwer es sogar einem sehr klugen und recht kühnen Denker fiel, sich in der Frage der Entstehung der Sittlichkeit zurechtzufin-

137 Eckermann, *Gespräche mit Goethe.*

den, bevor die Menschen sich an die Tatsache der *allmählichen Entwickelung* (Evolution) sowohl der Gemeinschaftsformen, als auch der Beurteilung dieser Formen und ihrer Auffassung, gewöhnt hatten.

Smith beschränkte sich nicht auf diese Erklärung der Entstehung der Sittlichkeit. Er untersuchte alltägliche Tatsachen jeder Art, um zu zeigen, worin das sittliche Verhalten zu den Menschen im täglichen Leben besteht. Hierin deckt sich sein Verhalten mit dem der altgriechischen und römischen Stoiker, besonders Senecas und Epictets, wobei er die Sympathie als leitendes und ausschlaggebendes Gefühl in der Ausgestaltung der Sittlichkeit anerkannte, während er die Bedeutung der Vernunft in Fragen der Gerechtigkeit und Gleichberechtigung übersah. Gewiss, es finden sich bei ihm einige vorzügliche Bemerkungen über die Gerechtigkeit.[138] Aber er schilderte nirgends ihre grundsätzliche Bedeutung für die Herausbildung der sittlichen Begriffe. Die größte Aufmerksamkeit schenkte er dem Pflichtgefühl. In dieser Hinsicht war er in vollkommener Übereinstimmung mit den Stoikern des Altertums, insbesondere mit Epictet und Marc Aurel.

Im Allgemeinen gab Adam Smith der Ethik eine reale Grundlage und zeigte, wie die sittlichen Gefühle des Menschen aus dem Mitgefühl entstanden, das im Gemeinschaftsleben unvermeidlich ist; wie darauf auf diesem Wege die Erziehung der Gesellschaft sich vollzog und allgemeine Sittlichkeitsregeln sich herausbildeten; wie in der Folge diese Regeln von allen gemeinsam gestützt wurden, und wie wir heute auf sie, die Grundlagen unserer Beurteilung, zurückgreifen, wenn wir über die Richtigkeit unserer Handlungen im Zweifel sind.

Mit diesen Ansichten bereitete Smith zweifellos die Auffassung des Sittlichen als eines natürlichen Ergebnisses des Gemeinschaftslebens vor, eines Ergebnisses, das sich im Menschen allmählich seit dem Naturzustand entwickelte, das noch heute seine Entwickelung in derselben Richtung nicht abgeschlossen hat und für seine Weiterentwickelung keines äußeren Machtwortes bedarf. Diesen Weg schlug auch wirklich die Philosophie des Sittlichen im neunzehnten Jahrhundert ein.

138 „Es gibt indessen eine Tugend“, schrieb Smith, „deren allgemeine Regeln mit vollkommener Genauigkeit jede äußere Handlung bestimmen. Diese Tugend ist die Gerechtigkeit. ... Bei der Betätigung der anderen Tugenden wird unser Verhalten oft von den nebensächlichen Erwägungen des endlichen Zieles und den Grundlagen der Regeln geleitet. Bei der Gerechtigkeit aber ist es anders usw.“ (B. 3, Kap. 6.)

Im Allgemeinen kann bemerkt werden, dass in allen Sittlichkeitslehren, die im siebzehnten und achtzehnten Jahrhundert entstanden und entwickelt wurden und die Entstehung des Sittlichen auf wissenschaftlichem, natürlichem Wege zu erklären bestrebt waren, der Einfluss der Philosophie des Epikur zu fühlen ist. Fast alle bedeutenden Vertreter der Philosophie, insbesondere der des achtzehnten Jahrhunderts, waren Anhänger der Lehren des Epikur. Aber ungeachtet ihrer gemeinsamen Grundlage teilten sich die ethischen Lehren der neuen Zeit in zwei verschiedene Strömungen: beide Strömungen vereinigte nichts, als der Verzicht sowohl auf die religiöse als auch auf die metaphysische Erklärung der Sittlichkeit. Die Vertreter beider Strömungen bemühten sich, die Entstehung des Sittlichen auf natürlichem Wege zu erklären und lehnten das Unterfangen der Kirche ab, die Sittlichkeit mit der Religion zu verknüpfen.

Eine dieser philosophischen Richtungen, die mit Epikur anerkannte, dass der Mensch vor allem sein Glück erstrebe, behauptete indessen, dass der Mensch das größte Glück nicht im Ausnutzen der Menschen zum eigenen Vorteil, sondern im wohlwollenden Beisammenleben mit den Nächsten finde, während die andere Richtung, deren wichtigster Vertreter Hobbes war, fortfuhr, die Sittlichkeit als etwas dem Menschen gewaltsam Eingeimpftes zu betrachten. Hobbes und seine Anhänger sahen in der Sittlichkeit nicht etwas aus der Natur des Menschen sich Ergebendes, sondern etwas von einer äußeren Kraft Eingegebenes. Nur setzten sie an die Stelle der Gottheit und der Kirche den *Staat* und die *Furcht* vor diesem „Leviathan", dem das Menschengeschlecht die Sittlichkeit zu verdanken hätte.

So wurde eine Sage durch die andere ersetzt. Es muss gesagt werden, dass seinerzeit das Ersetzen der Kirche durch den auf Vertrag beruhenden Staat für politische Zwecke von großer Bedeutung war. Die Kirche führte ihren Ursprung auf den göttlichen Willen zurück, sie nannte sich die Statthalterin Gottes auf Erden. Dem Staate jedoch, obwohl er seit den ältesten Zeiten die Gönnerschaft der Kirchen genoss, schrieben die führenden Geister des achtzehnten Jahrhunderts unweigerlich eine irdische Abstammung zu: die Entstehung des Staates wurde auf einen Vertrag zurückgeführt. Und es besteht kein Zweifel, dass gegen Ende des achtzehnten Jahrhunderts, als in Europa der Kampf gegen das Gottesgnadentum der Herrscher begann, die Lehre von dem auf Verträgen begründeten Staate nützliche Dienste leistete.

Die Zweiteilung der philosophischen Strömung, die das Sittliche auf rein wissenschaftlichem und der Natur entsprechendem Wege zu erklären bestrebt ist, ist die ganze Epoche des siebzehnten und achtzehnten Jahrhunderts hindurch zu verfolgen. Im Laufe der Zeit wird diese Zweiteilung immer deutlicher und vertiefter. Während manche Denker sich immer mehr dessen bewusst werden, dass die Sittlichkeit nichts anderes als die allmähliche Entwickelung der dem Menschen eigentümlichen Geselligkeit ist, fassten andere Philosophen das Sittliche als richtig begriffenes Streben des Menschen nach *persönlichem Glücke* auf. Und je nachdem, zu welcher dieser zwei Richtungen der Denker gehört, werden zweierlei Schlussfolgerungen gemacht. Die einen fahren fort, wie Hobbes zu glauben, dass der Mensch „im Argen liegt", und sehen deshalb das Heil in einer straff organisierten zentralen Macht, die die Menschen von fortwährenden Feindseligkeiten zurückhält. Ihr Ideal ist der zentralisierte Staat, der das ganze Leben der Gemeinschaft regelt, und in dieser Ansicht stimmen sie mit der Kirche überein. Die anderen jedoch glauben, dass nur die weitgehende Freiheit der Persönlichkeit und die ausgedehnte Möglichkeit, allerhand Übereinkommen miteinander abzuschließen, die wirklichen Bedingungen für die Entwickelung einer neuen Gesellschaftsordnung auf der Grundlage der gerechten Befriedigung der Bedürfnisse sein werden.

Diese zwei Strömungen und ihre Zwischenstufen, desgleichen die Lehren, die noch vom Gedanken der religiösen Entstehung des Sittlichen abhängig sind, finden heute eine weite Verbreitung. Aber seitdem die Evolutionstheorie, d. h. die Lehre von der allmählichen Entwickelung des Glaubens, der Sitten und Einrichtungen, einen Platz in der Wissenschaft errungen hat, behält die zweite Strömung der freien Lebensgestaltung immer mehr die Oberhand.

Im nächsten Kapitel werden wir versuchen, der Entwickelung dieser zwei Strömungen des ethischen Gedankens in der gegenwärtigen Philosophie nachzugehen.

Neuntes Kapitel

Die Entwicklung der Sittlichkeitslehren der Neuzeit (Ende des 18. und Anfang des 19. Jahrhunderts)

Entwickelung der Sittlichkeitslehren in Deutschland. – Kant. – Wille und kategorischer Imperativ bei Kant. – Die Metaphysik der Sitten. – Fichte. – Schelling. – Hegel. – Schleiermacher.

In der Entwickelungsgeschichte der Wissenschaft von der Sittlichkeit nehmen die von den französischen Denkern der zweiten Hälfte des achtzehnten Jahrhunderts – *Helvetius, Montesquieu, Voltaire* und *Rousseau,* und von den Enzyklopädisten *Diderot, d'Alembert* und *Holbach* – vertretenen Lehren einen wichtigen Platz ein. Ihre kühne Verneinung der Bedeutung der Religion für die Ausgestaltung der sittlichen Anschauungen, ihr Eintreten für die – politische – *Gleichberechtigung* und endlich ihr ausdrückliches Hervorheben des richtig begriffenen Gefühls der persönlichen Interessen – alles das war für die Herausbildung eines richtigen Begriffes von der Sittlichkeit sehr wichtig und förderte in der Gesellschaft das Bewusstsein dessen, dass die Sittlichkeit ganz von der Oberhoheit der Religion befreit werden kann.

Die Schreckensherrschaft der französischen Revolution und die allgemeine Umstellung, von der die Aufhebung der Lehnsrechte begleitet war, veranlassten, ebenso wie die auf die Revolution folgenden Kriege, viele Denker, die Begründung der Ethik wiederum in übernatürlichen Prinzipien zu suchen, die sie in der einen oder anderen Gestalt anerkannten. Die politische und soziale Reaktion wurde auf dem Gebiete der Philosophie von der Wiedergeburt der Metaphysik begleitet. Diese Wiedergeburt der Metaphysik begann in Deutschland, als gegen Ende des achtzehnten Jahrhunderts der größte deutsche Philosoph *Immanuel Kant* (1724-1804) mit seiner Lehre auftrat. Die Lehre Kants befindet sich auf der Grenze zwischen der spekulativen (geistig anschauenden) Philosophie der früheren Zeiten und der gegenwärtigen naturwissenschaftlichen Philosophie des neunzehnten Jahrhunderts. Hier sei die sittliche Philosophie Kants kurz wiedergegeben.[139]

Das Ziel Kants war die Schaffung einer von der *empirischen Ethik*, welche die englischen und französischen Philosophen des achtzehnten Jahrhunderts vertraten, vollständig verschiedenen *rationalen Ethik*. Die Kantische Sittlichkeitslehre sollte im Verhältnis zu den vorhergegangenen Systemen das sein, was die theoretische Mechanik für die angewandte Mechanik ist.

Das von Kant aufgestellte Ziel war natürlich nicht neu. Fast alle Denker vor Kant waren gleichfalls bestrebt, die rationalen, denkend zu erkennenden Grundlagen der Ethik zu bestimmen. Aber im Gegensatz zu den englischen und französischen Philosophen des achtzehnten Jahrhunderts wollte Kant die Grundgesetze der Sittlichkeit nicht mittels des Studiums der menschlichen Natur und der Beobachtung des Lebens der Menschen, sondern auf dem Wege des abstrakten Denkens entdecken.

Über die Grundlagen der Sittlichkeit nachsinnend, kam Kant zu der Überzeugung, dass unser *Pflichtbewusstsein* eine solche Grundlage ist. Wobei dieses Bewusstsein nach Kants Meinung nicht Erwägungen des *Vorteils* (sei es der Persönlichkeit, sei es der Gesellschaft), auch nicht dem *Gefühl der Sympathie oder des Wohlwollens*, sondern eine Eigenschaft der menschlichen Vernunft darstellt. Nach Kant kann die menschliche Vernunft zweierlei Vorschriften für das Verhalten des Menschen aufstellen; die einen sind bedingt, die anderen sind verbindlich. Zum Beispiel: willst du gesund sein, dann lebe maßvoll; dies ist eine bedingte Regel. Ein Mensch, der nicht ein maßvolles Leben führen will, kann seine Gesundheit gering schätzen. Solche Vorschriften tragen nichts Unbedingtes in sich; der Mensch kann sie befolgen oder auch übersehen. Zu solchen bedingten Anforderungen gehören alle Vorschriften des Verhaltens, die persönliche Interessen im Auge haben, und solche bedingte Vorschriften können keine Grundlage der Sittlichkeit abgeben. Die sittlichen Forderungen müssen den absoluten Charakter

139 Seine Philosophie der Sittlichkeit legte Kant in drei Werken nieder: in der *Grundlegung zur Metaphysik der Sitten*, 1785, der *Kritik der reinen Vernunft*, 1788, und in der *Metaphysik der Sitten*, 1797. Außerdem muss man auch seine *Religion innerhalb der Grenzen der bloßen Vernunft*, 1793, kennen. Gründliche Schilderungen der Kantischen Sittlichkeitsphilosophie finden sich bei Jodl, Wundt, Paulsen usw.

eines unbedingten Gebotes (kategorischer Imperativ) tragen. Einen solchen kategorischen Imperativ stellt das *Pflichtbewusstsein* des Menschen dar.

Wie die Axiome der Mathematik dem Menschen nicht mit Hilfe der Erfahrung aufgegangen sind (so dachte Kant), ebenso trägt das Pflichtbewusstsein mit dem ihm eigenen Zug der Verbindlichkeit den Charakter eines Naturgesetzes und gehört zum Verstand eines jeden vernunftgemäß denkenden Wesens – so ist die Beschaffenheit der „reinen Vernunft".

Es ist unwichtig, dass der Mensch im Leben niemals dem kategorischen sittlichen Imperativ *ganz* gehorcht. Wichtig ist, dass er zur Anerkennung dieses Imperativs unabhängig von jeglicher Beobachtung oder von Beeinflussung durch das Gefühl gelangt ist, als hätte er ihn in sich selbst entdeckt und ihn zum obersten Gesetz seiner Handlungen gemacht.

Worin besteht also die moralische Pflicht? Die moralische Pflicht ist ihrem innersten Wesen nach das, was absolute Geltung hat und deshalb niemals nur Mittel für ein anderes sein kann, sondern gleichzeitig auch als *Zweck* an sich erscheint. Was aber hat für den Menschen absolute Bedeutung und muss also für uns Zweck sein?

Nach Kant hat nur eines in der Welt und sogar außer derselben absolute Geltung – nämlich: *der freie und vernünftige Wille.* Alle Dinge in der Welt, sagt Kant, haben nur relativen Wert, nur der freie und vernünftige Wille an sich hat einen unbedingten Wert. Infolgedessen bildet auch er freie und vernünftige Wille, da er absoluten Wert hat, das Objekt der sittlichen Pflicht. *Du musst frei und vernünftig sein* – das ist die Forderung des sittlichen Bewusstseins.

Aus diesem moralischen Gesetz folgert Kant die erste Vorschrift des sittlichen Verhaltens: handle so, sagt er, dass du die Menschheit sowohl in deiner Person, als in der Person eines jeden Anderen, jederzeit zugleich als Zweck, niemals bloß als Mittel brauchst. Alle Menschen sind, wie wir, mit einem freien und vernünftigen Willen begabt, und deshalb können sie niemals für uns Mittel sein. Das Ideal, das nach Kants Meinung von der Sittlichkeit erstrebt wird, ist die Republik der freien und vernünftigen menschlichen Persönlichkeiten, die Republik, in der jeder Einzelne der Zweck aller Anderen ist. Deshalb formulierte Kant das sittliche Gesetz in folgenden Ausdrücken: „handle nach einer Maxime, die zugleich als ein allgemeines Gesetz gelten kann" oder in anderer Fassung: „handle so, als ob die Maxime deiner Handlung durch deinen Willen zum allgemeinen Naturgesetz werden sollte", und endlich: „handle so, dass die Maxime deines Willens jederzeit zugleich als Prinzip einer allgemeinen Gesetzgebung gelten könne".

Die kleine Abhandlung, in der Kant diese Gedanken niederlegte, ist in einem einfachen und starken, die besten Triebe des Menschen anrufenden Stile geschrieben. Es ist also verständlich, dass die Lehre Kants insbesondere in Deutschland einen großen und erhebenden Einfluss hatte. Im Gegensatz zu den eudämonistischen und utilitaristischen Sittlichkeitstheorien, nach denen der Mensch deshalb sittlich sein muss, weil er im sittlichen Verhalten *Glück* (Theorie der Eudämonisten) oder *Nutzen* (Theorie der Utilitaristen) findet, behauptet Kant, dass man deshalb ein sittliches Leben führen muss, weil es so unsere Vernunft fordert. Du musst beispielsweise deine eigene Freiheit und die Freiheit anderer nicht nur dann achten, wenn du irgendeinen Nutzen oder Genuss daraus ziehen willst, sondern immer und unter jeder Bedingung, weil die Freiheit ein absolutes Gut ist, und nur sie allein einen an sich absoluten Zweck darstellt, während alles andere nur Mittel ist. Mit anderen Worten, die menschliche Persönlichkeit sowohl in uns selbst, also auch in den Anderen, ist Gegenstand der absoluten Achtung. Die absolute Achtung vor der Persönlichkeit bildet nach Kant die sittliche Grundlage der Moral und des Rechts.

Die Kantische Ethik passt also zu denen, die wohl an der Verbindlichkeit der Gebote der Kirche und des Evangeliums zweifeln, aber gleichzeitig noch zaudern, den Standpunkt der Naturwissenschaft einzunehmen, wobei Kants Ethik Anhänger auch unter denjenigen wissenschaftlich gebildeten Menschen findet, die gern glauben, dass der Mensch auf Erden die Vorbestimmung eines „höheren Willens“ erfüllt, und die in der Lehre Kants den Ausdruck ihrer eigenen unbestimmten Überbleibsel des früheren Kirchenglaubens zu finden vermeinen.

Der erhebende Charakter der Kantischen Ethik ist nicht zu bestreiten. Aber eigentlich lässt sie uns in vollkommener Unkenntnis über die wichtigste Frage der Ethik, d. h. über den *Ursprung des Pflichtgefühls.* Wenn uns gesagt wird, der Mensch erkenne in sich ein so hohes Gefühl der Pflicht, dass er sich für *verbunden* hält, diesem Gefühl zu gehorchen, so führt uns das nicht weiter als uns Hutcheson gebracht hatte, indem er sagte, dass im Menschen das sittliche Gefühl, das seine Handlungen in eine gewisse Richtung lenkt, tief verwurzelt ist, umso mehr, als der Einfluss der Vernunft auf die Ausgestaltung der Gefühle nicht geleugnet werden kann. Das Sittengesetz, sagt Kant, wird uns von der *Vernunft* auferlegt, von der Vernunft, die von Erfahrung und Naturbetrachtung unabhängig ist. Aber nachdem Kant mit solchem Eifer dieses behauptet und vier Jahre lang nach dem Erscheinen der *Kritik der praktischen Vernunft* gelehrt hatte, musste er letzten Endes anerkennen, dass er durchaus nicht imstande sei, im Menschen die Quelle der Achtung vor dem Sittengesetz zu finden; er vermeidet die Beantwortung dieser wichtigsten Frage der Ethik und spielt sogar auf die „göttliche Abkunft" dieser Achtung[140] an.

Es ist schwer festzustellen, ob dieser Umschwung in seinen Ansichten und die Rückkehr zur theologischen Ethik unter dem Einfluss der französischen Revolution stattfanden, oder ob Kant im Jahre 1792 dieselben Gedanken äußerte, die in seinem Geiste bereits enthalten waren, als er seine *Grundlegung* und die *Kritik der praktischen Vernunft* verfasste. Jedenfalls lauten seine eigenen Worte in der Schrift, die gewöhnlich von Kants Erläuterern unterschlagen werden, folgendermaßen: „Aber eines ist in unserer Seele, welches, wenn wir es gehörig ins Auge fassen, wir nicht aufhören können mit der höchsten Verwunderung zu betrachten, und wo die Bewunderung rechtmäßig, zugleich auch seelenerhebend ist, und das ist die ursprüngliche moralische Anlage in uns überhaupt."

Was aber stellt diese Anlage dar, deren Vorstellung allein uns bereits so hoch über alle gewöhnlichen Bedürfnisse erhebt, dass wir sie als bedeutungslos empfinden und es für sinnlos erachten, nur der Befriedigung dieser Bedürfnisse zu leben? Wobei ein mit der sittlichen Pflicht übereinstimmendes Leben für uns von hohem Wert ist, obwohl unser sittliches Bewusstsein uns für die Erfüllung der sittlichen Forderungen keinerlei Belohnung und keinerlei Strafe verheißt... „Die Unbegreiflichkeit dieser, eine göttliche Abkunft verkündigenden Anlage muss auf das Gemüt bis zur Begeisterung wirken und es zu den Anforderungen stärken, welche ihm die Achtung für seine Pflicht nur auferlegen mag..."[141]

Indem er also die Bedeutung und beinahe sogar die Existenz des Gefühls der Sympathie und der Geselligkeit im Menschen leugnete, auf das sich Hutcheson und Adam Smith in ihren Sittlichkeitstheorien bezogen, und indem er die sittliche Anlage des Menschen als grundlegende Eigenschaft der Vernunft anerkannte, vermochte Kant selbstverständlich in der Natur nichts zu finden, was ihn auf den naturgemäßen Ursprung der Sittlichkeit verweisen sollte, und deshalb musste er die Andeutung über die Möglichkeit der göttlichen Abkunft unseres sittlichen Pflichtbewusstseins machen. Noch mehr, die öftere Erwähnung dessen, dass das Bewusstsein des Sittengesetzes dem Menschen, ebenso wie „allen vernünftig denkenden Wesen" (von denen die Tiere ausgenommen werden), innewohnt, lässt

140 Kant, *Religion innerhalb der Grenzen der bloßen Vernunft*.

141 Daselbst.

sogar vermuten, dass Kant, wie bereits Schopenhauer bemerkte, eine „Welt der Engel“ im Sinne hatte.

Man muss indessen sagen, dass Kant durch seine Philosophie und Ethik die Zerstörung der überkommenen kirchlichen Sittlichkeit außerordentlich förderte und den Boden für eine neue, rein wissenschaftliche Ethik urbar machte. Man kann ohne Übertreibung behaupten, dass Kant mithalf, den Weg für die evolutionistische Ethik unserer Zeit zu bereiten. Ebenso darf man nicht vergessen, dass Kant, indem er den erhebenden Charakter der Sittlichkeit anerkannte, ganz richtig hinwies, dass man die Sittlichkeit nicht auf Erwägungen des *Glückes* oder des *Nutzens* begründen kann, wie die Eudämonisten und Utilitaristen zu behaupten versuchen. Zugleich zeigte Kant, dass auch das Gefühl der Sympathie oder des Mitempfindens nicht für die Begründung der Sittlichkeit genüge. Und wirklich, wie hoch auch das Gefühl der Sympathie im Menschen entwickelt sein mag, gibt es nichtsdestoweniger im Leben Augenblicke, in denen dieses hochsittliche Gefühl, wenn auch nur für kurze Zeit, im Widerspruch zu den anderen Bestrebungen unserer Natur gerät: der Mensch ist gezwungen, zu beschließen, wie er im gegebenen Fall zu handeln habe, wobei im Menschen das sittliche Bewusstsein laut seine Stimme erhebt. Die Grundfrage der Ethik besteht eben darin: mit Hilfe welcher Eigenschaften gleicht der Mensch den Zusammenstoß zweier Antriebe aus, und weshalb verursacht der Ausgleich, den wir den sittlichen nennen, dem Menschen innere Befriedigung und die Billigung der anderen Menschen? Auf diese Grundfrage gab Kant keine Antwort. Er wies nur auf den Kampf in der Seele des Menschen hin, und gestand, dass in diesem Kampfe nicht das *Gefühl,* sondern die *Vernunft* die ausschlaggebende Rolle spielt. Dieser Hinweis ist noch keine Lösung der Frage, denn es erhebt sich sogleich eine zweite Frage: „Weshalb beschließt die Vernunft gerade so und nicht anders?“ Kant nahm mit Recht davon Abstand, zu sagen, dass beim Zusammenstoß zweier Antriebe der Mensch sich von der Nützlichkeit des Sittlichen beeinflussen lasse. Gewiss waren die Erwägungen über den Nutzen der sittlichen Handlungen für das Menschengeschlecht von großer Bedeutung bei der Herausbildung unserer sittlichen Anschauungen, aber in den sittlichen Handlungen bleibt außerdem noch etwas, das weder mit der Gewohnheit, noch mit Nützlichkeitsgründen zu erklären ist; und dieses Etwas müssen wir ergründen. Ebenso ungenügend sind die Erwägungen über die innere Befriedigung, welche von der Ausführung einer sittlichen Handlung verursacht wird; es muss erklärt werden, *warum wir eine solche Befriedigung empfinden*, ebenso wie bei der Erklärung der Wirkung gewisser Vereinigungen von Tönen und

Akkorden bewiesen werden musste, warum bestimmte Kombinationen unserem Gehör physisch angenehm oder unangenehm sind, warum gewisse Verhältnisse und Linien in der Architektur unserem Auge wohltun, während andere es „beleidigen".

Also konnte Kant auf die grundlegende Frage der Ethik keine Antwort geben. Aber mit seinem Streben nach einer tieferen Erklärung der sittlichen Begriffe ebnete er den Weg für diejenigen, die den Hinweisen Bacos folgend, sich – wie Darwin getan hatte – dem Geselligkeitstrieb zuwandten, der allen gesellig lebenden Tieren innewohnt und diesen Trieb als *grundlegende Eigenschaft* des Menschen ansahen, die sich mit der Entwickelung des Menschen immer mehr verstärkte; eben dadurch begünstigte Kant die Gestaltung der neuen realistischen Ethik.

Über die Sittlichkeitsphilosophie Kants ist viel geschrieben worden und kann noch vieles gesagt werden. Ich werde mich indessen auf einige ergänzende Bemerkungen beschränken:

In der *Grundlegung der Metaphysik der Sitten*, seinem Hauptwerk auf dem Gebiete der Ethik, gesteht er ehrlich, dass wir nicht sehen, weshalb wir in Übereinstimmung mit dem Sittengesetz handeln müssen – „das ist", schrieb er, „der Bedingung der Allgemeingültigkeit der Maxime, als eines Gesetzes, gemäß."[142] – „Es zeigt sich hier, man muss es frei gestehen, eine Art von Zirkel, aus dem, wie es scheint, nicht herauszukommen ist. Wir nehmen uns in der Ordnung der wirkenden Ursachen als frei an, um uns in der Ordnung der Zwecke unter sittlichen Gesetzen zu denken, und wir denken uns nachher als diesen Gesetzen unterworfen, weil wir uns die Freiheit des Willens beigelegt haben" (S. 83). Kant versuchte diesen scheinbaren Denkfehler durch eine Erklärung aufzuheben, die das Wesen seiner ganzen Erkenntnisphilosophie ausmacht. Die Vernunft, sagt er, ist nicht nur über das Gefühl, sondern noch über den Verstand erhoben, da er ein Höheres bietet, als das Gefühl enthält: „Die Vernunft unter dem Namen der Ideen zeigt eine so reine Spontaneität (Selbsttätigkeit), dass sie dadurch weit über alles, was ihr Sinnlichkeit nur liefern kann, hinausgeht und ihr vornehmstes Geschäft darin beweist, Sinnenwelt und Verstandeswelt voneinander zu unterscheiden, dadurch aber dem Verstande selbst seine Schranken vorzuzeichnen" (S. 85-86). – „Wenn wir uns als frei denken, so versetzen wir uns als Glieder in die Verstandeswelt, und erkennen die Autonomie des Willens samt ihrer Folge, der Moralität; denken wir uns aber als verpflich-

142 Kant, *Grundlegung der Metaphysik der Sitten*, S. 93 der Hartensteinschen Ausgabe.

tet, so betrachten wir uns als zur Sinnenwelt und doch zugleich zur Verstandeswelt gehörig" (S. 87). – Die Freiheit des Willens ist nur eine Idee der Vernunft.[143]

Es ist klar, dass Kant hier voraussetzt, dass sein „kategorischer Imperativ" sein sittliches Gesetz, das „das Grundgesetz der reinen sittlichen Vernunft" darstellt, eine notwendige Form unseres Denkens ist. Aber Kant konnte nicht erklären, wieso und woher in unserer Vernunft gerade diese Denkform entstand. Wir aber können jetzt, wenn ich nicht irre, behaupten, dass sie der Idee der *Gerechtigkeit,* d. h. der Anerkennung der Gleichheit aller, entspringt. Über das Wesen des Kantischen Sittengesetzes ist viel geschrieben worden. Was aber die Allgemeingültigkeit der Kantischen Formulierung dieses Gesetzes beeinträchtigte, war die Behauptung Kants, die sittliche Entschließung müsse so sein, dass sie als Prinzip einer allgemeinen Gesetzgebung gelten könne. Aber für wen sollte sie gelten? Für den einzelnen Menschen oder für die Gesellschaft? Wenn für die Gesellschaft, so kann es für die einstimmige Bewertung einer Handlung keine andere Regel geben, als das *allgemeine Wohl,* und dann gelangen wir unvermeidlich zur Theorie der *Nützlichkeit* (des Utilitarismus) oder des *Glückes* (des Eudämonismus), die Kant so beharrlich verneinte. Wenn aber Kant mit den Worten „gelten könne" sagen wollte, dass die Regel meiner Handlung von der Vernunft eines jeden Menschen gern anerkannt werden könnte und müsste, nicht kraft ihrer gesellschaftlichen Nützlichkeit, sondern kraft des menschlichen Denkens selbst, dann muss die menschliche Vernunft eine besondere Eigenschaft aufweisen, die uns Kant bedauerlicherweise nicht gezeigt hat. Diese Eigentümlichkeit existiert in der Tat und es hätte, um sie zu begreifen, nicht des Weges durch die ganze Kantische Metaphysik bedurft. Ihr waren bereits die französischen Materialisten und die anglo-schottischen Denker sehr nahe. Diese grundlegende Eigenschaft der menschlichen Vernunft ist, wie ich bereits hingewiesen habe, der Begriff der *Gerechtigkeit,* d. h. der *Gleichberechtigung*. Es gibt und kann keinen anderen Begriff geben, der zur allgemeinen Regel der Bewertung der menschlichen Handlungen werden könnte. Mehr noch, sie wird nicht ganz, aber doch in bedeutendem Maße von anderen denkenden Wesen anerkannt, nicht von Engeln, auf die Kant deutete, sondern von vielen geselligen Tieren, und diese Anlage unserer Vernunft ist *nicht anders* zu erklären, als im Zusammenhang mit der fortschrittlichen *Entwickelung,* d. h. der *Evolution* des Menschen und des Tierreiches im Allgemeinen. In der Tat kann man nicht leugnen,

143 „Idee" in dem Sinne, den Kant diesem Wort unterlegte.

dass der Mensch hauptsächlich nach *Glück,* in des Wortes weitester Bedeutung, strebt. Darin sind die Eudämonisten und Utilitaristen vollkommen im Recht. Aber unbezweifelbar ist es auch, dass gleichzeitig mit dem Streben nach persönlichem Glück das abwehrende sittliche Prinzip in Form von Gefühlen der Sympathie, der Geselligkeit und in Handlungen der gegenseitigen Hilfe auftritt, die schon bei den Tieren anzutreffen sind. Teilweise von dem Gefühl der Brüderlichkeit, teilweise von der Vernunft ausgehend, entfalten sie sich zugleich mit der Entwickelung der Gesellschaft.

Die Kritik Kants weckte zweifellos das Gewissen der deutschen Gesellschaft und half ihr, die kritische Zeit zu überwinden. Aber sie gestattete ihr nicht, tiefer in die Grundlage der deutschen Gemeinschaft einzudringen. Nach dem Pantheismus Goethes rief sie die Gesellschaft zurück zur übernatürlichen Begründung des sittlichen Bewusstseins, und sie hielt das Denken, wie von einem gefährlichen Wege, davon zurück, die Grundlage des Sittlichen in natürlichen Gründen und in der allmählichen Entwickelung zu suchen, bei der die französischen Denker des achtzehnten Jahrhunderts angelangt waren.

Es könnte im Allgemeinen den heutigen Anhängern Kants nicht schaden, wenn sie die Sittlichkeitstheorie ihres Lehrers tiefer bearbeiten und erweitern würden. Man muss gewiss wünschen, dass „*die Maxime, deines Willens* jederzeit zugleich *als Prinzip einer allgemeinen Gesetzgebung* gelten könne.“ – Aber hat Kant diese Gesetze entdeckt? Wir sehen, dass in allen Sittlichkeitslehren – auch der Eudämonisten und Utilitaristen – als Grundlage des sittlichen Verhaltens die Interessen der Allgemeinheit angesehen werden; die Frage ist nur, *was als allgemeines Interesse anzusehen ist.* Und auf diese Frage, die Rousseau und die anderen französischen Schriftsteller vor der Großen Revolution so sehr bewegte, und mit der sich die meisten englischen und schottischen Denker befassten, auf diese grundlegende Frage der Ethik suchte Kant gar keine Antwort, indem er sich mit Andeutungen auf den Willen der Gottheit und mit dem Glauben an ein Leben nach dem Tode begnügte.

Was die zweite Formel Kants anbetrifft: „handle so, dass du die Menschheit sowohl in deiner Person als in der Person eines jeden andern, jederzeit zugleich als Zweck, niemals bloß als Mittel brauchst“, so könnte man einfacher sagen: In Fragen, welche die Gesellschaft berühren, achte nicht nur auf dein eigenes Interesse, sondern auf das Interesse der *Allgemeinheit.*

Aber dieses Element des Uneigennützigen, das Kant so beharrlich betonte und in dem er sein großes philosophisches Verdienst erblickte, dieses Element ist ebenso alt wie die Ethik selbst. Seinetwegen stritten bereits im alten Griechenland die Stoiker mit den Epikureern, im siebzehnten Jahrhundert die Intellektualisten mit Hobbes, Locke, Hume usw. Zudem ist der Kantische Satz an sich unrichtig. Der Mensch wird nicht dann wahrhaft sittlich, wenn er das Gebot eines von ihm als göttlich angesehenen Gesetzes befolgt, und auch nicht dann, wenn sich in seine Betrachtungen das eigennützige Element der „Furcht und Hoffnung" stiehlt, wie Kant selbst sich mit Bezug auf das jenseitige Lehen äußerte; sittlich ist er nur dann, wenn die sittliche Handlungsweise ihm zur zweiten Natur geworden ist.

Wie Paulsen[144] bemerkt, brachte Kant der Volksmasse Achtung entgegen, die manchmal, und öfter als die gebildeten Schichten, ein starkes und unmittelbares Gefühl der Pflichttreue aufweist. Aber er gelangte nicht bis zur Anerkennung der Gleichberechtigung der Massen mit den anderen Klassen der Gesellschaft. Deshalb sprach er zwar hinreißend über das Pflichtgefühl und verlangte er im Wesentlichen, dass jeder seine Handlung anderen gegenüber so gestalte, dass sie *für alle in Bezug auf alle wünschenswert sei* – indessen wagte er nicht auszusprechen, was Rousseau und die Enzyklopädisten verkündeten und die Revolution eben erst auf ihre Fahnen geschrieben hatte: die menschliche Gleichberechtigung. Diese kühne Folgerichtigkeit fehlte ihm. Den Wert der Lehre Rousseaus sah er in ihren nebensächlichen Folgerungen, nicht aber in ihrem eigentlichen Wesen, dem Aufruf zur *Gerechtigkeit.*

Ebenso stellte Kant, der den Begriff der Pflicht so hochschätzte, sich nicht die Frage: „Woher und weshalb diese Hochschätzung?" und er begnügte sich mit den Worten „allgemeines Gesetz", ohne dass er sich bemüht hätte, einen anderen Grund der Achtung dieses Gesetzes, als seine mögliche Allgemeingültigkeit, zu finden. Und während endlich aus der Anwendbarkeit irgendeiner Regel auf *alle Menschen ohne Unterschied* unvermeidlich der Begriff der *Gleichberechtigung aller Menschen* entstehen musste, übersah er diese unabwendbare Schlussfolgerung und – stellte er seine Ethik unter den Schutz eines höheren Wesens.

Eben dieses bestätigt noch mehr die oben angeführte Erklärung der Entstehung seiner Ethik. In den lockeren Sitten der Gesellschaft gegen Ende des achtzehnten Jahrhunderts erblickte er den schädlichen Einfluss der englisch-schottischen Philosophen und der französischen Enzyklopädisten. Er wollte die Achtung vor der Pflicht, die in der Menschheit auf religiöser Grundlage entstanden war, neu aufleben lassen, und versuchte es in seiner Ethik.

---

144 Paulsen, *System der Ethik.*

Es braucht kaum hinzugefügt zu werden, wie sehr die Kantische Philosophie unter dem Vorwand des gesellschaftlichen Nutzens *die Unterdrückung* der Philosophie *der Entwickelung der Persönlichkeit* in Deutschland begünstigte; darüber ist genügend von den meisten bedeutenden Kritikern der Kantischen Philosophie, wie Wundt, Paulsen, Jodl und vielen anderen gesagt worden.[145]

Das unsterbliche Verdienst Kants besteht, wie Goethe sagte, darin, dass er uns aus der Verweichlichung, in die wir hineingeraten waren, herausgeführt hat. Und seine Ethik brachte wirklich eine strengere Auffassung der Sittlichkeit mit sich im Gegensatz zu einer gewissen Leichtigkeit der Sitten, die von der Philosophie des achtzehnten Jahrhunderts zwar nicht verursacht, aber teilweise gerechtfertigt wurde. Aber für die weitere Entwickelung der Ethik und die Aufdeckung ihres innersten Wesens bedeutete die Sittlichkeitslehre Kants keine Bereicherung. Im Gegenteil: die Lehre Kants bot wohl dem philosophischen Wahrheitssuchen eine gewisse Befriedigung, aber sie brachte die Entwickelung der Ethik in Deutschland für lange Zeit zum Stehen. Vergeblich versuchte *Schiller,* von seiner Kenntnis des alten Griechenlands veranlasst, den ethischen Gedanken zur Anerkennung dessen zu führen, dass der Mensch wirklich sittlich nicht dann ist, wenn in ihm die Gebote der Pflicht mit den Antrieben des Gefühls kämpfen, sondern dann, *wenn die Sittlichkeit ihm zur zweiten Natur geworden ist.* Vergeblich versuchte er auch zu zeigen, wie die wahrhaft künstlerische Entwickelung (gewiss nicht der heutige „Ästhetismus") die Entfaltung der Persönlichkeit begünstigt, wie die Betrachtung der künstlerischen Schönheit und das künstlerische Schaffen den Menschen so sehr erheben, dass er in sich allmählich die Stimme des tierischen Triebes erstickt und so dem Gebote der Vernunft und der Liebe zur Menschheit den Weg frei macht. Die deutschen Philosophen, die nach Kant über die Sittlichkeit schrieben, fuhren trotz mancherlei persönlicher Abweichungen fort, wie ihr Lehrer zwischen der theologischen und der philosophischen Auffassung der Sittlichkeit zu schwanken. Sie führten nicht neue Wege, aber sie begeisterten die denkenden Menschen zum Dienste an der Gesellschaft, ohne aus dem engen Rahmen der damaligen halbfeudalen Ordnung herauszutreten. Und zu derselben Zeit, als in der Philosophie des Sittlichen die von Bentham und Mill geleitete Schule der Utilitaristen entstand und der Positivismus Auguste Comtes sich entfaltete, welcher die Philosophie zur naturwissen-

145 Über das Verhältnis der Ethik Kants einerseits zum Christentum, andererseits zum egoistischen Utilitarismus siehe Wundts *Ethik*, Bd. 2.

schaftlichen Ethik Darwins und Spencers führte, fuhr die deutsche Ethik fort, von den Abfällen des Kantianismus zu leben, in den Nebeln der Metaphysik umherzuirren, um sogar manchmal mehr oder weniger offenherzig zur kirchlichen Ethik zurückzukehren.

Indessen muss gesagt werden, dass die deutsche Philosophie der ersten Hälfte des neunzehnten Jahrhunderts, trotzdem sie, wie die damalige deutsche Gesellschaft, die Fesseln des deutschen Feudalismus nicht abstreifen konnte, dennoch die damals notwendig gewordene sittliche Wiedergeburt Deutschlands förderte, indem sie die junge Generation zu einem höheren, idealeren Dienst an der Gesellschaft begeisterte. In dieser Hinsicht gebührt *Fichte, Schelling* und *Hegel* ein Ehrenplatz in der Geschichte der Philosophie, in welcher Fichte unsere besondere Aufmerksamkeit verdient.

Ich werde seine Lehre hier nicht schildern, da sie eine ausgesprochen metaphysische Sprache erfordert, welche die Gedanken nur verdunkelt, statt sie aufzuhellen. Deshalb verweise ich diejenigen, die Fichte näher kennenlernen wollen, auf die ausgezeichnete Schilderung seiner Lehre durch Jodl in dessen *Geschichte der Ethik*, wo er die Lehre Fichtes die „Ethik der schöpferischen Genialität" nennt. Hier will ich aus seiner Lehre nur eine Schlussfolgerung erwähnen, welche beweist, wie nahe Fichte manchen Ergebnissen der rationalen, naturwissenschaftlichen Ethik gekommen war.

Die Philosophie des alten Griechenlands wollte die Richtschnur des Lebens werden. Dasselbe Ziel erstrebte auch die Sittlichkeitsphilosophie Fichtes, wobei er an die Sittlichkeit selbst, d. h. an die Reinheit ihrer Beweggründe, sehr hohe Anforderungen stellte, indem er jeden egoistischen Zweck verwarf und die vollständig bewusste Klarheit im menschlichen Willen und die höchsten und weitesten Ziele forderte, unter denen er die Herrschaft der Vernunft, durch die Freiheit des Menschen und die Vernichtung der menschlichen Untätigkeit herbeigeführt, verstand.

Man könnte mit anderen Worten sagen, das Sittliche bestehe nach Fichtes Meinung in dem Siege der eigentlichen Wesenheit des Menschen, der Grundlage seines Denkens, darüber, was der Mensch von der Umgebung in sich untätig aufnimmt.

Dabei folgerte Fichte, dass das Gewissen sich nie von der Autorität leiten lassen darf. Wer in Berufung auf seine Autorität handelt, tut es unbedingt gewissenlos; so ist leicht zu begreifen, welche erhebende Wirkung solche Ansichten auf die deutsche Jugend der zwanziger und dreißiger Jahre des neunzehnten Jahrhunderts ausüben mussten.

Fichte kehrte also zu dem bereits im alten Griechenland verbreiteten Gedanken zurück, dass den sittlichen Urteilen eine *angeborene Eigenschaft der menschlichen Vernunft* zugrunde liegt, und dass der Mensch, um sittlich zu sein, weder einer höheren Eingebung noch der Furcht vor Strafe im Diesseits oder Jenseits bedarf, was Fichte indessen nicht hinderte, letzten Endes zu dem Schluss zu kommen, dass keine Philosophie die göttliche Offenbarung entbehren könne.

Karl Christian Friedrich Krause ging noch weiter; ihm floss die Theologie mit der Philosophie zu einer Einheit zusammen. *Franz von Baader* baut seine Philosophie auf den Lehrsätzen der katholischen Kirche auf, und seine ganze Darstellungsweise ist vom Geiste des Katholizismus durchtränkt.

Und *Schelling,* der Freund Baaders, kommt geradeswegs zu dem Glauben an einen persönlichen Gott, zum Theismus. Sein Ideal ist Plato, und sein Gott ist der Menschengott, dessen Offenbarung jegliche Philosophie ersetzen muss; diese Konzession an die deutschen Theologen hinderte diese nicht, Schelling erbarmungslos anzugreifen. Sie begriffen natürlich, dass der Gott Schellings nicht der Christengott, sondern eher der Gott der Natur mit ihrem Widerstreit zwischen Gut und Böse ist. Zugleich sahen sie, dass die Philosophie Schellings auf die Jugend eine solch erhebende Wirkung ausübte, wie sie der Kirchenlehre niemals zuteil werden konnte.[146]

Von der Philosophie *Hegels* (1770-1831) muss zuallererst bemerkt werden, dass der Ethik kein besonderes Werk gewidmet wird, sondern dass die Fragen des Sittlichen in der *Philosophie des Rechts*[147] behandelt werden. Die Gesetzgebung samt ihren Grundlagen und die Lehre von der Sittlichkeit bilden bei ihm eine Einheit: ein für die Kennzeichnung des deutschen Geistes im neunzehnten Jahrhundert außerordentlich interessanter Zug.

Das Sittengesetz Kants zergliedernd, wies Hegel vor allem darauf hin, dass die sittliche Regel nicht dadurch gerechtfertigt wird, dass sie als all-

146 Aus dem Briefwechsel der Bakunins beispielsweise ist zu ersehen, welchen erhebenden Einfluss die Schellingsche Philosophie eine Zeitlang auf die russische Jugend ausübte, die sich um Stankewitsch und Michael Bakunin gruppierte. Aber infolge ihres mystischen Elements verblasste die Philosophie Schellings trotz der in ihr enthaltenen richtigen Vermutungen (z. B. über gut und böse) sehr schnell vor dem Einfluss des wissenschaftlichen Denkens.

147 *Grundlinien der Philosophie des Rechts*, 1821. *Phänomenologie des Geistes* (1806/07) und *Enzyklopädie der philosophischen Wissenschaften im Grundrisse* (ab 1816).

gemeines Gesetz wünschenswert ist, da man für jede Handlung irgendeine allgemeine Grundlage finden, und so jede Handlungsweise zur Pflicht erhoben werden kann. Und wir wissen in Wirklichkeit alle, dass nicht nur die Wilden Handlungen, gegen die sich unser Gewissen auflehnt (Kindermord, Blutrache), zur Pflicht erheben, sondern dass auch in gebildeten Gemeinschaften Handlungen, die von vielen als unbedingt empörend angesehen werden, zum allgemeinen Gesetz gemacht werden (Todesstrafe, Ausbeutung der Arbeitskraft, Ungleichheit der Klassen usw.).

Unbeschadet unserer Verehrung für Kant fühlen diejenigen, die über die Grundlagen der sittlichen Anschauungen nachdenken, dass diesen Anschauungen irgendeine allgemeine Regel zugrunde liegt, und nicht umsonst suchen die Denker seit der Zeit des alten Griechenlands nach dem passenden Ausdruck in der Gestalt einer kurzen, allgemein annehmbaren Formel für die Verbindung von Vernunfturteilen und Gefühl (oder richtiger gesagt – für das vom Gefühl gebilligte Urteil), die wir in unseren sittlichen Anschauungen finden.

Hegel fühlte es auch und suchte für die „Moralität" eine Stütze in den natürlich im Leben entstandenen Einrichtungen der Familie, der Gesellschaft und insbesondere des Staates. Dank diesen drei Einflüssen, sagte er, kann der Mensch so sehr mit dem Sittlichen verwachsen, dass es für ihn aufhört, eine Nötigung von außen zu sein, so dass er in ihm die Äußerung seines eigenen freien Willens erblickt. Die auf diesem Wege zustande gekommenen sittlichen Urteile sind naturgemäß nicht unabänderlich. Zuerst verkörperten sie sich in der Familie und nachher im Staat, aber auch hier blieben sie nicht unverändert; wobei im Leben und in der Entwickelung der Menschheit allmählich höhere Formen der sittlichen Anschauungen herausgebildet wurden und die Rechte der Persönlichkeit auf eine selbständige Entwickelung immer klarer in den Vordergrund traten. Aber man muss dessen eingedenk sein, dass die primitive Sittlichkeit des Hirten den gleichen Wert wie die Sittlichkeit des hochgebildeten Menschen hat. Sie verändert sich in jedem einzelnen Staate und in der Staatengesamtheit.

In der Auffassung der Entwickelung der sittlichen Begriffe schloss sich Hegel unzweifelbar denjenigen französischen Philosophen an, die gegen Ende des achtzehnten Jahrhunderts die Grundlagen der Evolutionstheorie schufen. Hegel war (außer Goethe) der erste deutsche Denker, der seine Philosophie auf der Idee der folgerichtigen Entwickelung der Evolution aufbaute; diese Evolution kleidete er in seine berühmte Formel der Dreiheit: These, Antithese, Synthese. Im Gegensatz zu Kant lehrte Hegel, dass die absolute Vernunft keine unbewegliche Wahrheit oder kein unbewegliches Denken ist; sie ist lebhafte, immer in Bewegung und Entwickelung befindliche Vernunft. Diese Weltvernunft zeigt sich in der Menschheit, deren Äußerung der Staat ist. In der Hegelschen Philosophie wird die Persönlichkeit vom Staat völlig aufgesaugt, dem der Mensch sich unterwerfen muss; die Persönlichkeit ist nur ein Werkzeug in der Hand des Staates und ist deshalb nur ein Mittel, keineswegs jedoch das Ziel des Staates. Der von der geistigen Auslese geleitete Staat wird bei Hegel zu einer übermenschlichen, menschlich-göttlichen Einrichtung.

Selbstverständlich verschwindet bei einer solchen Vorstellung von der Gesellschaft unvermeidlich jeder Gedanke daran, dass die *Gerechtigkeit,* d. h. die Gleichberechtigung, als Grundlage der sittlichen Urteile anerkannt werden könnte. Auch ist es klar, dass bei einer solch autoritären Auffassung des Staates die Rückkehr zur Religion und gerade zum Christentum unvermeidlich ist, das in der Gestalt der Kirche eine der wichtigsten Triebkräfte war, die den heutigen Staat geschaffen haben. Infolgedessen ebnete Hegel dem menschlichen Geist den Weg zur schöpferischen Tätigkeit nicht auf dem Gebiete der freien Gestaltung des Gemeinschaftslebens, sondern auf dem Gebiete der Kunst, der Religion und der Philosophie.

Wie Rudolf Eucken richtig bemerkte, haben wir in der Hegelschen Philosophie ein auf Gesetzen der Logik aufgebautes, in sich streng abgeschlossenes System, doch nimmt in der Philosophie Hegels auch die Intuition einen bedeutenden Platz ein. Wenn wir indessen fragen, ob die Intuition Hegels der Ausfluss seiner ganzen Philosophie ist, dann müssen wir verneinend antworten.

Die Philosophie Hegels übte nicht nur in Deutschland, sondern auch in anderen Ländern (insbesondere in Russland) einen ungeheuren Einfluss aus. Aber diesen Einfluss verdankt sie nicht ihren logischen Konstruktionen, sondern jenem sieghaften Lebensgefühl, das oft in den Schriften Hegels anzutreffen ist. Infolgedessen weckte das Hegelsche Werk den Gedanken und führte der Philosophie etwas Revolutionäres zu, obwohl es gleichzeitig zur Aussöhnung mit der Wirklichkeit, zur Rechtfertigung des Seienden und zur Anerkennung dessen, dass alles Seiende vernünftig ist, führte; sie wies manche fortgeschrittenen Prinzipien auf, und diese gestatteten den sogenannten „linken“ Hegelianern, ihre revolutionäre Weltanschauung auf der Lehre Hegels zu begründen. Aber auch für sie war die Halbheit der Hegelschen Philosophie, ihre Gefügigkeit gegenüber der Staatsidee, ein fortwährendes Hemmnis, aus welchem Grunde die Kritik, die die linken Hegelianer an der Gesellschaftsordnung übten, aufhörte, sobald die Grundlagen des Staates in Erwägung gezogen wurden.

Ich werde auf den Philosophen *Schleiermacher* (1768-1834), einen Zeitgenossen Hegels, nicht näher eingehen; seine Sittlichkeitslehre war ebenso wie die Philosophie Fichtes von Metaphysik überwuchert und war (insbesondere in der Zeit zwischen den Jahren 1819 und 1830) sogar auf theologischer Grundlage aufgebaut, ohne dass sie was Neues zu dem von seinen Vorgängern Gesagten hinzugefügt hätte. Ich will nur bemerken, dass Schleiermacher in den sittlichen Handlungen einen dreifachen Charakter feststellte. Locke und überhaupt die Schule der Eudämonisten behaupteten, dass der Mensch in einer sittlichen Handlung sein höchstes Glück findet; das Christentum sah in ihr eine Tugend und eine Pflicht gegenüber dem Schöpfer der Welt, Kant jedoch erblickte in ihr, ohne die Tugend zu verneinen, die Pflicht im Allgemeinen. Für Schleiermacher sind diese drei Elemente unzertrennlich in dem von ihnen geschaffenen sittlichen Verhalten den Menschen gegenüber; wobei Schleiermacher an die Stelle der Gerechtigkeit, die das Grundelement des Sittlichen ausmacht, die christliche Liebe setzt.

Im Allgemeinen ist die ethische Philosophie Schleiermachers der Versuch eines protestantischen Theologen, die Theologie mit der Philosophie auszusöhnen. Indem er darauf hinweist, dass der Mensch seinen Zusammenhang mit dem ganzen Weltall und seine Abhängigkeit von ihm und den Wunsch, mit dem Leben der Natur zu verschmelzen, fühlt, ist er bemüht, dieses Gefühl als ein wahrhaft religiöses hinzustellen, wobei er (wie Jodl richtig bemerkt) vergisst, dass in diesem Zusammenhang auch schwere Ketten, die den Geist an das Niedere und Gemeine fesseln, geschmiedet werden. Die Frage: „Warum bin ich so, wie ich bin?“ wird an die geheimnisvollen Mächte ebenso oft mit Dankbarkeit wie mit bitterem Fluch gestellt.

Zehntes Kapitel

Die Entwicklung der Sittlichkeitslehren im 19. Jahrhundert

Die Sittlichkeitstheorien der englischen Denker der ersten Hälfte des neunzehnten Jahrhunderts. – Mackintosh und Stewart. – Bentham. – John Stuart Mill. – Schopenhauer. – Victor Cousin und Jouffroy. – Auguste Comte und der Positivismus. – Der Kultus der Menschheit. – Die Moral des Positivismus. – Littré. – Feuerbach.

In der Ethik des neunzehnten Jahrhunderts entstanden drei neue Strömungen: 1. der *Positivismus,* der von dem französischen Philosophen Auguste Comte entwickelt wurde und in Deutschland in der Person Friedrich Feuerbachs einen bedeutenden Vertreter fand. 2. Der *Evolutionismus,* d.h. die Lehre von der allmählichen Entwickelung aller lebenden Wesen, gesellschaftlichen Institutionen und Überzeugungen, darunter auch der sittlichen Anschauungen des Menschen. Der Schöpfer dieser Theorie war Charles Darwin, und Herbert Spencer entwickelte sie eingehend in seiner „Synthetischen Philosophie". 3. Der *Sozialismus,* d.h. die Lehre von der politischen und sozialen Gleichheit der Menschen. Diese Lehre entwickelte sich in der Großen Französischen Revolution und aus den ökonomischen Lehren, die unter dem Einfluss des raschen Anwachsens der Industrie und des Kapitalismus in Europa auftauchten. Diese drei Lehren übten auf die Entwickelung der sittlichen Anschauungen im neunzehnten Jahrhundert einen großen Einfluss aus. Indessen ist noch heute kein vollständiges, auf diesen drei Lehren fußendes System der Ethik geschaffen worden. Manche der zeitgenössischen Philosophen, wie beispielsweise Herbert Spencer, Guyau und teilweise Wilhelm Wundt, Paulsen, Harald Høffding, Gizycki und Eucken, versuchten, ein System der Ethik auf den Grundlagen des Positivismus und Evolutionismus aufzubauen, aber sie alle übersahen mehr oder weniger den Sozialismus. Indessen besitzen wir im Sozialismus eine großartige ethische Strömung, und heute kann kein neues ethisches System aufgebaut werden, ohne dass so oder anders diese Strömung berührt würde, die den Ausdruck des Strebens der arbeitenden Massen nach gesellschaftlicher Gerechtigkeit und Gleichberechtigung darstellt.

Bevor wir die sittlichen Anschauungen der bedeutendsten Vertreter der drei oben erwähnten Strömungen besprechen, sollen die englischen ethischen Systeme der ersten Hälfte des neunzehnten Jahrhunderts geschildert werden.

Mackintosh (1765-1832). – Der schottische Philosoph James Mackintosh ist ein Vorläufer des Positivismus in England. Seinen Überzeugungen nach war er Radikaler und feuriger Verteidiger der Ideen der Französischen Revolution. Seine Sittlichkeitslehre umschrieb er in seinem Werk *Geschichte der Sittlichkeitsphilosophie*, in welchem er alle Theorien über den Ursprung der Sittlichkeit, die von Shaftesbury, Hutcheson, David Hume und Adam Smith geschaffen wurden, systematisch bearbeitete. Wie diese Denker, erkannte auch Mackintosh an, dass die sittlichen Handlungen des Menschen der Ausfluss seiner Gefühle, nicht aber seiner Vernunft sind. Die sittlichen Erscheinungen, schrieb er, stellen *Gefühle* von besonderer Art dar: Gefühle der Sympathie und Antipathie, der Billigung und Missbilligung in Bezug auf alle unsere Neigungen, von denen unsere Handlungen erzeugt werden; allmählich vereinigen sich alle diese Gefühle und bilden ein Ganzes, eine besondere Fähigkeit unserer Seele, eine Fähigkeit, die man das sittliche Gewissen nennen kann.

Dabei fühlen wir, dass es von unserem Willen abhängt, ob wir nach unserem Gewissen handeln oder nicht; und wenn wir gegen das Gewissen handeln, so schreiben wir die Schuld daran unserem schwachen oder bösen Willen zu.

Also führte Mackintosh alles auf das Gefühl zurück; das Eingreifen der Vernunft existierte für ihn nicht. Zudem ist nach ihm das sittliche Gefühl etwas Angeborenes, das zur menschlichen Natur gehört und weder von der Vernunft, noch von der Erziehung erzeugt werden kann.

Dieses sittliche Gefühl, schrieb Mackintosh, trägt unzweifelhaft den Charakter eines Gebotes: es verlangt ein bestimmtes Verhalten zu den Menschen, und zwar aus dem Grunde, weil wir uns bewusst sind, dass unsere sittlichen Gefühle, von denen unsere Handlungen gebilligt oder missbilligt werden, innerhalb der Grenzen unseres Willens wirken.

Die verschiedenen sittlichen Beweggründe fließen allmählich in unserer Vorstellung zu einem Ganzen zusammen, und die Vereinigung zweier

Gefühlsgruppen, die ihrem Wesen nach nichts Gemeinsames haben, – das egoistische Selbstgefühl, oder das Selbsterhaltungsgefühl, und das Gefühl der Sympathie für andere, – bestimmt den Charakter des Menschen.

Das ist, nach Mackintosh, der Ursprung der Sittlichkeit, und so ist ihr Kriterium, ihr Maßstab im Leben. Aber diese ethischen Grundsätze sind für den Menschen so wohltuend, und sie verknüpfen einen jeden von uns so eng mit dem Wohl der ganzen Gemeinschaft, dass sie sich unvermeidlich in der Gesellschaft entwickeln mussten.

Damit stellte sich Mackintosh auf den Gesichtspunkt der Utilitaristen. Dabei bestand er insbesondere darauf, dass man nicht (wie es oft geschieht) das *Kriterium,* d. h. die Grundlage des sittlichen Antriebs, die uns als *Maßstab* bei der Wertbestimmung gewisser menschlicher Eigenschaften und Handlungen dient, und das, was uns *persönlich als Wünschenswertes* und zur Handlung Veranlassendes erscheint, miteinander verwechsle. Diese zwei Antriebe gehören zu verschiedenen Gebieten, und in einer ernsthaften Forschung müssen sie streng auseinandergehalten werden. Es ist für uns wichtig, zu wissen, welche Handlungen und welche Eigenschaften wir vom sittlichen Standpunkt aus gutheißen oder ablehnen – das ist unser Kriterium, unser sittlicher Wertmesser. Aber wir müssen auch wissen, ob unsere Billigung oder Ablehnung das Ergebnis des unmittelbaren Gefühls sind, oder ob sie durch Nachdenken auch unserer Vernunft entstammen können. Endlich müssen wir auch Folgendes wissen: wenn unsere Billigung oder Missbilligung der Ausfluss unseres Gefühls sind, ist dann dieses Gefühl ein ursprünglicher Zug unserer Veranlagung, oder aber gestaltete es sich in uns allmählich unter dem Einfluss der Vernunft aus?

„Dies ist in mancher Beziehung das Klarste und Treffendste", bemerkt Jodl sehr mit Recht, „was über die methodische Grundlegung der ethischen Prinzipienlehre je bemerkt worden ist." Dann ist es wirklich klar, dass, wenn in unserem sittlichen Gefühl wirklich etwas Angeborenes ist, es in der Folge die Vernunft nicht an der Erkenntnis hindert, dass gewisse durch die Gemeinschaftserziehung entwickelte Gefühle oder Handlungen für das allgemeine Wohl von Wert sind.[148]

Es wird, wie ich hinzufüge, auch klar, dass die *Geselligkeit* und die mit ihr untrennbar verbundene gegenseitige Hilfe, die der großen Mehrzahl der Tierarten und umso mehr dem Menschen seit dem Erscheinen men-

148 Dissertation on the progress of ethical philosophy im ersten Band der *Encyclopaedia Britannica*. In der Folge wurde dieses Werk oft als Einzelausgabe gedruckt.

schenähnlicher Wesen auf der Erde innewohnt, die Quelle der sittlichen Gefühle sind, und dass die Verwurzelung der Geselligkeitsgefühle von dem bewussten Verständnis für die Tatsachen des geselligen Lebens, d. h. von der Verstandestätigkeit, begünstigt wurden. Und mit der Entwickelung und Bereicherung des Gemeinschaftslebens erhielt die Vernunft immer mehr Einfluss auf die sittliche Veranlagung des Menschen.

Endlich unterliegt auch keinem Zweifel, dass beim rücksichtslosen Kampf ums Dasein oder bei der Entwickelung der räuberischen Triebe, die sich zu Zeiten bei manchen Stämmen und Völkern verstärken, das sittliche Gefühl leicht abgestumpft werden kann. Und es würde sicherlich ersticken, wenn in der inneren Veranlagung des Menschen und der Mehrzahl der entwickeltsten Tiere außer dem Herdentrieb nicht noch eine andere Fähigkeit vorhanden wäre, eine gewisse *Richtung des Denkens,* welche den Einfluss der Gesellschaftlichkeit stützt und stärkt. Unter dieser Richtung verstehe ich den Begriff der *Gerechtigkeit,* der seinem innersten Sinne nach nichts anderes als die Anerkennung der *Gleichberechtigung* aller Mitglieder der Gemeinschaft ist. Dieser Eigenschaft unseres Denkens, die wir bei den primitivsten Wilden und bis zu einem gewissen Grade bei den Herdentieren finden, verdanken wir die Entwickelung unserer sittlichen Anschauungen zu einer beharrlichen, oft sogar *unbewusst gebieterischen Macht.* Was die bis zur Selbstaufopferung gehende Großmut anbetrifft, die eigentlich allein „sittlich" genannt werden dürfte, so werde ich bei der Behandlung der Ethik Guyaus dieses dritte Glied der Sittlichkeit eingehender betrachten.

Ich werde auf die englische Philosophie der Jahrhundertwende nicht näher eingehen. Sie ist eine Reaktion auf die Französische Revolution und auf die ihr vorangegangene Philosophie der Enzyklopädisten, ebenso auf die kühnen Gedanken, die William Godwin in seinem Buch *Von der politischen Gerechtigkeit* aussprach. Dieses Buch bildet eine vollständige und ernsthafte Darstellung dessen, was in der Folge unter der Bezeichnung der *Anarchie*[149] gepredigt wurde. Diejenigen, die die sehr lehrreiche englische Philosophie jener Zeit näher kennenlernen wollen, verweise ich auf Jodls vortreffliche Übersicht im zweiten Band seiner *Geschichte der Ethik.*

149 Godwin, *Inquiry concerning Political Justice and Influence on general Virtue and Happiness*, 2 Bände, London 1793. Aus der zweiten Auflage wurden die anarchistischen und kommunistischen Ansichten Godwins fortgelassen, aus Anlass der Verfolgungen, die die republikanischen Freunde Godwins zu erdulden hatten.

Ich füge nur noch hinzu, dass die englischen Denker jener Zeit überhaupt vor allem bestrebt waren zu beweisen, dass das Gefühl allein für die Erklärung der Sittlichkeit nicht genüge. So beweist Stewart, ein bedeutender Vertreter dieser Epoche, dass weder die „Reflexaffekte“ Shaftesburys noch das „Gewissen“ Joseph Butlers genügen, um den Ursprung der Sittlichkeit zu erklären. Er wies auf die Unmöglichkeit hin, die verschiedenen Sittlichkeitstheorien miteinander zu versöhnen, von denen die einen auf Wohlwollen, die anderen auf Gerechtigkeit, auf vernünftiger Selbstliebe oder auf Gehorsam gegenüber dem Willen Gottes fußen; gleichzeitig aber wollte er, wie Hume, nicht anerkennen, dass das Vernunfturteil allein imstande sei, uns den Begriff des Guten oder des Schönen einzugeben. Indessen zeigte er auch, wie weit die sittlichen Antriebe des Menschen vom unmittelbaren Gefühl entfernt sind.

Es sollte scheinen, dass Stewart, nachdem er einmal gefolgert hatte, dass in den sittlichen Anschauungen die Vernunft die in uns entstandenen Vorstellungen verbindet und sodann aus sich heraus neue Vorstellungen erzeugt (wobei er sogar die „mathematische Idee der Gleichheit“ erwähnte), zu dem Gedanken der Gerechtigkeit gelangen müsste. Aber unter dem Einfluss entweder der alten Anschauungen der intuitiven Schule, oder der neuen Strömungen, die nach der Französischen Revolution jeden Gedanken der Gleichberechtigung aller ablehnten, entwickelte Stewart seine Ideen nicht weiter, und kam er zu keiner bestimmten Schlussfolgerung.

Neue Gedanken führte Jeremy Bentham, ein Zeitgenosse von Mackintosh und Stewart, in die englischen Sittlichkeitslehren ein.

Bentham (1748-1832). – Bentham war kein Philosoph im eigentlichen Sinne. Er war Advokat, sein eigentliches Fach war das Recht und die aus ihm sich ergebende praktische Gesetzgebung. Indem er das Recht in der Form verneinte, die es in der Gesetzgebung vieler Jahrtausende historischer Rechtlosigkeit angenommen hatte, suchte Bentham nach einer tiefen, streng wissenschaftlichen, theoretischen Begründung des Rechts, die von Vernunft und Gewissen gebilligt würde. In seinen Augen fließen das Recht und die Sittlichkeit ineinander, und sein erstes Werk, in dem Bentham seine Theorie auseinandersetzte, nannte er *Einführung in die Prinzipien der Moral und der Jurisprudenz*.

Als grundlegendes Prinzip jeglicher Ethik und Gesetzgebung sah Bentham, wie Helvetius, *das größte Glück der größten Anzahl Menschen* an. Wie wir bereits sahen, legte auch Hobbes dasselbe Prinzip seiner Ethik zugrunde. Aber Bentham und seine Nachfolger (Mill und andere) kamen von diesem Prinzip her zu Schlussfolgerungen, die von denjenigen des Hobbes grundverschieden waren.

Der Reaktionär Hobbes glaubte, unter dem Einfluss der Revolution des Jahres 1648 stehend, dass das größtmögliche Glück den Menschen nur von einer starken Macht gegeben werden kann. Bentham jedoch, der „Philanthropist“, wie er selbst sich nannte, hielt die Gleichheit für das erstrebenswerte Ziel. Obwohl er die sozialistische Lehre ablehnte, erkannte er indessen an, dass die „Gleichheit der Güter“ dazu beitragen würde, „das größtmögliche Glück der meisten Menschen zu erreichen, wenn nur die Erlangung dieser Gleichheit nicht zu revolutionären Handlungen führen würde“. In Bezug auf die Gesetzgebung überhaupt kam er sogar zu anarchistischen Schlussfolgerungen mit seiner Annahme: je weniger Gesetze, desto besser. „Gesetze sind eine Beschränkung der dem Menschen innewohnenden Fähigkeit des Handelns, und deshalb bilden sie, vom absoluten Standpunkt betrachtet, ein Übel.“

Bentham unterzog die ganze zeitgenössische Gesellschaftsordnung und alle damals verbreiteten Sittlichkeitstheorien einer strengen Kritik. Indessen vermied er, wie gesagt, trotz seiner Annäherung an sozialistische und anarchistische Gedankengänge, seine Ideen zu ihrem logischen Schluss zu führen, und er lenkte seine ganze Aufmerksamkeit auf die Feststellung, welche Genüsse die stärksten, anhaltendsten und fruchtbarsten seien. Da die verschiedenen Menschen ihr eigenes Glück und das Glück anderer verschieden auffassen und viel zu wenig auseinanderhalten, was sie zum Glück und was zum Leiden führt, sich also umso mehr in der Feststellung dessen irren, was das Wohl der Gesellschaft ausmacht, so versuchte Bentham, genau zu bestimmen, was dem einzelnen Menschen und der ganzen Gemeinschaft die größten Glücksmöglichkeiten bietet. Das Suchen nach Glück ist zugleich das Suchen nach persönlichen Genüssen, und deshalb bemühte sich Bentham, wie sein altgriechischer Vorgänger Epikur, festzustellen, welche unserer Genüsse uns das größte, nicht nur augenblickliche, sondern auch dauerhafte Glück – auch wenn es mit Leid verknüpft wäre – bieten können. Zu diesem Zweck versuchte er eine Skala, eine „Leiter der Genüsse“ aufzustellen, wobei er an ihre Spitze die Genüsse setzte, die am stärksten und tiefsten wirken, die nicht zufällig und kurz sind, sondern das ganze Leben währen können, die zu verwirklichen und binnen kurzem zu erreichen sind, nicht aber in eine entfernte und ungewisse Zukunft hinausgeschoben werden müssen.

Die *Eindringlichkeit* des Genusses, seine *Dauerhaftigkeit*, *Sicherheit* und *nahe Verwirklichung* sind die vier Maßstäbe, die Bentham in seiner „Arithmetik der Genüsse“ festzustellen versuchte, wobei er noch die *Fruchtbarkeit,* d.h. die Fähigkeit der Hervorbringung neuer Genüsse, und die *Übertragbarkeit* hinzufügte, d.h. die Fähigkeit, nicht nur den Einzelnen, sondern auch seine Umgebung zu erfreuen. In der gleichen Richtung wie die „Leiter der Genüsse“ stellte Bentham auch eine „Leiter der Leiden“ auf, wobei er einen Unterschied machte zwischen den Leiden, die den Einzelnen treffen, und denjenigen, die von allen Mitgliedern der Gemeinschaft oder einer Gruppe von Personen getragen werden müssen; zu einer besonderen Art zählte er diejenigen Leiden und Drangsale, welche die Kraft des Einzelnen oder der ganzen Gemeinschaft untergraben.

Bei der Erklärung des sittlichen Gefühls begnügte sich Bentham nicht mit der früheren Ableitung der Sittlichkeit aus einem angeborenen sittlichen Gefühl (von der Natur oder einer höheren Eingebung stammend), aus Sympathie oder Antipathie, aus dem „Gewissen“, der „moralischen Pflicht“ usw.; schon die Erwähnung der „Tugend“, deren Begriff in der Geschichte mit den Schrecknissen der Inquisition verknüpft ist, weckte seine helle Entrüstung.

Diese seine Gedanken sind besonders scharf ausgeprägt und eingehend entwickelt in seinem Werk *Deontology on the Science of Morality*, das nach seinem Tode von seinem Freund Bowring bearbeitet wurde.[150]

Die Sittlichkeit muss auf anderen Grundlagen aufgebaut werden, sagte Bentham. Pflicht der Denker ist es, zu beweisen, dass eine „tugendhafte“ Handlung eine richtige Berechnung darstellt, ein zeitweiliges Opfer ist, das größtmöglichen Genuss verheißt, während eine unsittliche Handlung eine falsche Berechnung bedeutet. Der Mensch muss nach persönlichem Glück streben und seine persönlichen Interessen verfolgen.

So sprachen bereits Epikur und viele andere seiner Anhänger, z.B. Mandeville, in seiner berühmten *Bienenfabel.* Aber, wie Guyau[151] hingewiesen hat, trägt Bentham hier eine bedeutsame Berichtigung bei, mit der der Utilitarismus einen großen Fortschritt macht. *Die Tugend ist nicht nur eine Berechnung*, sagte Bentham, sie schließt noch eine gewisse Kraftanwendung, einen Kampf ein; der Mensch opfert einen unmittelbaren Genuss angesichts zukünftiger großer Freuden. Und dieses Opfer, d.h. eigentlich die – auch zeitweilige – Selbstaufopferung, wird von Bentham mit besonderem Nachdruck betont. Und wirklich, das Außerachtlassen dieser Tatsa-

150 Die erste Auflage der Pflichtenlehre erschien im Jahre 1834 in zwei Bänden.

151 Guyau, *Geschichte und Kritik der zeitgenössischen englischen Sittlichkeitstheorie.* (La morale anglaise contemporaine, 1879.)

che bedeutete die Verleugnung dessen, was wenigstens das halbe Leben des Tierreiches, der unentwickeltsten Wilden und sogar unserer „industriellen“ Gemeinwesen ausmacht. Viele, die sich Utilitaristen nennen, verfahren gerade so. Aber Bentham begriff, wohin der Utilitarismus ohne diese Berichtigung führen würde und lenkte deshalb beharrlich unsere Aufmerksamkeit auf sie. Umso mehr musste John Stuart Mill auf ihr bestehen, der zu der Zeit schrieb, als die kommunistischen Lehren Owens, der ebenso die auf höherer Eingebung beruhende Sittlichkeit ablehnte, in England bereits weite Verbreitung fanden.

Diese Maße von Gut und Böse – bewies Bentham – bilden nicht nur die Grundlage der Wertschätzung unserer eigenen Handlungen; sie müssten mindestens die Grundlage jeglicher Gesetzgebung darstellen. In ihnen liegt das Kriterium des Sittlichen, d. h. sein Probierstein und sein Maßstab. Dazu kommt eine ganze Menge anderer Erwägungen, von welchen die Sittlichkeitsbegriffe und die Ansichten dessen, was an einzelnen Menschen und ganzen Gesellschaften auf verschiedenen Entwickelungsstufen wünschenswert sei, stark beeinflusst und verändert werden. Die geistige Entwickelung des Menschen, seine Religion, sein Temperament, sein Gesundheitszustand, seine Erziehung und Klassenzugehörigkeit, ebenso die politische Ordnung – alles das verändert die sittlichen Begriffe der Einzelnen und ganzer Gesellschaften, und Bentham untersuchte, seine gesetzgeberischen Aufgaben verfolgend, diese Einflüsse aufs eingehendste. Obwohl er von höheren Bestrebungen begeistert war und die sittliche Schönheit der Selbstaufopferung gebührend würdigte, finden wir bei ihm keinen Aufschluss darüber, unter welchen Bedingungen der Instinkt über die kühlen Erwägungen des Verstandes den Sieg davonträgt, in welchem Verhältnis Verstand und Trieb sich zueinander befinden, wie sie miteinander verbunden sind. Wir sehen bei Bentham die instinktive Kraft der Geselligkeit, aber wir verfolgen nicht, wie sie mit seinem schulgerecht denkenden Verstande sich verträgt und deshalb empfinden wir die Unvollständigkeit seiner Ethik und begreifen, wie so viele, die sich mit ihr befassten, sich unbefriedigt fühlen und fortfahren, entweder in der Religion oder in ihrem Geisteskinde, der Kantischen Ethik der Pflicht, eine Stütze für ihre sittlichen Bestrebungen zu suchen.

Andererseits besteht kein Zweifel daran, dass aus der Benthamschen Kritik der Wunsch spricht, in den Menschen das Schöpferische hervorzurufen, das fähig wäre, ihnen nicht nur persönliches Glück, sondern auch eine weitschauende Auffassung der gesellschaftlichen Aufgaben zu bieten und in ihnen höhere Bestrebungen zu erwecken. Bentham verfolgte das

Ziel, das Recht und die Gesetzgebung, statt mit den heute gangbaren Anschauungen vom Glücke der Menschheit unter einer zielkräftigen Macht, mit höheren Erwägungen vom größtmöglichen Glück der größtmöglichen Anzahl Menschen zu begeistern.

In Anbetracht dieses Zuges der Ethik Benthams, des allgemeinen Geistes seiner Werke, seines hohen Zieles, seiner Sorge um die Erhaltung in der Gesellschaft, der Mittel zur Befriedigung der persönlichen Empfänglichkeit des Einzelnen, sowie in Anbetracht seiner Auffassung vom künstlerischen Element als vom Gefühl der Pflichterfüllung wird es leicht begreiflich, wie, ungeachtet der arithmetischen Trockenheit seines Ausgangspunktes, Bentham einen solch wohltuenden Einfluss auf die besten Vertreter seiner Zeit ausüben konnte. Es wird auch klar, dass Leute, die seine Theorie eingehend untersuchten, wie Guyau in seinem vorzüglichen Werk über die zeitgenössische englische Ethik, Bentham für den wirklichen Begründer der ganzen englischen Schule der Utilitaristen halten, zu der teilweise auch Spencer gehört.

Sein Anhängerkreis, zu dem vor allem James Mill und sein Sohn *John Stuart Mill* (1806-1873) gehörten, stellte sich zum Ziele die weitere Entwickelung der Ideen Benthams. Das kleine Werk John Stuart Mills *Utilitarismus* stellt die feste Zusammenfassung der Lehren der Utilitaristenschule in der Ethik dar.[152]

Obwohl Mill nur dieses eine kleine Buch über die Theorie der Sittlichkeit geschrieben hat, schenkte er damit der Wissenschaft von der Sittlichkeit einen großen Beitrag und führte er die Lehre vom Utilitarismus bis zu ihrem logischen Abschluss. In seinem Buche ist Mill, wie in seinen ökonomischen Werken, von dem Gedanken der Notwendigkeit durchdrungen, das ganze gesellschaftliche Leben auf neuen ethischen Grundlagen umzubauen.

Für diese Umgestaltung bedurfte Mill weder der religiösen Begründung der Sittlichkeit, noch der aus der reinen Vernunft abgeleiteten Gesetzgebung (Kants Versuch in dieser Richtung endete mit einem gänzlichen Misserfolg); – er hielt es für möglich, die ganze Sittlichkeitslehre auf einem Grundsatz, *dem Streben nach dem* richtig, d. h. vernünftig aufgefassten *größtmöglichen Glücke*, aufzubauen. So fasste bereits Hume den Ursprung des Sittlichen auf. Aber Mill vervollständigte, wie von einem Denker der

152 *Utilitarism* erschien im Jahre 1861 in *Fraser's Magazine* und als selbständiges Buch im Jahre 1863.

zweiten Hälfte des neunzehnten Jahrhunderts zu erwarten stand, diesen Gedanken, indem er auf die allmähliche Entwickelung der Sittlichkeitsbegriffe der Menschheit dank dem Gemeinschaftsleben hinwies. Das Sittliche ist dem Menschen nicht angeboren, sondern bildet das *Ergebnis der Entwickelung.*

Der Mensch verfügt über herrliche, aber auch über schlimme Anlagen; manche Menschen sind bereit, für das Wohl der Allgemeinheit zu wirken, andere jedoch wollen sich darum nicht bekümmern. Die Anschauungen darüber, was das Wohl der Gemeinschaft und folglich auch eines jeden Einzelnen ausmacht, sind noch äußerst verworren. Wenn aber in diesem Kampf ein Schritt zum Besseren zu bemerken ist, so deshalb, weil *jede menschliche Gemeinschaft* ein Interesse daran hat, dass die Elemente des Guten, d. h. des allgemeinen Wohles, oder, um mit Comte zu sprechen, die altruistischen Elemente über die egoistischen den Sieg davontragen. Mit anderen Worten, – im Gemeinschaftsleben geht ein Ausgleich vor zwischen den auf dem Pflichtgefühl fußenden sittlichen Bestrebungen und denen, die dem Grundsatz der größten Glückseligkeit (Eudämonismus) und des größten Vorteils (Utilitarismus) entstammen.

Die Sittlichkeit, sagt Mill, ist das Ergebnis der Wechselwirkung zwischen der psychischen (geistigen und seelischen) Veranlagung des Menschen und zwischen der Gesellschaft; von diesem Standpunkt aus ersteht vor uns eine Reihe weitgreifender, verlockender Aussichten und fruchtbarer, erhabener Aufgaben des gesellschaftlichen Aufbaues. Von diesem Standpunkt aus müssen wir in der Sittlichkeit die Summe der Anforderungen sehen, die von der Gemeinschaft an den Charakter und den Willen ihrer Mitglieder im Interesse ihres eigenen Wohlergehens und ihrer weiteren Vervollkommnung gestellt werden. Aber dies ist keine tote Formel, sondern im Gegenteil etwas Lebensvolles, das die Veränderlichkeit zum Gesetz erhebt; dies ist nicht die Verleihung von Gesetzeskraft demjenigen, was gewesen ist und sich vielleicht überlebt hat, sondern die lebendige Grundlage für den Aufbau der Zukunft. Entsteht jedoch hier ein Zusammenstoß der Parteien, die die Aufgaben der Zukunft verschieden auffassen, stößt das Streben nach dem Besseren auf die Gewohnheit des Althergebrachten, so gibt es keine anderen Beweise und keinen anderen Maßstab zu ihrer Überprüfung, als das Wohl und die Vervollkommnung der Menschheit.

Sogar aus diesen wenigen Auszügen ist zu ersehen, welche Aussichten Mill mit der Anwendung des Grundsatzes der Nützlichkeit an das Leben eröffnete. Deswegen hatte er auf seine Zeitgenossen einen großen Einfluss, umso mehr, als alle seine Werke in einer klaren und einfachen Sprache geschrieben sind.

Aber der Grundsatz der Gerechtigkeit, auf den bereits Hume hingewiesen hatte, verflüchtigte sich aus den Betrachtungen Mills, und von der Gerechtigkeit ist nur am Schluss seines Buches zu lesen, wo er vom Kriterium, von der Grundlage, spricht, mit dessen Hilfe die Richtigkeit der mannigfaltigen Schlussfolgerungen der verschiedenen Richtungen festzustellen wäre, die einander den Vorrang in der fortschrittlichen Entwickelung der Gesellschaft streitig machen.

Was aber die Frage anbetrifft, wieweit der Nützlichkeitsgrundsatz, d. h. der Utilitarismus, für die Erklärung des Sittlichen in der Menschheit genügend ist, so werden wir sie im zweiten Teil unseres Buches untersuchen. Hier indessen ist es uns bloß wichtig, den Fortschritt in der Ethik, das Bestreben festzustellen, sie ausschließlich auf vernunftgemäßen Grundsätzen unabhängig von jedem offenen oder versteckten Einfluss der Religion aufzubauen.[153]

Ehe wir zur Darstellung der Ethik des Positivismus und des Evolutionismus übergehen, müssen wir, wenn auch in aller Kürze, die Sittlichkeitslehren einiger Philosophen des neunzehnten Jahrhunderts streifen, die wohl einen metaphysischen und spiritualistischen Gesichtspunkt einnahmen, aber nichtsdestoweniger die Entwickelung der Ethik unserer Zeit beeinflussten. Das waren in Deutschland *Arthur Schopenhauer* und in Frankreich *Victor Cousin* und sein Schüler *Théodore Jouffroy*.

153 Es muss hinzugefügt werden, dass John Stuart Mill beim Entwickeln der Ideen Benthams selbständig viel Neues geschaffen hat. Bentham hatte bei der Begründung seiner utilitaristischen Theorie nur die Anzahl der Güter im Sinn, weswegen er seine Lehre auch eine „moralische Arithmetik" nannte. Mill aber führte in den Utilitarismus ein neues Element ein – die Eigenschaft und legte damit den Grundstein zu einer moralischen Ästhetik. Mill teilte die Genüsse in höhere und niedere, in solche, die Bevorzugung verdienen und solche, die sie nicht verdienen. Eben deshalb sagte er, der unzufriedene (unglückliche) Sokrates sei in sittlicher Hinsicht höher als das zufriedene Schwein. Sich als Mensch fühlen, heißt seinen inneren Wert und seine Würde erkennen, und der Mensch muss bei der Beurteilung jeder Handlung seiner Menschenwürde eingedenk sein. Hier erhebt sich Mill über den engstirnigen Utilitarismus und deutet auf breitere Grundlagen der Moral hin, als der Nutzen und der Genuss sein können. [Anmerkung N. Lebedeffs]

Schopenhauer (1788-1860). – Die ethische Lehre Schopenhauers wird von verschiedenen Verfassern recht verschiedenartig beurteilt, wie, beiläufig gesagt, alles von diesem pessimistischen Philosophen Geschriebene, dessen Pessimismus nicht aus dem Schmerz um die Menschheit, sondern aus einer sehr egoistischen Natur floss.

Unsere Welt ist unvollkommen, lehrte Schopenhauer, unser Leben ist Leiden; „der Wille zum Leben" erweckt in uns Wünsche; auf dem Wege zu deren Erfüllung stoßen wir auf Hindernisse, deren Bekämpfung uns Leiden bereitet. Aber sobald die Hindernisse beseitigt sind und der Wunsch erfüllt ist, entsteht von neuem die Unbefriedigtheit. Indem wir am Leben tätig teilnehmen, werden wir zu Märtyrern. Der Fortschritt vernichtet das Leiden nicht. Im Gegenteil, mit der Entwickelung der Kultur vergrößern sich die Bedürfnisse, deren Nichtbefriedigung neue Leiden, neue Enttäuschungen hervorruft.

Zugleich mit der Entwickelung der Kultur wird der Geist des Menschen immer empfänglicher für das Leiden und erhält die Fähigkeit, nicht nur seine eigenen Qualen und Schmerzen, sondern auch diejenigen der anderen Menschen und sogar der Tiere intensiv zu erleben. Infolgedessen entwickelt sich in den Menschen das Gefühl des *Mitleids,* welches die Grundlage der Moral und die Quelle aller sittlichen Handlungen darstellt.

Also verzichtete Schopenhauer bedingungslos darauf, etwas Sittliches in den Handlungen oder der Lebensweise zu sehen, die auf Erwägungen der Selbstsucht oder auf dem Streben nach Glück begründet sind. Aber er verneinte auch das Kantische Pflichtgefühl als Grundlage der Moral. Das Sittliche beginnt für Schopenhauer erst dann, wenn der Mensch aus Mitgefühl, aus Mit-Leid für andere, handelt. Das Gefühl des Mitleidens, schrieb Schopenhauer, ist etwas ursprünglich dem Menschen Innewohnendes, und eben in *ihm ist die Grundlage aller sittlichen Antriebe,* nicht aber in persönlichen Erwägungen der Selbstliebe und auch nicht im Pflichtgefühl.

Dabei betonte Schopenhauer am Gefühl des Mitleids zwei Seiten: In manchen Fällen *hält mich etwas davon zurück,* einem Anderen Leid zuzufügen, in anderen Fällen, wenn jemand in Leid versetzt wird, *treibt* es *mich* zur Tat. Im ersten Fall haben wir die einfache *Gerechtigkeit,* im zweiten Fall aber die *Nächstenliebe.*

Die hier von Schopenhauer vorgenommene Abgrenzung ist zweifellos ein Fortschritt. Sie ist notwendig. Wie ich im zweiten Kapitel zeigte, kennen bereits die Wilden diesen Unterschied, indem sie feststellen, dass das eine getan werden *muss,* das andere zu unterlassen jedoch bloß *beschämend ist;* und ich bin überzeugt, dass mit der Zeit diese Unterscheidung grundlegend sein wird, da unsere sittlichen Anschauungen am besten durch die dreigliedrige Formel ausgedrückt werden: *Geselligkeit, Gerechtigkeit* und *Großmut,* oder das, was wir eigentlich *die Sittlichkeit* nennen sollten.

Leider ist die von Schopenhauer angenommene Grundlage, auf der die Abgrenzung *der Gerechtigkeit* von *der Nächstenliebe* vor sich gehen sollte, nicht richtig. Statt zu zeigen, dass das Mitgefühl, sobald es den Menschen zur *Gerechtigkeit* führt, die Anerkennung der *Gleichheit* aller Menschen bedeutet – was die Ethik am Ausgange des achtzehnten Jahrhunderts und im neunzehnten Jahrhundert bereits wusste –, suchte er die Erklärung dieses Gefühls in dem Grundsatz, dass die Menschen dem inneren Wesen nach ein und dasselbe sind. Dabei begrenzte seine Identifizierung der Gerechtigkeit mit dem Mitleid, d. h. eines Begriffs mit einem Gefühl von verschiedenem Ursprung, in starkem Maße die Bedeutung eines solch grundlegenden Elements der Sittlichkeit, wie es die Gerechtigkeit ist; und darauf vereinigte er demnach das, was *gerecht* ist und deshalb den Charakter der Verbindlichkeit trägt, mit dem, was als *wünschenswert* erscheint, d. h. mit dem großmütigen Antrieb. Wie fast alle Schriftsteller auf dem Gebiete der Ethik, unter schied er also nicht genügend zwischen beiden Antrieben, deren einer sagt: „Was du nicht willst, das man dir tu', das füg auch keinem andern zu" und das andere: „Gib rückhaltlos dem andern, ohne zu berechnen, was du dafür erhältst."

Statt zu zeigen, dass hier zwei verschiedene Auffassungen unseres Verhaltens zu den Anderen zutage treten, sah Schoppenhauer nur den Unterschied in dem Grade ihres Einflusses auf unseren *Willen.* In einem Fall bleibt der Mensch untätig und tut dem Anderen kein Leid an, und im anderen Fall tritt er handelnd auf, getrieben von der Nächstenliebe. In der Tat jedoch ist der Unterschied viel tiefergehend, und man kann die Grundlagen der Ethik nicht richtig beurteilen, wenn man nicht als ihren Grundbegriff die *Gerechtigkeit,* im Sinne der Anerkennung der Gleichberechtigung, ansieht, worauf man erst die *Großmut* anraten kann, die Guyau so schön als freigebige Verschwendung seines Geistes, seiner Gefühle und seines Willens zum Nutzen anderer oder aller bezeichnete.

Gewiss konnte Schopenhauer auf den Begriff der Gerechtigkeit, als Anerkennung der Gleichberechtigung aufgefasst, nicht mehr verzichten, sobald er im Mitleid eine Erscheinung der Gerechtigkeit erblickte. Dass wir fähig sind, in Bezug auf andere Menschen Mitleid zu fühlen, von ihren Leiden und Freuden angesteckt zu werden und sie mitzuerleben, wäre wirklich unerklärlich, wenn wir nicht, bewusst oder unbewusst, die Fähigkeit besäßen, uns mit den Anderen zu identifizieren. Und diese Fähigkeit könnte niemand besitzen, der sich von den Anderen abgesondert und ihnen ungleich hielte, und sei es auch nur in der Empfänglichkeit für Leiden und Freuden, für Gut und Böse, für Wohlwollen und Missgunst. Anders als mit der Anerkennung des Gleichseins mit allen anderen kann man nicht den Antrieb des Menschen deuten, der sich (sogar ohne schwimmen zu können) ins Wasser stürzt, um jemand vor dem Ertrinken zu retten, oder der sich in den Kugelregen begibt, um Verwundete vom Schlachtfelde wegzutragen.[154]

Aber davon ausgehend, dass das Leben ein Übel ist, und dass auf der niedersten Entwickelungsstufe der Sittlichkeit der Egoismus, der Wille zum Leben, besonders stark ist, behauptete Schopenhauer, dass der Mensch mit der Entwickelung des Mitleids die Fähigkeit bekommt, die Leiden der Anderen bewusst mitzuerleben, und deshalb noch unglücklicher wird. Er glaubte, dass nur die „Askese", die Zurückgezogenheit von der Welt, und die ästhetische Naturbetrachtung die Antriebe des Willens in uns abstumpfen, uns von dem lastenden Joche der Leidenschaften befreien und zum höchsten Ziele der Sittlichkeit, der „Vernichtung des Willens zum Leben" führen. Als Ergebnis dieser Zerstörung des Willens zum Leben erwartet den Menschen ein Zustand unendlicher Ruhe, das Nirwana.

Gewiss ist diese pessimistische Philosophie eine Philosophie des Todes, nicht des Lebens, und deshalb kann die Moral des Pessimismus keine gesunde und tatkräftige Strömung in der Gesellschaft hervorrufen. Ich verweilte bei der Sittlichkeitslehre Schopenhauers nur deshalb, weil Schopenhauer mit seinem Widerstand gegen die Kantische Ethik, insbesondere gegen dessen Theorie der Pflicht, zweifellos in Deutschland den Boden dafür bereitet hat, dass die Denker und Philosophen die Grundlagen der Sittlichkeit in der menschlichen Natur und in der Entwickelung der Geselligkeit

154 Zur Zeit der Leibeigenschaft, d.h. der Sklaverei, konnten die allermeisten Gutsbesitzer – im wesentlichen Sklavenhalter – nicht den Gedanken zulassen, dass ihre Leibeigenen die gleichen „hohen und feinen" Gedanken, wie sie selbst, haben könnten. Deshalb eben wurde es Turgenjeff, Grigorowitsch und anderen als hohes Verdienst angerechnet, dass sie in die Herzen der Grundbesitzer den Gedanken zu senken vermochten, dass ihre Leibeigenen genau so empfinden, wie sie selbst. Vorher würde eine solche Voraussetzung als Verkleinerung und Erniedrigung der hohen „herrschaftlichen" Gefühle angesehen worden sein. – Das gleiche Verhalten fand ich in England in den siebziger und achtziger Jahren bei verschiedenen Personen zu den „lands", d.h. zu den Fabrik- und Bergarbeitern, obwohl der englische Verwaltungsbezirk und die Kirchengemeinde die Klassenhoffart bereits stark entwurzelt haben.

zu suchen begannen. Aber infolge seiner persönlichen Eigenschaften war Schopenhauer nicht fähig, der Ethik eine neue Richtung zu geben. Was seine prächtige Untersuchung der Frage von der Willensfreiheit und der Bedeutung des Willens als Triebkraft des Gemeinschaftslebens anbetrifft, so werden wir darüber im zweiten Bande dieses Werkes sprechen.

In Frankreich brachte die nachrevolutionäre Zeit zwar keine solch pessimistischen Lehren hervor, wie die Theorie Schopenhauers, aber dennoch zeichnet sich die Zeit der Wiederherstellung der Macht der Bourbonen und der Julimonarchie durch das Aufblühen der spiritualistischen Philosophie aus. In dieser Epoche wurden die fortschrittlichen Ideen der Enzyklopädisten, Voltaires, Condorcets und Montesquieus von den Theorien des Vicomte de Bonald, Joseph de Maistre, Maine de Biran, Royer-Collard, Victor Cousin und anderer Vertreter der Reaktion in der Philosophie verdrängt.

Ohne bei der Schilderung dieser Theorie zu verweilen, bemerken wir nur, dass die Sittlichkeitslehre ihres bedeutendsten und einflussreichsten Vertreters Victor Cousin die Moral des traditionellen Spiritualismus ist.

Wir müssen nur den Versuch eines seiner Schüler, Théodore Jouffroy, erwähnen, auf die Bedeutung für die Ethik des sittlichen Elements hinzuweisen, das ich in meinem System die *Selbstaufopferung* oder den *Großmut* nannte, d. h. die Momente, wenn der Mensch seine Kraft und manchmal auch sein Leben hingibt, ohne zu fragen, was er dafür bekommt.

Jouffroy hat die Bedeutung dieses Elements nicht gebührend gewürdigt, aber er begriff, dass die Selbstaufopferung das wahre Element der Sittlichkeit ausmacht. Aber wie alle seine Vorgänger, vermengte Jouffroy diesen Bestandteil der Sittlichkeit mit der Sittlichkeit überhaupt.[155] Es muss übrigens hinzugefügt werden, dass das ganze Werk dieser Schule die Züge einer ziemlichen Unbestimmtheit und Nachgiebigkeit und wahrscheinlich deshalb den Charakter des Unvollendetseins trägt.

Der Positivismus. Die zweite Hälfte des achtzehnten Jahrhunderts wird, wie wir bereits gesehen haben, durch die kühne Kritik an den damals anerkannten wissenschaftlichen, philosophischen, politischen und ethischen Anschauungen gekennzeichnet, und diese Kritik blieb nicht auf den Bereich der Akademie beschränkt. In Frankreich fanden die neuen Ideen weite Verbreitung und riefen binnen kurzem eine Umwälzung in den damali-

155 Jouffroy, *Cours de Droit Naturel*, S. 88-90.

gen staatlichen Einrichtungen und zugleich im ganzen wirtschaftlichen, geistigen und religiösen Leben des französischen Volkes hervor. Nach der Revolution während einer ganzen Reihe von Kriegen, die mit kurzen Unterbrechungen bis zum Jahre 1815 andauerten, wurden die neuen Ansichten über das Gemeinschaftsleben, besonders der Gedanke der politischen Gleichberechtigung, von den Republikanern, und nachher von den Heeren Napoleons, durch ganz Westeuropa und teilweise durch Mitteleuropa getragen. Es ist verständlich, dass die von den Franzosen in den eroberten Ländern erklärten „Menschenrechte", die Einführung der persönlichen Gleichheit aller Staatsbürger und die Aufhebung der Leibeigenschaft sich nach der Wiedereinsetzung der Bourbonen nicht mehr halten konnten. Mehr noch, in Europa begann eine allgemeine geistige und zugleich mit ihr die politische Reaktion. Österreich, Russland und Preußen schlossen miteinander die „Heilige Allianz", deren Ziel die Aufrechterhaltung der Monarchie und des Feudalismus in Europa war. Aber nichtsdestoweniger begann ein neues politisches Leben in Europa, insbesondere in Frankreich, wo nach fünfzehnjähriger toller Reaktion mit der Julirevolution des Jahres 1830 eine neue Blütezeit des Geistes auf allen Gebieten, – dem politischen, wirtschaftlichen, wissenschaftlichen und philosophischen, – anfing.

Selbstverständlich konnte die Reaktion, die dreißig Jahre lang in ganz Europa wütete, dem geistigen Einfluss des achtzehnten Jahrhunderts und der Revolution große Hindernisse entgegensetzen, aber beim ersten Aufleuchten der Freiheit, die seit dem Tage der Julirevolution und des Sturzes der Bourbonen ganz Europa durcheilte, feierte die neue geistige Bewegung in Frankreich und England ihre Auferstehung.

Bereits in den dreißiger Jahren des vorigen Jahrhunderts begann in Europa die Entfaltung der neuen Technik: Eisenbahnen wurden gebaut; Schraubendampfer, die erst die weite Ozeanschifffahrt ermöglichten, entstanden; große Fabriken, welche die Rohstoffe mit Hilfe vervollkommneter Maschinen verarbeiteten, wuchsen aus der Erde; dank den Erfolgen der Chemie entstand die Schwerindustrie usw. Das ganze Wirtschaftsleben wurde auf neuen Grundlagen umgebaut, und die Klasse des städtischen Proletariats trat mit eigenen Forderungen auf. Unter dem Einfluss des Lebens selbst und der Lehren der ersten Begründer des Sozialismus, Fourier, Saint-Simon und Owen, begann in Frankreich und England die Entwickelung der sozialistischen Arbeiterbewegung. Gleichzeitig entstand die neue, ganz auf Erfahrung und Beobachtung aufgebaute, von theologischen und metaphysischen Voraussetzungen befreite Wissenschaft. Die Grundlagen der neuen Wissenschaft waren bereits im ausgehenden achtzehnten Jahrhundert geschaffen worden: von Laplace in der Astronomie, von Lavoisier in der Physik und Chemie, von Buffon und Lamarck in der Zoologie und Biologie, von den Physiokraten und Condorcet in den sozialen Wissenschaften. Zugleich mit der Entwickelung der neuen Wissenschaft entstand in den dreißiger Jahren des neunzehnten Jahrhunderts in Frankreich eine neue Philosophie, die *Positivismus* genannt wurde. Der Begründer dieser Philosophie war Auguste Comte.

Während in Deutschland die Philosophie der Nachfolger Kants, Fichtes und Schellings fortfuhr, die Fesseln der halbreligiösen Metaphysik zu tragen, d. h. sich mit Gedankenkonstruktionen abzuplagen, die jeder wirklichen, wissenschaftlichen Grundlage entbehrten, befreite sich die positive Philosophie von den metaphysischen Gedankengängen und bemühte sich, wirkliches Wissen zu werden, was schon vor zweitausend Jahren von Aristoteles versucht worden war. Sie setzte sich zum Ziel, in der Wissenschaft nur die von der Erfahrung bestätigten Schlussfolgerungen anzuerkennen und in der Philosophie alles auf diesem Wege von den Wissenschaften aufgespeicherte Wissen zu einer allgemeinen Weltanschauung zu vereinigen. Die oben genannten Theorien des Ausganges des achtzehnten und des Beginns des neunzehnten Jahrhunderts (die Lehren von Laplace, Lavoisier, Buffon und Lamarck) eröffneten dem Menschen eine neue Welt ewig wirkender Naturkräfte. Und dasselbe vollbrachten auf dem Gebiete der Volkswirtschaft und der Geschichte Saint-Simon und seine Nachfolger, besonders der Historiker Augustin Thierry und andere Denker, die das Joch der Metaphysik abgeworfen hatten.

Auguste Comte begriff die Notwendigkeit, alle diese neuen Errungenschaften und Eroberungen des wissenschaftlichen Gedankens zusammenzufassen; er beschloss, alle Wissenschaften in ein einheitliches System zu bringen und den engen Zusammenhang aller Naturerscheinungen, ihre Folgerichtigkeit, ihre gemeinsamen Grundlagen und ihre Entwickelungsgesetze aufzuzeigen. Gleichzeitig begründete Comte auch neue Wissenschaften, wie z. B. die *Biologie* (die Wissenschaft von der Entwickelung des Pflanzen- und Tierreiches), die *Anthropologie* (die Wissenschaft von der Entwickelung des Menschen) und die *Soziologie* (die Wissenschaft von den menschlichen Gemeinwesen). Mit der Unterordnung des Lebens aller Wesen den gleichen Gesetzen rief Comte zwecks Erfassung des Lebens der primitiven menschlichen Verbände die Gelehrten auf, das Leben der Tiergesellschaften zu untersuchen, und bei der Erklärung des Ursprungs der sittlichen Gefühle im Menschen sprach Comte bereits von Geselligkeitsinstinkten.

Das Wesentliche des Positivismus besteht im realen Wissen, und Wissen, sagt Comte, bedeutet Voraussehen – *savoir c'est prévoir*; das Voraussehen ist jedoch dazu notwendig, um die Herrschaft des Menschen über die Natur zu verstärken und den Wohlstand der Allgemeinheit zu vermehren. Comte rief die Gelehrten und Denker aus der Welt der geistigen Betrachtungen und des Unirdischen auf die Erde zurück, zu den Menschen, die seit Jahrtausenden sich vergeblich abmühen, mit eigenen Kräften ein besseres, mannigfaltigeres, vollkommeneres, machtvolleres Leben aufzubauen; die Gelehrten sollten mit ihrem Geiste die Natur *erkennen,* ihr ewig quellendes Leben genießen, ihre Kräfte ausnutzen, den Menschen durch die Erhöhung der Ausgiebigkeit seiner Arbeit zu befreien. Zugleich wollte Comte mit seiner Philosophie den Menschen von der religiösen Furcht vor der Natur und ihren Kräften befreien und die Grundlagen des Lebens für die *freie Persönlichkeit* in der Gesellschaft finden, die nicht durch Zwang, sondern durch einen frei-anerkannten Gesellschaftsvertrag geschaffen wurde.

Alles das, was die Enzyklopädisten noch unklar in der Wissenschaft und der Philosophie voraussahen, alles das, was als Ideal dem geistigen Auge der besten Menschen der großen Revolution vorschwebte, alles das, was bereits Saint-Simon, Fourier und Robert Owen vorauszusehen und auszusprechen begannen und was von den besten Vertretern der Jahrhundertwende erstrebt wurde, – alles das versuchte Comte zusammenzufassen, zu verstärken und mit seiner positiven Philosophie zu sichern. Aus dieser „Philosophie“ sollten sich neue Wissenschaften, eine neue Kunst, eine neue Weltanschauung und eine neue Ethik herausbilden.

Es wäre gewiss naiv zu denken, dass ein noch so tiefes philosophisches System neue Wissenschaften, eine neue Kunst und eine neue Ethik erschaffen könnte. Jede Philosophie ist bloß eine Verallgemeinerung, das Ergebnis einer geistigen Bewegung auf allen Lebensgebieten, aber die Elemente der Verallgemeinerung müssen von der Entwickelung der Wissenschaften, der Kunst und der gesellschaftlichen Einrichtungen geliefert werden; die Philosophie kann von sich aus die Wissenschaft und die Kunst bloß mit ihrem Geist erfüllen. Ein richtiges System des Denkens, welches das auf jedem Gebiet im einzelnen Geschehende verallgemeinert, gibt gleichzeitig jedem dieser Gebiete eine neue Richtung, neue Kräfte, neuen schöpferischen Geist und damit die neue Vollkommenheit.

So geschah es in der Tat. Die erste Hälfte des neunzehnten Jahrhunderts schenkte der Philosophie den Positivismus, der Wissenschaft die Theorie der Entwickelung (Evolution) und eine Reihe glanzvoller Entdeckungen,[156] von denen der Zeitabschnitt zwischen den Jahren 1856 und 1862 gekennzeichnet wird, der Soziologie den Sozialismus Fouriers, Saint-Simons und Owens und ihrer Anhänger und endlich der Ethik die freie, nicht von oben aufgedrängte, aus den Eigenschaften der menschlichen Natur fließende Sittlichkeit. Und zuletzt ergab sich unter dem Einfluss aller wissenschaftlichen Errungenschaften eine klarere Auffassung von dem engen Zusammenhang des Menschen mit den anderen fühlenden Wesen und des menschlichen Denkens mit dem wirklichen Leben.

Die Philosophie des Positivismus war bemüht, alle Ergebnisse und Errungenschaften des wissenschaftlichen Gedankens und alle höheren Bestrebungen des Menschen zu einem Ganzen zu vereinigen, indem sie den Menschen zur lebendigen Erkenntnis dieser Einheit erhob. Was bei Spinoza und Goethe als geniale Geistesblitze aufleuchtete, wenn sie vom Leben der Natur und des Menschen sprachen, das musste in der neuen Philosophie als notwendige Verallgemeinerung seinen Ausdruck finden.

Es ist verständlich, dass Comte bei dieser Auffassung der „Philosophie" der Ethik eine außerordentliche Bedeutung zuschreiben musste. Aber er leitete sie nicht aus der Psychologie einzelner Persönlichkeiten ab und sah in ihr nicht eine Sittenpredigt, wie es in Deutschland noch fortgesetzt der Fall war, sondern er hielt die Ethik für ein ganz natürliches und logisches Ergebnis aus der *Entwickelungsgeschichte der menschlichen Gesellschaft.* Wahrscheinlich angesichts der Arbeiten Buffons und nachher Cuviers auf dem Gebiete der vergleichenden Anatomie der Tiere, welche die Anschauungen Lamarcks über die allmähliche Entwickelung der höheren Tierarten aus den niederen bestätigten, obwohl der Reaktionär Cuvier selbst diese Meinung anfocht, wies Comte auf die Notwendigkeit der historischen Forschung hin sowohl auf dem Gebiete der Anthropologie, der Wissenschaft vom physischen Menschen, als auch auf dem Gebiete seiner sittlichen Bestrebungen, d. h. der Ethik. Er verglich die Rolle der historischen Forschung auf diesen Gebieten mit der Bedeutung der vergleichenden Anatomie in der Biologie.

Die Ethik fasste er als große Macht auf, die den Menschen über seine alltäglichen Interessen zu erheben fähig ist. Comte war bestrebt, sein System

156 Die Erhaltung der Kraft, die mechanische Theorie der Wärme, die Einheit der Kraft, die Spektralanalyse, die Einheit des Stoffes in den Himmelskörpern, die physiologische Psychologie, die physiologische Entwickelung der Organe.

der Ethik auf einer *positiven Grundlage* aufzubauen, auf der Erforschung ihrer tatsächlichen Entwickelung aus dem tierischen Herdentrieb und der einfachen Geselligkeit bis zu ihren erhabensten Erscheinungsformen. Und wenn er gegen Ende seines Lebens, sei es infolge des Verfalls seiner geistigen Kräfte, oder unter dem Einfluss der Clotilde de Vaux, ähnlich vielen seiner Vorgänger der Religion Konzessionen machte und sich bis zur Gründung einer eigenen Kirche verstieg, so können diese Konzessionen keinesfalls aus seinem ersten und wichtigsten Werke *Die positive Philosophie* gefolgert werden. Sie waren nur Nachträge und zudem völlig nutzlose, und wurden auch als solche von den bedeutendsten Schülern Comtes, von Littré und Wyruboff, und seinen Anhängern in England, Deutschland und Russland aufgefasst.[157]

Seine wichtigsten Gedanken über die Grundlagen und den Inhalt der sittlichen Anschauungen, die in der *Physique Sociale* niedergelegt sind, leitete Comte nicht aus abstrakten Betrachtungen, sondern aus allgemeinen Tatsachen der Geselligkeit und der Geschichte ab. Und aus seinen Schlussfolgerungen erhellt, dass die geselligen Neigungen des Menschen nur mit einer angeborenen Eigenschaft, d. h. dem Instinkt und seinem Antrieb zum geselligen Zusammenleben, erklärt werden können. Diesen Instinkt nannte Comte im Gegensatz zum Egoismus, d. h. der Ichliebe, den *Altruismus,* und er anerkannte ihn als grundlegende Eigenschaft unserer Veranlagung, wobei er als erster kühn darauf verwies, dass dieselbe angeborene Eigenschaft auch bei Tieren anzutreffen ist.

Es ist vollkommen unmöglich, diesen Instinkt dem Einflusse der Vernunft zu entziehen. Mit Hilfe der Vernunft erschaffen wir aus den uns angeborenen Gefühlen und Neigungen das, was wir sittliche Anschauungen nennen, so dass das Sittliche im Menschen gleichzeitig als angeboren und als Ergebnis der Entwickelung erscheint. Wir kommen bereits als sittlich veranlagte Wesen zur Welt, aber sittliche Menschen werden wir erst durch die Entwickelung der von uns ererbten sittlichen Veranlagung. Sittliche Anlagen finden wir auch bei geselligen Tieren; die Sittlichkeit jedoch, als Ergebnis von Instinkt, Gefühl und Vernunft, ist eine Eigentümlichkeit des

157 Comte begründete seine positivistische Kirche und seine neue Religion, deren oberste Gottheit die „Menschheit" war. Diese Religion der Menschheit sollte nach Comtes Meinung das veraltete Christentum ersetzen. Die Religion der Menschheit hat sich noch bis heute bei einem kleinen Kreise der Anhänger Comtes erhalten, die sich von den Gebräuchen, denen sie erzieherischen Einfluss zuschreiben, nicht ganz trennen wollen.

Menschen. Sie entwickelte sich allmählich, entwickelt sich noch heute und wird auch in der Zukunft sich weiterentwickeln; damit erklärt sich die Mannigfaltigkeit der sittlichen Anschauungen bei verschiedenen Völkern zu verschiedenen Zeiten, aus der die leichtsinnigen Verneiner der Sittlichkeit schlossen, dass die ganze Sittlichkeit etwas Bedingtes, ohne jegliche bestimmte Grundlage in der menschlichen Vernunft, darstelle.

Nach Comtes Meinung kann man sich beim Erforschen aller Veränderungen in den sittlichen Anschauungen leicht davon überzeugen, dass in ihnen etwas Unveränderliches enthalten ist, und zwar der Begriff des fremden Wohls, zu dem man durch die Erkenntnis der eigenen Interessen gelangt. Hier bekannte sich also Comte zum utilitaristischen Prinzip in der Sittlichkeit, d. h. zur Erkenntnis der Rolle des persönlichen Nutzens, des Egoismus, bei der Ausgestaltung der sittlichen Anschauungen, die sich zu Lebensregeln verdichten. Aber er erkannte nur zu gut die Bedeutung dreier mächtiger Elemente für die Festlegung des Sittlichen: des Geselligkeitsgefühls, der wechselseitigen Sympathie und des Verstandes, um in den Fehler der Utilitaristen zu verfallen, weshalb er die vorherrschende Bedeutung dem *Instinkt* zuschrieb.

Das Sittliche – lehrte Comte – ist, wie die Natur des Menschen selbst und (wie wir hinzufügen) wie alles in der Natur, gleichzeitig etwas, das sich bereits entwickelt hat und noch in der Entwickelung begriffen ist. Und in diesem Vorgang der Entwickelung der Sittlichkeit schrieb er der Familie sowie der Gesellschaft eine große Rolle zu. Die Familie, schrieb er, fördert im Sittlichen besonders die Entwickelung des Gefühlsmäßigen, während die Gesellschaft vorwiegend das entwickelt, was von der Vernunft herkommt. Diese Abgrenzung kann indessen schwerlich befriedigen, da bei gemeinschaftlicher Erziehung der Jugend, wie z. B. in unseren Internaten oder bei manchen Wilden auf den Inseln des Stillen Ozeans, der Herdentrieb, das Ehrgefühl und das Gefühl für die Stammesehre, das religiöse Gefühl u. a. m. stärker entwickelt werden als bei der Erziehung innerhalb der Familie.

Man muss endlich noch auf einen Zug des Positivismus hinweisen. Comte beharrte besonders auf der großen Bedeutung der vom Positivismus vorgeschlagenen Weltauffassung. Sie muss in den Menschen das Bewusstsein der starken Abhängigkeit des Lebens eines jeden von uns vom Leben der ganzen Menschheit erwecken. Deshalb muss in jedem von uns das Verständnis für das Leben der Welt, für die Ordnung des Weltalls entwickelt werden, und dieses Verständnis muss sowohl dem persönlichen, als auch dem gemeinschaftlichen Leben zugrunde gelegt werden. In jedem muss das Bewusstsein der Rechtlichkeit seines Lebens geweckt werden, so dass jede Handlung und ihr Antrieb vor allen bestehen könnten. Jede Lüge ist aus sich eine Erniedrigung des eigenen „Ich“, die Anerkennung der moralischen Überlegenheit der anderen Menschen. Daher seine Regel „vivre au grand jour“, so zu leben, dass man nichts vor anderen zu verhehlen habe.

In der Wissenschaft von der Ethik unterschied Comte drei Bestandteile: ihr Wesen, d. h. ihre Grundbestimmungen und ihren Ursprung; dann ihre Bedeutung für die Gesellschaft; und endlich die Bedingungen und die Art ihrer Entwickelung.

Die Ethik, sagt Comte, entsteht auf dem Boden der Geschichte. Es gibt eine natürliche Evolution, und diese Evolution ist der Progress, der Sieg des Menschlichen über das Tierische, der Triumph des Menschen über das Tier. Das höchste Sittengesetz besteht darin, dass die Persönlichkeit ihre egoistischen Interessen zurückstellen muss; die höchsten Pflichten sind die sozialen Pflichten. Also muss als Grundlage der Ethik das Interesse des Menschengeschlechts, der Menschheit, dienen, dieses großen Wesens, von dem jeder von uns nur ein kleines Atom ausmacht, welches nur einen Augenblick lebt und untergeht, um sein Leben anderen Geschöpfen zu überlassen. Die Sittlichkeit besteht im Leben für andere (*vivre pour autrui*).

Darin besteht, kurz ausgedrückt, das Wesentliche der Comteschen Ethik. Nach Comtes Tod wurden seine wissenschaftlichen und ethischen Gedanken von seinen Schülern, hauptsächlich von Emile Littré und G.N. Wyruboff, weiter entwickelt, die zwischen den Jahren 1867 und 1883 die Zeitschrift *Philosophie Positive* herausgaben, in der verschiedene Fragen des Positivismus in einer Reihe von Artikeln behandelt wurden. Zu einer von Littré vorgeschlagenen grundlegenden Erklärung des Sittlichkeitsbegriffs werden wir noch später zurückkehren.

Zum Schluss muss gesagt werden, dass der Positivismus einen großen und fruchtbringenden Einfluss auf die Entwickelung der Wissenschaften ausübte. Man kann unverzagt behaupten, dass gegenwärtig fast alle besten Vertreter der Wissenschaft in ihren philosophischen Schlussfolgerungen dem Positivismus sehr nahekommen. In England ist die ganze Lehre Spencers, deren Grundlagen die meisten Naturforscher anerkennen, eine Philosophie des Positivismus, und erst Herbert Spencer, der anscheinend unabhängig von Comte, obwohl nach ihm, zu dieser Philosophie kam, oftmals eine Schranke zwischen sich und Comte aufrichtete.

In Deutschland wurde eine dem Positivismus Comtes in vielem ähnliche Lehre in den fünfziger Jahren von Ludwig Feuerbach vertreten, dessen ethischer Theorie wir uns jetzt zuwenden.

Bei der Philosophie *Feuerbachs* (1804-1872) müsste man eigentlich länger verweilen, da sie zweifellos bis auf den heutigen Tag in Deutschland von großem Einfluss auf das zeitgenössische Denken ist. Da aber ihr Hauptziel nicht so sehr die Ausgestaltung der ethischen Grundlagen, sondern die Kritik der Religion war, so müsste ich bei ihrer Untersuchung zu weit von meinem ursprünglichen Ziele abweichen. Deshalb werde ich mich auf den Hinweis beschränken, was sie der Ethik des Positivismus Neues hinzugefügt hat. Feuerbach trat anfänglich nicht als Positivist auf, der seine Philosophie auf den genauen Ergebnissen des Studiums der menschlichen Natur aufbaut. Er stand anfangs unter dem Einflusse Hegels und kam erst allmählich über eine kluge und kühne Kritik der spekulativen Philosophie Kants, Schellings und Hegels und der Philosophie des „Idealismus“ im Allgemeinen zur Philosophie der realistischen Weltanschauung. Seine Grundgedanken kleidete er anfangs in die Form von Aphorismen in zwei Aufsätzen im Jahre 1842 und 1843,[158] und erst nach dem Jahre 1858 befasste er sich mit der Ethik. Im Jahre 1866 führte er bereits in seiner Schrift *Gottheit, Freiheit und Unsterblichkeit vom Standpunkte der Anthropologie* den Abschnitt von der Willensfreiheit ein; nachher schrieb er mehrere Aufsätze über sittliche Philosophie; in denen er die wichtigsten Fragen der Ethik berührt, aber – wie Jodl bemerkt, dem ich alles Feuerbach Betreffende entnehme – auch hier fehlt die gänzliche Vollständigkeit; manches ist nur leicht angedeutet, und dennoch bieten diese Schriften einen ziemlich vollständigen Überblick über die wissenschaftliche Empirie in der Ethik, zu der Comte eine gute Ergänzung in seinem System „Rechtslehre“ schuf. Die wohldurchdachten Arbeiten Feuerbachs, zudem in leichtverständlicher Sprache geschrieben, übten auf das ethische Denken in Deutschland einen belebenden Einfluss aus.

Es ist wahr, dass Feuerbach einige wesentliche Widersprüche nicht vermeiden konnte. Indem er sich bemühte, seine Philosophie des Sittlichen auf wirklichen Tatsachen des Lebens aufzubauen, und indem er als Verfechter des Eudämonismus auftrat, geizte er gleichzeitig nicht mit Lobsprüchen für die Ethik Kants und Fichtes, die sich bedingungslos feindselig

158 *Vorläufige Thesen zur Reform der Philosophie* und *Grundsätze der Philosophie der Zukunft*.

zu den anglo-schottischen Eudämonisten verhielten und die Erklärung der Sittlichkeit in religiöser Eingebung suchten.

Der Erfolg der Philosophie Feuerbachs wird hinlänglich durch die naturwissenschaftliche Richtung der Geister in der zweiten Hälfte des neunzehnten Jahrhunderts erklärt. Die Metaphysik der Kantianer und die Religiosität Fichtes und Schellings konnten nicht die Geister zu einer Zeit beherrschen, die uns die unerwartete Blüte der Erkenntnis der Natur und des Weltalls bescherte, welche von den Namen Darwin, Joule, Faraday, Helmholtz, Claude Bernard usw. in den Wissenschaften und Comte in der Philosophie gekennzeichnet wird. Der Positivismus oder, wie er in Deutschland vorwiegend genannt wird, der Realismus war das natürliche Endergebnis der Blüte und der Fortschritte der Naturforschung nach der Aufspeicherung wissenschaftlicher Tatsachen im Laufe eines halben Jahrhunderts.

Jodl weist auf eine Eigenheit der Philosophie Feuerbachs hin, in der er „das Geheimnis der Erfolge der realistischen Richtung“ in Deutschland erblickt. „Es liegt in dem gereinigten und vertieften Verständnis des Willens und seiner Phänomene“, das entgegengesetzt wird „der abstrakten und pedantischen Fassung des Sittlichen in der idealistischen Schule“.

Diese Schule „verkehrte gerade bei den höchsten Äußerungen dieser Grundkraft ihr innerstes Wesen völlig ins Theoretische. Der Bruch mit diesen Verirrungen, vollzogen durch Schopenhauer und Friedrich Eduard Beneke, befestigt durch Feuerbach, macht Epoche in der deutschen Ethik.“

„Wenn alle Ethik den menschlichen Willen und seine Verhältnisse zum Gegenstand hat, so muss sogleich dazugesetzt werden, dass kein Wille sein kann, wo kein Trieb, und wo kein Glückseligkeitstrieb, kein Trieb überhaupt. Der Glückseligkeitstrieb ist der Trieb der Triebe; wo Sein nur immer mit Willen verbunden, da ist Wollen und Glücklich-Sein-Wollen unzertrennlich, ja wesentlich Eins. Ich will, heißt: Ich will nicht leiden, ich will nicht beeinträchtigt und zerstört, sondern erhalten und gefördert, d. h. glücklich werden...“ „Sittlichkeit ohne Glückseligkeit ist ein Wort ohne Sinn.“

Eine solche Auslegung des Sittlichen brachte natürlich in Deutschland eine vollkommene Umwälzung hervor. Wie aber schon Jodl bemerkt, „knüpft Feuerbach selbst diese Rückkehr zum Eudämonismus an Locke, Malebranche und Helvetius an“. Den Denkern Westeuropas bot diese Auslegung des sittlichen Gefühls nichts Neues, obwohl sie vielleicht von Feuerbach in einer geschickteren Form ausgedrückt wurde als von vielen Eudämonisten vor ihm.

Was jedoch die Frage betrifft – wie der egoistische Glückseligkeitstrieb sich „in sein scheinbares Gegenteil, nämlich in Selbstbeschränkung und Förderung anderer“ verwandelt, so ist die Feuerbachsche Erklärung im Wesentlichen völlig unzulänglich. Sie wiederholte bloß die Frage, aber in Form von Bejahung. „Gewiss“, sagt Feuerbach, „die Glückseligkeit ist das Prinzip der Moral, aber nicht die in eine und dieselbe Person zusammengezogene, sondern die auf verschiedene Personen verteilte, Ich und Du umfassende, also nicht die einseitige, sondern die zwei- und allseitige.“ Aber dies ist keine Antwort. Die Aufgabe der Sittlichkeitsphilosophie besteht darin, die Erklärung zu geben, *weshalb* die Gefühle und Gedanken der Menschen sich so gestalten, dass sie fähig sind, das Wohl der anderen oder sogar aller anderen, der Nächsten und Entfernteren, wie ihr eigenes Wohl zu fühlen und zu erkennen. Ist es ein Instinkt, ein Vernunftschluss, eine Nützlichkeitserwägung, die allmählich zur Gewohnheit wird? Oder ist es ein unbewusstes Gefühl, das bekämpft werden muss, wie die Individualisten verlangen? Und woher kommt dieses seltsame Bewusstsein, diese Empfindung der Verbindlichkeit, der Pflicht, die Gleichsetzung des eigenen Wohls dem Wohle aller?

Damit eben befasst sich die Ethik seit der Zeit des alten Griechenlands, und darauf gibt sie die widersprechendsten Antworten, wie: Eingebung von oben, vernünftig aufgefasster Egoismus, Herdengefühl, Furcht vor Strafe im Jenseits, Berechnung, unaufhaltsamer Trieb usw. Auf diese Frage konnte Feuerbach weder eine neue, noch eine befriedigende Antwort geben.

Jodl, der Feuerbach viel Sympathie entgegenbringt, sagt: „Hier findet sich nun in Feuerbachs Darstellung unverkennbar eine Lücke. Es fehlt der ausdrückliche Hinweis darauf, dass dieser Gegensatz von Ich und Du, welcher als die treibende Kraft der ethischen Entwickelung bezeichnet wird, nicht der Gegensatz zweier Individuen, sondern in Wahrheit der Gegensatz des Individuums und der Gesellschaft ist.“ Aber auch diese Bemerkung beantwortet nicht die eben gestellte Frage, die in ihrer ganzen Dringlichkeit bestehen bleibt.

„Die Lücke“, fährt Jodl fort, „ist in Knapps *System der Rechtsphilosophie* ausgefüllt worden, der ausdrücklich das Gattungsinteresse als den logischen Ausgangspunkt im sittlichen Prozess bezeichnet, wobei in dem Maße, wie der Mensch sich und sein Interesse mit einer immer größeren Menschenmenge und endlich mit der Menschheit überhaupt identifiziert, der vernünftige Wert der Sittlichkeit steigt.“ Knapp kehrte also zum Geselligkeitsinstinkt zurück, den bereits Baco als stärker und andauernder im Vergleich mit dem Instinkt der persönlichen Befriedigung ansah.

Indem ich im Übrigen auf die leicht zu verstehenden, auf der Beobachtung des Lebens fußenden, an herrlichen Gedanken reichen Werke Feuerbachs verweise und die ausgezeichnete Darstellung der Feuerbachschen Ethik durch Jodl empfehle, vermerke ich hier die Erklärung Feuerbachs der Unterscheidung zwischen *Neigung* (egoistischer wie geselliger) und *Pflicht* und auch die Bedeutung dieser Unterscheidung in der Ethik. Dass Neigung und Pflicht einander oft widersprechen, bedeutet noch nicht, dass sie immer unvermeidlich einander feind sind und bleiben werden. Im Gegenteil, jede sittliche Erziehung ist bemüht, diesen Gegensatz aufzuheben; auch dann, wenn der Mensch in Ausübung seiner Pflicht sein Leben wagt, fühlt er, dass die Tat vielleicht die körperliche Selbstvernichtung, die *Untätigkeit* aber sicher die moralische Selbstvernichtung bedeute. Hier verlassen wir jedoch das Gebiet der einfachen Gerechtigkeit und betreten das Gebiet dessen, was das dritte Glied der ethischen Dreiheit bildet und Gegenstand der weiteren Ausführungen sein wird. Ich verweise nur noch auf eine Bestimmung Feuerbachs, die dem Begriff der Gerechtigkeit sehr nahe kommt: „Der sittliche Wille ist der Wille, der kein Übel tun will, weil er kein Übel leiden will."

Die wichtigste Aufgabe der ganzen Feuerbachschen Philosophie besteht in der Festlegung des wahren Verhältnisses der Philosophie zur Religion. Seine ablehnende Haltung in Bezug auf die Religion ist bekannt. Indem er bestrebt war, die Menschheit von der Herrschaft der Religion zu befreien, unterließ er es keineswegs, nach den Entstehungsgründen der Religion und ihres Einflusses auf die Geschichte der Menschheit zu forschen, was niemand unterlassen darf, der, auf wissenschaftlicher Grundlage fußend, bemüht ist, die in Kirche und Staat verkörperte Religion und den Aberglauben zu bekämpfen. Die Offenbarung, sagt Feuerbach, auf die sich die Kirche beruft, entspringt nicht aus Gott als Gott, sondern ist der Ausdruck der unbestimmten Ahnungen dessen, was für das Menschengeschlecht als Ganzes nützlich ist. In den religiösen Idealen und Vorschriften sind die Ideale des Menschengeschlechts ausgedrückt, nach denen sich der Einzelne in seinem Verhalten zu den Stammesgenossen möglichst richten sollte. Dieser Gedanke ist vollkommen richtig; andernfalls würde keine Religion eine solch große Macht über die Menschen errungen haben, wie die Religionen sie noch heute besitzen. Es darf aber auch nicht vergessen werden, dass die Zauberer, die Wahrsager, die Wundertäter und die Geistlichkeit noch bis in die Gegenwart hinein den ursprünglichen religiösen und ethischen Bestimmungen einen ganzen Überbau von Drohungen und abergläubigen Vorstellungen hinzufügten, zu denen auch die Unterwerfung unter die Klassen- oder Kastenungleichheit zu rechnen ist, auf der sich das ganze Gemeinschaftsleben aufbaut und die von den Trägern der Staatsmacht aufrechterhalten wird. Jeder Staat ist ein Verband der Reichen gegen die Armen und der Machthaber, d. h. der Krieger, der Gesetzgeber, der Regierenden und der Geistlichkeit – gegen die Regierten. Und die Geistlichkeit aller Religionen, die als tätiges Mitglied der Staatsorganisation auftritt, bereicherte die „Ideale“ immer wieder mit Ratschlägen und Vorschriften, die den Trägern der Staatsorganisation, d. h. den bevorzugten Klassen, zu Gute kamen.

Elftes Kapitel

Die Entwicklung der Sittlichkeitslehren im 19. Jahrhundert (Fortsetzung)

Entwickelung des Gerechtigkeitsbegriffs. – Ethik des Sozialismus. – Fourier, Owen und Saint-Simon. – Proudhon. – Die Evolutionsethik. – Darwin und Huxley.

Aus unserer kurzen Übersicht der verschiedenen Erklärungen über den Ursprung der Sittlichkeit ist zu ersehen, dass fast alle Denker, die sich mit dieser Frage befassten, letzten Endes zu der Annahme kamen, dem Menschen sei ein *Gefühl angeboren,* das ihn treibe, sich mit den anderen Menschen zu identifizieren. Dieses Gefühl belegten die Denker mit verschiedenen Namen, wie sie seinen Ursprung verschieden deuteten. Manche sprachen von einem angeborenen sittlichen Gefühl, ohne sich auf weitere Erklärungen einzulassen; andere, die das Wesen dieses Gefühls tiefer ergründeten, nannten es Sympathie, d. h. *Mit-Empfinden* des Einzelnen mit den Anderen; manche andere, wie Kant, die keinen Unterschied zwischen den Antrieben des Gefühls und den Geboten der Vernunft machten, die ja fast immer oder vielleicht auch immer unsere Handlungen *gemeinsam* lenken, sprachen mit Vorliebe vom *Gewissen* oder *Gebot* des Herzens oder der Vernunft, vom *Pflichtgefühl* oder einfach vom *Pflichtbewusstsein,* das in uns allen wirksam ist, gaben sich jedoch nicht mit der Untersuchung ihres Ursprunges und ihrer Entwickelung im Menschen ab, wie es heute die Anhänger der anthropologischen oder der evolutionistischen Strömung tun. – Eine andere Gruppe von Denkern, denen der Instinkt und das Gefühl für die Erklärung der sittlichen Antriebe im Menschen nicht genügten, suchte ihren Ursprung in der *Vernunft;* diese Richtung fand bei den französischen Schriftstellern der zweiten Hälfte des achtzehnten Jahrhunderts d. h. bei den Enzyklopädisten und besonders bei Helvetius, ihren Ausdruck, – obzwar diese bemüht waren, die menschliche Sittlichkeit ausschließlich mit dem kühlen Verstand und der Selbstliebe, dem Egoismus, zu erklären. Aber sie anerkannten zugleich eine andere Triebkraft, den *praktischen Idealismus,* der fast immer den Menschen dazu treibt, sich an die Stelle des Leidenden zu versetzen, sich mit ihm zu identifizieren und also aus einfacher Sympathie, aus *Mitgefühl,* zu handeln.

Ihren ursprünglichen Standpunkt einhaltend, leiteten die französischen Denker auch solche Handlungen aus dem „Verstand" ab, der im Eintreten für andere die Befriedigung der „Selbstliebe" und der „*höheren* Bedürfnisse" findet.

Diese Anschauungen wurden bekanntlich nach Bentham von seinem Schüler, dem oben erwähnten John Stuart Mill, vollständig entwickelt.

Außerdem gab es *zu allen Zeiten* noch zwei Gruppen von Denkern, welche die Sittlichkeit auf ganz anderen Grundlagen aufzubauen versuchten. Die eine Gruppe lehrte, der sittliche Instinkt, oder, wie er sonst genannt werde, das moralische Gefühl, sei dem Menschen vom Schöpfer des Alls eingegeben, und verquickte so die Ethik mit der Religion; diese Gruppe beeinflusst, *mehr oder minder unverhüllt,* alle Sittenlehren bis auf den heutigen Tag. Die andere Gruppe jedoch, die ihre Vertreter im alten Griechenland in einigen Sophisten, im siebzehnten Jahrhundert in Mandeville und im neunzehnten Jahrhundert in *Nietzsche* fand, verneinte und verhöhnte alle Sittlichkeit als Überbleibsel der religiösen Erziehung und des Aberglaubens; als hauptsächlicher Beweisgrund diente ihr einerseits der von ihr vorausgesetzte *religiöse Charakter* der Sittlichkeit und andererseits die *Mannigfaltigkeit und* die *Veränderlichkeit* der sittlichen Anschauungen.

Mit diesen zwei Gruppen werden wir uns in der Folge noch befassen. Hier sei nur bemerkt, dass in allen Denkern, die den Ursprung der Sittlichkeit mit angeborenen *Instinkten,* dem Gefühl der *Sympathie* usw., erklärten, in der einen oder anderen Form das Bewusstsein wach wurde, dass eine Grundlage aller Sittlichkeit vom *Vernunftbegriff* der *Gerechtigkeit* gebildet wird.

Wir sahen bereits, dass mehrere Denker, zu denen auch Hume, Helvetius und Rousseau gehören, der Anerkennung der Gerechtigkeit als eines notwendigen Bestandteiles der Sittlichkeit recht nahe gekommen waren, dass sie sich aber über die Bedeutung der Gerechtigkeit in der Ethik nicht klar und bestimmt geäußert hatten.

Endlich aber verwirklichte die Große Französische Revolution, deren bedeutendste Vertreter unter dem Einfluss von Rousseau standen, in der Gesetzgebung und im Leben den Gedanken der *politischen Gleichheit,* d. h.

der staatsbürgerlichen Gleichberechtigung aller. Jedoch ging ein Teil der Revolutionäre in den Jahren 1793 und 1794 noch weiter und forderte die „wahrhafte Gleichheit", d. h. die wirtschaftliche Gleichheit. Diese Ideen entstanden während der Revolution in den Volksvereinen, den Klubs der Gleichen, bei den „Tollköpfen" (*enragés*), der „Anarchisten" usw. Die Vertreter dieser Ideen unterlagen bekanntlich während des Thermidors (im Juni 1794), als die Girondisten, die bald darauf von der Militärdiktatur abgelöst wurden, wieder ans Ruder kamen. Aber die Forderungen der Revolution – die Vernichtung der Überbleibsel der feudalen Rechte und die Verkündigung der politischen Gleichberechtigung – wurden von den republikanischen Heeren Frankreichs über ganz Europa bis an die Grenzen Russlands getragen. Und obwohl im Jahre 1815 die siegreichen Verbündeten mit Russland und Deutschland an der Spitze sogar die „Restauration" der Bourbonen auf dem Königsthrone durchsetzten, behielten die Losungen der Revolution, die politische Gleichberechtigung und die Zerstörung aller Feudalrechte, bis auf den heutigen Tag ihre Anziehungskraft.

So begannen gegen Ende des achtzehnten Jahrhunderts und Anfang des neunzehnten Jahrhunderts viele Denker, in der Gerechtigkeit die Grundlage der menschlichen Sittlichkeit zu sehen; dass diese Ansicht nicht zur allgemein anerkannten Wahrheit wurde, liegt an zwei Gründen, einem inneren und einem historischen. Im Menschen besteht neben dem Begriff der Gerechtigkeit und dem Streben nach ihr das heiße Verlangen nach *eigenem Einfluss,* nach *Vorherrschaft über die Anderen,* und während des Verlaufs der ganzen Geschichte der Menschheit spielt sich seit Urzeiten ein Kampf ab zwischen diesen zwei Prinzipien, dem Streben nach Gerechtigkeit, d. h. Gleichberechtigung, und dem Verlangen nach Vorherrschaft über die Anderen. Schon in den primitivsten menschlichen Gesellschaften war dieser Gegensatz wirksam. Die „Ältesten", durch Lebenserfahrung Weisen, wussten, wie schwere Folgen manche Veränderungen in der Stammesorganisation für den ganzen Stamm nach sich ziehen, wie traurige Zeiten von ihnen heraufbeschworen werden; deshalb vermieden sie neue Umwälzungen und setzten jeder Veränderung ihren ganzen Einfluss entgegen, indem sie die ersten staatlichen Institutionen zum Schutze der alten Gebräuche der Gesellschaft schufen. Ihnen schlossen sich allmählich die Zauberer, die Wahrsager, die Medizinmänner an, mit denen sie geheime Abmachungen trafen, um die anderen Mitglieder der Stammesorganisation in Abhängigkeit und Gehorsam zu halten und die Überlieferungen und das Herkommen zu schützen. Diese Abmachungen unterstützten in der ersten Zeit zweifellos die Gleichberechtigung, indem sie die Einzelnen daran hinderten, sich auffallend zu bereichern oder die Macht an sich zu reißen. Aber sie widersetzten sich auch zuerst der Entwickelung der Gleichberechtigung zum grundlegenden Prinzip des Gemeinschaftslebens.

Der gleiche Kampf, den wir in den Gemeinschaften der Naturvölker und überhaupt bei den in Clans lebenden Stämmen finden, währt bis auf den heutigen Tag die ganze Weltgeschichte hindurch. Die Zauberer des Ostens, die Priester Ägyptens, Griechenlands und Roms, welche die ersten Erforscher der Natur und ihrer Geheimnisse waren, dann die östlichen Könige und Tyrannen, die römischen Kaiser und Senatoren, die westeuropäischen Kirchenfürsten, die Heerführer und Richter usw. – sie alle widersetzten sich mit allen ihnen zu Gebote stehenden Mitteln der Verwirklichung der allmählich vordringenden Idee der Gleichberechtigung und der Untergrabung ihrer eigenen Macht, d. h. der Vernichtung der Ungleichheit.

Begreiflicherweise konnten diese Einflüsse des erfahrensten, kenntnisreichsten und solidarischen Teiles der Gesellschaft, von Aberglauben und Religion unterstützt, die Anerkennung der Gleichberechtigung als Grundlage des Gemeinschaftslebens verhindern und die Erhaltung der Ungleichheit in der historischen Form der Leibeigenschaft, der Stände, der „Ranglisten" usw. fördern, umso mehr, als das alles von der Religion und leider auch von der Wissenschaft geheiligt wurde.

Die Philosophie des achtzehnten Jahrhunderts und die französische Volksbewegung, die ihren Ausdruck in der Revolution fand, bilden einen machtvollen Vorstoß gegen das jahrtausendealte Joch und einen kraftvollen Versuch, die neue Gesellschaftsordnung auf den Prinzipien der Gleichberechtigung aufzubauen. Aber der furchtbare soziale Widerstreit, der sich in Frankreich während der Revolution entwickelte, das grausame Blutvergießen und die über zwanzig Jahre währenden europäischen Kriege verhinderten die Verwirklichung der Gleichberechtigung für lange Zeit. Erst nach sechzig Jahren nach Ausbruch der französischen Revolution, d. h. im Jahre 1848, begann in Europa eine neue Volksbewegung unter dem Banner der Gleichberechtigung, aber auch diese Bewegung wurde nach einigen Monaten in Blut ertränkt. Und nach diesen revolutionären Ausbrüchen fand während der zweiten Hälfte der fünfziger Jahre in den Naturwissenschaften eine große Umwälzung statt, deren Ergebnis die Entstehung einer neuen zusammenfassenden Theorie, der Entwickelungslehre, bildet.

Der Philosoph des Positivismus, August Comte, und die Begründer des Sozialismus, Saint-Simon und Fourier (insbesondere dessen Anhänger) in Frankreich und Robert Owen in England, versuchten bereits in den dreißiger Jahren die von Buffon, Lamarck und den Enzyklopädisten aufgestellten

Theorie der allmählichen Entwickelung des Pflanzen- und Tierreiches auf das Leben der menschlichen Gemeinschaften anzuwenden. In der zweiten Hälfte des neunzehnten Jahrhunderts gab das Studium der Entwickelung der gesellschaftlichen Institutionen zuerst die Möglichkeit, die ganze Bedeutung der Entwickelung des Grundbegriffs jeglicher Gesellschaftlichkeit – der *Gleichberechtigung* – zu erkennen.

Wir sahen, wie nahe Hume, Adam Smith und Helvetius, besonders in seinem zweiten Werke (*De l'homme, de ses facultés intellectuelles et de son éducation*) der Anerkennung der Gerechtigkeit, und folglich auch der Gleichberechtigung, als Grundlage des Sittlichen gekommen waren.

Die Verkündigung der Gleichberechtigung durch die Deklaration der Menschenrechte während der Französischen Revolution im Jahre 1791 rückte dieses Grundprinzip des Sittlichen noch mehr in den Vordergrund.

Hier muss ein äußerst wichtiger und wesentlicher Fortschritt in Bezug auf die Auffassung der Sittlichkeit vermerkt werden. Gegen Ende des achtzehnten Jahrhunderts und in den folgenden Jahrzehnten begannen mehrere Denker, unter der Gerechtigkeit nicht nur die politische und staatsbürgerliche, sondern hauptsächlich die wirtschaftliche Gleichheit zu verstehen. Schon Morelly forderte in seinem Roman *Die Basiliade* und besonders in seinem *Gesetzbuch der Natur* offen und bestimmt die volle Gleichheit im Besitz. Mably bewies in seinem Werk *De la législation* (1776) mit großer Eindringlichkeit, dass politische Gleichberechtigung bei Aufrechterhaltung des Privateigentums bloß leerer Schall sei. Sogar der gemäßigte Condorcet erklärte im Jahre 1794 in seinem Werk *Esquisse d'un tableau historique des progrès de l'esprit humain*, dass jeder Besitz eine Gewalttätigkeit bedeute. Endlich behauptete auch der leidenschaftliche Brissot, der späterhin als Girondist, d. h. als gemäßigter Demokrat, geköpft wurde, in einer Reihe von Flugschriften, das Privateigentum sei ein Verbrechen an der Natur.[159] Alle diese Ideen und Bestrebungen der wirtschaftlichen Gleichheit fanden gegen Ende der Revolution ihren Ausdruck in der kommunistischen Lehre des Gracchus Babeuf.

Nach der Revolution wurden die Gedanken der wirtschaftlichen Gerechtigkeit und der wirtschaftlichen Gleichberechtigung in der Theorie entwickelt, die Sozialismus genannt wird und deren Begründer in Frankreich Saint-Simon und Fourier und in England Robert Owen waren. Bereits diese

159 In der Schrift André Lichtenbergers *Le socialisme au XVIII siècle* (1895) ist über die Frage der sozialistischen Tendenzen des achtzehnten Jahrhunderts reichhaltiges Material gesammelt.

ersten Begründer des Sozialismus nehmen einen verschiedenen Standpunkt ein in Bezug auf die Verwirklichungsmöglichkeiten der sozialen und ökonomischen Gerechtigkeit. Saint-Simon lehrte, dass eine gerechte Lebensform nur mit Beihilfe der Macht zustande kommen werde, während Fourier und zum Teil auch Owen glaubten, die soziale Gerechtigkeit werde ohne Einmischung des Staates zu verwirklichen sein. Also war Saint-Simons Sozialismus staatsfreundlich, Fouriers dagegen staatsfeindlich.

Um die Mitte des neunzehnten Jahrhunderts wurden die sozialistischen Ideen von vielen Denkern behandelt, von denen besonders genannt werden müssen die Franzosen: Considérant, Pierre Leroux, Louis Blanc, Cabet, Vidal, Pecqueur und Proudhon, die Deutschen: Karl Marx, Engels, Rodbertus und Schäffle, die Russen: Bakunin, Tschernyschewski, Lawroff u. a. m. Alle diese Denker und ihre Anhänger bemühten sich entweder um die Einbürgerung der sozialistischen Ideen in zugänglicher Darstellung oder um ihre Begründung mit Hilfe der Wissenschaften.

Die Gedanken der ersten sozialistischen Theoretiker erzeugten in dem Maße, wie sie immer bestimmtere Formen annahmen, zwei wichtige sozialistische Richtungen, den autoritären Kommunismus und den anarchistischen Kommunismus sowie einige Zwischenformen. Diese sind der Staatskapitalismus (bei dem der Staat über alle Produktionsmittel verfügt), der Kollektivismus, die Kooperationen des Munizipalsozialismus (halbsozialistisch-städtische Einrichtungen) und viele andere.

Gleichzeitig förderten dieselben Gedanken der Begründer des Sozialismus (insbesondere Owens) die Entstehung einer starken Arbeiterbewegung, die ihren Formen nach wirtschaftlicher, ihrem Wesen nach jedoch rein ethischer Natur war. Diese Bewegung ist bemüht, alle Arbeiter zum unmittelbaren Kampfe mit dem Kapitalismus in Berufsverbänden zusammenzuschließen. Diese Bewegung erzeugte zwischen den Jahren 1864 und 1879 die *Internationale Arbeiterassoziation*, die das internationale Bindeglied zwischen den geeinten Berufen darstellen sollte.

Drei grundlegende Bestimmungen wurden von dieser geistigen und revolutionären Bewegung aufgestellt:

1. Die Aufhebung des Akkordlohnes, der nichts anderes als eine zeitgemäße Form der Sklaverei und der Leibeigenschaft ist.
2. Die Aufhebung des Privateigentums an allem, was zur Produktion und gesellschaftlichen Organisation des Austausches der Erzeugnisse notwendig ist.

3. Die Befreiung der Persönlichkeit und der Gesellschaft vom Staate, welcher der Unterstützung und Erhaltung der wirtschaftlichen Sklaverei dient.

Die Verwirklichung dieser drei Forderungen ist notwendig zur Errichtung der sozialen Gerechtigkeit, die den sittlichen Anforderungen unserer Zeit entspricht; diese Erkenntnis ist in den letzten dreißig Jahren in den Geist nicht nur der Arbeiter, sondern auch der fortschrittlichen Menschen aller Klassen tief eingedrungen.

Von den Sozialisten hat Proudhon den Gerechtigkeitsbegriff als Sittlichkeitsgrundlage am besten erfasst.

Die Bedeutung *Pierre-Joseph Proudhons* (1809-1865) für die Entwickelungsgeschichte der Ethik wird ebenso wenig wie die Bedeutung Darwins beachtet. Indessen zögerte Jodl nicht, diesen bäuerlichen Schriftsetzer, den Autodidakten, der seine Bildung durch Selbstunterricht sich zu eigen gemacht hatte und der zugleich ein selbständiger und eigenartiger *Denker* war, auf die gleiche Stufe mit allen tiefschürfenden und gelehrten Philosophen, die die Sittenlehre ausbauten, zu stellen.

Wenn Proudhon die Gerechtigkeit als Grundbegriff des Sittlichen aufstellte, so offenbarte sich darin selbstverständlich einerseits der Einfluss Humes und Adam Smiths, Montesquieus, Voltaires und der Enzyklopädisten, und andererseits der deutschen Philosophie und insbesondere der ganzen sozialistischen Bewegung der vierziger Jahre, die nach einigen Jahren zur Gründung der sozialistischen Arbeiterassoziation führte, die zur Losung die Freimaurerformel machte: „*Keine Rechte ohne Pflichten, keine Pflichten ohne Rechte.*"

Aber das Verdienst Proudhons besteht darin, dass er den aus der Hinterlassenschaft der Großen Revolution sich ergebenden Grundbegriff deutlich hervorhob – den *Begriff der Gleichberechtigung* und also der *Gerechtigkeit,* und dass er aufzeigte, wie dieser Begriff seit jeher aller Gemeinschaftlichkeit und folglich auch aller Ethik zugrunde lag, obwohl er von den Denkern mit oder ohne Absicht übersehen wurde.

Schon in seinem Frühwerke *Qu'est-ce que la propriété* identifizierte Proudhon die Gerechtigkeit mit der Gleichheit (oder richtiger – mit der Gleichberechtigung, indem er sich auf die alte Regel der Gerechtigkeit berief: – justum aequale est, injustum inaequale[160]). In der Folge kehrte er nochmals zu dieser Frage zurück in seinen Werken *Contradictions éco-*

160 „Gerecht ist, was gleich ist, ungerecht ist, was ungleich ist."

nomiques und *Philosophie du Progrès*; die große Bedeutung des Gerechtigkeitsbegriffs zeigte er jedoch erst vollständig in seinem dreibändigen Werke *La Justice dans la Révolution et dans l'Église*, das im Jahre 1858 erschien.

Gewiss fehlt auch in diesem Werke die systematische Darstellung der ethischen Anschauungen Proudhons, aber sie offenbarten sich genügend klar an verschiedenen Stellen des Buches. Es ist schwierig und unnötig, das von den obenerwähnten Denkern Entlehnte von den eigenen Gedanken Proudhons zu trennen, deshalb sei hier nur das Wesentliche seiner Sittenlehre geschildert.

Für Proudhon ist die Sittlichkeitslehre nur ein Teil der allgemeinen Rechtswissenschaft, und besteht die Aufgabe des Forschers darin, die Begründung dieser Lehre, ihr Wesen, ihren Ursprung und ihre Sanktion, d. h. was dem Recht und der Sittlichkeit den Charakter der Verbindlichkeit gibt und erzieherische Bedeutung hat, aufzuzeigen. Dabei verzichtet Proudhon, wie Comte und die Enzyklopädisten, ganz entschieden darauf, seine Philosophie des Rechts und der Sittlichkeit auf religiöser oder metaphysischer Grundlage aufzubauen. Es ist notwendig, sagt er, das Leben der Gemeinschaften zu erforschen und von ihnen auf die Richtschnur der Gesellschaft zu schließen.

Bisher gestaltete sich jede Ethik mehr oder minder unter dem Einfluss der Religion, und keine Lehre wagte es, die *Gleichberechtigung und die wirtschaftliche Gleichheit* als Grundlage der Ethik anzuerkennen. Proudhon unternahm dieses Wagnis, soweit die Napoleonische Zensur es zuließ, welche die Gesellschaft vor Sozialismus und Atheismus schützen sollte. Proudhon wollte, wie er sich ausdrückte, eine *volkstümliche,* auf dem Wissen fußende Philosophie schaffen. Als Versuch in eben dieser Richtung sah er sein Buch *Von der Gerechtigkeit in Revolution und Kirche* an ... Das Ziel dieser Philosophie, wie überhaupt alles Wissens, ist die Voraussicht, um die zukünftigen Wege festzulegen, welche das Gemeinschaftsleben einschlagen wird.

Proudhon hält das *Gefühl des eigenen Wertes* für den wahren Inhalt der Gerechtigkeit und das grundlegende Prinzip der ganzen Sittlichkeit. Ist dieses Gefühl in dem Einzelnen entwickelt, so wird es im Verhalten zu allen anderen Menschen zum Gefühl der Menschenwürde, *mögen diese Menschen Freunde oder Feinde sein. Das Recht* ist die jedem Menschen innewohnende Fähigkeit, von allen anderen die Achtung der *Menschenwürde,* in seiner Person zu fordern; *die Pflicht* ist die an den Einzelnen gestellte Forderung, dass er diese Würde in den Anderen achte. *Wir können nicht jeden Menschen lieben,* aber wir müssen seine persönliche Würde achten. Wir können für uns keine Liebe fordern, aber wir haben unbedingt das Recht, für unsere Person Achtung zu verlangen. Es ist unmöglich, eine neue Gesellschaftsordnung auf der Liebe aufzubauen; aber man kann und muss sie auf der Forderung der gegenseitigen Achtung aufbauen.

„Die Menschenwürde zuerst in allem, was uns betrifft, sodann in der Person des Nächsten fühlen und behaupten, ohne Rücksicht auf die Gottheit oder die Gesellschaft, – das ist das Recht. Bereit sein, unter allen Umständen für die Verteidigung dieser Würde tatkräftig einzustehen, – das ist die Gerechtigkeit."

Hier hätte Proudhon allem Anscheine nach ganz bestimmt sagen müssen, dass sich eine freie Gemeinschaft nur auf der Gleichberechtigung aufbauen kann. Aber Proudhon sagte es nicht, vielleicht mit Rücksicht auf die Napoleonische Zensur; jedenfalls ergibt sich diese Schlussfolgerung aus vielen Stellen seines Buches *Von der Gerechtigkeit.*

Die Frage nach dem Ursprung des Gerechtigkeitsgefühls beantwortet Proudhon gerade so, wie Comte und die ganze zeitgenössische Wissenschaft sie heute beantworten, d. h. dass es das *Entwickelungsergebnis der menschlichen Gemeinschaften* darstellt.

Proudhon ist bemüht, für die Erklärung des Ursprungs des Sittlichen, d. h. für die Gerechtigkeit,[161] *eine organische Grundlage in der psychischen Beschaffenheit des Menschen* zu finden.[162] Die Gerechtigkeit, sagt er, *kommt nicht von oben,* ist jedoch auch *keine Frucht der Berechnung,* da auf dieser Grundlage keine Gesellschaftsordnung entstehen kann. Letzten Endes ist diese Eigenschaft nichts anderes als die *angeborene menschliche Güte, das Gefühl der Sympathie,* oder der Geselligkeitsinstinkt, auf welchem die Positivisten die Ethik aufbauen wollen. Dem Menschen eignet ein besonderes Gefühl, das höher als der Geselligkeitsinstinkt ist, nämlich das *Rechtsgefühl,* das Bewusstsein des gleichen Rechts aller Menschen auf gegenseitige Achtung ihrer Person.

„So langt Proudhon", bemerkt Jodl, „nach den lebhaftesten Protesten gegen den Transzendentalismus zuletzt das alte Erbstück der intuitiven Ethik wieder hervor: das Gewissen."

---

161 *De la Justice dans la Revolution et dans l'Église*, Bd. I, S. 216.

162 Hier verfällt Jodl in denselben Fehler wie Proudhon, indem er die Sittlichkeit mit der Gerechtigkeit identifiziert, die meines Erachtens nur ein Element der Sittlichkeit ausmacht.

Aber diese Bemerkung ist nicht ganz richtig. Proudhon wollte nur sagen, dass der Gerechtigkeitsbegriff kein einfacher, angeborener Antrieb sein kann, weil dann seine Vormacht gegenüber den anderen Antrieben nicht zu erklären wäre, die den Menschen andauernd zu Ungerechtigkeiten gegen andere verleiten. Die Interessen der Anderen zum Schaden der eigenen Interessen zu verteidigen, *das kann kein ausschließlich angeborenes Gefühl sein;* wohl waren seine Keime immer im Menschen, aber sie müssen erst großgezogen werden. Dieses Gefühl kann in den menschlichen Gemeinwesen nur durch die Erfahrung entwickelt werden.

Bei der Untersuchung der Widersprüche, die in der Geschichte der menschlichen Gemeinwesen zwischen dem im Menschen wohnenden Gerechtigkeitsbegriff und der von Staat und Kirche unterstützten gesellschaftlichen Ungerechtigkeit beobachtet werden, kam Proudhon zur Folgerung, dass, obwohl dieser Begriff dem Menschen angeboren ist, die Menschheit dennoch Jahrtausende gebraucht habe, ehe die Idee der Gerechtigkeit in die Gesetzgebung der französischen Revolution von der Deklaration der Menschenrechte als grundlegendes Prinzip eingeführt wurde.

Wie Comte, begriff Proudhon den Progress, der sich in der Entwickelung der Menschheit vollzog, sehr gut, und er war von der weiteren fortschrittlichen Entwickelung der Menschheit überzeugt, wobei er natürlich nicht nur die Entwickelung der *Kultur* (der materiellen Lebensbedingungen), sondern hauptsächlich der *Zivilisation* (des geistigen Lebens, der sozialen Einrichtungen und des gegenseitigen Verhaltens der Menschen) im Sinne hatte. In diesem Progress schrieb er eine sehr bedeutende Rolle den Idealen zu, die zu gewissen Zeiten die kleinen Alltagssorgen zurückdrängen, – wenn das Missverhältnis zwischen dem Recht, als höchster Ausdruck der Gerechtigkeit aufgefasst, und dem Leben, entstanden unter der Fuchtel der Gesetzgebung, zum scharfen unerträglichen Gegensatz wird.

Proudhon hat mehr als jeder andere die richtige Auffassung der Bedeutung der Gerechtigkeit für die Ausgestaltung der sittlichen Begriffe vorbereitet.[163] Das höchste sittliche Ziel des Menschen ist die Verwirklichung

163 Außer in dem Werke *De la Justice dans la Revolution et dans l'Église*, Paris 1858, 3 Bände, findet man sehr wertvolle Gedanken über Sittlichkeit und Gerechtigkeit in dem *Système des contradictions économiques*, in der *Philosophie de la misère* (ein Werk, dem Marx' bissige Kritik *Das Elend der Philosophie* keines seiner bedeutenden Verdienste rauben konnte); in der *Idée generale sur la Révolution au XIXe siède* und in *Qu'est-ce que la propriété.* Das ethische System Proudhons entstand bereits gegen Anfang der vierziger Jahre, als er eben die Laufbahn des Schriftstellers einschlug.

der Gerechtigkeit. Die ganze Menschheitsgeschichte, sagt Proudhon, ist die Geschichte der Bemühungen der Menschheit, die Gerechtigkeit zu verwirklichen. Alle großen Revolutionen sind nichts anderes, als das Erstreben der Gerechtigkeit auf dem Wege der Gewalt; da aber während der Revolutionen *das Mittel,* d. h. die Gewalt, zeitweilig die alten Unterdrückungsformen beseitigte, so ergab es sich in der Tat, dass die eine Gewalt durch eine andere ersetzt wurde. Nichtsdestoweniger war immer die Gerechtigkeit die Triebfeder jeder revolutionären Bewegung, und jede Revolution, mochte sie noch so sehr ausarten, führte dennoch dem Gemeinschaftsleben eine neue Dosis Gerechtigkeit zu. Aus allen diesen teilweisen Verwirklichungen der Gerechtigkeit wird sich der endliche vollständige Triumph der Gerechtigkeit auf Erden ergeben.

Warum hat sich trotz aller bisherigen Revolutionen die Gerechtigkeit noch bei keinem Volke in vollem Maße verwirklicht? Hauptsächlich darum, weil der Gerechtigkeitsgedanke bis heute noch nicht in den Geist der meisten Menschen eingedrungen ist. Die im Geiste eines einzelnen Menschen erzeugte Gerechtigkeitsidee muss eine soziale, zur Revolution anfeuernde Idee werden. Den Ausgangspunkt der Gerechtigkeitsidee bildet das Gefühl der persönlichen Würde. Im Verein mit anderen verallgemeinert sich dieses Gefühl und wird zum Gefühl der *Menschenwürde.* Das vernünftige Wesen anerkennt es sowohl in der Person des anderen – sei es Freund oder Feind; als auch in sich selbst. Eben dadurch unterscheidet sich die Gerechtigkeit von der Liebe und von anderen Empfindungen des Mitgefühls, und deshalb ist sie die Antithese, das Gegenteil des Egoismus, der Selbstliebe; dabei unterwirft sich der Einfluss, den sie auf uns ausübt, alle anderen Gefühle. Beim Naturmenschen äußert sich das Gefühl der eigenen Würde erst in rohen Umrissen, seine Persönlichkeit drängt sich vor die Gemeinschaft, und eben deshalb nimmt die Gerechtigkeit die Form eines übernatürlichen Gebotes an und stützt sie sich auf die Religion. Aber allmählich zersetzt sich unter dem Einfluss der Religion das Gerechtigkeitsgefühl (Proudhon schreibt einfach: „die Gerechtigkeit“, ohne zu sagen, ob er damit den *Begriff* oder das *Gefühl* meint). Entgegen ihrer Wesenheit wird sie im Christentum (und in den früheren Religionen) aristokratisch und führt zur Erniedrigung der Menschheit. Im Namen der Gottesverehrung wird überall die Menschenverehrung ausgerottet, und sobald diese vernichtet ist, unterliegt die Gerechtigkeit, und zersetzt sich gleichzeitig die Gesellschaft.

Dann vollzieht sich die Revolution, die der Menschheit ein neues Zeitalter eröffnet. Sie gibt der vorher unklar erkannten Gerechtigkeit die Möglichkeit, sich in ihrer ganzen Reinheit und in der ganzen ursprünglichen

Vollkommenheit zu offenbaren. „Die Gerechtigkeit ist absolut und unabänderlich, sie kennt nicht den Begriff ‘mehr oder weniger’, sie bildet das unveränderliche Maß aller menschlichen Handlungen.“[164] Bemerkenswert ist, fügt Proudhon hinzu, dass in Frankreich seit dem Sturz der Bastille im Jahre 1789 keine Regierung gewagt hat, sie bestimmt zu verneinen und sich offen als gegenrevolutionär zu erklären. Indessen verrieten alle Regierungen die Gerechtigkeit, sogar die Regierung zur Zeit des Terrors, sogar Robespierre und besonders Robespierre.[165]

Er wies jedoch darauf hin, dass man sich vorsehen müsse, nicht um der Gemeinschaftsinteressen willen die Interessen der Einzelpersönlichkeit zu vernachlässigen. *Die wahre Gerechtigkeit besteht in der harmonischen Vereinigung der Gemeinschaftsinteressen mit den Einzelinteressen.* Die so aufgefasste Gerechtigkeit weist nichts Geheimnisvolles, nichts Mystisches auf. Sie beruht auch nicht auf dem Streben nach eigenem Vorteil, sobald der Einzelne es für seine Pflicht hält, für seinen Nächsten ebenso wie für sich selbst Achtung zu fordern. Sie verlangt sogar für den Feind Achtung der persönlichen Würde (daher das Kriegsrecht).

Da der Mensch ein zur Vervollkommnung befähigtes Wesen ist, so erschließt die Gerechtigkeit *allen* gleichmäßig den gleichen Weg zur Vervollkommnung. Deswegen, schrieb Proudhon, offenbarte sich die Gerechtigkeit schon in den frühen Religionen, – z. B. im Mosaischen Gesetz, das vorschreibt, Gott von ganzem Herzen, aus ganzer Seele und mit aller Kraft zu verehren und *den Nächsten wie sich selbst* zu lieben, wie auch im Buche Tobias, in welchem es heißt: was du nicht willst, das man dir tue, das tu einem anderen auch nicht. Dasselbe äußerten die Pythagoreer, Epikur und Aristoteles, und dasselbe forderten die nichtreligiösen Philosophen, wie Gassendi, Hobbes, Bentham, Helvetius und andere.[166]

Wir sehen also, dass überall die *Gleichberechtigung* als Grundlage der Gerechtigkeit angesehen wird, oder wie Proudhon schrieb: „Was das gegenseitige persönliche Verhalten anbetrifft, – ohne Gleichheit keine Gerechtigkeit“.[167]

Leider übersehen alle Anhänger der Macht nicht nur der Kirche, sondern auch des Staates – sogar die Sozialisten – diese Grundbestimmung

164 *De la Justice dans la Révolution et dans l'Église*. 1858. S. 194-195.

165 Daselbst, S. 196.

166 Ich füge nur noch hinzu, dass das unbedingt Gleiche in den Lebensregeln der Wilden zu finden ist (siehe meine *Gegenseitige Hilfe*).

167 En ce qui touche les personnes, hors de l'égalité point de justice.

jeglicher Sittlichkeit und fahren fort, die Notwendigkeit der staatlichen Ungleichheit zu verteidigen. – Nichtsdestoweniger wurde die *Gleichberechtigung* die Grundlage aller grundsätzlichen Deklarationen der Großen Französischen Revolution, wie sie bereits vorher in der Deklaration der Rechte der Nordamerikanischen Republik aufgenommen worden war. Die Deklaration vom Jahre 1789 verkündete, dass die Natur alle Menschen gleich und *gleichberechtigt* erschaffen habe. Dasselbe wiederholte die Deklaration vom 24. Juni 1793.

Die Revolution verkündete die persönliche Gleichheit und die Gleichheit der politischen und bürgerlichen Rechte, wie die Gleichheit vor Gesetz und Gericht. Mehr noch, sie schuf eine neue soziale Wirtschaftslehre, indem sie an die Stelle des *persönlichen* Rechts den Grundsatz der *Gleichwertigkeit der gegenseitigen Leistungen* setzte.[168]

Das Wesen der Gerechtigkeit ist die Achtung vor dem Menschen, wie Proudhon vielfach wiederholte. Wir wissen, schrieb er, was die Gerechtigkeit ist; sie kann auf die folgende Formel gebracht werden: „Achte deinen Nächsten wie dich selbst, auch wenn du ihn nicht lieben kannst, und verhindere es, dass man ihn, ebenso wie dich selbst, nicht achte".[169] „Ohne Gleichheit keine Gerechtigkeit." (I, 204, 206.)

Leider kehrt sich weder die Gesetzgebung, noch das Gericht, und noch weniger die Kirche an diese Worte.

Die Volkswirtschaftslehre zeigte die Ergebnisse der Arbeitsteilung für die Ergiebigkeit der Produktion, die natürlich notwendig ist; aber mehrere Volkswirtschaftler, wie z. B. Pellegrino Rossi, zeigten auch, dass dieselbe Arbeitsteilung den Arbeiter stumpfsinnig macht und eine Sklavenklasse schafft. Wir sehen also den einzig möglichen Ausweg aus diesem Zustand

168 Proudhon fügte hinzu, die Formel der Kommunisten: „Jeder nach seinen Fähigkeiten, jedem nach seinen Bedürfnissen" könnte nur in der Familie Anwendung finden. Die Formel Saint-Simons: „Jedem nach seinen Fähigkeiten, jeder Fähigkeit nach ihren Taten" bedeutet die vollkommene Verneinung der Gleichheit, sowohl in der Wirklichkeit als auch im Recht. In der Gemeinde Fouriers wird zwar der Grundsatz der Gegenseitigkeit anerkannt, aber Fourier verneinte die Gerechtigkeit in Anwendung auf die Einzelpersönlichkeit. Indessen ist der von der Menschheit seit jeher angewandte Grundsatz einfacher und hauptsächlich würdiger: nur die Arbeitserzeugnisse werden bewertet, wodurch die persönliche Eigenliebe nicht betroffen wird und die wirtschaftliche Organisation auf eine einfache Formel – den Austausch – gebracht wird.

169 Proudhon schrieb dieses im Jahre 1858. Seitdem wiesen viele Volkswirtschaftler darauf hin, und auch Proudhon selbst schrieb noch mehrfach darüber.

in der *Gegenseitigkeit der Leistungen* statt in ihrer *Unterordnung* untereinander (I, 269), und in ihrer natürlichen Folgerung, in der *Gleichheit der Rechte und des Besitzes.* Eben dieses wurde in der Deklaration des Konvents vom 15. Februar und 24. Juni 1793 behauptet, in welcher die Freiheit und die Gleichheit aller vor dem Gesetz verkündet wurden, und diese Erklärung wiederholte sich seitdem in den Jahren 1795, 1799, 1814, 1830 und 1848 (I, 270). Für Proudhon ist die Gerechtigkeit nicht nur eine *abwehrende* gesellschaftliche Kraft, sondern eine *schöpferische* Kraft, wie der Verstand und die Arbeit.[170] Darauf bemerkte er, dass der *Gedanke aus der Tat entstehe,* wie schon Baco geschrieben hat, und widmete deshalb eine Reihe vortrefflicher Seiten der Notwendigkeit der Handarbeit und des handwerklichen Unterrichts in den Schulen, als einem Mittel zur Vertiefung unserer wissenschaftlichen Bildung; auf dieser Grundlage untersuchte Proudhon die Gerechtigkeit in ihrer Anwendung auf die Einzelnen, auf die Verteilung der Güter, auf den Staat, die Bildung und die Geistesbeschaffenheit.

Proudhon musste anerkennen, dass die Entwickelung der Gerechtigkeit in den menschlichen Gemeinschaften wirklich eine gewisse Zeit braucht; notwendig ist eine hohe Entwickelungsstufe der Ideale und des Solidaritätsgefühls, und sie ist nur auf dem Wege einer langen persönlichen und

170 „Der Mensch ist ein vernunftbegabtes und arbeitsames Wesen, das fleißigste und gesellschaftlichste Wesen, dessen Hauptbestreben nicht die Liebe, sondern das Gesetz, das höher als die Liebe ist, umfasst. Daher kommt die den Massen unbekannte heldenhafte Selbstaufopferung für die Wissenschaft; daher stammen die Märtyrer der Arbeit und der Industrie, die vom Roman und vom Theater mit Schweigen übergangen werden; daher stammen auch die Worte: „fürs Vaterland sterben". Lasst mich mich vor euch neigen, die ihr in den Jahren 1789, 1792 und 1830 euch zu empören und zu sterben gewusst habt. Ihr seid der Freiheit teilhaftig geworden, und ihr seid lebendiger als wir, die sie verloren haben." „Einen Gedanken zeugen, ein Buch, ein Gedicht, eine Maschine hervorbringen, mit einem Wort, sein chef-d'oeuvre schaffen, wie die Arbeiter – unsere Arbeitskollegen – sagen, seinem Land und der Menschheit einen Dienst leisten, ein gutes Werk vollbringen und eine Ungerechtigkeit aus der Welt schaffen, – alles das heißt: sich selbst im Gemeinschaftsleben wiedererzeugen, wie man sich im organischen Leben wiedererzeugt. Das menschliche Leben erreicht seine Vollkommenheit, wenn es folgenden Bedingungen entspricht: der Liebe – Kinder, Familie; der Arbeit – industrielle Erzeugung; der Gesellschaftlichkeit – Gerechtigkeit, d.h. Teilnahme am Leben der Gemeinschaft und am Fortschritt der Menschheit." (Abhandlung V, Kap. V, Bd. II, S. 128-130.)

gesellschaftlichen Entwickelung zu erreichen. Zu dieser Frage, die im zweiten Band näher betrachtet werden soll, füge ich hier nur hinzu, dass in diesem ganzen Teil seines Buches und im Schlussteil, in welchem er die Sanktion, die Heiligung des Gerechtigkeitsbegriffs, erörtert, eine Menge neuer, fruchtbarer und anfeuernder Gedanken enthalten ist.

Bei alledem unterstrich Proudhon in seinen schönen Worten über die Gerechtigkeit nicht genügend den Unterschied zwischen den zwei Bedeutungen, welche die französische Sprache dem Worte Gerechtigkeit, *justice*, unterlegt. Einmal bedeutet dieses Wort die Gleichheit, die Gleichung im mathematischen Sinne (équation), ein andermal aber die *Betätigung* der Gerechtigkeit, d. h. Gericht und Rechtsprechung und sogar die *Lynchjustiz.* Gewiss, versteht sich in der Ethik das Wort Gerechtigkeit nur in seiner ersten Bedeutung, aber Proudhon gebrauchte es auch manchmal in dem anderen Sinne, und daraus entsteht eine gewisse Ungenauigkeit. Deswegen wahrscheinlich versuchte er nicht, den Ursprung dieses Begriffs zu verfolgen, dem Littré in der Folge seine Aufmerksamkeit zuwandte.

Jedenfalls ist es seit dem Erscheinen des Proudhonschen Werkes *Von der Gerechtigkeit in Revolution und Kirche* bereits unmöglich, die Ethik ohne Anerkennung der *Gleichberechtigung* als Grundlage der Sittlichkeit aufzubauen. Anscheinend gerade deswegen wurde dieses Werk Proudhons so einmütig totgeschwiegen, so dass nur Jodl es mit seinem guten Rufe vereinbaren konnte, dem französischen Revolutionär in seiner Geschichte der Ethik einen bedeutenden Platz anzuweisen. Gewiss ist in den drei Bänden, die Proudhon der Gerechtigkeit widmet, viel Nebensächliches – viel Polemik mit der Kirche (der Titel *Von der Gerechtigkeit in Revolution und Kirche* bestätigt dies umso mehr, als eigentlich nicht von der Gerechtigkeit in der Kirche, sondern im *Christentum* und überhaupt in den religiösen Sittenlehren die Rede ist); ebenso enthalten sie zwei Abhandlungen über die Frau, denen die meisten zeitgenössischen Denker gewiss nicht zustimmen, und nicht wenige Abweichungen, die nicht unnötig sind, aber den Sinn der Betrachtungen verdunkeln. Trotz alledem besitzen wir in dem Werke Proudhons eine Untersuchung, in welcher der Gerechtigkeit, auf die bereits viele Ethiker hingewiesen hatten, endlich der gebührende Platz angewiesen wird, und in welcher endlich gesagt wird, die Gerechtigkeit sei die *Anerkennung der Gleichberechtigung und des Strebens nach Gleichheit und die wichtigste Grundlage aller sittlichen Begriffe.*

Seit langem näherte sich die Ethik dieser Anerkennung. Bis heute jedoch war sie eng mit der Religion und in letzter Zeit mit dem Christentum verknüpft, so dass vor Proudhon niemand diese Anerkennung offen und ganz auszusprechen wagte.

Ich muss endlich noch darauf hinweisen, dass in der *Gerechtigkeit* Proudhons bereits eine Andeutung auf den *dreifachen* Charakter der Gerechtigkeit enthalten ist. Im ersten Band wies er – obwohl sehr kurz in einigen Zeilen – auf die ursprüngliche Quelle des Sittlichen hin: auf die bereits den Tieren innewohnende Geselligkeit. Und weiter wies er gegen Ende des Buches auf den dritten Bestandteil jeder Sittlichkeit, sei sie wissenschaftlich oder religiös, hin: auf das *Ideal.* Er zeigte nicht, wo der Trennungsstrich ist zwischen der Gerechtigkeit (die sagt: „jedem das Gebührende" und also zur mathematischen Gleichung wird) und dem, was ein Mensch dem anderen „über das Gebührende" gibt, ohne das Gegebene und Erhaltene auf die Goldwaage zu legen, was meiner Meinung nach zum unbedingten Bestandteil der Sittlichkeit gehört. Er hält es jedoch schon für notwendig, die Gerechtigkeit durch das *Ideal* zu vervollständigen, d. h. durch das Streben nach idealen Handlungen, die, wie er schrieb, bewirken, dass unsere Anschauungen von der Sittlichkeit sich allmählich erweitern und verfeinern. Tatsächlich sind nach dem, was die Menschheit seit der amerikanischen und den zwei französischen Revolutionen erlebte, unsere Anschauungen von der Sittlichkeit nicht mehr die gleichen wie gegen Ende des achtzehnten Jahrhunderts, als die Leibeigenschaft und die Sklaverei sogar von Seiten der fortgeschrittenen Denker, die sich mit der Erforschung der Sittlichkeit befassten,[171] keinerlei Protest hervorriefen.

Wir wenden uns jetzt einer Reihe ethischer Werke von Denkern zu, die den Standpunkt der Evolution einnehmen und die Lehre Darwins von

171 Noch eine neue Idee muss erwähnt werden, die von Proudhon in die Ethik eingeführt wurde, und die von allen, die über Proudhon schrieben, aus irgendeinem Grunde totgeschwiegen wurde, nämlich die Idee der sittlichen Bedeutung der Arbeit. Proudhon erkannte an, dass der Mensch arbeiten muss, um sittlich zu sein. Die Arbeit ist eine unumgängliche Bedingung des sittlichen Lebens. In der Arbeit erblickte Proudhon nicht den dornigen Weg zur Erhaltung des Lebens, sondern eine hochsittliche Handlung. „Arbeit ist Gebet", sagte er; deshalb müsse die Gesellschaft auf der Arbeit aller ihrer Mitglieder aufgebaut werden. „Die Schmarotzer und Nichtstuer sind der Krebsschaden, der die Gemeinschaft zerfrisst, und die Quelle aller Laster." Die Arbeit erhebt den Menschen und macht ihn sittlich, aber dazu gehört, dass die Arbeit vernunftgemäß, gesellschaftlich notwendig sei und unter Bedingungen ausgeführt werde, die den Anforderungen der Hygiene und der Menschenwürde entspreche. [Anmerkung N. Lebedeff]

der allmählichen Entwickelung sowohl des ganzen organischen Lebens als auch des menschlichen Gemeinschaftslebens teilen. Fast alle zeitgenössischen Denker, die in der zweiten Hälfte des neunzehnten Jahrhunderts über Ethik schrieben, lernten den Einfluss der Evolutionstheorie kennen, die sich rasch der Geister bemächtigte, nachdem sie von Darwin in Bezug auf die organische Natur eingehend ausgearbeitet worden war. Auch bei vielen anderen Schriftstellern, die sich nicht unmittelbar mit der Entwickelung des sittlichen Gefühls in der Menschheit befassten, finden wir Hinweise auf die allmähliche Entwickelung dieses Gefühls im Zusammenhang mit der Entwickelung der anderen – geistigen, wissenschaftlichen, religiösen und politischen – Begriffe und überhaupt aller Formen des Gemeinschaftslebens. Also war die Entwickelungstheorie Darwins von großer und einschneidender Bedeutung für die Entwickelung der heutigen *realen* Ethik oder mindestens einiger ihrer Bestandteile. Ich werde mich hier nur auf die Untersuchung der Werke der drei wichtigsten Vertreter der evolutionistischen Ethik beschränken. Ich meine Herbert *Spencer, Thomas Huxley,* den unmittelbaren Gehilfen Darwins und Verbreiter seiner Ideen, und *Guyau.* Es gibt noch außerdem eine lange Reihe äußerst wertvoller Arbeiten auf dem Gebiete der Ethik im Geiste des Evolutionismus geschrieben, wie z. B. die umfangreichen Werke *Edvard Westermarcks* (*The origine and developpement of the moral ideas*), von *Adolf Bastian* (*Der Mensch in der Geschichte*), von *Georg von Gizycki;* es können noch erwähnt werden die nicht originalen Werke Kidds und Sutherlands und die populären, zu propagandistischen Zwecken geschriebenen Arbeiten der Sozialdemokraten und Anarchisten.

Die Ethik Darwins ist bereits im dritten Kapitel besprochen worden. Sie kann folgendermaßen zusammengefasst werden: Wir wissen, dass im Menschen das Sittliche vorhanden ist, und fragen, woher es kommt. Wenn wir die allgemeine Theorie der allmählichen Entwickelung des Menschen anerkennen, so ist es recht unwahrscheinlich, dass jeder Einzelne das Sittliche persönlich erwerbe. Und tatsächlich muss man den Ursprung dieses Gefühls in der Entwickelung der instinktiven oder angeborenen Geselligkeitsgefühle der höheren Tierarten und des Menschen suchen. Kraft dieser Gefühle ist dem Tiere die Gesellschaft der Artgenossen angenehm, fühlt es für sie eine gewisse Sympathie und erweist es ihnen gewisse Dienste, wobei das Mitgefühl nicht als Mitleid oder Liebe aufgefasst werden muss, sondern in seinem eigentlichen Sinne als Gefühl der Kollegialität, der gegenseitigen Beeinflussbarkeit, als Fähigkeit, von den Gefühlen anderer angesteckt zu werden.

Indem dieses Gefühl der sozialen Sympathie sich allmählich gleichzeitig mit dem Anwachsen der Mannigfaltigkeit des Gemeinschaftslebens entwickelt, wird es in seinen Erscheinungsformen immer vielfältiger, vernünftiger und freier. Beim Menschen wird dieses Gefühl des sozialen Mitempfindens zum Quell der Sittlichkeit. Wie aber entwickeln sich aus ihm die sittlichen Begriffe? Darwin beantwortet diese Frage wie folgt: der Mensch verfügt über Gedächtnis und Denkfähigkeit. Wenn nun der Mensch nicht auf die Stimme des Gefühls der sozialen Sympathie hört, sondern irgendeinem anderen, entgegengesetzten Gefühl folgt, beispielsweise dem Hassgefühl, dann empfindet er nach einer kurzen Genugtuung oder Befriedigung dieses Gefühls ein gewisses inneres Missbehagen und eine lastende *Reue.* Manchmal verweist die Vernunft bereits im Augenblick des inneren Kampfes zwischen dem sozialen Gefühl und den entgegengesetzten Antrieben gebieterisch auf die Notwendigkeit, dem Gefühl der sozialen Sympathie zu folgen, und malt uns die Folgen der Tat aus; in diesem Falle wird die Erwägung und das Bewusstsein, dass man sich nach dem sozialen Gefühl richten müsse, zum *Pflichtbewusstsein,* zum Bewusstsein dessen, wie der Mensch zu handeln habe. Jedes Tier, in welchem die Geselligkeitsinstinkte, die elterlichen und kindlichen Triebe einbegriffen, stark entwickelt sind, erlangt unabwendbar das sittliche Gefühl oder Gewissen, sobald seine geistigen Fähigkeiten ebenso entwickelt sein werden, wie die des Menschen.[172]

In der Folge, wenn in einem weiteren Entwickelungsstadium das menschliche Gemeinschaftsleben eine hohe Stufe erreicht hat, erhält das sittliche Gefühl eine starke Stütze in der *gesellschaftlichen Meinung,* die zeigt, wie man für das Wohl der Allgemeinheit zu verfahren habe; dabei ist die gesellschaftliche Meinung durchaus keine launische Erfindung der konventionellen Erziehung, wie Mandeville und seine heutigen Anhänger leichtsinnigerweise behaupten, sondern das Ergebnis der Entwickelung des gegenseitigen Mitempfindens und des Gefühls der gegenseitigen Zusammengehörigkeit. Mit der Zeit werden solche auf das allgemeine Wohl gerichteten Handlungen zur Gewohnheit.

Da ich im dritten Kapitel die weiteren Ansichten Darwins über die Entwickelung der menschlichen Sittlichkeit bereits erörtert habe, will ich hier nur darauf hinweisen, dass Darwin zu der Ansicht zurückgekehrt ist, die bereits Baco in seiner *Instauratio Magna* ausgesprochen hatte. Ich erwähnte hier bereits mehrmals, Baco habe als erster darauf hingewiesen, dass

172 Darwin, *Abstammung des Menschen*, IV. Kap.

der Geselligkeitstrieb mächtiger sei als der Selbsterhaltungstrieb. Wie wir gesehen haben, gelangte auch Hugo Grotius zu demselben Schluss.[173]

Bacos und Darwins Gedanke, der Geselligkeitstrieb sei im Verhältnis zum Instinkt der persönlichen Erhaltung der andauernde und vorherrschende, wirft auf die frühen Entwickelungsperioden der menschlichen Sittlichkeit ein so helles Licht, dass er allem Anscheine nach die Grundlage aller neueren Forschungen auf dem Gebiete der Ethik bilden müsste. In Wirklichkeit jedoch blieben diese Ansichten Bacos und Darwins fast unbeachtet. Als ich beispielsweise mit englischen Naturforschern, Anhängern von Darwin, über die ethischen Ansichten Darwins sprach, fragten viele von ihnen: „Hat er denn überhaupt etwas über Ethik geschrieben?" Andere von ihnen dachten, ich spräche vom erbarmungslosen „Kampf ums Dasein", als der Grundlage der menschlichen Gemeinschaften, und waren stets sehr erstaunt, wenn ich darauf hinwies, dass Darwin den Ursprung des sittlichen Pflichtgefühls im Menschen mit dem Überwiegen des Gefühls der sozialen Sympathie über den persönlichen Egoismus erklärt. Für sie bestand der

„Darwinismus" im Kampf ums Dasein eines gegen alle, während sie alles andere übersahen.[174]

173 Bei Spinoza findet sich gleichfalls eine Andeutung auf die gegenseitige Hilfe bei Tieren, als auf einen wichtigen Zug ihres Gemeinschaftslebens. Sobald aber dieser Trieb bei den Tieren vorhanden ist, so wird es verständlich, dass im harten Daseinskampf diejenigen Arten die größere Aussicht auf Durchhalten und Vermehrung haben, die diesen Trieb am wirksamsten betätigen. Infolgedessen muss er sich unvermeidlich immer mehr entwickeln, umso mehr, als gleichzeitig mit der Entwickelung der Sprache, und folglich auch der Überlieferung, der Einfluss der urteilsfähigsten und erfahrensten Männer auf die Gemeinschaft stets zunahm. – Es ist natürlich, dass unter diesen Umständen von den menschenähnlichen Arten, mit denen der Mensch den Kampf ums Dasein führte, diejenige Art die Oberhand gewann, die das Gefühl der gegenseitigen Hilfe, der Gemeinschaftserhaltung, über das Gefühl der persönlichen Selbsterhaltung stellte, das manchmal dem Stamme zum Schaden gereichen konnte.

174 In einem seiner Briefe schrieb Darwin: „Man verwandte darauf keine Aufmerksamkeit, wahrscheinlich deshalb, weil ich darüber zu kurz geschrieben habe." Das trifft auf das zu, was er über Ethik und zum Teil aus Anlass des Lamarckismus geschrieben hat. In unserem Zeitalter des Kapitalismus und Merkantilismus entsprach der „Kampf ums Dasein" so sehr den Anforderungen der Mehrheit, dass er alles andere verdunkelte.

Am meisten äußerte sich diese Auffassung des „Darwinismus“ in Darwins Schüler *Thomas Huxley,* den er zum Popularisator seiner Schlussfolgerungen in Bezug auf die Veränderlichkeit der Arten erwählte.

Dieser glänzende Evolutionist, der für die Bestätigung und die Verbreitung der Lehre Darwins über die allmähliche Entwickelung der organischen Formen so viel getan hat, erwies sich als gänzlich unfähig, seinem großen Lehrer auf das Gebiet der Sittlichkeitslehre zu folgen. Seine Ansichten über dieses Gebiet legte Huxley bekanntlich kurz vor seinem Tode in seinem Vortrag „Evolution und Ethik“ nieder,[175] den er im Jahre 1893 an der Oxforder Universität hielt. Aus dem von seinem Sohne herausgegebenen Briefwechsel Huxleys ist gleichfalls bekannt, dass er diesem wohlvorbereiteten Vortrag eine große Bedeutung beimaß. Die Presse nahm diesen Vortrag wie eine Art agnostischen Manifestes[176] auf, und die meisten englischen Leser sahen in ihm das letzte Wort, das die heutige Wissenschaft über die Grundlagen des Sittlichen, d. h. über das Endziel aller philosophischen Systeme, sagen kann. Es muss gesagt werden, dass diesem Vortrag nicht nur deshalb eine solche Bedeutung beigemessen wurde, weil in ihm die Überzeugungen eines bedeutenden Wissenschaftlers ihren Ausdruck fanden, auch nicht nur dank seiner so sehr ausgefeilten Form, dass der Vortrag für ein Musterbeispiel englischer Prosa gilt, sondern hauptsächlich aus dem Grunde, weil Huxley in diesem Vortrag als der Wortführer der gebildeten Klassen aller Nationen erscheint und ihre Ansichten über die Sittlichkeit vertritt, die so tief eingewurzelt sind und so unwiderlegbar scheinen, dass man sie die *Religion* dieser Klassen nennen kann.

Der vorherrschende Gedanke, das Leitmotiv dieser Untersuchung besteht in Folgendem:

Es existiert ein „kosmischer Prozess“, d. h. das Leben des Alls, und ein „ethischer Prozess“, d. h. das sittliche Leben, und beide sind unbedingt einander entgegengesetzt: eines ist die Verneinung des anderen. Dem kos-

175 Der Vortrag erschien im selben Jahre als Broschüre mit eingehenden und sehr bedeutsamen Anmerkungen. Nachher schrieb Huxley zu der Broschüre ein erläuterndes Vorwort, mit welchem seitdem der Vortrag in seinen *Gesammelten Essais* und in der Sammlung *Ethische und politische Abhandlungen* Mac Millans im Jahre 1903 erschien.

176 Das Wort „Agnostiker“ wurde erstmalig von einer kleinen Gruppe nichtgläubiger Schriftsteller in Umlauf gebracht, die sich um James Knowles, den Herausgeber der Zeitschrift *Nineteenth Century*, scharten und die Benennung „Agnostiker“, d. h. Verneiner der Gnosis, Offenbarung, dem Namen Atheisten vorzogen.

mischen Prozess ist die ganze Natur, mit Einschluss der Pflanzen, der Tiere und des primitiven Menschen, unterworfen; dieser Prozess ist von Blut purpurn gefärbt, in ihm triumphiert die Kraft des harten Schnabels und der scharfen Krallen. Er ist die Verneinung aller sittlichen Prinzipien. „Das Leiden ist das Los aller fühlenden Wesen", es bildet „einen wesentlichen Bestandteil des kosmischen Prozesses".

„Die dem Tiger und dem Affen eigentümlichen Methoden des Kampfes ums Dasein" sind seine wahren Kennzeichen.

„Beim Urmenschen erwiesen sich als zweckentsprechend die Selbstbehauptung, die rücksichtslose Aneignung alles dessen, was ihm erreichbar war, das beharrliche Festhalten alles dessen, was er halten konnte – also das, was das Wesen des Kampfes ums Dasein ausmacht." Mit einem Wort, die Natur lehrt uns das „unbedingt Böse".

Also können wir von der Natur nur das Böse und das Unsittliche lernen. Es kann keine Rede davon sein, dass in der Natur das Gute und das Böse einander aufwiegen; nein, das Böse herrscht und triumphiert. Die Natur lehrt uns sogar nicht, dass Geselligkeit und Selbstbeschränkung mächtige Waffen im kosmischen Evolutionsprozess darstellen. Eine solche Lebensauffassung verneinte Huxley in seinem Vortrag bedingungslos; er war eifrig bemüht zu beweisen, dass „die kosmische Natur durchaus keine Tugendschule, sondern das Hauptquartier des Feindes der Ethik" sei (S. 27 der Broschüre). Ein Leben, das wir ein ethisch besseres nennen würden, d. h. das Gute und die Tugend, setzt ein Verhalten voraus, das in allen Stücken dem Verhalten entgegengesetzt ist, das im kosmischen Daseinskampfe zum Erfolg führt. ... Dieses Verhalten verneint die Lebensweise des Gladiators (S. 33).

Und plötzlich erscheint in diesem ungezählte Jahrtausende währenden, nur Kampf und Unsittlichkeit lehrenden kosmischen Leben ohne jeden natürlichen Grund, unbekannt woher, der „ethische Prozess", d. h. das sittliche Leben, das dem Menschen in den späteren Entwickelungsperioden unbekannt von wem, jedenfalls nicht von der Natur eingegeben wurde. „Die kosmische Evolution", unterstreicht Huxley, „kann keinen einzigen Beweis dafür erbringen, dass das, was wir das Gute nennen, dem sogenannten Bösen vorzuziehen sei" (S. 31). Und nichtsdestoweniger beginnt aus unbekannten Gründen in der menschlichen Gesellschaft der „soziale Prozess", der nicht einen Teil des „kosmischen Prozesses", d. h. des Lebens des Weltalls, ausmacht, sondern sich als ein Hemmschuh des kosmischen Prozesses und als seine Verdrängung durch den ethischen Prozess, d. h. das sittliche Leben, erweist; ein Prozess, dessen Ergebnis *nicht das Über-*

leben der am meisten an die Lebensbedingungen Angepassten ist, sondern „derjenigen, die in sittlicher Hinsicht die Besseren sind“ (S. 33). Weshalb? Woher kommt diese plötzliche Umwälzung in den Wegen der Natur, die zum organischen Progress, d. h. zur Verbesserung der natürlichen Beschaffenheit, führen? Darüber sagt Huxley kein Wort; aber er hörte nicht auf zu erinnern, dass der ethische Prozess durchaus keine Fortsetzung des kosmischen Prozesses sei, und dass er als Gegengewicht zum kosmischen Prozess aufzufassen sei, in welchem er einen „hartnäckigen und mächtigen Feind“ finde.

Also gab – nach Huxley – die Natur dem Menschen im Wesentlichen die Lehre des Bösen; sobald jedoch die Menschen sich in organisierten Gesellschaften zusammenschlossen, erschien irgendwoher der „sittliche Prozess“, der allem, was die Natur den Menschen lehrt, vollkommen entgegengesetzt ist. Darauf fuhren Gesetz, Gewohnheit und Zivilisation fort, diesen Prozess weiterzuentwickeln.

Wo aber sind die Wurzeln, wo ist der Anfang dieses Prozesses? Aus der Beobachtung der Natur könnte er wohl nicht entstehen, da diese – nach Huxleys Behauptung – das Gegenteil lehrt; er konnte auch nicht aus den vormenschlichen Zeiten übernommen worden sein, da in den Ansammlungen der Tiere vor dem Auftreten des Menschen auch nicht der Keim eines ethischen Prozesses vorhanden war. Folglich liegt sein Ursprung *außerhalb der Natur.*

Das Sittengesetz zur Einschränkung der persönlichen Antriebe und Leidenschaften entstand also – ähnlich dem Mosaischen Gesetz – nicht aus den bereits bestehenden Gebräuchen, nicht aus den in der menschlichen Natur verwurzelten Gewohnheiten; es konnte nur eine göttliche Offenbarung sein, die den Geist des Gesetzgebers erleuchtete. Es ist über-menschlichen, mehr noch über-natürlichen Ursprungs.

Diese Schlussfolgerung erhellt mit solcher Augenscheinlichkeit aus der Lehre Huxleys, dass George Mivart, der berühmte gelehrte Evolutionist und gleichzeitig eifrige Katholik, unmittelbar nach dem Vortrag Huxleys in Oxford in der Zeitschrift *Nineteenth Century* einen Aufsatz erscheinen ließ, in welchem er seinem Freunde zur Rückkehr zu den Lehren der christlichen Kirche gratulierte. Indem er die eben erwähnten Stellen aus der Vorlesung Huxleys anführte, schrieb er: „Es wäre gewiss schwer, noch stärker auszudrücken, dass die Ethik niemals einen Bestandteil des allgemeinen

Evolutionsprozesses bilden konnte.“[177] Der Mensch konnte nicht freiwillig und bewusst das sittliche Ideal erfinden; „dieses Ideal war *in ihm,* ging aber nicht *von ihm* aus“ (S. 208). Es stammt vom „göttlichen Schöpfer“.

Gewiss, eines von beidem. Entweder die sittlichen Begriffe des Menschen sind nur eine weitere Entwickelung der sittlichen Gewohnheiten der gegenseitigen Hilfe, die bei allen geselligen Tieren so weit verbreitet sind, dass man sie als *Naturgesetz* betrachten kann; in diesem Falle sind unsere sittlichen Anschauungen, soweit sie eine Frucht der Vernunft sind, nichts anderes, als die Folgerung dessen, was der Mensch in der Natur sah, und, soweit sie eine Frucht der Gewohnheit und des Triebes sind, stellen sie eine weitere Entwickelung der den geselligen Tieren eigentümlichen Triebe und Gewohnheiten dar. Oder aber unsere sittlichen Begriffe sind Eingebungen von oben, und die weiteren Forschungen über die Sittlichkeit können nur in der Auslegung des göttlichen Willens bestehen. – Das ist die unvermeidliche Folgerung aus diesem Vortrag.

Und unvermutet, als Huxley seine mit langen, ausführlichen Anmerkungen versehene Vorlesung *Evolution und Ethik* als Broschüre herausgab, versah er sie mit einer Anmerkung,[178] in der er einen vollständigen Rückzug antrat und das Wesentliche seines Vortrags vollkommen zerstörte; denn in dieser Anmerkung gestand er, dass der „ethische Prozess“ einen Teil des allgemeinen Evolutionsprozesses, d. h. des „kosmischen Prozesses“ bildet, in dem bereits die Keime des ethischen Prozesses enthalten sind.

Also erweist es sich, dass alles im Vortrag von den zwei entgegengesetzten und feindlichen Prozessen Gesagte nicht richtig war. In den geselligen Tieren sind bereits Keime des sittlichen Lebens vorhanden, die sich in den menschlichen Gemeinschaften nur weiter entwickeln und vervollkommnen.

Wie Huxley dazu kam, seine Ansichten so zu ändern, wissen wir nicht. Wir können nur vermuten, dass dieses unter dem Einflusse seines persönlichen Freundes, des Oxforder Professors *George Romanes,* geschah, der während Huxleys Vortrag in Oxford den Vorsitz führte. Zu jener Zeit arbeitete Romanes gerade an einem großen und äußerst interessanten Werk über die Sittlichkeit der Tiere. (Kurz vorher hatte Romanes ein bedeutsames Werk über den Verstand der Tiere herausgegeben.)

177 Mivart, „Evolution des Professor Huxley“ in der *Nineteenth Century* vom August 1893.

178 Die neunzehnte Anmerkung in den *Gesammelten Essais* in den „Ethischen und politischen Abhandlungen“.

Als äußerst wahrheitsliebender und humaner Mensch protestierte er wahrscheinlich gegen die Folgerungen Huxleys und wies er gewiss auf ihre Unbegründetheit hin. Möglicherweise unter diesem Einfluss fügte Huxley seinem Vortrage diese Anmerkung bei. Es ist sehr zu bedauern, dass der Tod Romanes hinderte, die bereits angefangene Arbeit über die Sittlichkeit der Tiere zu beenden, über welche Frage er reiches Material gesammelt hatte.[179] [Hier bricht das Manuskript des elften Kapitels ab. Anmerkung N. Lebedeffs.]

179 Als ich beschloss, in London einen Vortrag über die gegenseitige Hilfe bei den Tieren zu halten, bezeugte Knowles, der Herausgeber der *Nineteenth Century*, an meinen Gedanken großes Interesse und riet mir nach einem Meinungsaustausch mit seinem Freunde Spencer, den Vorsitz Romanes anzutragen. Romanes nahm meine Einladung an und führte während meines Vortrages den Vorsitz. In seinem Schlusswort wies er auf die Bedeutung meiner Arbeit hin und fasste sie zusammen wie folgt: „Kropotkin hat unzweifelhaft bewiesen, dass, obwohl in der ganzen Natur von allen Arten äußere Kriege geführt werden, innere Kriege sehr eingeschränkt sind, und dass bei vielen Arten die gegenseitige Hilfe und Mitarbeit in allen Formen überwiegt. Der Kampf ums Dasein, sagt Kropotkin, müsse im übertragenen Sinne aufgefasst werden…“ Ich saß hinter Romanes und flüsterte ihm zu: „Nicht ich, sondern Darwin sagte dies ganz am Anfang des dritten Kapitels ‘Vom Kampf ums Dasein’.“ Romanes wiederholte sofort meine Worte vor der Versammlung und bestätigte von sich aus, dass der Darwin’sche Ausdruck nicht im buchstäblichen Sinne aufzufassen sei. Hätte Romanes noch ein oder zwei Jahre an seinem Buch arbeiten können, so würden wir heute unzweifelhaft ein bedeutendes Werk über die Sittlichkeit der Tiere haben. Manche seiner Beobachtungen an seinem eigenen Hund sind erstaunlich und bereits allgemein bekannt. Leider hat bis jetzt kein englischer Darwinist daran gedacht, sein Material zu verwerten und herauszugeben: Ihr „Darwinismus“ geht nicht tiefer als bei Huxley.

Zwölftes Kapitel

Die Entwicklung der Sittlichkeitslehren im 19. Jahrhundert (Fortsetzung)

Herbert Spencer. – Seine Sittenlehre. – Aufgaben der evolutionistischen Ethik. – Die Entwickelung der Sittenbegriffe im Menschen vom soziologischen Standpunkt. – Egoismus und Altruismus. – Gerechtigkeit und Wohltätigkeit. – Der Staat und seine Rolle im sozialen Leben.

Das neunzehnte Jahrhundert betrachtete die Frage der Sittlichkeit von einem neuen Standpunkt aus, von dem Standpunkt ihrer *allmählichen Entwickelung* seit den Urzeiten. Indem sie die ganze Natur als Ergebnis der Tätigkeit physischer Kräfte und der Evolution betrachtete, musste die neue Philosophie auch die Sittlichkeit von demselben Gesichtspunkt aus erklären.

Eine solche Auffassung des Sittlichen wurde bereits gegen Ende des achtzehnten Jahrhunderts vorbereitet. Die Erforschung des Lebens der Naturvölker, die Voraussetzung des Laplace vom Ursprung unseres Sonnensystems, und noch mehr die Lehre von der allmählichen Entwickelung des ganzen Pflanzen- und Tierreiches, die bereits von Buffon und Lamarck angedeutet und nachher in den zwanziger Jahren des neunzehnten Jahrhunderts von *Geoffroy Saint-Hilaire* fest umrissen wurde, die historischen Arbeiten der Saint-Simonisten, insbesondere *Augustin Thierrys,* in derselben Richtung, endlich die positive Philosophie *Auguste Comtes* – alles das zusammen bereitete die Geister zur Aufnahme der Lehre von der allmählichen Entwickelung der Pflanzen- und Tierwelt, also auch der Menschheit vor. Im Jahre 1859 erschien das berühmte Werk des Charles Darwin, in welchem die Entwickelungstheorie ihren vollständigen und systematischen Ausdruck fand.

Bereits im Jahre 1850, also noch vor Darwin, trat Herbert Spencer in seiner *Sozialen Statik* mit einer zwar noch nicht ausgearbeiteten Entwickelungstheorie auf. Die in diesem Werke ausgesprochenen Gedanken standen in einem so scharfen Gegensatz zu den damals verbreiteten Anschauungen, dass die neuen Ideen Spencers unbeachtet blieben. Als Philosoph machte Spencer erst von sich reden, als er begann, unter der allgemeinen Benennung der „Synthetischen Philosophie" eine Reihe bedeutender philosophischer Untersuchungen zu veröffentlichen, in denen die Entwickelung unseres Sonnensystems, des Lebens auf der Erde und endlich die Entwickelung des Menschen, seines Denkens und seiner Gemeinschaften erörtert wurde.

Nach der richtigen Bemerkung Spencers muss die Ethik einen Teil der allgemeinen Naturphilosophie bilden. Spencer untersuchte zuerst die Grundlagen des Weltenbaues und den Ursprung unseres Sonnensystems, das als Ergebnis der Tätigkeit mechanischer Kräfte entstanden ist; darauf erforschte er die Grundlagen der Biologie, d. h. der Wissenschaft vom auf der Erde entstandenen Leben, die Grundlagen der Psychologie, d. h. der Wissenschaft vom Seelenleben der Tiere und des Menschen, die Grundlagen der Soziologie, d. h. der Wissenschaft von der Gesellschaft, und endlich die Prinzipien der Ethik, d. h. der Wissenschaft von denjenigen gegenseitigen Beziehungen der lebenden Wesen, die den Charakter der *Verbindlichkeit* tragen und deshalb lange mit der Religion verquickt waren.[180]

Erst gegen Ende seines Lebens, d. h. im Frühling des Jahres 1890, als der größte Teil seiner Ethik bereits vollendet war, trat Spencer in einer Zeitschrift mit zwei Aufsätzen hervor, in denen er zum ersten Mal von der Geselligkeit in der Sittlichkeit der Tiere sprach, während er bis dahin seine ganze Aufmerksamkeit dem Kampf ums Dasein zuwandte, den er sowohl bei den Tieren als beim Menschen als Kampf aller gegen alle um die Existenzmittel auffasste.

In den neunziger Jahren ließ Spencer ein kleines Werk *Persönlichkeit gegen Staat* erscheinen, in welchem er die bereits in der *Sozialen Statik* ausgesprochenen Anschauungen gegen die unvermeidliche staatliche Zentralisation und Gewalt zum Ausdruck brachte. Hier nähert er sich dem ersten Theoretiker des Anarchismus, *William Godwin,* dessen Buch *Von der politischen Gerechtigkeit* umso bemerkenswerter war, als es zur Zeit des Triumphes des revolutionären Jakobinertums in Frankreich, d. h. der un-

180 Dieser Auffassung der Philosophie entsprechend, veröffentlichte Spencer unter dem allgemeinen Titel „Synthetische Philosophie" folgende Arbeiten: *Grundprinzipien*, *Grundlagen der Biologie*, *Grundlagen der Psychologie* und *Grundlagen der Soziologie*, ehe er sich an die Darstellung der *Grundlagen der Ethik* begab.

begrenzten Macht der revolutionären Regierung, veröffentlicht wurde. Mit den Idealen der politischen und wirtschaftlichen Gleichheit war Godwin völlig einverstanden,[181] aber er verhielt sich ablehnend zum Bestreben der Jakobiner, einen alles aufsaugenden, die Rechte der Persönlichkeit vernichtenden Staat zu schaffen. Ebenso war auch Spencer gegen den Despotismus des Staates; diese seine Ansichten äußerte er bereits im Jahre 1842.[182]

In der *Sozialen Statik* wie in den *Grundlagen der Ethik* entwickelte Spencer den Grundgedanken, der Mensch könne, wie die Tiere auch, unendliche Veränderungen durch Anpassung an die äußeren Lebensbedingungen durchmachen. Infolgedessen geht der Mensch vom Urzustand, der dem wilden Leben angepasst ist, zu den Formen des ansässigen und zivilisierten Lebens über, indem er eine Reihe allmählicher Veränderungen in seiner Natur über sich ergehen lässt. Dieser Vorgang vollzieht sich auf dem Wege der Vernichtung mancher Eigenschaften und Besonderheiten des menschlichen Organismus, beispielsweise der kriegerischen Charakterzüge, die unter veränderten Verhältnissen, mit der Entwickelung mehr friedliebender Beziehungen, unnötig werden.

Allmählich, unter dem Einfluss äußerer Lebensbedingungen und der Entwickelung innerer individueller Fähigkeiten, auch unter dem Einfluss des immer vielfältiger werdenden Gemeinschaftslebens bilden sich bei der Menschheit höhere Lebensformen und friedlichere Gewohnheiten und Sitten heraus, die zu einer engeren Mitarbeit führen. Für die wichtigste Triebkraft eines solchen Fortschritts hielt Spencer das *Sympathiegefühl* oder das *Mitempfinden.*

Eine mehr oder minder übereinstimmende Zusammenarbeit führt naturgemäß zu manchen Beschränkungen der persönlichen Freiheit, die sich aus dem mitfühlenden Verhalten zur Freiheit der Anderen ergeben. Allmählich entwickelt sich in der Gesellschaft ein gerechtes Verhalten der Persönlichkeit, entsteht eine gerechte Gesellschaftsordnung, die darin besteht, dass der Mensch in Übereinstimmung mit dem Gesetz der gleichen Freiheit aller Mitglieder des Gemeinwesens handelt.

In dem Maße, wie die Menschen sich gewöhnen, in der Gemeinschaft zu leben, entwickelt sich in ihnen das wechselseitige Mitempfinden, das

181 Siehe die erste Auflage der *Politischen Gerechtigkeit*. In der zweiten Auflage waren die kommunistischen Ansichten ausgemerzt, anscheinend unter dem Eindruck der Verfolgungen, welche die Freunde Godwins zu erdulden hatten.

182 Siehe *Die wahre Sphäre der Regierungstätigkeit*, London 1842.

Gefühl der Sympathie, aus dem sich in der Folge das sogenannte sittliche Gefühl herausbildet. Gleichzeitig mit der Entwickelung dieses sittlichen Gefühls entstehen im Menschen abstrakte Begriffe gerechter Beziehungen zwischen den Menschen; diese Begriffe klären sich in demselben Maße, wie sich die Gemeinschaft entwickelt.

Auf diese Weise vollzieht sich die Aussöhnung der individuellen Eigenschaften der menschlichen Natur mit den Anforderungen des Gemeinschaftslebens. Spencer hofft, dass das Gemeinschaftsleben zu guter Letzt einen Zustand erreichen wird, bei dem die größtmögliche Entwickelung der *Persönlichkeit* (*individuation*, d. h. die Entwickelung der Individualität, nicht des „Individualismus") und gleichzeitig die größtmögliche Entwickelung der *Gesellschaftlichkeit* stattfinden werden. Spencer ist überzeugt, dass dank der Evolution und dem Progress ein soziales Gleichgewicht entstehen wird, bei dem jeder bei der Befriedigung seiner eigenen Bedürfnisse natürlich und freiwillig die Befriedigung der Bedürfnisse anderer fördern wird.[183]

Das Ziel der Ethik – wie es von Spencer aufgefasst wurde – ist die Festlegung der Regeln des sittlichen Verhaltens *auf wissenschaftlicher Grundlage;* eine solche Auffassung der Wissenschaft von der Sittlichkeit, schrieb er im Vorwort, ist gerade heute notwendig, da die Kraft der Religion versiegt, und die Sittenlehren diese Grundlage einbüßen. Zugleich muss die Sittenlehre von Vorurteilen und von der mönchischen Asketik befreit werden, welche die richtige Auffassung der Sittlichkeit beeinträchtigten. Andererseits darf die Ethik sich von keinerlei Furcht davon abhalten lassen, den engherzigen Egoismus vollständig zu verneinen. Die wissenschaftlich begründete Sittlichkeitslehre entspricht dieser Anforderung, da die wissenschaftlich abgeleiteten sittlichen Prinzipien mit den Sittenlehren, die auf andere Weise gewonnen wurden, vollständig übereinstimmen, was leider die religiösen Menschen nicht anerkennen wollen, die sich sogar durch den Hinweis auf diese Übereinstimmung beleidigt fühlen.

Nach Aufstellung dieses Zieles näherte sich Spencer der sittlichen Frage, von ganz einfachen Beobachtungen ausgehend.

183 Ich wiederhole hier fast wörtlich, was Spencer selbst im Vorwort vom Jahre 1893 vom allgemeinen Inhalt seiner *Sozialen Statik* und seiner *Grundlagen der Ethik* sagte, woraus zu ersehen ist, dass seine „evolutionistische Ethik", wie sie in der *Sozialen Statik* dargestellt wird, in seinem Geiste bereits vor der Darwinschen *Entstehung der Arten* entstanden ist. Indessen ist der Einfluss von Auguste Comte auf Spencer nicht zu bezweifeln.

Um die Handlungen der Menschen und ihre Lebensweise zu verstehen, muss man sie im gewissen Sinne als ein organisch Ganzes, angefangen von den Tieren, betrachten, lehrte Spencer. Von den einfachen Tieren zu den komplizierteren und höheren übergehend, finden wir, dass ihre Handlungen und ihre Lebensweise sich immer mehr den Bedingungen ihrer Umwelt anpassen, indem bei der Anpassung entweder die Verstärkung der *persönlichen Lebensfähigkeit* oder die Verstärkung der *Lebensfähigkeit der Art bezweckt wird,* die in einen immer engeren Zusammenhang mit der Erhaltung der Persönlichkeit in dem Maße gebracht wird, wie im Tierreiche höhere Formen erreicht werden. Tatsächlich verknüpft bereits die Fürsorge der Eltern um ihre Jungen die persönliche Selbsterhaltung mit der Erhaltung der Art, und diese Fürsorge wächst und erhält den Charakter der persönlichen Anhänglichkeit in dem Maße, wie wir zu den höheren Tieren übergehen.

Leider muss hier bemerkt werden, dass Spencer in seiner Voreingenommenheit für die Theorie des Kampfes ums Dasein noch nicht genügend darauf achtete, dass bei manchen Arten in jeder Tierklasse die Entwickelung der gegenseitigen Hilfe anzutreffen ist, und dass in dem Maße, wie sie im Leben der Art an Bedeutung gewinnt, die Langlebigkeit der Einzelnen zunimmt und eine Ansammlung von Erfahrungen stattfindet, welche die betreffende Art in ihrem Kampfe gegen die Feinde unterstützen.

Aber es genügt noch nicht, sich den äußeren Bedingungen anzupassen, fuhr Spencer fort; gleichzeitig mit der Entwickelung geht auch eine allgemeine Vervollkommnung der Lebensformen vor sich. In der Menschheit verringert sich der Kampf ums Dasein in dem Maße, wie die kriegerische und räuberische Lebensweise durch das ersetzt wird, was *industrielle Zusammenarbeit* genannt werden kann. Und zugleich zeigen sich die Keime neuer sittlicher Urteile.

Was nennen wir gut und böse? – Wir nennen das gut, was seiner Bestimmung entspricht, und wir nennen das schlecht, was seine Bestimmung verfehlt. So ist ein Haus gut, das uns bei Unwetter Schutz vor Kälte und Sturm gewährt. Denselben Maßstab legen wir an unsere Handlungen: „Sie taten gut daran, das durchnässte Kleid abzulegen“ oder „es war ungerechtfertigt, ihm Vertrauen entgegenzubringen“, womit wir ausdrücken wollen, dass unsere Handlungsweise zweckentsprechend oder den Zweck beeinträchtigend war. Aber gerade darin besteht die allmähliche Entwickelung unserer Lebensführung (§§ 3 und 4).

Auch die Ziele sind verschiedenartig. Sie können rein persönliche sein, wie in diesen zwei Fällen. Oder aber sie können allgemeine, gesellschaftliche sein. Sie können sich auf das Leben nicht nur der Persönlichkeit, sondern auch der Art beziehen (§ 5).

In jedem Falle aber wird nicht nur die Erhaltung des Lebens, sondern auch die Verstärkung der *Lebenstüchtigkeit* bezweckt, so dass die Aufgabe sich immer mehr erweitert und *das Wohl der Allgemeinheit immer mehr das Wohl der Persönlichkeit* einschließt. Gut nennen wir also eines solche Handlungsweise, die die Vollständigkeit und Vielfältigkeit unseres Lebens und des Lebens anderer fördert, die das Leben freudig, d. h. inhaltsvoller, schöner und eindringlicher, macht.[184] So erklärt Spencer die Entstehung und allmähliche Entwickelung der sittlichen Begriffe im Menschen, statt sie in abstrakten metaphysischen Vorstellungen oder in Geboten der Religion oder endlich in der Bewertung persönlicher Genüsse und Vorteile zu suchen, wie die Utilitaristen empfehlen. Die sittlichen Begriffe sind für ihn, wie für Auguste Comte, ein ebensolches unvermeidliches Ergebnis der gesellschaftlichen Entwickelung, wie die Entwickelung des Verstandes, der Kunst, des Wissens, des musikalischen Gehörs oder des Schönheitssinnes. Wobei man noch hinzufügen könnte, dass die weitere Entwickelung des Herdentriebes, die zum Gefühl der gegenseitigen Bürgschaft, d. h. der Solidarität, oder der gegenseitigen Abhängigkeit aller von jedem oder jedes von allen wird, das gleiche unvermeidliche Resultat des Gesellschaftslebens darstellt, wie auch die Entwickelung der Vernunft, der Beobachtungsgabe, der Eindrucksfähigkeit und anderer menschlicher Fähigkeiten.

So ist es unzweifelhaft, dass die sittlichen Begriffe des Menschen sich im Menschengeschlecht seit den entferntesten Zeiten ansammelten. Kraft des geselligen Lebens traten sie schon bei den Tieren in Erscheinung. Weshalb aber schlug die Entwickelung gerade diese und keine andere Richtung ein? Weshalb nahm sie nicht die Richtung des Kampfes aller gegen alle? Deshalb, muss unserer Meinung nach die evolutionistische Ethik antworten, weil diese Entwickelung zur Erhaltung und zum Überleben der Art führte, während die Unfähigkeit der Tierarten und des Menschen, die geselligen Eigenschaften zu entwickeln, notwendigerweise zum Unterliegen im Daseinskampfe und folglich auch zum Aussterben der Art geführt haben

184 Mit einem Wort, sagt Spencer, die vollkommene Anpassung der Handlungen an die Ziele der Erhaltung des eigenen Lebens und der Aufzucht der Nachkommenschaft, die so gehandhabt wird, dass die Anderen an dem Erreichen desselben Zieles nicht gehindert werden, setzt bereits in ihrer Bestimmung selbst die Verringerung und Einstellung des Kampfes zwischen den Mitgliedern der Gemeinschaft voraus.

würde. Oder aber, wie Spencer mit allen Eudämonisten antwortet, „weil der Mensch in den das allgemeine Wohl bezweckenden Handlungen sein Vergnügen fand", wobei er die einen religiösen Standpunkt einnehmenden Menschen darauf verwies, dass sogar in den Worten des Evangeliums „Selig sind die Barmherzigen", „selig sind die Friedfertigen", „selig sind die Wohltätigen" bereits von einem Zustand der Seligkeit, d. h. des Vergnügens, der von der Vollziehung solcher Handlungen herrührt, die Rede ist. Aber eine solche Antwort schließt natürlich nicht den Widerspruch von Seiten der intuitiven Ethik aus. Sie sagt, „so sei folglich der Wille der Götter oder des Schöpfers gewesen, dass der Mensch eine besonders starke Genugtuung empfinde, wenn seine Handlungen auf das Wohl anderer gerichtet sind, oder aber, wenn die Menschen das göttliche Gebot erfüllen".

Was wir auch als Maß unserer Handlungen ansehen, fährt Spencer fort, sei es die Erhabenheit des Charakters oder die Wahrhaftigkeit der Antriebe, in jedem Falle sehen wir, „dass die Vollkommenheit, die Wahrhaftigkeit und die Tugend uns immer zur Befriedigtheit, zur Freude, die von irgendwem, irgendwann, in irgendeiner Form empfunden wird als zur Grundidee führen". So dass keine Schule umhin kann, als Endziel der Sittlichkeit einen gewissen wünschenswerten Seelenzustand anzuerkennen, mögen wir ihn Vergnügen, Lust oder Glück nennen,[185] fügt Spencer hinzu. Indessen kann eine auf der Evolution aufgebaute Ethik sich nicht mit dieser Erklärung abfinden, da sie nicht zulassen kann, dass das sittliche Prinzip nur eine *zufällige* Ansammlung von Gewohnheiten, die der Arbeit beim Daseinkampfe beistanden, sein sollte. Weshalb, fragt der evolutionistische Philosoph, gewähren nicht die egoistischen, sondern die altruistischen Gewohnheiten dem Menschen die allergrößte Befriedigung? Die Geselligkeit, die wir in der ganzen Natur wahrnehmen, und die vom Gemeinschaftsleben entwickelt wird, die gegenseitige Hilfe – bilden sie nicht ein so allgemeines Hilfsmittel im Kampf ums Dasein, dass, mit ihnen verglichen, die persönliche, egoistische Selbstbehauptung und die Gewalt als schwach und unzulänglich erscheinen? Und bilden deshalb das Geselligkeitsgefühl und die gegenseitige Hilfe, aus denen sich allmählich unsere sittlichen Begriffe unvermeidlich herausbilden mussten, nicht einen ebensolchen *Grundzug* der menschlichen und sogar tierischen Natur, wie beispielsweise das Bedürfnis der Nahrungsaufnahme?

Im theoretischen Teil dieses Buches werde ich diese beiden Fragen eingehend zergliedern, da ich sie als in der Ethik grundlegend betrachte. Hier

185 *Principles of Ethics*, 1. Teil; *Data of Ethics*, § 16.

bemerke ich nur, dass Spencer diese Fragen unbeantwortet ließ. Erst später lenkte er seine Aufmerksamkeit auf sie; aber der Widerstreit zwischen der natürlichen, der Evolutionsethik und der intuitiven (d. h. von oben eingegebenen) Ethik wurde von ihm nicht beseitigt. Dafür aber bewies Spencer vollkommen die *Notwendigkeit der wissenschaftlichen Begründung der Sittlichkeitsbegriffe* und das Fehlen einer solchen Begründung in allen früheren ethischen Systemen.

Beim Studium der verschiedenen ethischen Systeme, sagt Spencer, überrascht uns das Fehlen des *Kausalitätsbegriffs* auf dem Gebiete des Sittlichen. Die alten Denker erkannten an, dass das sittliche Bewusstsein dem Menschen von Gott oder den Göttern eingegeben sei; aber sie vergaßen dabei, dass, wenn die Handlungen, die wir, weil sie dem göttlichen Willen widersprechen, schlechte nennen, *an sich* keine schädlichen Folgen haben würden, wir in Unkenntnis darüber blieben; dass die Widersetzung dem göttlichen Willen böse Folgen nach sich ziehe, seine Befolgung jedoch zum Guten führe.[186]

Ebenso falsch urteilen auch diejenigen Denker, die mit Plato, Aristoteles und Hobbes als Quell von Gut und Böse die Gesetze ansehen, welche von der die Gewalt ausübenden Macht oder vom Gesellschaftsvertrag bestimmt werden. Wäre es in der Tat so, dann müssten wir anerkennen, dass an sich kein Unterschied sei zwischen den Folgen böser und guter Handlungen, weil die Unterscheidung der Handlungen in gute und böse von der Macht oder den Menschen selbst bei Aufstellung des Gesellschaftsvertrages vorgenommen wird.

Ebenso, sagt Spencer, geben die Philosophen dadurch, dass sie das Sittliche mit einer höheren Eingebung erklären, zu, dass zwischen den menschlichen Handlungen und ihren Folgen kein unvermeidliches natürliches Verhältnis von Ursache und Wirkung besteht, das wir *kennen* und das die höhere Eingebung ersetzen könnte.

Sogar die Utilitaristen, sagt Spencer, haben sich noch nicht ganz von dem gleichen Fehler frei gemacht, weil sie den Ursprung der sittlichen Begriffe aus natürlichen Ursachen nur zum Teil anerkennen, und Spencer führt zwecks Erläuterung seines Gedankens folgendes Beispiel an: Jede Wissenschaft beginnt mit der Anhäufung von Beobachtungen. Lange vor der Entdeckung des Gravitationsgesetzes bestimmten die alten Griechen und Ägypter die Stelle, an der ein gewisser Planet an einem bestimmten Tage sich befinden werde. Zu diesen Kenntnissen war man durch Beobachtung

186 §§ 18-23 des ersten Kapitels.

gelangt, ohne einen Begriff von den Ursachen zu haben. Und erst nach der Entdeckung des Gesetzes der Schwerkraft, nachdem wir die Ursache und die Gesetze der Planetenbewegung erkannt hatten, blieb unsere Bestimmung dieser Bewegung nicht mehr erfahrungsgemäß, empirisch, sondern wurde wissenschaftlich, rational. Dasselbe muss von der utilitären Ethik gesagt werden. Die Utilitaristen begreifen natürlich, dass ein ursächlicher Zusammenhang zwischen dem besteht, dass wir gewisse Handlungen gut und andere böse nennen; was aber diesen Zusammenhang ausmacht, das erklärten sie nicht. Indessen genügt es noch nicht, zu sagen, dass gewisse Handlungen der Gesellschaft nützlich und andere schädlich seien: das ist eine einfache Tatsachenfeststellung. Wir aber möchten die allgemeine Ursache des Sittlichen wissen, das allgemeine Kennzeichen, nach welchen wir das Gute und das Böse auseinanderhalten könnten. Wir suchen nach einer vernunftgemäßen Verallgemeinerung, um aus einer klar bestimmten Ursache allgemeingültige Lebensregeln ableiten zu können. Das ist die Aufgabe der Ethik.

Die Ethik wurde natürlich auch von der Entwickelung der anderen Wissenschaften vorbereitet. Jetzt aber sind wir bestrebt, die sittlichen Grundlagen als *Evolutionserscheinungen* festzustellen, die mit den *physikalischen, biologischen und soziologischen Gesetzen übereinstimmen.*

Im Allgemeinen stellte sich Spencer mit Bestimmtheit auf den Standpunkt der utilitären Sittlichkeit und behauptete, dass, wenn einmal im Leben das die Freuden Vermehrende das Gute, und die Freuden Vermindernde das Böse sei, dann das Sittliche unzweifelhaft dasjenige sein müsse, was im Leben die Freude steigert. Mögen noch so viele religiöse und politische Vorurteile diesen Gedanken verdunkeln, sagte er, die verschiedenen Systeme der Sittlichkeit bauten sich doch immer auf demselben Grundgedanken auf (§ 11).

Die von Spencer der Bewertung der Handlungen vom physischen und biologischen Standpunkt gewidmeten Kapitel sind sehr lehrreich, weil sie an aus dem Leben gegriffenen Beispielen klar zeigen, wie die auf der Evolution fußende Wissenschaft sich zu den Erklärungen des Sittlichen zu verhalten habe.

In diesen zwei Kapiteln gibt Spencer eine Erklärung der *natürlichen Entstehung* der grundlegenden Tatsachen, die zu jeder Sittlichkeitslehre gehören. Wir wissen z. B., dass eine gewisse *Folgerichtigkeit* in den Handlungen, ihr *Abgestimmtsein aufeinander* ein Kennzeichen des Sittlichen beim Menschen ist, ebenso wie ihre *Bestimmtheit* (von Menschen mit schwachem, unentschlossenem Willen wissen wir nie, wie sie handeln werden);

ebenso die *Ausgeglichenheit* in den Handlungen (von einem sittlich entwickelten Menschen erwarten wir kein zerfahrenes, unausgeglichenes, von seiner Vergangenheit nicht gerechtfertigtes Verhalten); zugleich auch das *Angepasstsein* an die verschiedenartige Umgebung. Notwendig ist endlich auch die *Vielfälfigkeit und Fülle des Lebens.* Das erwarten wir von einem entwickelten Menschen. Das Vorhandensein dieser Eigenschaften dient uns als Maßstab für die sittliche Wertung der Menschen.

Eben diese Eigenschaften erreichen bei den Tieren eine immer höhere Entwickelungsstufe in dem Maße, wie wir von den einfachsten Organismen zu den vollkommeneren und endlich zum Menschen übergehen.

Die unzweifelhaft sittlichen Eigenschaften bilden sich also in dem Maße der Vervollkommnung des Tieres heraus. Dasselbe vollzieht sich im Menschen mit dem Übergang aus dem ursprünglich wilden Zustand zu verwickelteren Formen des Gemeinschaftslebens; so bildet sich allmählich der *höhere Menschentypus* heraus. Aber dieser höhere Typus kann sich nur in der Gemeinschaft hochentwickelter Menschen herausbilden. Ein ausgefülltes abwechslungsreiches Leben der Persönlichkeit ist nur in einer *vollkommenen, lebensvollen Gemeinschaft* möglich.

Zu diesen Schlussfolgerungen gelangt Spencer, indem er die als sittlich angesehenen Eigenschaften vom Standpunkt der *größtmöglichen Lebensfülle,* d. h. vom Standpunkt der Biologie, betrachtet. Und hier führen ihn die Tatsachen zur Folgerung, dass unzweifelhaft ein innerer natürlicher Zusammenhang besteht zwischen dem, worin wir einen Genuss finden, und der Verstärkung der Lebensfülle und folglich auch der Kraft des Erlebens und der Verlängerung des Lebens. Eine solche Folgerung widerspricht natürlich geradezu den weitverbreiteten Begriffen vom übernatürlichen Ursprung der Sittlichkeit.

Wie Spencer hinzufügt, gibt es Genüsse, die während der kriegerischen Organisation der menschlichen Gemeinschaften entstanden sind; die Bewertung des Angenehmen und Unangenehmen verändert sich allmählich in demselben Maße, wie wir von der militärischen Organisation zur friedlichen und industriellen übergehen. Wir finden an einer Schlägerei, einer Kriegslist, einem Kriegsmord lange nicht das gleiche Vergnügen, das sie dem Wilden bereiten.

Überhaupt war es für Spencer nicht schwer zu beweisen, wie sehr das Vergnügen und die Lebensfreude die Reichhaltigkeit, das Schaffen und die Produktivität des Lebens und folglich auch die Freuden des Lebens erhöhen, und wie sehr umgekehrt Kummer und Leiden die Lebensfülle beeinträchtigen; obwohl es verständlich ist, dass ein Übermaß an Genüssen entweder zeitweilig oder für lange Dauer die Lebensfülle, die Schaffenskraft und die Arbeitsfähigkeit herabdrücken kann.

Die von der Theologie verschuldete Verneinung dieser letzten Wahrheit (und auch der kriegerische Geist der primitiven Gemeinschaften) beeinträchtigt nicht nur alle Betrachtungen über die Sittlichkeit, indem sie ihnen eine falsche Richtung gibt, sondern auch das Leben selbst. Das Leben fragt nicht, aus welchen Antrieben der Mensch ein physisch falsches Leben führte; es bestraft den überarbeiteten Gelehrten ebenso wie den unverbesserlichen Säufer.

Aus dem Gesagten ist ersichtlich, dass Spencer sich vollkommen den Eudämonisten und Hedonisten anschloss, d. h. denjenigen, die in der Entwickelung des Sittlichen das Streben nach dem größtmöglichen Glück, der größten Lebensfülle, erblicken. Unklar aber bleibt es, weshalb der Mensch in einem von uns sittlich genannten Leben Genugtuung findet. Es erhebt sich die Frage: Weist nicht etwa die Natur des Menschen selbst etwas auf, was den Genüssen den Vorzug gibt, die sich aus dem „sittlichen" Verhalten zu den Anderen ergeben? Diese Frage lässt Spencer offen.

Das Wesentliche der Spencerschen Ethik ist indessen in dem Kapitel von der *Psychologie* enthalten, in welchem das seelische Erleben behandelt wird, das im Laufe der allmählichen Entwickelung der Menschheit die Menschen zur Ausgestaltung gewisser „sittlicher" Begriffe führte.

Wie immer, beginnt Spencer mit einem einfachen Fall. Irgendein im Wasser lebendes Tier fühlte plötzlich das Näherkommen von irgendetwas. Dieser Eindruck rief in dem Tier eine einfache Empfindung hervor, und diese Empfindung ging in irgendeine Bewegung über. Das Tier versteckt sich oder stürzt sich auf den Gegenstand, je nachdem es in ihm einen Feind oder eine Beute erblickt.

Hier haben wir in einfachster Form das, was unser ganzes Leben erfüllt. Irgendetwas Äußeres ruft in uns eine gewisse Empfindung hervor, und wir beantworten sie mit einer Handlung, einer Tat. Wir lesen beispielsweise in der Zeitung von einer Wohnungsvermietung. In der Anzeige werden die Bequemlichkeiten der Wohnung beschrieben, und wir gewinnen von dieser eine Vorstellung, die in uns eine gewisse Empfindung hervorruft, die von einer entsprechenden Handlung begleitet wird: entweder wir ziehen nähere Erkundigungen über die Wohnung ein oder wir verzichten darauf, sie zu mieten.

Aber die Sache kann verwickelter sein. Wirklich ist unser Verstand ein Sammelbecken verschiedener Empfindungen in ihrem wechselseitigen

Verhältnis; und aus den Gruppierungen dieser Verhältnisse und aus den Gedanken über sie entsteht unsere Vernunft (*intelligence*). Und aus den Gruppierungen dieser Empfindungen selbst und unseren Gedanken über sie entsteht unsere Seelenverfassung (*emotion*). Während das niedere Tier und der unentwickelte Wilde sich ohne Bedenken auf die vermutliche Beute stürzen, malen sich der entwickelte Mensch oder das erfahrene Tier die Folgen ihrer Handlungen aus. *Und den gleichen Zug finden wir bei den sittlichen Handlungen.* Der Dieb bedenkt nicht alle möglichen Folgen seiner Tat; ein gewissenhafter Mensch jedoch erwägt sie nicht nur für sich persönlich, sondern auch für den anderen, oft sogar auch für die anderen, die Gesellschaft. Endlich sind beim gebildeten Menschen die Handlungen, die wir bedachte (*judicial*) nennen, oft durch sehr verwickelte Erwägungen, durch entfernte Ziele bedingt, und in diesem Falle werden die Erwägungen immer mehr und mehr ideal.

Gewiss kann alles übertrieben werden. Man kann seine Erwägungen zu irrigen Schlussfolgerungen führen. So handeln diejenigen, die um zukünftiger Freuden willen den gegenwärtigen Freuden entsagen, zur Askese kommen und so die Fähigkeit zum tätigen Lehen verlieren. Aber nicht um diese Übertreibungen handelt es sich. Wichtig ist, dass das Gesagte uns einen Begriff vom Ursprung der sittlichen Urteile und von ihrer Entwickelung gleichzeitig mit der Entwickelung des Gemeinschaftslebens gibt. Es zeigt, wie die komplizierteren und infolgedessen weiterschauenden Urteile über die einfacheren und primitiveren die Oberhand behalten.

Im Leben der menschlichen Gemeinschaften bedarf es natürlich einer sehr langen Zeit, ehe die meisten Mitglieder der Gesellschaft sich daran gewöhnen, ihre ersten, ursprünglichen Antriebe den Erwägungen über ihre mehr oder minder entfernten Folgen unterzuordnen. Zuerst entsteht bei einzelnen Menschen die Gewohnheit, den unbewussten Trieb auf Grund eigener Erfahrungen den gesellschaftlichen Erwägungen unterzuordnen; und darauf bildet die ganze Masse solcher persönlicher Schlussfolgerungen die Stammessittlichkeit, die von der Sage bekräftigt und von Geschlecht zu Geschlecht überliefert wird.

Zuerst entsteht in den Menschen die Angst vor dem Zorn der Stammesgenossen, dann die Furcht vor dem Anführer (gewöhnlich im Kriege), dem man gehorchen muss, sobald man mit den Nachbarn in Fehde liegt, und endlich die Furcht vor Gespenstern, d. h. vor Toten und Geistern, die sich, ihrer Meinung nach, in alle Angelegenheiten der Lebendigen einmischen. Diese dreierlei Tatsachen hemmen im Wilden den Drang nach unmittelbarer Befriedigung der aufsteigenden Wünsche und verdichten sich in der Folge zu besonderen Erscheinungen des sozialen Lebens, die wir heute gesellschaftliche Meinung, politische Macht und kirchliche Autorität nennen. Indessen muss ein Unterschied gemacht werden zwischen den eben erwähnten abwehrenden Erwägungen und den aus ihnen entstandenen eigentlichen sittlichen Gefühlen und Gewohnheiten, – da das sittliche Bewusstsein und Gefühl bereits *nicht mehr die äußerlichen Folgen der Handlungen für die Anderen, sondern die inneren Folgen für den Handelnden selbst* berücksichtigen.

Mit anderen Worten, – wie Spencer an Mill schrieb – in der menschlichen Rasse ist das grundlegende sittliche Gefühl, das sittliche Ahnungsvermögen (*intuition*), ein Ergebnis der angehäuften und ererbten Erfahrung betreffs *der Nützlichkeit gewisser wechselseitiger Beziehungen.* Erst ganz allmählich wurde es von der Erfahrung unabhängig. Also sah Spencer, als er im Jahre 1879 diesen Teil seiner Ethik schrieb, noch keinerlei innere Gründe des Sittlichen im Menschen. Den ersten Schritt in dieser Richtung tat er erst später, als er im Jahre 1890 in der Zeitschrift *Nineteenth Century* zwei Abhandlungen über die gegenseitige Hilfe veröffentlichte und nachher noch mehrere Tatsachen des sittlichen Gefühls bei einigen Tierarten anführte.

Indem Spencer darauf die Entwickelung der sittlichen Begriffe vom soziologischen Standpunkt, d. h. vom Gesichtspunkt der Entwickelung der gesellschaftlichen Einrichtungen, betrachtete, wies er vor allem darauf hin, dass die Menschen, sobald sie in Gemeinschaften leben, sich unvermeidlich davon überzeugen, dass es im Interesse eines jeden Einzelnen sei, das Gemeinschaftsleben zu erhalten und wäre es auch manchmal auf Kosten der persönlichen Antriebe und Neigungen. Leider aber ging er noch immer von der seit Hobbes eingebürgerten falschen Vorstellung aus, dass die Naturmenschen nicht in Gesellschaften, sondern einzeln oder in kleinen Gruppen gelebt hätten. In Bezug auf die nachmalige Evolution der Menschheit hielt er sich noch an die vereinfachte, von Comte festgelegte Ansicht über den allmählichen Übergang der gegenwärtigen Gesellschaften vom kriegerischen Kampfzustand zum friedlichen Industriezustand.

Infolgedessen – schrieb er – erblicken wir in der heutigen Menschheit zwei Sittenlehren: „Töte den Feind, zerstöre!“ und „Liebe den Nächsten, hilf ihm!“ – „Übe Gehorsam in der kriegerischen Organisation!“ und „Sei unabhängiger Staatsbürger, erstrebe die Einschränkung der Staatsgewalt!“

Sogar im häuslichen Leben der heutigen zivilisierten Völker ist die Niederhaltung der Frauen und Kinder zulässig, obwohl gleichzeitig Proteste und die Forderung der Gleichberechtigung beider Geschlechter vor dem

Gesetz laut werden. Dieses alles zusammengefasst führt zu Zwiespältigkeit, zu Halbheit der Sittlichkeit, die aus Kompromissen und Abmachungen mit dem Gewissen besteht.

Dabei ist die Sittlichkeit der friedlichen Gesellschaft in ihrem innersten Wesen höchst einfach; fast möchte man sagen, dass sie aus Augenscheinlichkeiten bestehe. Es ist klar, dass alles für die Gesellschaft Nützliche alle Gewalthandlungen eines jeden Gesellschaftsmitgliedes an einem anderen ausschließt; sobald wir solche Handlungen zulassen, verringert sich die Festigkeit der sozialen Bande. Augenscheinlich ist auch, dass das Wohlergehen der Gesellschaft ein gemeinsames Zusammenwirken der Menschen erfordert. Mehr noch: Wenn die gegenseitige Hilfe zum Schutze der Gruppe fehlt, so wird sie auch bei der Befriedigung der dringlichsten Bedürfnisse nach Nahrung, Wohnung, Jagd usw. fehlen. Jeder Gedanke an die Nützlichkeit der Gemeinschaft wird aufhören (§ 51).

Mögen die Bedürfnisse der Gemeinschaft noch so klein und die Mittel zu ihrer Befriedigung noch so dürftig sein, – die Zusammenarbeit ist unerlässlich, und sie tritt bereits bei den Naturvölkern bei der gemeinschaftlichen Jagd, bei der gemeinsamen Landbestellung usw. in Erscheinung; nachher, auf einer höheren Entwickelungsstufe des gesellschaftlichen Lebens nimmt die Zusammenarbeit Formen an, bei denen die Arbeit der verschiedenen Gemeinschaftsmitglieder nicht die gleiche ist, aber ein gemeinsames Ziel verfolgt, und endlich entwickelt sich eine Zusammenarbeit, bei der sowohl die Art als auch der Zweck der Arbeit verschiedenartig sind, aber die Arbeit eines jeden dennoch den allgemeinen Wohlstand fördert. Hier begegnet uns bereits die Arbeitsteilung und entsteht die Frage: „Wie sind die Arbeitsprodukte zu verteilen?“ Eine Frage, auf die nur eine Antwort möglich ist: nach gemeinsamer freiwilliger Übereinkunft – so dass die Entlohnung für die Arbeit die Möglichkeit einschließe, die verausgabten Kräfte wiederherzustellen, wie es in der Natur stattfindet. Wozu wir noch hinzufügen müssen: „dass sie auch die Möglichkeit einschließe, etwas Kraft einer Arbeit zu widmen, die vielleicht noch nicht als notwendig anerkannt wird, aber dem einzelnen Mitglied Vergnügen bereitet und mit der Zeit auch der ganzen Gesellschaft nützlich werden kann.“

„Aber das genügt noch nicht“, fährt Spencer fort, „es kann eine solche industrielle Gemeinschaft geben, in der die Menschen ein friedliches Leben führen, alle ihre Verträge innehalten, in der jedoch die Zusammenarbeit für das Wohl aller fehlt und niemand die allgemeinen Interessen wahrt; in einer solchen Gesellschaft ist also die äußerste Entwickelungsgrenze noch nicht erreicht, weil man beweisen kann, dass die Entwickelungsform, die *zur Gerechtigkeit noch die Wohltätigkeit hinzufügt,* die Anpassungsform an eine unvollkommene Gesellschaftsordnung ist“ (B. I, § 54).

Auf diese Weise vervollständigt der soziologische Standpunkt die Begründung der Ethik durch die physikalischen, biologischen und psychologischen Wissenschaften. Nachdem Spencer auf diese Weise die Grundsätze der Ethik vom Standpunkt der Evolutionstheorie bestimmt hatte, beantwortete er in mehreren Kapiteln die kritischen Einwände gegen den Utilitarismus und untersuchte unter anderem die Rolle der Gerechtigkeit in der Ausgestaltung der Sittlichkeit.[187]

In seiner Widerlegung des Begriffs von der Gerechtigkeit als der Grundlage des Sittlichen schrieb der Utilitarist Bentham: „Gerechtigkeit. – Was jedoch hat man unter Gerechtigkeit zu verstehen? Und weshalb Gerechtigkeit, warum nicht Glück?“ Was Glück ist, wissen wir alle, fügte er hinzu, aber in Bezug auf die Gerechtigkeit sind wir uns immer noch nicht einig. – „Was auch der Sinn des Wortes Gerechtigkeit wäre – welches Anrecht hätte sie auf unsere Achtung, wenn sie nicht Mittel wäre zur Erreichung des Glückes?“ (Constitutional Code, Kap. 16, Satz 6)

Spencer beantwortete diese Frage, indem er sagte, dass alle menschlichen Gemeinschaften – nomadisierende, bodenständige und industrielle – das Glück erstreben, obwohl sie es mit verschiedenen Mitteln zu erreichen suchen. Es gibt indessen einige unerlässliche, *ihnen allen gemeinsame* Bedingungen; die übereinstimmende Zusammenarbeit, das Vermeiden der unmittelbaren Vergewaltigung der Persönlichkeit und der mittelbaren

187 In seiner Entgegnung auf den Hedonismus, d. h. auf die Lehre, welche die Ausgestaltung der sittlichen Anschauungen mit dem vernunftgemäßen Streben nach persönlichem und allgemeinem Glück erklärt, wies Sidgwick auf die Unmöglichkeit hin, die Freuden oder Leiden zu messen, die wir von unseren Handlungen erwarten können, wie Mill sie zu erklären versucht hatte. Sidgwick entgegentretend, kam Spencer zu dem Schluss, dass der Utilitarismus, der in einzelnen Fällen erwägt, welches Verhalten zu den meisten angenehmen Empfindungen führt, d. h. der empirisch-individuelle Utilitarismus, nur eine Vorstufe zum vernunftgemäßen, durchdachten Utilitarismus bilde. Was als Mittel zur Erreichung des Wohlstandes diente, wird für die Menschheit allgemach zum Ziele. Ein gewisses Verhalten zu den Anforderungen des Lebens wird zur Gewohnheit, und der Mensch braucht nun nicht mehr in jedem einzelnen Falle zu erwägen: „Was bietet mir eine größere Befriedigung, dem gefährdeten Menschen zu Hilfe zu eilen, oder nicht; Rohheit mit Rohheit zu beantworten, oder nicht.“ – Eine gewisse Handlungsweise wird bereits zur Gewohnheit.

Vergewaltigung durch Vertragsbruch. Und alle diese drei Bedingungen bilden nur eine: *das Aufrechterhalten ehrlicher gleichheitlicher Beziehungen* (§ 61). Diese Behauptung Spencers ist sehr bedeutsam, da aus ihr erhellt, dass die verschiedenartigsten Sittlichkeitslehren – religiöse wie nichtreligiöse, unter ihnen auch die Entwickelungslehre – in der *Anerkennung der Gleichberechtigung* übereinstimmen. Alle erkennen an, dass das Ziel der Gemeinschaft, das *Wohl aller und jedes* ist, während das unerlässliche Mittel zur Erlangung dieses Wohles die *Gleichberechtigung* bildet, wobei ich hinzufüge, dass allen sittlichen Begriffen und sogar Lehren die Anerkennung der Gerechtigkeit zugrunde liegt, möge diese noch so oft in der Geschichte der Menschheit missachtet worden sein, möge sie bis auf den heutigen Tag von den Gesetzgebern umgangen und den Sittenlehrern totgeschwiegen worden sein.

In der Widerlegung Benthams drang also Spencer bis zum Wesentlichen unserer Auffassung der Sittlichkeit vor. Sie besteht in der *Anerkennung der Gleichberechtigung.* So dachte bereits Aristoteles, als er schrieb: „Das *Gerechte* wird also das *Gesetzliche* und *Gleiche* sein, das *Ungerechte* aber – das *Ungesetzliche und Ungleiche.*“ Ebenso identifizierten die Römer die Gerechtigkeit mit der Gleichberechtigung (*equity*), die vom Worte *aequus*, d. h. *Gleiches,* stammt, eine ihrer Bedeutungen war auch das Gerechte und Unparteiische (*impartial*).[188]Und dieser Sinn des Wortes Gerechtigkeit ging ungeschmälert in die heutige Gesetzgebung über, die sowohl die unmittelbare Vergewaltigung als auch die mittelbare in der Form des Vertragsbruches, die beide die Ungleichheit darstellen würden, verbietet; dieses alles, schloss Spencer, *identifiziert die Gerechtigkeit mit der Gleichheit (equalness).*

Besonders lehrreich sind die Kapitel, die Spencer der Untersuchung von Egoismus und Altruismus widmet. In diesen Kapiteln werden die Grundlagen seiner Ethik dargelegt.[189]

Vor allem wurde zu verschiedenen Zeiten bei verschiedenen Menschenrassen der Begriff von Lust und Leid verschieden aufgefasst. Was vorher Lust war, hörte auf, es zu sein; und was vorher umgekehrt als lästiger Kraftaufwand angesehen wurde, verwandelte sich in Lust. Heute finden wir beispielsweise Vergnügen am Rudern, nicht aber am Mähen. Sobald

188 Spencer führt hier den 2. Vers des 16. Davidischen Psalms an.

189 Hier sind ihre Titel: – Die Relativität der Leiden und Genüsse. – Egoismus gegen Altruismus. – Altruismus gegen Egoismus. – Erwägung und Kompromiss. – Die Übereinkunft.

sich aber die Arbeitsbedingungen verändern, beginnen wir da Vergnügen zu empfinden, wo wir vorher nur Ermüdung verspürten. Im Allgemeinen kann gesagt werden, dass jede durch die Lebensbedingungen verlangte Arbeit von einem Lustgefühl begleitet werden kann und mit der Zeit auch begleitet werden wird.

Was aber ist Altruismus, d. h. wenn nicht die Liebe zu den Anderen, so doch die Fürsorge um sie, und was ist Egoismus, d. h. die Selbstliebe?

Ein lebendes Wesen muss vor allem *leben*, wenn es handeln soll. Und deshalb ist die Erhaltung des eigenen Lebens die erste Sorge eines jeden lebenden Wesens. Der Egoismus war vor dem Altruismus da, und deshalb, sagt Spencer, „bilden die von der Selbsterhaltung geforderten Handlungen und der aus ihnen gewonnene Genuss und Vorteil unerlässliche Bedingungen des allgemeinen Wohlstandes“. Das gleiche unveränderte Vorwiegen des Egoismus über den Altruismus tritt – wie Spencer sagt – auch im Prozess der allmählichen Entwickelung der Menschheit zutage (§ 68).

Auf diese Weise bürgert sich immer mehr der Gedanke ein, dass jeder auf die aus seiner eigenen Natur sich ergebenden Vorteile oder Nachteile Anspruch hat, mögen sie ererbt oder erworben sein. – „Dieses bedeutet die Anerkennung dessen, dass die egoistischen Anforderungen die altruistischen überwiegen müssen.“ Das ist die Schlussfolgerung Spencers (§ 68 und 69). Aber sie ist schon allein deswegen falsch, weil die ganze heutige gesellschaftliche Entwickelung dazu führt, dass jeder von uns nicht nur Nutznießet der eigenen Güter, sondern in viel höherem Maße der allgemeinen Güter ist.

Unsere Kleider, unsere Häuser und ihre heutigen Bequemlichkeiten sind Erzeugnisse der Weltindustrie. Unsere Städte mit ihren Straßen, Schulen, Kunstsammlungen und Theatern sind Ergebnisse der allgemeinen jahrhundertelangen Entwickelung. Wir alle genießen die Bequemlichkeiten der Eisenbahnen. Wie schätzt sie der Bauer, der nach einer längeren Fußwanderung im Regen in den Eisenbahnwagen steigt; aber nicht er hat sie geschaffen. Desgleichen das Dampfschiff: grenzenlos ist die Freude des armseligen galizischen Bauers, der zu seinen Verwandten nach Amerika auswandert.

Aber alles das ist nicht das Produkt persönlichen Schaffens, sondern der kollektiven Arbeit, so dass das Lebensgesetz dem Vernunftschlusse Spencers widerspricht. Dieses Lebensgesetz lautet, dass der Mensch in dem Maße der Entwickelung der Zivilisation sich immer mehr an Güter gewöhnt, die nicht von ihm selbst, sondern von der Menschheit im Allgemeinen geschaffen werden. Das lernte der Mensch seit den frühesten

Zeiten der Stammesorganisation. Das beweist uns das Dörfchen des primitivsten Inselbewohners im Stillen Ozean mit seinem großen Balai (dem gemeinsamen Hause), mit seinen Baumpflanzungen, Booten, Jagdregeln, den Vorschriften der freundschaftlichen Beziehungen zu den Nachbarn usw. Sogar die Eskimos, diese Bevölkerungsreste aus der Eiszeit, haben *ihre von allen gemeinsam, nicht von einem Einzelnen* geschaffene Zivilisation und Bildung, so dass sogar Spencer genötigt war, seine Lebensregel mit einer Einschränkung zu versehen: – *„das Erstreben des persönlichen Glückes in den von gesellschaftlichen Bedingungen gegebenen Grenzen"* (S. 190).

Und tatsächlich, bereits in der Stammesorganisation (ein Leben in der Einsamkeit hat es nie als Regel gegeben), lernen die Wilden von Kindheit auf, dass *ein Einzelleben und sein Einzelgenuss* unmöglich sind. Auf dieser Grundlage, nicht aber auf dem Egoismus baut sich ihr ganzes Leben auf, ebenso wie bei den Kolonien der Saatkrähen oder den Ameisenhaufen.

Überhaupt ist der ganze von Spencer dem Egoismus gewidmete Teil (§§ 71, 72, 73) äußert schwächlich. Die Verteidigung des Egoismus war zweifellos notwendig, umso mehr als, wie Spencer zu Beginn seiner Untersuchung schrieb, die religiösen Moralisten von dem Einzelnen zu viel Unvernünftiges forderten. Aber die von ihm erbrachten Beweisgründe sind letzten Endes eher eine Rechtfertigung der „blonden Bestie" Nietzsches, als eine Rechtfertigung des „gesunden Geistes im gesunden Körper", weshalb er die Schlussfolgerung zieht: „Also ist es klar erwiesen, dass im Sinne der verbindlichen Notwendigkeit (des Imperativs) der Egoismus dem Altruismus vorangeht", – eine Schlussfolgerung von völliger Unbestimmtheit, die entweder gar nichts aussagt, oder zu unbegründeten weiteren Schlüssen führt.

Gewiss, im folgenden Kapitel „Altruismus gegen Egoismus", das sich an das System der Anklage- und Verteidigungsreden vor Gericht hält, ist Spencer bemüht, die hohe Bedeutung des Altruismus im Leben der Natur aufzuzeigen. Der wahre, obwohl noch halb unbewusste Altruismus ist bereits im Leben der Vögel zu erkennen, wenn diese eine ihren Jungen drohende Gefahr mit Einsetzung ihres Lebens abzuwenden bestrebt sind, wobei sie entweder den Tod oder eine Verletzung zu erwarten haben. So musste Spencer anerkennen, dass die *Selbstaufopferung eine, ebenso ursprüngliche Tatsache der Natur ist, wie die Selbsterhaltung* (§ 75).

Und bei der weiteren Entwickelung der Tiere und Menschen vollzieht sich der Übergang vom unbewussten elterlichen Altruismus zum bewussten, und entstehen neue Arten der Identifizierung persönlicher Vorteile mit Vorteilen des Nächsten und nachher auch der ganzen Gesellschaft.

Sogar bei altruistischen Genüssen wird egoistischer Genuss möglich, wie aus den Künsten zu ersehen ist, die bemüht sind, alle in einem gemeinsamen Genuss zu vereinigen. Aber seit Anbeginn des Lebens war der Egoismus vom Altruismus abhängig, wie auch der Altruismus vom Egoismus abhing (§ 81).

Diese Bemerkung Spencers ist vollkommen richtig. Wenn man aber schon das von Auguste Comte eingeführte Wort Altruismus als Gegensatz zum Egoismus annehmen sollte, was ist dann die Ethik? Was erstrebt immer und überall die in Menschen- und Tiergesellschaften herausgebildete Sittlichkeit, wenn nicht die Bekämpfung der engherzigen Antriebe des Egoismus und die Erziehung der Menschheit im Sinne des Altruismus? Schon die Ausdrücke „Egoismus“ und „Altruismus“ sind unrichtig, weil es keinen reinen Altruismus ohne persönliche Befriedigung, d. h. ohne Egoismus, gibt. Deshalb wäre es richtiger, zu sagen, dass die Ethik die *Entwickelung der Gemeinschaftsgewohnheiten* und *die Abschwächung der eng-persönlichen Gewöhnungen* erstrebt; diese letzteren sehen nicht hinter der Persönlichkeit die Gemeinschaft und erreichen deshalb nicht ihr Ziel, das Wohl der Persönlichkeit. Währenddessen führt die Entwickelung der gemeinsamen Arbeitsgewohnheiten und überhaupt der gegenseitigen Hilfe zu einer Reihe wohltätiger Folgen sowohl in der Familie als auch in der Gesellschaft.

Nachdem Spencer im ersten Teil (Data of Ethics) den Ursprung der menschlichen Sittlichkeit vom Standpunkt der Biologie, der Psychologie und der Soziologie betrachtet hatte, untersuchte er darauf ihre Wesenheit. Im Menschen und in der Gesellschaft, schrieb er, geht immer ein Kampf zwischen Egoismus und Altruismus vor sich, und das Ziel der Sittlichkeit besteht in der Aussöhnung dieser zwei entgegengesetzten Antriebe. Zu dieser Aussöhnung oder gar zum Siege der gesellschaftlichen Neigungen über die Antriebe der Ichliebe kommen die Menschen infolge der allmählichen Umgestaltung der innersten Grundlagen ihrer Gesellschaften.

In Bezug auf den Ursprung dieser Aussöhnung hielt sich Spencer leider nach wie vor an die von Hobbes ausgesprochene Ansicht. Er glaubte, die Menschen hätten früher wie manche wilden Tiere gelebt, – etwa wie die Tiger (heute leben so nur ganz wenige Arten), in stetiger Bereitschaft, einander zu überfallen und zu töten. Darauf hätten eines schönen Tages die Menschen beschlossen, sich zu einer Gemeinschaft zu vereinigen, und erst seit dann habe sich ihr Gemeinschaftssinn immer mehr und weiter entwickelt.

Anfangs ist die Organisation der Gesellschaft eine militärische oder kriegerische gewesen. Kriegerische Tapferkeit galt als höchste Tugend; die Fähigkeit, den Nachbarn einen Vogel, Weiber oder irgendwelche Schätze abzunehmen, wurde als höchstes Verdienst gepriesen, weshalb die ganze Sittlichkeit sich nach diesem Ideal gestaltete. Nur langsam entstand eine neue Gesellschaftsorganisation, die industrielle, in der wir uns heute befinden, obwohl die Kennzeichen der militärischen Organisation noch lange nicht verschwunden sind. Aber jetzt bilden sich bereits die Züge der industriellen Organisation heraus, und gleichzeitig entsteht eine neue Sittlichkeit, in der solche Züge der friedlichen Gemeinschaftlichkeit, wie die Sympathie, die Oberhand bekommen, während gleichzeitig eine ganze Reihe neuer, vorher unbekannter Tugenden auftaucht.

Wie falsch und sogar phantastisch die Vorstellung Spencers von den Naturvölkern ist, kann der Leser aus vielen Werken gegenwärtiger und früherer Forscher ersehen, die in meiner *Gegenseitigen Hilfe* erwähnt werden. Aber das ist nicht das Wesentliche. Für uns ist es besonders wichtig zu wissen, wie sich in der Folge die sittlichen Begriffe der Menschen entwickelten.

Zuerst war die Festlegung der Lebensregeln Sache der Religionen. Sie verherrlichten den Krieg und die kriegerischen Tugenden: die Tapferkeit, den Gehorsam, die Unerbittlichkeit usw. Aber neben der religiösen Ethik entstand bereits die *utilitaristische* Ethik. Ihre Spuren sind bereits im alten Ägypten zu verfolgen. Dann trennt sich bei Sokrates und Aristoteles die Sittlichkeit von der Religion, und das Verhalten des Menschen wird nach der gesellschaftlichen *Nützlichkeit* der Handlungen bewertet, die die Grundlage des Utilitarismus darstellt. Dieses Prinzip kämpft im Verlauf des ganzen Mittelalters mit dem religiösen Prinzip; es tritt, wie wir bereits sahen, während der Renaissance besonders hervor und erstarkt insbesondere in der zweiten Hälfte des achtzehnten Jahrhunderts; im neunzehnten Jahrhundert, seit Bentham und Mill, – sagt Spencer – „hat sich das Nützlichkeitsprinzip als einziges Maß des Verhaltens fest behauptet“ (§ 116), – was übrigens gänzlich falsch ist, weil bereits die Spencersche Ethik von einer solchen beschränkten Auffassung der Sittlichkeit leicht abweicht. Die Gewohnheit, sich gewissen Regeln des gegenseitigen Verhaltens anzupassen, ebenso wie die Religion und die Bewertung der Gebräuche nach ihrer Nützlichkeit erzeugten Begriffe und Gefühle, die gewissen Sittenregeln angepasst sind, und so bildete sich die Bevorzugung desjenigen Verhaltens heraus, welches zum allgemeinen Wohle führt, und die Missbilligung oder gar Verurteilung der Aufführung, die gegenteilige Folgen nach sich zieht.

Zur Bestätigung seiner Meinung führte Spencer (in § 117) Beispiele aus den Büchern des alten Indiens und aus Konfutse an, aus denen zu ersehen ist, wie sich die Sittlichkeit auch ohne Erwartung einer himmlischen Vergeltung entwickelte. Diese Entwickelung ging, nach Spencers Meinung, vor sich infolge des Überlebens derjenigen, die besser als die Anderen sich der friedlichen Gesellschaftsordnung angepasst hatten.

In der ganzen Entwickelung der sittlichen Gefühle sah Spencer indessen nur die Nützlichkeit. Er bemerkte keinerlei leitende, dem Gefühl oder der Vernunft entspringende Prinzipien. Bei einer Ordnung war es für die Menschen von Nutzen zu kämpfen und zu rauben, und deshalb entwickelten sie Lebensregeln, die Gewalttätigkeit und Raub zu sittlichen Grundsätzen erhoben. Mit der Entwickelung der industriellen Ordnung änderten sich die Gefühle und Begriffe und mit ihnen die Lebensregeln, und es bildete sich eine neue Religion und eine neue Ethik heraus. Gleichzeitig entstand auch das, was Spencer die Stützpfeiler der Sittenlehre nennt (die Pro-ethik, den „Sittlichkeitsersatz“), d. h. eine Reihe von Lebensregeln und Gesetzen, die, wie das Duell, manchmal sinnlos und oft recht unbestimmter Herkunft sind.

Bemerkenswert ist, dass Spencer mit der ihm eigenen Gewissenhaftigkeit bereits selbst manche Tatsachen vermerkt hat, die von seinem ausschließlichen Nützlichkeitsstandpunkt sich nicht erklären lassen.

Bekanntlich wurde im Laufe von zwölf Jahrhunderten nach dem Auftauchen der christlichen Lehre der Raub durch Krieg fortdauernd als hohe Tugend gepriesen. Bis heute gelten als Volkshelden Alexander von Makedonien, Karl, Peter I., Friedrich II., Napoleon. Indessen wurde bereits in dem indischen Mahabharata, insbesondere in seinem zweiten Teil, etwas anderes gelehrt. Dort steht geschrieben: – Handle an den Anderen so, wie du wünschest, dass man an dir handle. Tu deinem Nachbarn nichts, was du dir nicht selbst wünschen würdest. Sieh deinen Nachbar wie dich selbst an. Der Chinese Laotse lehrte, die Welt sei das höchste Ziel. Die persischen Denker und die hebräischen „Leviten“ lehrten dasselbe lange vor dem Auftauchen des Buddhismus und des Christentums. Am meisten jedoch widerspricht der Spencerschen Theorie, was er selbst gewissenhaft von den friedlichen Sitten solcher „wilden“ Stämme vermerkte, wie es beispielsweise die primitiven Bewohner von Sumatra, oder die Tcharusen im Himalajagebirge, oder der von Morgan beschriebene Verband der Irokesen sind. Diese Tatsachen, wie auch die Menge gleicher Tatsachen, die ich in meiner *Gegenseitigen Hilfe* in Bezug auf die Wilden und die Menschheit in der „barbarischen“ Epoche; d. h. der Zeit der Stammesorganisation, vermerkte, sind ebenso wie eine Menge anderer in anthropologischen Werken enthaltenen Tatsachen völlig festgestellt, und sie weisen darauf hin, dass, wenn bei der Entstehung des Staates die Ethik des Raubes, der Gewalt und der Sklavenhalterei die höheren Klassen beherrschte, die Volksmassen aus dem Urzustand eine *andere Sittlichkeit* sich bewahrt hatten: *die Sittlichkeit der Gleichberechtigung* und folglich auch *des gegenseitigen Wohlwollens.* Diese Ethik wurde bereits im primitivsten Tierepos gepredigt und getätigt, worauf ich bereits im zweiten Kapitel dieses Buches hingewiesen habe.

Im zweiten Teil der *Principles of Ethics*, in den „Induktionen der Ethik", zog Spencer die Folgerung, dass die sittlichen Erscheinungen außerordentlich verwickelt und schwer zu verallgemeinern sind. Tatsächlich sind auch seine Schlüsse unklar, und nur eines wollte er bestimmt beweisen: dass der Übergang von der kriegerischen Lebensweise zur industriellen zur Entwickelung einer Reihe geselliger, friedlicher Tugenden führt, worauf bereits Comte hingewiesen hat. Daraus folgt, schrieb er, „dass die Theorie der angeborenen sittlichen Gefühle schon in ihrer ursprünglichen Form falsch ist; aber sie *deutet in allgemeinen Zügen* eine viel höhere Wahrheit an, nämlich dass die in jeder Gesellschaft wurzelnden Gefühle und Ideen der in ihr vorwiegenden Tätigkeit angepasst sind" (§ 191).

Die Unvermitteltheit einer solchen fast banalen Folgerung ist sicherlich von jedem Leser bemerkt worden. Tatsächlich aber wäre es richtiger, den von Spencer angeführten und durch das Studium der Naturvölker erhärteten Tatsachen folgende Form zu geben: – *Die Grundlagen jeglicher Sittlichkeit sind das der ganzen Tierwelt eigene Geselligkeitsgefühl und die Erwägungen der Gleichberechtigung, die zu den ursprünglichsten Erwägungen der menschlichen Vernunft gehören.* Leider verhindern die im Menschen von den niedersten Entwickelungsstufen an bewahrten räuberischen Instinkte die Anerkennung des Geselligkeitsgefühls und des Bewusstseins der Gleichberechtigung als Grundlagen der sittlichen Urteile des Menschen. Diese Instinkte wurden nicht nur erhalten, sondern auch zu verschiedenen Zeiten sehr gefördert in dem Maße, wie neue Bereicherungsmaßnahmen entstanden; in dem Maße, wie anstatt der Jagd der Ackerbau sich entwickelte und darauf der Handel, die städtische Industrie, die Banken, die Eisenbahnen und die Schifffahrt entstanden, und endlich der Erfindungsgeist in den Mitteln der Kriegführung als unvermeidliche Folge des industriellen Erfindungsgeistes zutage trat, – mit der Entwickelung alles dessen, was manchen fortgeschrittenen Gemeinschaften die Möglichkeit bot, sich durch die Arbeit der rückständigen Nachbarn zu bereichern. Die letzte Stufe dieser Entwickelung erblicken wir in dem furchtbaren Kriege, der im Jahre 1914 begann.

Den zweiten Teil seiner Ethik widmete Spencer den zwei Grundbegriffen der Sittlichkeit: der Gerechtigkeit und dem, was höher ist als die einfache Gerechtigkeit und was er „positive und negative Wohltätigkeit“ nannte und was wir Großmut nennen würden, obwohl auch dieser Ausdruck nicht ganz befriedigend ist. Bereits in den Tiergesellschaften, schrieb Spencer in den drei Kapiteln, die er nachmalig im Jahre 1890 in seine Ethik einschaltete, kann man gute und böse Handlungen unterscheiden, wobei wir als gute, d. h. altruistische, diejenigen Handlungen bezeichnen, die nicht so sehr der Persönlichkeit wie der ganzen Gemeinschaft nützlich sind und der Erhaltung der Einzelnen wie der Gattung dienen. Daraus entsteht das, was „vormenschliche Gerechtigkeit“ genannt werden kann, die allmählich immer höhere Entwickelungsformen annimmt. In der Gesellschaft werden eigenwillige Temperamente gebändigt, die Stärkeren setzen sich für die Schwächeren ein, die individuellen Eigenarten bekommen eine höhere Bedeutung und es bilden sich Charakterzüge heraus, wie sie das Gemeinschaftsleben braucht. So entstehen also bei den Tieren die Geselligkeitsformen. Gewiss gibt es Ausnahmen, aber sie verschwinden allmählich.

In den zwei folgenden der Gerechtigkeit gewidmeten Kapiteln zeigte Spencer, wie dieses Gefühl zuerst aus persönlichen, egoistischen Antrieben entstand (aus Furcht vor der Rache des Benachteiligten, seiner Genossen oder Ahnen), und wie allmählich gleichzeitig mit der geistigen Entwickelung der Menschen das Gefühl der gegenseitigen Sympathie zur Entfaltung kam. Und darauf bildete sich auch der Gerechtigkeitsbegriff heraus, obwohl seine Entwickelung naturgemäß durch die Kriege aufgehalten wurde, die anfangs zwischen den Stämmen und nachher zwischen den Nationen geführt wurden. Bei den Griechen war, wie aus den Schriften der Philosophen zu ersehen ist, der Gerechtigkeitsbegriff sehr unbestimmt. Desgleichen im Mittelalter, als für Verstümmelung oder Totschlag den Betroffenen ungleiche Entschädigungen zukamen, je nach der Klasse, zu der sie gehörten. Und erst gegen Ende des achtzehnten und Anfang des neunzehnten Jahrhunderts finden wir bei Bentham und Mill, dass „jeder nur für einen und niemand für mehrere zu gelten habe“; zu demselben Begriff der Gleichberechtigung bekennen sich heute die Sozialisten. Aber Spencer missbilligt dieses neue, erst seit der ersten französischen Revolution anerkannte Prinzip der Gleichheit: er sieht in diesem Prinzip den möglichen Untergang der Art. Und deshalb sucht er, ohne dieses Prinzip zu verneinen, nach einem Kompromiss, wie er es bereits früher auf vielen Gebieten seiner synthetischen Philosophie getan hatte.

In der Theorie erkennt er die Gleichheit der Rechte vollständig an; aber indem er Betrachtungen anstellte, ähnlich denjenigen, die in seinen Abhandlungen über die assoziationale und transzendentale Theorie der Vernunft enthalten sind, sucht er für das Leben nach einer Aussöhnung zwischen der wünschenswerten Gleichberechtigung und den zur Ungleichheit führenden Wünschen der Menschen; von Geschlecht zu Geschlecht, sagt er, entwickelt sich die Anpassung unserer Gefühle an die Bedürfnisse unseres Lebens, und deshalb kam die Aussöhnung zwischen der intuitiven und der utilitaristischen Sittenlehre zustande.

Im Allgemeinen wird die Gerechtigkeit von Spencer folgendermaßen aufgefasst: – Jeder ist berechtigt zu tun, was er will, unter der Bedingung, die gleiche Freiheit eines jeden anderen Menschen unangetastet zu lassen. Die Freiheit des Einzelnen wird nur durch die Freiheit der Anderen eingeschränkt.

„Wir wollen dessen eingedenk sein", sagt Spencer, „dass unserem Ziel (wenn nicht dem unmittelbaren, so doch dem von uns erstrebten) – dem größtmöglichen Glücke – gewisse Schranken gesetzt sind, da jenseits seiner Grenzen die Gebiete der Handlungen der Anderen liegen" (§ 273). Diese letzte Korrektur – schrieb Spencer – wird gemacht von den Beziehungen zwischen den menschlichen Gemeinschaften und innerhalb derselben; und in dem Maße, als sie im Leben zur Gewohnheit wird, entwickelt sich der obenerwähnte Gerechtigkeitsbegriff.

Manche primitiven, auf einer sehr niederen Entwicklungsstufe stehenden Stämme begreifen nichtsdestoweniger die Gerechtigkeit besser als weiter entwickelte Völker, welche die Gewohnheiten der früheren, militärischen Organisation sowohl im Denken als auch im Handeln bewahrt haben. Wenn man die Hypothese der Evolution anerkennt, dann erzeugte ein solcher natürlich entstandener Sittlichkeitsbegriff durch seine lange andauernde Beeinflussung des menschlichen Verstandes unzweifelhaft unmittelbar oder mittelbar eine bestimmte Organisation unseres Nervensystems und rief deshalb auch eine bestimmte Denkweise hervor; aus diesem Grunde sind unsere aus dem Leben unzähliger Menschen geschöpften Vernunftschlüsse ebenso richtig wie die Folgerungen eines Einzelnen aus seinen persönlichen Beobachtungen. Wenn sie auch nicht in buchstäblichem Sinne richtig sind, so können sie dennoch als Wahrheit anerkannt werden.[190]

Damit schloss Spencer die Untersuchung der Grundlagen der Ethik, und er ging dann zu ihrer Anwendung auf das Leben der Gemeinschaften vom Standpunkt der Ethik, sowohl der absoluten als auch der relativen, d. h. derjenigen, die im wirklichen Leben entsteht, über (Kap. VIII bis XXI), worauf er sieben Kapitel der Untersuchung des Staates, seines Wesens und seiner Verrichtungen, widmete.

Indem Spencer darauf die Untersuchung der Gerechtigkeit fortsetzte, widmete er sieben Kapitel dem Staate, und in ihnen trat er, ähnlich seinem Vorgänger *Godwin,* mit einer strengen Kritik an den zeitgenössischen Staatstheorien und der Unterwerfung des ganzen Gemeinschaftslebens gegenüber dem Staate auf.

Spencer verfuhr ganz richtig, indem er in die Ethik die Untersuchung der Formen einführte, die von der Gesellschaft angenommen werden,

---

190 Dieser 278. Paragraph dürfte hier ganz angeführt werden, wenn er nicht zu lang wäre. Die zwei folgenden Paragraphen sind gleichfalls sehr wichtig für die Spencersche Auffassung der Ethik in der Frage der Gerechtigkeit. Über die gleiche Frage schrieb er schon vorher im neunten Kapitel „Kritiken und Erläuterungen“, indem er die Widerlegungen Sidgwicks gegen den Hedonismus beantwortete. Er stimmte mit Sidgwick darin überein, dass das von den Utilitaristen vorgenommene Abwägen der Genüsse und Leiden tatsächlich auf irgendeine andere Weise überprüft oder bestätigt werden müsste, und er lenkte die Aufmerksamkeit auf das Folgende: Mit der Entwickelung des Menschen werden die Mittel zur Befriedigung der Wünsche immer komplizierter. Sehr oft verfolgt der Mensch gar nicht das Ziel selbst, z. B. gewisse Genüsse oder die Bereicherung überhaupt, sondern die zu ihm führenden Mittel. So bildet sich allmählich ein vernünftiger Utilitarismus aus dem unmittelbaren Streben nach dem Angenehmen heraus. Und dieser vernünftige Utilitarismus erstrebt ein Leben, das mit gewissen Grundlagen der Sittlichkeit in Einklang steht. Falsch ist die Behauptung, die Gerechtigkeit als Lebenszweck sei uns nicht zugänglich, während das Glück verständlich sei (wie Bentham glaubte). Die Naturvölker haben kein Wort für den Ausdruck des Glücks, während sie einen vollkommen ausgeprägten Begriff von der Gerechtigkeit besitzen, die von Aristoteles mit den Worten bezeichnet wurde: „ungerecht ist auch derjenige, der mehr als seinen Anteil nimmt“, wobei ich hinzufüge, dass diese Regel tatsächlich von den primitivsten der uns bekannten Wilden sehr streng eingehalten wird. Im Allgemeinen war die Behauptung Spencers richtig, dass die Gerechtigkeit als Lebensregel dem Verständnis zugänglicher ist als das zur gleichen Lebensregel erhobene Glück.

worauf früher fast niemals die Aufmerksamkeit gelenkt wurde. Unsere Anschauungen von der Sittlichkeit hängen vollkommen davon ab, welche Formen das menschliche Zusammenleben zu einer gewissen Zeit an einem gewissen Ort angenommen hat. Ob es auf dem völligen Gehorsam gegenüber der zentralen – kirchlichen oder weltlichen – Macht fußt, auf der Selbstherrschaft oder der Repräsentativverfassung, auf der Zentralisation oder den Verträgen freier Städte und ländlicher Gemeinden; ob das wirtschaftliche Leben sich auf die Macht des Kapitals oder auf das Prinzip der Arbeit gründet – alles dieses spiegelt sich in den sittlichen Begriffen der Menschen und in den Sittenlehren der Zeitgenossen wider.

Um sich davon zu überzeugen, genügt es, die sittlichen Begriffe unserer Zeit näher zu betrachten. Mit der Entstehung großer Staaten und der schnellen Entwickelung der Fabrikindustrie und des Bankwesens und also neuer Bereicherungsmöglichkeiten, entbrannte der Kampf um die Vorherrschaft zwischen den verschiedenen Nationen und um ihre Bereicherung durch fremde Arbeit, weswegen im Laufe der letzten 130 Jahre ununterbrochen blutige Kriege geführt werden. Infolgedessen wurden die Fragen der Macht des Staates, der Vermehrung oder Verminderung dieser Macht, der Zentralisation oder Dezentralisation, des Anrechts des Volkes auf Land, der Macht des Kapitals usw. zu brennenden Tagesfragen. Und von ihrer Lösung in der einen oder anderen Richtung hängt unvermeidlich auch die Lösung der sittlichen Fragen ab. Die Ethik einer jeden Gesellschaft ist die Widerspiegelung der Lebensformen dieser Gesellschaft. Also war Spencer im Recht, als er die Untersuchung über den Staat in die Ethik einführte.

Vor allem stellte er fest, dass die Formen der Staatlichkeit, d. h. die Beschaffenheit des politischen Lebens, wie alles andere in der Natur, veränderlich sind. Wir wissen tatsächlich aus der Geschichte, wie die verschiedenen Formen der menschlichen Gesellschaften: die Stammesorganisation, die Verbände der ländlichen Gemeinden, die zentralisierten Staaten, einander ablösten. Danach wies Spencer, den Spuren Comtes folgend, darauf hin, dass in der Geschichte zwei Formen der Gesellschaft zutage treten: die kriegerische oder militärische Staatsform, die – nach Spencers Meinung – in den primitiven Gemeinschaften das Übergewicht hatte, und die friedliche industrielle Form, zu der allmählich der ganze gebildete Teil der Menschheit übergeht.

Indem die Menschen die gleiche Freiheit eines jeden Mitglieds der Gesellschaft anerkannten, mussten sie auch die politische Gleichberechtigung, d. h. das Recht, die Regierung selbst zu wählen, anerkennen. In der Tat jedoch erwies es sich, – sagt Spencer – dass es noch nicht genügte, denn dabei verschwanden nicht die entgegengesetzten Interessen der einzelnen Klassen, und deshalb kam Spencer zum Schluss, dass die heutige Menschheit, trotz der politischen Gleichberechtigung, noch lange Zeit die wahre Gleichberechtigung entbehren wird (§ 352).

Ich will hier auf die Auffassung Spencers von den Rechten der Staatsbürger nicht näher eingehen: er begriff sie wie der Durchschnitt der Mittelständler der vierziger Jahre, und deshalb war er beispielsweise unbedingter Gegner der Gleichberechtigung der Frauen. Aber auf die allgemeine Vorstellung Spencers vom Staat muss unbedingt die Aufmerksamkeit gelenkt werden. *Den Staat,* behauptet er, *schuf der Krieg.* „Wo niemals Krieg war und ist, da ist auch keine Regierung" (§ 356). Jegliche Regierung, jegliche Macht verdankt ihre Entstehung dem Kriege. Gewiss war bei der Entstehung der Staatsmacht nicht nur das Bedürfnis nach einem Anführer für den Kriegsfall von Bedeutung, sondern auch die Notwendigkeit eines Richters zur Schlichtung von Streitigkeiten zwischen den Stämmen. Diese Notwendigkeit wurde von Spencer anerkannt, aber den Hauptgrund für die Entstehung und Entwickelung des Staates erblickte er dennoch in dem Bedürfnis nach einem Anführer im Kriege.[191] Andauernde Kriege trugen dazu bei, die Regierungsmacht in eine militärische Diktatur zu verwandeln.

Die Ansichten Spencers waren in vielem reaktionär, sogar vom Standpunkt der heutigen Verteidiger des Staatsgedankens. Aber in einer Hinsicht bedeutet er einen Fortschritt im Vergleich mit den Anhängern der Staatsgewalt, die Kommunisten nicht ausgenommen. Und zwar in seinem Protest gegen das unbegrenzte Recht des Staates, über die Persönlichkeit und die Freiheit der Bürger zu verfügen. In seiner Ethik widmete Spencer eini-

191 Im Allgemeinen gebrauchte Spencer – wie viele andere – das Wort „Staat" recht unterschiedslos für verschiedene Gesellschaftsformen, während es nur für solche Gemeinschaften angewandt werden sollte, die hierarchisch aufgebaut und zentralisiert sind und in Griechenland seit Philipp und Alexander von Makedonien, in Rom während der Kaiserzeit und in Westeuropa seit dem 15. und 16. Jahrhundert sich herausgebildet haben. Indessen müssten die Verbände der Stämme oder der mittelalterlichen Freien Städte mit ihren Bündnissen (Ligen), die im 11. und 12. Jahrhundert entstanden und sich bis zur Entstehung der Staaten im wirklichen Sinne hielten, „Freie Städte", „Städtebünde", „Stammesföderationen" usw. genannt werden. Wollte man das Gallien der Merowinger oder die mongolischen Föderationen des Dschingis-Chan oder die mittelalterlichen Freien Städte und ihre Städtebünde „Staaten" nennen, so hieße das vollständig falsche Vorstellungen vom Leben jener Zeit heraufbeschwören. Siehe die Kapitel V, VI, VII meiner *Gegenseitigen Hilfe.*

ge Seiten voll tiefer Ideen der Rolle und Bedeutung des Staates; hier ist Spencer ein Nachfolger *Godwins* – des ersten Predigers der staatsfeindlichen Lehre, die wir heute Anarchismus nennen.

Solange die Völker Europas – schrieb Spencer – die von den niederen Rassen bewohnten Erdteile unter sich verteilen, indem sie mit zynischem Gleichmut die Wünsche dieser Völkerschaften übersehen, – darf man nicht von den europäischen Regierungen verlangen, dass sie in ihren eigenen Ländern die wahren Interessen der Staatsbürger wahrnehmen und nicht die einen oder anderen angeblich politischen Maßregeln anwenden. Solange angenommen wird, dass die Kraft, in anderen Ländern Eroberungen zu vollbringen, das Recht auf den Besitz des eroberten Landes gibt, – werden im eigenen Lande die Menschen zweifellos des Glaubens sein, dass ein Parlamentserlass allmächtig ist, d. h. dass der kollektive Wille sich den Willen der Einzelnen unterwerfen kann, ohne gegen die Gerechtigkeit zu verstoßen (§ 364).

Indessen ist ein solches Verhalten gegenüber der menschlichen Persönlichkeit nichts anderes als ein Überrest früherer Zeiten. Das Streben der gebildeten Gemeinschaften richtet sich heute darauf, dass jeder seine Bedürfnisse befriedigen kann, ohne die Anderen daran zu hindern, dasselbe zu tun (§ 365). Und bei der Untersuchung dieser Sachlage kam Spencer zum Schluss, dass die Rolle des Staates sich *ausschließlich auf die Erhaltung der Gerechtigkeit* beschränken müsse. Jede andere Tätigkeit würde bereits eine Durchbrechung der Gerechtigkeit bedeuten.

Man darf gewiss noch auf lange Zeit hinaus nicht damit rechnen, – schloss Spencer – dass die Parteipolitiker, die im Namen ihrer Partei dem Volke alle Herrlichkeiten verheißen, ihre Aufmerksamkeit denjenigen zuwenden, die eine Schmälerung des Einflusses der Regierungen auf das Leben der Völker fordern. Indessen widmete er drei Kapitel der Untersuchung der „Grenzen der Pflichten des Staates“. Zum Schluss versuchte er zu beweisen, wie unsinnig das Bestreben der Gesetzgeber sei, die Vielfältigkeit der menschlichen Charaktereigenschaften durch Gesetze auszumerzen, wobei sie zu diesem Zweck bis heute noch die verbrecherischen Abgeschmacktheiten wiederholen, die man früher anwandte, um die Menschen zu einem einzigen Glauben zu bekehren – was indessen die christlichen Völker nicht daran hindert, trotz ihrer unzähligen Kirchen und Geistlichen ebenso rachsüchtig und kriegsdurstig wie die Wilden zu sein. Gleichzeitig jedoch führt das Leben ohne Rücksicht auf die Regierungen dazu, einen neuen, besseren Menschenschlag herauszubilden.

Leider wies Spencer in seiner Ethik nicht darauf hin, was in der heutigen Gesellschaft hauptsächlich die Gier nach Bereicherung auf Kosten zurückgebliebener Völker unterstützt. Er ging leichten Herzens an der grundlegenden Tatsache vorüber, dass in den heutigen zivilisierten Gemeinschaften die ausgedehnte Möglichkeit besteht, im eigenen Lande die Arbeit gänzlich mittelloser Menschen auszunutzen, die genötigt sind, ihre Arbeit und sich selbst zu verkaufen, um ihre und ihrer Kinder Existenz aufrecht zu erhalten. Infolge dieser das Wesen der heutigen Gesellschaft ausmachenden Möglichkeit wird die menschliche Arbeit so schlecht organisiert und so ohne Ausrechnung ausgenutzt, dass die Ergiebigkeit der menschlichen Arbeit in der Landwirtschaft wie in der Industrie viel kleiner ist, als sie sein könnte und müsste.

Die Arbeit und sogar das Leben der Arbeiter und Bauern wird in unserer Zeit so wenig geschätzt, dass die Arbeiter lange Jahre nur darum kämpfen mussten, um bei ihren Regierungen die Fabrikinspektion und den Schutz vor Verstümmelungen und vor Vergiftungen von Erwachsenen und Kindern durch giftige Dämpfe durchzusetzen.

Obwohl Spencer ein recht kühner Kritiker der politischen Macht war, blieb er auf wirtschaftlichem Gebiet, trotz vieler Vorgänger, sehr schwächlich und widersetzte sich, wie seine Freunde im liberalen Lager, nur dem Landmonopol; aus Angst vor einer Revolution wagte er nicht, offen und entschieden gegen die industrielle Ausbeutung der Arbeit aufzutreten.

Die letzten zwei Teile seiner *Ethik* widmete Spencer der „Ethik des Gemeinschaftslebens“, die er in zwei Teile zerlegte: „Negative Wohltätigkeit“ und „Positive Wohltätigkeit“.

Bereits am Anfang seines Werkes (§ 54) bemerkte Spencer, dass die Gerechtigkeit allein im Leben der Gesellschaft nicht ausreicht, und dass zur Gerechtigkeit noch solche auf das allgemeine Wohl gerichteten Handlungen hinzukommen müssen, *für die der Mensch keinerlei Belohnung erwartet.*

Diese Kategorie des Handelns nannte er „Wohltätigkeit“ oder „Freigebigkeit“ (*beneficence, generosity*); und er wies auf die bemerkenswerte Tatsache hin, dass bei der gegenwärtigen Revision der Begriffe viele aufhören, die „Trennungslinie“ anzuerkennen zwischen dem, „was man von den Menschen fordern kann“, und dem, was als „Wohltat“ (*benefaction*) angesehen werden muss (§§ 269 und 389).

Spencer befürchtete besonders eine solche „Verschmelzung“, und er schrieb gern gegen die gegenwärtigen Forderungen der arbeitenden Massen, die – seiner Meinung nach – zur „Entartung" oder, was noch schädlicher sei, zum „Kommunismus und Anarchismus" führen. Die Gleichheit der Entlohnung für die Arbeit führt zum Kommunismus, – schrieb er; und darauf folgt die Theorie Ravachols, die darin besteht, dass jeder sich nimmt, was ihm gefällt, und jeden beseitigt, der sich ihm in den Weg stellt. Hier beginnt bereits der Anarchismus und der uneingeschränkte Kampf ums Leben, wie zwischen Tieren. Und alles das aus dem Grunde – sagt Spencer –, weil zwischen Gerechtigkeit und Wohltätigkeit kein Unterschied gemacht wird (§ 390).

Das Gesetz des Unterganges der weniger Angepassten, das – nach Spencers Meinung – in der Natur existiert, muss gemildert werden; aber diese „Milderung" muss nicht dem Staate, sondern der *privaten Wohltätigkeit* vorbehalten werden. Mehr noch: Spencer hört hier auf, Denker zu sein und wird völlig zum Durchschnittsmenschen. Er vergisst vollständig, dass die Unfähigkeit der Massen, sich den notwendigen Lebensunterhalt zu sichern, in unseren Gemeinschaften erst durch die Machtergreifung und die Klassengesetzgebung geschaffen wurde, – obwohl er an anderer Stelle selbst gegen das englische Landmonopol der jetzigen Besitzer kluge Einwände erhebt. Aber ihn verfolgte der Gedanke, dass heute in Europa von der Gesetzgebung für die arbeitenden Massen zu viel verlangt wird, und in seinem Bestreben, das, worauf die Massen ein Anrecht haben, von dem zu trennen, was man ihnen nur aus Edelsinn gewähren kann, vergisst er, dass die Gründe der Verelendung der Bevölkerungsmassen und der schwachen Produktivität ihrer Arbeit gerade in der Raubwirtschaft zu suchen sind, die ihren Bestand den Eroberungen und der Gesetzgebung zu verdanken hat, so dass jetzt eigentlich das vom Staat und seiner Gesetzgebung angehäufte Übel zu beseitigen ist.

Zweifellos hat Spencer seine falsche Auffassung vom „Kampf ums Dasein" sehr geschadet. Er sah in ihm nur die *Vernichtung* der Schwächeren, während als ihr Hauptzug das *Überleben* der sich an die veränderlichen Naturbedingungen Anpassenden anzusehen ist. Der Unterschied zwischen diesen zwei Auffassungen ist, wie ich bereits an anderer Stelle hingewiesen habe,[192] ungeheuer groß; in dem einen Falle sieht – oder besser gesagt – denkt sich der Forscher vorwiegend den Kampf, der *zwischen den Mitgliedern derselben Gruppe* geführt wird, und in dem zweiten Falle sieht er den Kampf gegen *die feindlichen Naturkräfte* oder gegen andere Tierarten, die die *Tiergruppen mit vereinten Kräften unter Anwendung der gegenseitigen*

192 Siehe die *Gegenseitige Hilfe.*

Hilfe führen. Und jeder, der das wirkliche Leben der Tiere zu beobachten versteht, wie z. B. Brehm, den Darwin mit Recht einen großen Naturforscher nannte, wird bemerken, eine wie große Rolle *die Geselligkeit im Kampf ums Dasein* spielt. Er wird unweigerlich gestehen, dass von den zahllosen Tierarten diejenigen Arten oder Gruppen sich erhalten, die für die Anforderungen der veränderlichen Lebensbedingungen am empfänglichsten sind, die *physiologisch empfänglicher* und *veränderlicher* sind und in denen der *Herdentrieb, der Geselligkeitstrieb höher* entwickelt ist, was – nach Darwins richtiger Bemerkung[193] – vor allem eine bessere *Entwickelung der geistigen Fähigkeiten* herbeiführt.

Leider ist dies von Spencer übersehen worden; obwohl er in zwei in der *Nineteenth Century* veröffentlichten Artikeln teilweise den Fehler korrigierte, indem er auf die Bedeutung der Geselligkeit bei den Tieren hinwies (diese zwei Kapitel wurden in den zweiten Teil seiner *Ethik* eingeschoben), leidet der ganze Aufbau der *Ethik* unter dieser falschen Voraussetzung.

193 In der *Abstammung des Menschen*, in der er seine anfänglichen, in der *Entstehung der Arten* niedergelegten Ansichten über den Kampf ums Dasein einer eingehenden Prüfung unterzog.

Dreizehntes Kapitel

Die Entwicklung der Sittlichkeitslehren im 19. Jahrhundert (Fortsetzung)

Die Sittlichkeitslehre *Jean Marie Guyaus*. – Sittlichkeit ohne Pflicht und Sanktion. – „Sittliche Fruchtbarkeit". – Die Frage der Selbstaufopferung in der Sittlichkeitslehre Guyaus. – Die „Intensität" des Lebens und die Freude an Wagnis und Kampf. – Der individualistische Charakter der Moral Guyaus. – Notwendigkeit der Begründung der Ethik vom soziologischen Standpunkt.

Von den vielen von Denkern der zweiten Hälfte des neunzehnten Jahrhunderts unternommenen Versuchen, die Ethik auf rein wissenschaftlichen Grundlagen aufzubauen, interessiert uns am meisten der Versuch des hochbegabten, leider allzu früh verstorbenen französischen Philosophen *Jean Marie Guyau* (1854-1888). Guyau war einerseits bestrebt, die Sittlichkeit ohne jedes mystische, übernatürliche, göttliche Gebot, ohne jeden äußeren Zwang zu begründen, und wollte andererseits auf dem Gebiete des Sittlichen auch das materielle Interesse oder das Streben nach Glück ausschalten, mit dem die Utilitaristen die Sittlichkeit begründen.

Die Lehre Guyaus ist so wohldurchdacht und in so vollkommener Form dargestellt, dass sie sich leicht mit wenigen Worten wiedergeben lässt. In noch sehr jugendlichem Alter[194] schrieb Guyau ein sehr ausführliches Werk über die Sittlichkeitslehre des Epikur.[195] Fünf Jahre nach dem Erscheinen dieses Werkes (1879) veröffentlichte Guyau sein zweites, äußerst wertvolles Werk über die zeitgenössischen englischen Sittenlehren.[196] In dieser Unter-

194 Als er erst neunzehn Jahre alt war. [Anmerkung N. Lebedeffs]

195 *La Morale d'Epicure et ses rapports avec les doctrines contemporaines*. Dieses Werk erschien 1874 und wurde von der französischen Akademie der Wissenschaften prämiiert.

196 *La Morale anglaise contemporaine*. Die erste Auflage erschien 1879.

suchung schilderte und kritisierte Guyau die Sittenlehren Benthams, Mills (des Vaters und des Sohnes), Darwins, Spencers und Bains. Und im Jahre 1884 endlich veröffentlichte er seine bedeutungsvolle Abhandlung *Sittlichkeit ohne Pflicht,* die mit ihren neuen und richtigen Schlussfolgerungen und mit ihrer künstlerisch schönen Darstellungsform die allgemeine Aufmerksamkeit auf sich zog. Dieses Buch erlebte in Frankreich acht Auflagen und wurde in alle europäischen Sprachen übersetzt.[197] Seiner Ethik legt Guyau den Begriff des Lebens im weitesten Sinne des Wortes zugrunde.

Das Leben offenbart sich im Wachsen, Sichvermehren und Sichausdehnen. Die Ethik muss – nach Guyaus Meinung – die Lehre von den Mitteln sein, mit deren Hilfe das von der Natur gesetzte Ziel – das Wachsen und die Entwickelung des Lebens – erreicht wird. Also bedarf das Sittliche im Menschen keines Zwanges, keiner aufgezwungenen Verbindlichkeit, keiner überirdischen Sanktion; es entwickelt sich in uns schon kraft des Bedürfnisses nach einem ausgefüllten, intensiven und fruchtbaren Leben. Dem Menschen genügt das gewöhnliche, alltägliche Leben nicht; er sucht die Grenzen des Lebens zu erweitern, sein Tempo zu beschleunigen; es mit vielfältigen Eindrücken und Erlebnissen zu bereichern. Sobald er die *Fähigkeit* fühlt, es zu tun, wartet er nicht mehr auf einen äußeren Zwang oder Befehl. „Danach“, sagt Guyau, „ließe sich das Pflichtgefühl auf das Bewusstsein einer bestimmten inneren Kraft zurückführen, die allen anderen Kräften von Natur überlegen wäre. Innerlich fühlen, was man Größtes, zu leisten fähig wäre, heißt sich bewusst werden, was man zu leisten verpflichtet ist.“[198]

Wir fühlen, insbesondere in einem gewissen Alter, dass wir mehr Kräfte besitzen, als wir für unser persönliches Leben brauchen, und die überschüssigen Kräfte verwenden wir gern zum Nutzen anderer. Aus diesem Bewusstsein des Überschusses an zur Tätigkeit drängender Lebenskraft ergibt sich das, was gewöhnlich Selbstaufopferung genannt wird. Wir fühlen, dass wir mehr Energie haben, als wir für unser alltägliches Leben brau-

197 *Esquisse d'une Morale sans Obligation ni Sanction.* Achte Auflage, Paris 1907, mit Vorwort von A. Fouillée. Deutsche Übersetzung im Verlag von Klinkhardt, Leipzig 1912, Wie Alfred Fouillée in seinem Buche *Nietzsche et l'immoralisme* zeigte, beschäftigte sich Nietzsche eingehend mit dieser Abhandlung, die er immer auf seinem Tische liegen hatte. Über die Philosophie Guyaus siehe die Werke von Fouillée, darunter auch die *Morale des idées-forces* (1907).

198 Siehe die deutsche Übersetzung *Sittlichkeit ohne Pflicht*, S. 123.

chen und geben diese Energie den Anderen. Wir treten eine weite Reise an, widmen uns der Volksaufklärung oder stellen unseren Mut, unsere Ausdauer und Arbeitsfähigkeit in den Dienst irgendeiner Sache von allgemeinem Nutzen.

Dasselbe geschieht auch mit dem Mitgefühl für das Leid anderer. Wir sind uns dessen bewusst, dass unser Verstand mehr Gedanken und unser Herz mehr Mitgefühl oder sogar Liebe, mehr Freuden und mehr Tränen aufweist, als wir zu unserer Selbsterhaltung brauchen, und wir teilen mit den Anderen, ohne an die Folgen zu denken. Unsere Natur verlangt es, gleichwie die Pflanze blühen muss, obwohl dem Blühen der Tod folgt.

Der Mensch verfügt über „sittliche Fruchtbarkeit" (*fécondité morale*), die es gestattet, Egoismus und Altruismus zu versöhnen. Notwendig ist, das eigene Leben für andere nutzbar zu machen und nötigenfalls für andere hinzugeben … Diese Ausdehnung des Lebens, seine Intensität, ist die unerlässliche Bedingung des wahren Lebens … „Das Leben zeigt ein doppeltes Antlitz", sagt Guyau, „auf der einen Seite stehen Ernährung, Aufnahme, auf der anderen Arbeitsleistung, Fruchtbarkeit. Je mehr das Leben aufnimmt, desto mehr muss es ausgeben: das ist sein Gesetz. Ausgabe ist, physiologisch betrachtet, kein Übel, sie ist eben eine Äußerungsform des Lebens. Sie ist die Ausatmung, die der Einatmung folgt." – „Leben ist Fruchtbarkeit, und umgekehrt ist Fruchtbarkeit Lebensüberfülle, das einzige, wirkliche Leben. Vom Dasein ist eine gewisse Freigebigkeit untrennbar, ohne welche wir sterben und innerlich vertrocknen. Wir müssen blühen; und Sittlichkeit, Uneigennützigkeit, das ist die Blüte des menschlichen Daseins."[199]

Guyau weist sodann auf die Anziehungskraft von Wagnis und Kampf hin. Und wirklich kennt man Tausende von Fällen, in denen der Mensch jeden Alters allein aus Lust an Wagnis und Kampf sein Leben einsetzt. Nicht nur der Jüngling Mzyri[200] kann, in Erinnerung an die kurzen Stunden seines Lebens in Freiheit und Kampf, sagen: „Ich lebte, Alter, und mein Leben wäre ohne jene drei seligen Tage trauriger und düsterer als dein kraftloses Alter."

Alle großen Entdeckungen in der Erforschung der Erde und der Natur überhaupt; alle kühnen Versuche, in die Geheimnisse der Natur und des Weltalls einzudringen oder in neuer Form die Naturkräfte auszunutzen, sei es bei den weiten Seereisen des sechzehnten Jahrhunderts oder bei der heutigen Luftschifffahrt; alle mit Lebensgefahr unternommenen Versuche,

199 S. 118 der deutschen Übersetzung.

200 Held des gleichnamigen Poems von Lermontoff. [Anmerkung d. Übers.]

das Leben der Gemeinschaft auf neuen Grundlagen umzubauen, alle Neuerungen auf dem Gebiete der Künste, – alles entspringt eben diesem Drange nach Kampf und Wagnis, der bald in einzelnen Persönlichkeiten, bald in verschiedenen Gesellschaftsklassen und manchmal im ganzen Volke aufflammt. So vollzog sich der ganze Fortschritt der Menschheit.

Außerdem, fügt Guyau hinzu, gibt es ein *metaphysisches* (gedankliches) *Wagnis* in der *Spekulation,* beim Aussprechen einer wissenschaftlichen oder sozialen Hypothese (Voraussetzung), und im *Handeln* des Einzelnen oder der Gruppe.

Das ist es, was in der Gesellschaft die sittliche Ordnung und den sittlichen Fortschritt begünstigt, – die Heldentat „nicht nur im Kampf und in der Schlacht“, sondern auch in den Versuchen des kühnen *Denkens* und der *Umgestaltung* sowohl des persönlichen als auch des Gemeinschaftslebens.

Was jedoch die Sanktion der in uns entstehenden sittlichen Begriffe und Bestrebungen, d. h. ihre Bestätigung und Ausstattung mit dem Charakter der *Verbindlichkeit* in unserem Verstand und Gefühl, anbetrifft, – so suchten die Menschen diese Bestätigung und Heiligung bekanntlich in der Religion, d. h. in Geboten, die von außen erhalten und durch Verheißung von Bestrafung oder Belohnung im Jenseits erhärtet werden. Guyau verwarf naturgemäß die Notwendigkeit der religiösen Sanktion und widmete mehrere treffliche Kapitel, die im Original gelesen werden sollten, der Untersuchung über den Ursprung des Verbindlichkeitsbegriffes in den Regeln der Sittlichkeit. Ich lasse hier die Grundgedanken folgen:

Vor allem wies Guyau darauf hin, dass wir in uns selbst die Billigung der sittlichen und die Missbilligung der unsittlichen Handlungen tragen, und zwar seit den frühesten Zeiten unseres Gemeinschaftslebens. Die sittliche Billigung oder Missbilligung seien dem Menschen von der instinktiven Gerechtigkeit eingegeben, schrieb Guyau, auch habe in derselben Richtung das dem Menschen angeborene Gefühl der Liebe und Brüderlichkeit gewirkt.[201]

Im Allgemeinen existieren im Menschen zweierlei Antriebe: die einen sind noch unbewusste Neigungen, Instinkte und Gewohnheiten, und aus

201 Wie richtig diese leider ungenügend entwickelten Ansichten Guyaus sind, geht aus dem zweiten Kapitel dieses Buches hervor, worin gezeigt wird, dass diese Bestrebungen des Menschen die natürliche Frucht des geselligen Lebens vieler Tierarten und des Menschen und das Ergebnis der Geselligkeit sind, ohne die keine Tierart im Kampf gegen die rauen Naturkräfte hätte bestehen können.

ihnen entstehen die unklaren Gedanken; die anderen sind vom Bewusstsein erfasst und erzeugen bewusste, wohlüberlegte Gedanken; auf der Grenze zwischen diesen zweierlei Antrieben befindet sich die Sittlichkeit. Sie muss immer zwischen ihnen wählen. Leider bemerkten die Denker, die sich mit Ethik befassten, nicht, in welchem Maße das Bewusste im Menschen vom Unbewussten abhängig ist.[202]

Indessen zeigt die Untersuchung der Gebräuche in den menschlichen Gesellschaften, wie sehr das Unbewusste die Handlungen der Menschen beeinflusst. Und bei der Erforschung dieses Einflusses sehen wir, dass der Selbsterhaltungstrieb durchaus nicht alle Antriebe des Menschen erschöpft, wie die Utilitaristen annehmen. Neben diesem Trieb existiert in uns ein anderer Instinkt: – der Drang nach einem möglichst intensiven, d. h. gesteigerten und mannigfaltigen Leben, zur Erweiterung seiner Grenzen über das Gebiet der Selbsterhaltung hinaus. Das Leben beschränkt sich nicht auf Ernährung, es drängt nach geistiger Fruchtbarkeit und Betätigung voller Empfindungen und Willensäußerungen.

Gewiss, solche Willensäußerungen wirken nicht selten zum Nachteil der Gesellschaft, wie manche Kritiker Guyaus richtig bemerkten. Das Wesentliche jedoch ist, dass die gemeinschaftsfeindlichen Bestrebungen (denen Mandeville und Nietzsche eine solche Bedeutung beimaßen) noch lange nicht alle über das Gebiet der einfachen Selbsterhaltung hinausgreifenden Antriebe erschöpfen, da neben dieser noch der Drang nach *Geselligkeit,* nach einem Leben in Einklang mit dem Gemeinschaftsleben, wirksam ist und dieser Drang nicht schwächer ist als die gemeinschaftsfeindlichen Antriebe. Der Mensch strebt nach freund-nachbarlichen Beziehungen und nach Gerechtigkeit.

Leider versäumte Guyau, diese zwei letzten Gedanken in seinem grundlegenden Werke ausführlicher zu behandeln; in der Folge entwickelte er sie etwas eingehender in seiner letzten Abhandlung, *Erziehung und Vererbung.*[203]

Guyau begriff die Unmöglichkeit, die Ethik allein auf dem Egoismus aufzubauen, wie es Epikur und nach ihm die englischen Utilitaristen getan hatten.

Er erkannte das Ungenügende der bloßen inneren Harmonie, der bloßen „Wesenseinheit“ (*l'unité de l'être*) und das gleichzeitige Vorhandensein

202 *Sittlichkeit ohne Pflicht*, Bd. I, Kap. III.

203 Diese Ergänzungen wurden in die siebente Auflage eingeschaltet.

des *Geselligkeitstriebes* in der Sittlichkeit.[204] Er schrieb indessen diesem Trieb noch nicht jene gebührende Bedeutung zu, die ihm Baco und nach ihm Darwin beimaßen, wobei Darwin behauptete, dass beim Menschen und vielen Tieren dieser Trieb stärker und andauernder wirksam ist als der Selbsterhaltungstrieb. Und Guyau erkannte nicht die ausschlaggebende Rolle, die bei sittlichen Schwankungen der eben jetzt in der Entwickelung befindliche Gerechtigkeitsbegriff spielt.[205]

Das Gefühl der Verbindlichkeit, das wir zweifellos in uns bemerken, wird von Guyau folgendermaßen erklärt:

Es genügt, schrieb er, die normale Richtung des Seelenlebens ins Auge zu fassen, um immer eine Art inneren Druckes zu finden, der aus unseren Handlungen selbst entsteht, die sich in dieser Richtung bewegen ... Die Verbindlichkeit des Sittlichen (*l'obligation morale*) hat also ihren Ursprung im Leben selbst und wurzelt tiefer als im bewussten Denken; sie entstammt den dunkeln und unbewussten Tiefen des Wesens.

Das Pflichtgefühl, fuhr er fort, ist nicht unüberwindlich; es kann erstickt werden. Wie jedoch Darwin zeigte, erhält es sich und bringt sich in Erinnerung; wenn wir unsere Pflicht verletzen, sind wir mit uns selbst unzufrieden und gedenken der sittlichen Ziele.

Guyau gab hier einige ausgezeichnete Beispiele der Äußerungen dieser Kraft und führte unter anderem die Worte Spencers an, der eine Zeit kommen sah, in welcher „der Trieb zu selbstloser Hingabe so unvergleichlich stark sein wird, dass er unser ganzes Wesen unwiderstehlich mit sich reißen wird“ (viele leben bereits heute so) – „Es wird ein Tag kommen, sagt Spencer sogar, wo der Trieb zur Selbstlosigkeit so mächtig sein wird, dass alle Menschen die Gelegenheit, ihn zu betätigen, die Gelegenheit zur Aufopferung, ja zum Opfertode einander streitig machen werden.“ – „Und so

204 Die Sittlichkeit, schrieb Guyau, ist nichts anderes, als die Einheit, die innere Harmonie des menschlichen Wesens, während die Unsittlichkeit die Zwiespältigkeit, den Widerspruch zwischen den verschiedenen Fähigkeiten bedeutet, die in diesem Falle einander beeinträchtigen ... (*Sittlichkeit ohne Pflicht*, Bd. I, Kap. III).

205 Kurz gesagt: Wir denken die Gattung, die Bedingungen, unter denen das Leben der Gattung möglich ist, wir erfassen das Bild eines gewissen normalen Menschentypus, der diesen Bedingungen angepasst ist, wir begreifen sogar das Leben des ganzen Menschengeschlechts als der Welt angepasst, wir erkennen schließlich die Bedingungen, unter denen diese Anpassung dauernd möglich ist. (Eine der *Erziehung und Vererbung* entnommene Anmerkung zu Band I, Kap. III, der *Sittlichkeit ohne Pflicht*, S. 128.)

fügt sich die Selbstaufopferung den anderen großen Lebensgesetzen ein", sagt Guyau an anderer Stelle. „Der Gefahr um der eigenen Person willen oder um anderer Menschen willen trotzen, also Unerschrockenheit und Selbstaufopferung beweisen, bedeutet keine Verneinung des persönlichen Lebens; es heißt vielmehr, das Leben zur Erhabenheit steigern."

In den allermeisten Fällen erscheint die Selbstaufopferung nicht als unbedingtes Opfer, nicht als Verzicht auf das Leben, sondern nur als Gefahr und Verzicht auf gewisse Güter. Bei Kampf und Gefahr hofft der Mensch auf Sieg. Und diese Siegeszuversicht gewährt ihm die Empfindung von Lebensfreude und Lebensfülle. Sogar viele Tiere lieben das mit Gefahren verbundene Spiel: so lieben beispielsweise manche Affenarten, Krokodile zu necken. Auch bei den Menschen findet sich der Wunsch, sich mit Gefahren zu messen, sehr oft; der Mensch hat das Bedürfnis, sich manchmal groß zu fühlen, sich der Macht und Freiheit seines Willens bewusst zu werden. Dieses Bewusstsein erhält er im Kampf sowohl mit sich selbst und seinen Leidenschaften als auch mit äußeren Hindernissen. Wir haben es hier mit einem physiologischen Bedürfnis zu tun, wobei fast immer die Freude am Wagnis zugleich mit der Gefahr wächst.

Aber das sittliche Gefühl verleitet die Menschen nicht nur zu waghalsigen Unternehmungen, es lenkt sie auch dann, wenn ihnen der *unvermeidliche Untergang* droht. Und hier lehrt die Geschichte diejenigen, die für ihre Lehren empfänglich sind, „dass Selbstaufopferung eine der wert- und machtvollsten Triebkräfte in der Geschichte ist. Damit die Menschheit, dieser träge Körper, einen Schritt vorwärts tat, waren bis auf den heutigen Tag Erschütterungen nötig, die die Einzelwesen zermalmten" (S. 173).

In künstlerisch vollendeter Form zeigte hier Guyau, wie natürlich die Selbstaufopferung sogar dann ist, wenn der Mensch dem unvermeidlichen Untergang ins Auge sieht und keinerlei Hoffnung auf Belohnung im Jenseits hegt. Hinzuzufügen wäre nur noch, dass wir dasselbe bei allen geselligen Tieren finden. Die Selbstaufopferung für das Wohl der Familie oder der Gruppe ist im Leben der Tiere eine alltägliche Erscheinung, und der Mensch bildet als geselliges Wesen naturgemäß keine Ausnahme.

Sodann wies Guyau auf eine andere natürliche Fähigkeit des Menschen hin, die in der Sittlichkeit manchmal das Gefühl der uns vorgeschriebenen Pflicht ersetzt. Das ist die *Freude* am *gedanklichen Wagnis,* d. h. die bereits von Plato erwähnte Fähigkeit, kühne Hypothesen aufzustellen und von diesen Voraussetzungen die Sittlichkeit abzuleiten. Alle bedeutenden sozialen Reformatoren ließen sich von der einen oder anderen Vorstellung eines möglichen besseren Lebens der Menschheit leiten, und obwohl es nicht möglich war, die Erwünschtheit und Möglichkeit einer gesellschaftlichen Umgestaltung in einer gewissen Richtung mathematisch zu beweisen, widmeten die in dieser Hinsicht dem Künstler ähnlichen Reformatoren ihr ganzes Leben, ihre ganze Befähigung und ihre ganze Tatkraft der Arbeit, die zu dieser Umgestaltung gehörte. Dazu bemerkt Guyau: „Die Hypothese bringt praktisch dieselbe Wirkung hervor, wie der Glaube; aus ihr *entwickelt sich* sogar ein Glaube, der aber nicht behauptend und dogmatisch ist wie der andere.“ – „Kant hat in Wahrheit eine Revolution auf sittlichem Gebiete begonnen, indem er den Willen hat ‘autonom’ machen wollen, anstatt ihn sich beugen zu lassen unter ein außer ihm liegendes Gesetz; er ist aber auf halbem Wege stehen geblieben: er hat geglaubt, dass die individuelle Freiheit des sich sittlich betätigenden Menschen mit der Allgemeingültigkeit des Gesetzes in Einklang zu bringen wäre.“ – „Wahre Autonomie muss individuelle Ursprünglichkeit und nicht universelle Gleichförmigkeit hervorbringen“ (S. 188). – „Je mehr verschiedenartige Lehren es gibt, die einander den Vorrang im menschlichen Geistesleben streitig machen wollen, umso wertvoller wird es für den zukünftigen und endgültigen Zusammenklang sein“ (S. 189).

Mit der „Verwirklichungsmöglichkeit“ der Ideale setzte sich Guyau in poetisch-begeisterten Worten auseinander. Je mehr das Ideal sich von der Wirklichkeit entfernt, desto wünschenswerter ist es, und da der Wunsch, es zu erreichen, uns die zu seiner Verwirklichung nötigen Kräfte verleiht, so gewährt das entfernteste Ideal die meiste Kraft. Auch das kühne Denken, das nicht auf halbem Wege stehen bleibt, führt zu gleich starker Tat. Die Religion sagt: – „Ich hoffe, weil ich glaube, und ich glaube an die Offenbarung.“ In Wirklichkeit müsste jedoch – nach Guyau – gesagt werden: – „Ich glaube, weil ich hoffe, und ich hoffe, weil ich in mir eine innere Kraft fühle, die von Bedeutung sein wird.“ – „Nur die Tat gibt den Glauben an sich selbst, an die Anderen, an die ganze Welt, während das reine Denken und das Denken in Einsamkeit uns schließlich unserer Kräfte beraubt.“

Also erblickte Guyau die Ablösung der Sanktion, d. h. der höheren Bestätigung, welche die Verfechter der christlichen Sittlichkeit in der Religion und der Verheißung eines besseren Lebens im Jenseits suchten, in Folgendem: Vor allem finden wir in uns selbst die Billigung der sittlichen Handlung, weil das sittliche Gefühl, das Gefühl der Brüderlichkeit, sich seit den ältesten Zeiten dank der Geselligkeit und dem Vorbilde der Natur im Menschen entwickelte. Sodann findet der Mensch die gleiche Billigung in den halbbewussten, noch unklaren, aber tief in der menschlichen Natur verwurzelten Antrieben und Gewohnheiten. Das ganze Menschengeschlecht wurde seit langen Jahrtausenden in dieser Richtung erzogen, und wenn im Leben der Menschheit zeitweilig die besseren Gefühle in Vergessenheit zu geraten scheinen, so kehren die Menschen nach einiger Zeit immer wieder zu ihnen zurück. Und wenn wir nach der Quelle dieser Gefühle suchen, so finden wir, dass sie noch tiefer im Menschen verankert sind, als sogar sein Bewusstsein.

Um die Kraft des Sittlichen im Menschen zu erklären, untersuchte Guyau, wie weit im Menschen die Fähigkeit zur Selbstaufopferung entwickelt ist, und zeigte, wie sehr dem Menschen der Wunsch *zu wagen und zu kämpfen* eigen ist und das nicht nur im Denken der führenden Geister, sondern auch im gewöhnlichen Leben; dieser Untersuchung sind die besten Seiten des Buches gewidmet.

Im Allgemeinen kann man sicher behaupten, dass Guyau in seiner Untersuchung der Sittlichkeit ohne Verbindlichkeit und Heiligung von Seiten der Religion der heutigen Auffassung vom Sittlichen und seinen Aufgaben Ausdruck verliehen hat, wie sie sich seit Anfang des XX. Jahrhunderts in den fortgeschrittensten Geistern herauszubilden beginnt.

Aus dem Gesagten ist ersichtlich, dass Guyau nicht beabsichtigte, eine eingehende Untersuchung über die Grundlagen der Sittlichkeit zu schreiben, sondern nur beweisen wollte, dass die Sittlichkeit für ihre Selbstbehauptung und Entwickelung *nicht des Begriffs der Verbindlichkeit oder überhaupt der äußeren Bestätigung* bedarf.

Die Tatsache, dass der Mensch die Intensität, die Mannigfaltigkeit des Lebens sucht, sobald er in sich die Kraft zu einem solchen Leben verspürt, – schon diese Tatsache wird bei Guyau zu einem machtvollen Aufruf *zu eben dieser Lebensführung.* Andererseits locken den Menschen auf denselben Weg der Wunsch und die Freude an Wagnis und *wirklichem Kampf* und die Freude *an Wagnis im Denken* (an metaphysischem Wagnis, schrieb Guyau) – mit anderen Worten, auch das Vergnügen, das wir *am Hypothetischen* im Denken und im tätigen Leben empfinden ... daran, was wir uns nur als möglich vorstellen.

Das ist es, wovon in der naturgemäßen Sittlichkeit das *Verbindlichkeitsgefühl ersetzt* wird, das in der religiösen Sittlichkeit vorherrscht.

Was jedoch die Sanktion in der naturgemäßen Sittlichkeit betrifft, d. h. ihre Einsetzung durch ein erhabenes und allgemeingültiges Prinzip, so leitet uns hier, unabhängig von der religiösen Sanktion, ein Gefühl der natürlichen Billigung der sittlichen Handlungen und das ahnungsvolle Unterbewusstsein, *die sittliche Billigung,* die von dem unbewusst in uns wirksamen Gerechtigkeitsbegriff ausgeht; die gleiche Billigung erfahren unsere Handlungen vonseiten des in der Menschheit entwickelten Gefühls *der Liebe und Brüderlichkeit.*

Diese Form nahmen die Anschauungen Guyaus von der Sittlichkeit an. Wenn sie auch von Epikur ausgingen, so vertieften sie sich bei Guyau ungemein, und an die Stelle der „klugen Berechnung" des Epikur trat bereits die natürliche Sittlichkeit, die im Menschen durch das Leben in Gemeinschaften entwickelt wurde und deren Existenz bereits von Baco, Grotius, Spinoza, Heine, Comte, Darwin und teilweise von Spencer erfasst wurde, mit der jedoch sich bis heute diejenigen nicht abfinden können, die es vorziehen, den Menschen als ein Wesen anzusehen, das, zwar „nach dem Bilde Gottes" erschaffen, ein untertäniger Sklave des Teufels ist, und dessen angeborene Unsittlichkeit nur durch Drohungen mit Peitsche und Gefängnis im Diesseits und mit der Hölle im Jenseits eingedämmt werden kann.

Schluss

Wir wollen nun versuchen, unsere kurze Übersicht der verschiedenen Sittlichkeitslehren zusammenzufassen.

Wir sahen, dass die Ethik seit dem alten Griechenland bis auf den heutigen Tag hauptsächlich von zwei Strömungen beherrscht wurde. Die Vertreter der einen Strömung behaupteten, dass die Triebkraft des Menschen bei all seinen Handlungen das ist, was die Einen *Genuss,* die Anderen *Seligkeit, Glück* nennen, also das, was dem Menschen die meisten und größten Genüsse und Freuden gewährt. Um ihretwillen geschieht alles andere. Diesen Genuss, diese Befriedigung kann man für das gegenwärtige oder für das vorausgesetzte zukünftige Leben wünschen; das Ziel jedoch bleibt das gleiche. Der Mensch kann die Befriedigung der niedrigsten oder der erhabensten Antriebe suchen, immer aber sucht er das, was ihm Glück, Befriedigung oder mindestens Hoffnung auf Glück und Befriedigung in der Zukunft gewährt.

Gewiss, wir mögen vor allem Genuss und persönliche Befriedigung suchen oder vollständig bedacht auf uns bevorstehende Genüsse um eines höheren Ideals willen verzichten, immer bewegt sich unsere Handlung in der Richtung, in welcher *wir in diesem Augenblick die größere Befriedigung finden.* Deshalb darf der Hedonist sagen, dass die ganze Sittlichkeit im Suchen jedes Menschen danach besteht, was ihm angenehmer ist, sogar in dem Falle, dass – wie bei Bentham – das größtmögliche Glück der größtmöglichen Anzahl als Ziel aufgestellt wird. Daraus folgert aber noch nicht, dass man kurz nach der Vollführung einer Handlung nicht sein Leben lang bedauern könnte, gerade so gehandelt zu haben. Diese neue Stimmung nur mit der Erinnerung erklären zu wollen, wäre schon deswegen unmöglich, weil Millionen von Menschen auf den verschiedensten Entwickelungsstufen von Reue verfolgt werden, wenn sie jemand nicht in der Notwehr töten oder wenn sie einen Freund belügen, der ihnen wohlwill.

Woraus, wenn ich nicht irre, zu folgern ist, dass die Verfasser, die behaupten, jeder suche nur, was ihm die größte Befriedigung gewährt, nichts von dem erklären, was die Hauptaufgabe jeder Untersuchung über das Sittliche ausmacht.

Ebenso wenig wird diese Aufgabe von denjenigen gelöst, die in Anlehnung an die zeitgenössischen Utilitaristen, Bentham, Mill und viele andere, antworten: Indem Sie auf die Vergeltung von Bösem mit Bösem verzichteten, befreiten Sie sich von einer überflüssigen Unannehmlichkeit, von Selbstvorwürfen wegen Mangel an Zurückhaltung, wegen Rohheit, die Sie Ihrer eigenen Person gegenüber nicht gutheißen würden. Sie schlugen den Weg ein, der Ihnen die größte Befriedigung gewährt und jetzt denken Sie vielleicht: „Wie vernünftig, wie gut habe ich gehandelt." Wozu mancher Realist möglicherweise sagen wird: – „Reden Sie mir bitte nicht von Ihrem Altruismus und Ihrer Nächstenliebe. Sie handelten wie ein kluger Egoist, – das ist alles." – Indessen wurde durch solche Erörterungen die Frage der Sittlichkeit keineswegs aufgehellt. Wir erfuhren nichts über ihren Ursprung und nichts darüber, ob und in welchem Maße ein wohlwollendes Verhalten zu den Menschen nötig und wünschenswert sei. Unvermindert bleibt die Frage bestehen: Ist denn das „Sittliche" im Leben der Menschen und teilweise auch der Tiere wirklich eine zufällige Erscheinung? Hat sie denn tatsächlich keine andere Begründung, als meine zufällige gutmütige Veranlagung und den Vernunftschluss, dass mir letzten Endes meine Gutmütigkeit nützlich ist, weil sie mich von anderen Unannehmlichkeiten befreit? Mehr noch, wenn nun einmal die Menschen glauben, dass nicht jede Kränkung mit Gutmütigkeit beantwortet werden kann, dass es Kränkungen gibt, die niemals zugelassen werden dürfen, wem sie auch zugedacht wären, – gibt es da keinen Maßstab, um die verschiedenen Arten der Beleidigungen auseinanderzuhalten, ist alles das nur Sache der Berechnung oder gar der augenblicklichen Stimmung, des Zufalls?

Nicht minder unbefriedigt lässt uns eine andere Lösung der Sittlichkeitsfrage, die unter dem Namen „Energismus" vor kurzem von Friedrich Paulsen vorgeschlagen und talentvoll befürwortet worden ist. Paulsen „setzt das höchste Gut nicht in subjektive Gefühlserregungen, sondern in den objektiven Lebensinhalt oder, da das Leben Betätigung ist, in eine bestimmte Art der Lebensbetätigung".[206]

206 Paulsen, *Einleitung in die Philosophie*, Anhang: Probleme der Ethik (1892).

Aber auch der „Energismus“ löst nicht die Frage, weshalb die Lebens- und Denkweise irgendeines Menschen im Zuschauer ein Gefühl der Befriedigung oder der Unbefriedigtheit auslöst; weshalb die Gefühle der Befriedigung uns zur Gewohnheit werden und dann unsere zukünftigen Handlungen regulieren. Wenn nicht der blinde Zufall mitspielt – dann warum? Wo liegen die Gründe dafür, dass das Sittliche über das Unsittliche die Oberhand bekommt? Im Vorteil, in der Berechnung, im Abwägen der verschiedenen Genüsse und der Erwählung der andauerndsten und stärksten Genüsse, wie Bentham lehrte? Oder aber in der Beschaffenheit des Menschen und aller geselligen Tiere, die uns fortwährend dazu führt, was wir das Sittliche nennen, obwohl wir gleichzeitig unter dem Einfluss der Habsucht, der Hoffart und der Machtbegierde zu Scheußlichkeiten, wie die Unterjochung der niederen Klassen, oder zu Handlungen fähig sind, an denen der letzte Krieg so reich war: Giftgase, Unterseeboote, Zeppeline, die schlafende Städte heimsuchen, völlige Zerstörung der aufgegebenen Gebiete durch die Eroberer usw.

In Wirklichkeit lehrt uns das Leben, die ganze Geschichte der Menschheit, dass kein Gemeinschaftsleben möglich wäre, wenn die Menschen sich ausschließlich von Erwägungen des eigenen Vorteils leiten ließen. Die ganze Geschichte der Menschheit besagt, dass der Mensch ein großer Sophist ist und dass sein Verstand mit erstaunlicher Geschicklichkeit jede mögliche Rechtfertigung dafür aufzufinden versteht, was ihm seine Antriebe und Leidenschaften eingeben.

Sogar ein solches Verbrechen, wie ein Eroberungskrieg im XX. Jahrhundert, der die ganze Welt in ihren Grundlagen erschüttern musste, – sogar dieses Verbrechen fand seine Verteidiger im deutschen Kaiser und in den Millionen seiner Untertanen, auch der Radikalen und Sozialisten, die sich vom Kriege einen Vorteil für das Volk versprachen; die geschickteren Sophisten fanden in ihm gar einen Vorteil für die ganze Menschheit.

Es unterliegt keinem Zweifel, dass das „größtmögliche Glück der Gemeinschaft“, das seit den ersten Zeiten der Menschheit als Grundlage der Sittlichkeit hingestellt wurde und insbesondere in letzter Zeit von den Rationalisten wieder in den Vordergrund gestellt wird, wirklich die erste Grundlage der Ethik ist. Aber an und für sich ist dieses Prinzip zu abstrakt, zu abseits liegend und nicht imstande, sittliche Gewohnheiten und sittliches Denken hervorzurufen. Aus eben diesem Grunde suchten seit den entferntesten Zeiten die Denker nach einer festeren Stütze für die Sittlichkeit.

Bei den Naturvölkern nahmen die geheimen Verbände der Zauberer, Wahrsager und Weisen (d. h. die Gelehrtenvereinigungen jener Zeiten) ihre

Zuflucht zur *Einschüchterung* besonders der Weiber und Kinder durch verschiedene furchterregende Gebräuche und schufen auf diese Weise allmählich die Religion.[207] Und die Religion gab den Sitten und Gebräuchen einen festen Halt, deren Nützlichkeit für das Leben der Gemeinschaft anerkannt war, da durch sie die egoistischen Instinkte und die Übergriffe der Einzelnen in Zaum gehalten wurden. Später arbeiteten in der gleichen Richtung die Schulen der griechischen Philosophen und nachher die vergeistigteren Religionen in Asien, Europa und Amerika. Damals begannen die Jünger des Epikur das Prinzip des persönlichen Nutzens, Genusses oder Glückes unter dem Namen des Hedonismus oder Eudämonismus in den Vordergrund zu stellen; die Nachfolger Platos und der Stoiker fuhren dagegen fort, mehr oder minder ihre Stütze in der Religion zu suchen, oder wandten sich an das *Mitempfinden, die Sympathie,* die zweifellos allen geselligen Tieren eigen und im Menschen weiter entwickelt ist – als Gegengewicht zu den egoistischen Antrieben.

Diesen zwei Strömungen fügte zu unserer Zeit Paulsen den „Energismus“ hinzu, zu dessen Grundzügen er die „Selbsterhaltung und Selbstdurchsetzung, Freiheit des vernünftigen Selbst im wahren Denken, harmonische Entfaltung und Betätigung aller Kräfte und Vollkommenheit“ rechnet.

Zu den Vertretern des „Energismus“ in seinen verschiedenen Erscheinungsformen zählt Paulsen Denker wie Hobbes, Spinoza, Shaftesbury, Leibniz, Wolff. Die Wahrheit, sagt er, ist gleichfalls auf der Seite des Energismus. „Neuerdings kommt die evolutionistische Moralphilosophie auf diese Ansicht: *ein gewisser Lebenstypus und seine Betätigung* ist das tatsächliche Ziel alles Lebens und Strebens“.

Die Betrachtungen, mit denen Paulsen seinen Gedanken bestätigt, sind dadurch sehr wertvoll, dass sie manche Seiten des sittlichen Lebens vom Standpunkt des Willens gut beleuchten, dessen Entwickelung die Ethiker bis jetzt ungenügende Aufmerksamkeit zuteilwerden ließen. Aber aus diesen Betrachtungen ist nicht der Unterschied ersichtlich, der zwischen der Erscheinung und *Betätigung des Lebenstypus* und dem Streben nach einem „Maximum von Lustgefühlen“ bestehen soll.

207 Bei vielen nordamerikanischen Indianerstämmen besteht folgender Brauch, dessen unmittelbares Ziel die Einschüchterung der Frauen und Kinder ist. Wenn während der Zeremonien ein Mann seine Maske verliert und die Frauen es bemerken konnten, wird er sofort getötet unter dem Vorwand, ein Geist hätte ihm das Leben genommen.

Das erste kommt unvermeidlich auf das zweite heraus und kann leicht zu größter Rücksichtslosigkeit führen, wenn dem Menschen in Augenblicken der Leidenschaft ein gewisser abwehrender Reflex, etwa die Abneigung gegen Betrug und Vorherrschaft, das Gleichheitsgefühl fehlt.

Zweifellos ist es richtig und notwendig zu beweisen, dass Betrug und Ungerechtigkeit den Untergang der Menschen bedeuten, wie Paulsen es tut. Aber das ist noch wenig. Für die Ethik genügt es nicht, diese Tatsache zu kennen; sie muss auch erklären, *weshalb ein Leben in Betrug und Ungerechtigkeit den Untergang des Menschen verursacht.* Ist es deshalb, weil es so der göttliche Wille fordert, auf den sich das Christentum bezieht, oder deshalb, weil lügen immer bedeutet: *sich erniedrigen* (sich für schwächer als die belogene Person halten) und sich so noch mehr schwächen, indem man die Selbstachtung verliert, und weil ungerecht handeln heißt: sein Gehirn *ungerecht denken* lehren, d. h. das Wertvollste in uns, die Fähigkeit zum richtigen Denken, verstümmeln.

Auf eben diese Fragen eine Antwort zu geben, ist Aufgabe der Ethik, die die religiöse Sittlichkeit ersetzen soll. Und deshalb ist es nicht angängig, die Frage *des Gewissens* in der Natur so zu beantworten, wie es Paulsen in dem oben erwähnten „Anhang" getan hat, nämlich, dass das Gewissen seinem Ursprung nach nichts anderes ist, als das von der Erziehung, dem gesellschaftlichen Urteil über Anständiges und Unanständiges, dem Recht und endlich dem „religiösen Gebot" vorgeschriebene „Wissen um die Sitte". Gerade solche Erklärungen zeitigten die oberflächliche Verneinung des Sittlichen durch Mandeville, Stirner u. a. Wenn indessen die Sitten durch die Entwickelungsgeschichte der Gemeinschaften geschaffen werden, so hat das Gewissen, wie ich zu beweisen versuchen will, seinen Ursprung viel tiefer, *im Bewusstsein der Gleichberechtigung,* das sowohl beim Menschen als auch bei allen geselligen Tieren sich physiologisch entwickelt. [...][208]

208 Hier endet das Manuskript. [Anmerkung N. Lebedeffs]

Nikolai Lebedeff

Nachwort

Die *Ethik* ist der Schwanengesang des großen Humanisten und Gelehrten, des Revolutionärs und Anarchisten, und bildet die Krone und den Abschluss aller wissenschaftlichen, philosophischen und sozialen Ansichten Kropotkins, zu denen er in seinem ganzen langen und ungewöhnlichen Leben gelangte. Leider hinderte der Tod Kropotkin an dem Abschluss seines Werkes, und mir fiel – nach seinem Wunsch – die verantwortungsvolle Pflicht zu, die *Ethik* druckfertig zu machen.

Indem ich den ersten Teil der *Ethik* in die Welt hinausgehen lasse, fühle ich mich veranlasst, dem Leser noch einige Worte zu sagen und einen Einblick in die Geschichte dieses Buches zu gewähren.

In seiner *Ethik* wollte Kropotkin auf zwei grundsätzliche Fragen der Moral eine Antwort geben. Diese Fragen lauten: *Woher stammen die sittlichen Begriffe des Menschen?* und *Was erstreben die sittlichen Vorschriften und Normen?* Infolgedessen teilte er seine *Ethik* in zwei Teile: der erste Teil sollte die *Entstehung und die geschichtliche Entwickelung der Sittlichkeit* untersuchen, und im zweiten Teil wollte Kropotkin die *Grundlagen und Ziele* der realistischen Ethik darstellen.

Kropotkin gelang es nur, den ersten Teil der *Ethik*, und auch den nicht in der endgültigen Fassung, zu schreiben. Manche Kapitel des ersten Teiles wurden von ihm nur entworfen, und das letzte Kapitel, in dem die Sittenlehren Stirners, Nietzsches, Tolstois, Multatulis und anderer zeitgenössischer hervorragender Moralisten dargestellt werden sollten, blieb ungeschrieben.

Für den zweiten Teil der *Ethik* konnte Kropotkin nur noch einige vollständig abgeschlossene Abhandlungen in englischer Sprache, die er vorerst als einzelne Artikel in Zeitschriften veröffentlichen wollte, und eine Reihe von Entwürfen und Anmerkungen abfassen. So die Primitive Ethics (Primitive Ethik), Ethics and Mutual Aid (Ethik und Gegenseitige Hilfe),

Morality and Religion (Sittlichkeit und Religion), Justice (Gerechtigkeit), Origin of Moral Motives and Sense of Duty (Entstehung der sittlichen Antriebe und des Pflichtgefühls) usw.

Bereits in den achtziger Jahren wandte Kropotkin sein Interesse den Fragen der Moral zu, aber seine besondere Aufmerksamkeit widmete er ihnen erst seit dem letzten Jahrzehnt des neunzehnten Jahrhunderts, als der Amoralismus Nietzsches an Boden zu gewinnen begann und in der Literatur Stimmen laut wurden, welche die Entbehrlichkeit der Moral betonten. Gleichzeitig begannen viele Wissenschaftler und Philosophen unter dem Einfluss der eng aufgefassten Theorie Darwins zu behaupten, dass in der Welt nur ein allgemeines Gesetz – „das Gesetz des Kampfes ums Dasein“ – herrsche, und bestätigten eben dadurch den philosophischen Amoralismus.

Kropotkin empfand das Irrige solcher Folgerungen und beschloss, vom wissenschaftlichen Standpunkt zu beweisen, dass die Natur nicht „amoralisch“ sei und „den Menschen nicht das Böse lehre“, dass aber die Sittlichkeit ein natürliches Ergebnis der Evolution des sozialen Lebens nicht nur des Menschen, sondern auch fast aller Lebewesen sei, bei denen wir bereits meistenteils Keime sittlicher Beziehungen finden.

Im Jahre 1890 hielt Kropotkin in der Ancot-Brüderschaft in Manchester einen Vortrag über „Gerechtigkeit und Sittlichkeit“ und nach einiger Zeit wiederholte er denselben, jedoch erweiterten Vortrag, in der Londoner Ethischen Gesellschaft.

In dem Zeitraum zwischen den Jahren 1891 und 1894 veröffentlichte er in der Zeitschrift *Nineteenth Century* eine Artikelserie über die gegenseitige Hilfe bei Tieren, Wilden und zivilisierten Völkern; diese Artikel, die in der Folge das Buch *Gegenseitige Hilfe* bildeten, stellen eine Einführung in die Sittenlehre Kropotkins dar.

In den Jahren 1904 bis 1905 erschienen in der *Nineteenth Century* zwei unmittelbar den Fragen der Moral gewidmete Abhandlungen. – „Die Notwendigkeit der Sittlichkeit in unserer Zeit“ und „Die Sittlichkeit in der Natur“. In etwas abgeänderter Form bilden diese Aufsätze die ersten drei Kapitel dieses Buches. Etwa zur selben Zeit schrieb Kropotkin eine kleine französische Broschüre, *La Morale Anarchiste*, in der er die Menschen zu aktivem Handeln aufruft und unterstreicht, der Mensch müsse dessen eingedenk sein, dass seine Kraft nicht in der Einsamkeit, sondern im Zusammenschluss mit dem Nächsten, dem Volke, den arbeitenden Massen bestehe. Im Gegensatz zum anarchistischen Individualismus stehend, ist er bestrebt, eine *soziale Moral,* eine Ethik der Gemeinschaftlichkeit und der Solidarität, zu erschaffen.

Der ganze Fortschritt der Menschheit, sagt Kropotkin, ist unlöslich mit dem Leben der Gesellschaft verknüpft. Das Leben in der Gemeinschaft erzeugt bei den Menschen wie bei den Tieren den Trieb der *Geselligkeit,* der gegenseitigen Hilfe, der bei seiner weiteren Entwickelung im Menschen sich in das Gefühl des Wohlwollens, der Sympathie und der Liebe verwandelt.

Aus diesen Gefühlen und Instinkten entsteht die menschliche Sittlichkeit oder die Gesamtheit der sittlichen Empfindungen, Begriffe und Vorstellungen, die letzten Endes auf den Grundsatz aller Sittlichkeitslehren herauskommen – „was du nicht willst, dass man dir tu', das füg' auch keinem andern zu".

Aber diese Grundregel ist noch nicht der vollkommene Ausdruck der Sittlichkeit, sagt Kropotkin. Sie ist nur der Ausdruck der *Gerechtigkeit,* der Gleichberechtigung. Das höhere sittliche Bewusstsein kann sich damit nicht zufrieden geben, und Kropotkin glaubt, dass zu den grundlegenden Elementen der Sittlichkeit außer dem *Gefühl* der gegenseitigen Hilfe und dem *Begriff* der Gerechtigkeit noch etwas gehört, was die Menschen *Großmut, Selbstverleugnung* oder *Selbstaufopferung* nennen.

Gegenseitige Hilfe, Gerechtigkeit und Selbstaufopferung sind nach der Theorie Kropotkins – die drei Elemente der Sittlichkeit. Ohne den Charakter der Allgemeingültigkeit und Notwendigkeit logischer Gesetze zu tragen, bilden, nach Kropotkins Meinung, diese Elemente nichtsdestoweniger die Grundlage der menschlichen Ethik, die für die „Physik der Sitten" angesehen werden kann. Aufgabe des Ethikers ist die Untersuchung des Ursprungs und der Entwickelung dieser Sittlichkeitselemente und die Beweisführung, dass sie ebenso der menschlichen Natur eignen, wie alle anderen Triebe und Gefühle.

Als Kropotkin im Juni 1917 nach einem vierzigjährigen Exil nach Russland zurückkehrte, ließ er sich zuerst in Petersburg nieder, siedelte aber bald auf ärztliches Anraten nach Moskau über. In Moskau konnte er indessen nicht lange bleiben. Die damaligen allgemeinen drückenden Lebensbedingungen in Moskau veranlassten ihn, im Sommer 1918 nach dem kleinen, weltverlassenen Dmitrow (etwa 60 Kilometer von Moskau entfernt) überzusiedeln. Dort musste Kropotkin ganze drei Jahre bis zu seinem Tode, in fast gänzlicher Abgeschlossenheit von der ganzen Kulturwelt, verbringen.

Naturgemäß war es ein schwieriges Unterfangen, ein Werk wie die *Ethik* zu schreiben und den Ursprung und die Entwickelung der Sittlichkeitslehren zu schildern, während ihm in seiner Einsiedelei jede Verbindung mit der Außenwelt fehlte. Zudem hatte er fast keine Bücher (seine ganze Bibliothek war in England geblieben); die kleinste Nachforschung erforderte viel Zeit und hemmte manchmal die Arbeit recht fühlbar.

Aus Mangel an Geldmitteln konnte Kropotkin nicht die notwendigen Bücher kaufen, und nur manchmal konnten ihm seine Freunde unter großen Schwierigkeiten das eine oder andere Buch zukommen lassen. Aus demselben Grunde konnte er keinen Sekretär oder Maschinenschreiber anstellen, so dass er die ganze Vorarbeit selbst ausführen und das Manuskript teilweise mehrmals umschreiben musste... Alles das musste natürlich die Arbeit beeinträchtigen... Zudem begann Kropotkin seit seiner Übersiedelung nach Dmitrow, möglicherweise infolge Nahrungsmangels, körperlich hinfällig zu werden. So schrieb er mir am 21. Januar 1919: „Ich arbeite fleißig an der *Ethik*, aber die Kraft versagt; manchmal muss ich unterbrechen..." Dazu kam eine Reihe anderer ungünstiger Umstände; so z. B. musste er eine lange Zeit abends bei schlechter Beleuchtung arbeiten.

Seine Arbeit an der *Ethik* hielt Kropotkin für eine notwendige und revolutionäre Tat. In einem seiner letzten Briefe (vom 2. Mai 1920) sagt er: „Ich nahm meine Arbeit über die Fragen der Sittlichkeit deshalb wieder auf, weil ich glaube, dass diese Arbeit unbedingt notwendig ist. Ich weiß, dass nicht Bücher eine geistige Strömung erzeugen, sondern umgekehrt. Ich weiß aber auch, dass zur Erläuterung einer Idee die Hilfe eines Buches notwendig ist, das die Grundlagen des Gedankens in ihrer vollkommensten Form schildert. Und um die Grundlagen einer von der Religion befreiten, die Religion überragenden Sittlichkeit zu schaffen, bedarf es der Hilfe erläuternder Bücher.

Die Notwendigkeit solcher Erläuterungen macht sich besonders jetzt beharrlich bemerkbar, wo das menschliche Denken zwischen Kant und Nietzsche schwankt ..."

In seinen Gesprächen mit mir sagte er oftmals: „Gewiss, wenn ich nicht so alt wäre, würde ich nicht während der Revolution an der *Ethik* arbeiten, sondern selbstverständlich am Aufbau des neuen Lebens tätigen Anteil nehmen ..."

Der Realist und Revolutionär Kropotkin betrachtete die Ethik nicht als abstrakte Wissenschaft vom menschlichen Verhalten, sondern sah in ihr vor allem einen konkreten Wissenschaftszweig, dessen Ziel darin besteht, die Menschen in ihrer praktischen Tätigkeit zu begeistern. Kropotkin sah, dass sogar Menschen, die sich Revolutionäre und Kommunisten nannten, moralisch ungefestigt waren, dass sie in ihrer Mehrzahl ohne leitenden sittlichen Gedanken, ohne hohes sittliches Ideal waren. Mehr als einmal sprach er davon, dass vielleicht gerade infolge des Fehlens dieses erhabenen sittlichen Ideals die russische Revolution ihre Ohnmacht erwiesen habe, eine neue Gesellschaftsordnung auf der Grundlage der Gerechtigkeit und der Freiheit zu schaffen und die Flamme der Revolution auf andere Völker zu übertragen, wie in der Großen Französischen Revolution und der Revolution des Jahres 1848.

Und er, der alte Revolutionär und Aufwiegler, dessen Gedanken immer um das Glück der Menschen kreisten, glaubte mit seinem Buch über die Ethik die kommenden Generationen zum Kampfe zu begeistern, ihnen den Glauben an die Gerechtigkeit der sozialen Umwälzung einzuflößen und in ihren Herzen die Flamme der Selbstaufopferung für den Nächsten zu entfachen, indem er die Menschen davon überzeugte, dass „das Glück nicht im persönlichen Genießen sei, nicht in egoistischen, wenn auch höheren Freuden, sondern im Kampf für die Wahrheit und die Gerechtigkeit inmitten des Volkes und gemeinsam mit dem Volke…"

Indem Kropotkin den Zusammenhang der Sittlichkeit mit der Religion und Metaphysik verneinte, wollte er die Ethik auf rein wissenschaftlichen Grundlagen aufbauen und beweisen, dass man nur dann die Kraft zu einem wirklich sittlichen Leben finden kann, wenn man in der Welt des Wirklichen bleibt. Ganz, als wollte er mit seinem Buch dem Menschen eine letzte Lehre geben, wie sie in den Worten des Dichters enthalten ist:

„Lieber Freund, mit deiner müden Seele
Flieh die Erde nicht, die lasterhafte Heimat, –
Wirke mit der Erde, leide mit der Erde
An dem schweren Leide deiner Menschenbrüder …"

Viele erwarten, die *Ethik* Kropotkins werde irgendeine besondere „revolutionäre" oder „anarchistische" Ethik sein. Wenn solche Erwartungen vor Kropotkin ausgesprochen wurden, pflegte er immer zu sagen, er habe die Absicht, eine rein *menschliche* Ethik zu schreiben (manchmal brauchte er den Ausdruck „realistische Ethik").

Er anerkannte keinerlei *besondere* Sittlichkeit, sondern glaubte, es dürfe nur *eine* und für alle Menschen *gleiche* Ethik geben. Wenn man darauf hinwies, dass es in der heutigen, in feindliche Klassen und Kasten gespaltenen Gesellschaft keine einheitliche Sittlichkeit geben könnte, sagte er, jede „bürgerliche" oder „proletarische" Ethik fuße auf einer allgemeinen ethnologischen Grundlage, die manchmal einen sehr starken Einfluss auf die Grundsätze der Klassen- oder Kastenmoral ausübe. Er sagte, dass wir alle, zu welcher Klasse oder Partei wir auch gehören mögen, vor allem *Menschen* und Mitglieder der gleichen Tiergattung des *Menschen* seien. Und in der zukünftigen Gesellschaftsordnung stellte sich Kropotkin nur *Menschen* vor – ohne jene widerwärtige soziale Rangliste, die im Laufe des langen historischen Weges der Menschheit uns alle mit einer dichten Staubschicht überzogen hat.

Die ethische Lehre Kropotkins kann als Lehre der *Brüderlichkeit* gekennzeichnet werden, obwohl das Wort „Brüderlichkeit" in seinem Buch fast gar nicht vorkommt. Er braucht nur ungern das Wort *Brüderlichkeit,* das er durch das Wort *Solidarität* ersetzt. Die Solidarität stellt – seiner Meinung nach – etwas Wirklicheres vor, als die Brüderlichkeit. Als Beweis führte er manchmal an, dass Brüder einander oft feind sind, sich hassen und sogar morden. Nach der biblischen Legende beginnt die Geschichte des Menschengeschlechts gerade mit einem Brudermord. Dagegen bedeutet der Begriff der Solidarität eine physische und organische Einstellung der Elemente eines jeden lebenden Wesens aufeinander, und in der Welt der sittlichen Beziehungen findet die Solidarität ihren Ausdruck in Sympathie, gegenseitiger Hilfe und Mitleid. Die Solidarität verträgt sich mit der Freiheit und der Gleichheit, wobei Solidarität und Gleichheit als notwendige Bedingungen der *sozialen Gerechtigkeit* erscheinen. Daher die ethische Formel Kropotkins: *„Ohne Gleichheit keine Gerechtigkeit, ohne Gerechtigkeit keine Sittlichkeit".*

Gewiss, die *Ethik* Kropotkins löst nicht alle ethischen Probleme, die die heutige Menschheit bewegen (und aller Wahrscheinlichkeit nach werden sie niemals vollkommen gelöst werden, weil mit jeder neuen Generation das moralische Problem, seiner Wesenheit nach stets das gleiche, immer neue Erscheinungsformen annimmt und neue Fragen aufwirft). Kropotkin deutet nur die Wege an und schlägt seine Lösung der moralischen Frage vor. Sein Werk ist nur der Versuch eines Revolutionärs und Anarchisten und eines gelehrten Naturforschers, eine Antwort auf die qualvolle Frage zu geben: *Weshalb muss ich ein sittliches Leben führen?* Es ist sehr schade, dass Kropotkin nicht mehr den zweiten Teil seines Buches abschließen konnte, in welchem er die *Grundlagen* der natürlichen und realistischen Ethik darstellen und sein ethisches Glaubensbekenntnis ablegen wollte.

Für uns ist Kropotkin in seinem Streben nach einer realistischen Begründung der Sittlichkeit ein weiser Wegsucher in der verwickelten Welt der sittlichen Beziehungen. Für alle, die das gelobte Land der Freiheit und

Gerechtigkeit erreichen wollen, aber noch den tiefen Qualen des erfolglosen Umherirrens in der Welt der Gewalt und Feindschaft geweiht sind, ist Kropotkin ein unerschütterlicher Wegweiser. Er weist die Wege zu einer neuen Sittlichkeit, zur Zukunftsmoral, die nicht die unsittliche Teilung der Menschen in „Herren" und „Sklaven", in „Regierende" und „Untertanen" kennt, sondern der Ausdruck der freien gemeinsamen Arbeit zu allgemeinem Nutzen sein wird, die allein die Möglichkeit bieten wird, auf Erden das wahrhafte Reich der brüderlichen Arbeit und Freiheit zu errichten.

Nun noch einige Worte. Bei der Anordnung des Buches war ich bemüht, mich nach den Bemerkungen zu richten, die ich von Kropotkin selbst während unserer Gespräche gehört habe, und nach den Anweisungen, die er in seinen Aufzeichnungen „Wie meine Niederschriften zu handhaben sind" und in einem kurzen Entwurf „An den Fortsetzer" hinterlassen hat. In seiner letzten Aufzeichnung schreibt Kropotkin unter anderem: „Sollte ich nicht imstande sein, meine *Ethik* zu vollenden, so bitte ich diejenigen, die vielleicht versuchen werden, sie zu beenden, meine Aufzeichnungen zu benutzen."

Für die gegenwärtige Ausgabe sind diese Aufzeichnungen unausgenutzt geblieben, erstens weil die Verwandten und nahen Freunde Kropotkins beschlossen, dass es wichtiger und interessanter sei, die *Ethik* so herauszugeben, wie sie von Kropotkin selbst zusammengefasst war, und zweitens, weil die Bearbeitung dieser Aufzeichnungen viel Zeit und Mühe beansprucht und die Veröffentlichung der *Ethik* zu lange aufgehalten haben würde.

In den folgenden Ausgaben werden alle von Kropotkin hinterlassenen, die Ethik betreffenden Aufzeichnungen benutzt und gedruckt werden.

Moskau, den 1. Mai 1921 Nikolai Lebedeff

Register

A

B

C

D

E

F

G

H

S

T

V

W

Z

Peter Kropotkin

Gegenseitige Hilfe im Tier- und Menschenreich

ISBN 978-3-86569-905-3, 253 Seiten, kartoniert, Euro 16.-

Die *Gegenseitige Hilfe im Tier- und Menschenreich* von Peter Kropotkin, erstmals erschienen 1902 unter dem Titel *Mutual Aid. A Factor of Evolution*, ist nicht nur ein Klassiker der anarchistischen Literatur, sondern kann auch als früher Vorläufer soziobiologischen Denkens gelten. Geschrieben als Antwort auf zahlreiche Publikationen, die Darwins Evolutionstheorie zu einem menschenverachtenden Sozialdarwinismus verkürzen wollten, argumentiert Kropotkin, dass in Natur und Gesellschaft keineswegs nur ein Kampf aller gegen alle stattfindet, sondern dass ebenso ein Prinzip obwaltet, das er „gegenseitige Hilfe" nennt (und von modernen Soziobiologen als „reziproker Altruismus" bezeichnet wird). Kropotkin illustriert seine Thesen nicht nur auf gelehrte Weise anhand von Quellen aus Biologie, Geschichts- oder Kulturwissenschaft der damaligen Zeit, sondern fügt auch eigene Beobachtungen an, die er auf seinen zahlreichen Reisen gemacht hat. Die Fragen, die Kropotkin aufwirft, gewinnen immer drängender an Aktualität.

Étienne de La Boétie

Von der freiwilligen Knechtschaft

Herausgegeben und mit einem Vorwort versehen von Ulrich Klemm, begleitet durch einen Essay von Siegbert Wolf zu Gustav Landauers La Boétie-Rezeption
ISBN 978-3-86569-903-9, 92 Seiten, kartoniert, Euro 10.-

Die kleine Schrift aus dem 16. Jahrhundert, verfasst von dem französischen Renaissance-Humanisten Étienne de La Boétie, gilt heute als wegweisender Meilenstein in der Entwicklung und Formulierung des europäischen Freiheitsgedankens und der politischen Ideenbildung. Sowohl in der politischen Philosophie als auch in demokratischen Bewegungen wird der Text bis heute rezipiert.

Leo N. Tolstoi

Die Sklaverei unserer Zeit

Ausgewählte Texte
Mit einem Vorwort von Ulrich Klemm und einem Essay von Erich Mühsam
ISBN 978-3-86569-901-5, 121 Seiten, kartoniert, Euro 12.-

Mit „Die Sklaverei unserer Zeit", „Patriotismus und Regierung" und „Aufruf an die Menschheit" finden sich in diesem Band drei zentrale Texte Tolstois. Ergänzt werden diese durch Erich Mühsams Essay „Tolstois Vermächtnis" zum 100. Geburtstag des russischen Schriftstellers und ein Vorwort von Ulrich Klemm.
„Die Sklaverei unserer Zeit" (1900) gehört zu den weltweit bekanntesten politischen Texten und ist grundlegend für ein Verständnis des christlichen und antietatistischen Anarchismus Tolstois. „Patriotismus und Regierung" (1900) entwickelt seine Kritik am Staat, der nach Tolstoi immer ein Gegner der Freiheit und zugleich Ursache von Gewalt und Sklaverei ist. „Aufruf an die Menschheit" (1901) richtet sich gegen das kirchliche Christentum, dem Tolstoi Verrat an seinen Ursprüngen vorwirft.

Franz M. Wuketits

Darwins Kosmos

Sinnvolles Leben in einer sinnlosen Welt

ISBN 978-3-86569-052-4, 159 Seiten, kartoniert, Euro 14.-

Was lässt sich auf die „Sinnfrage" antworten, wenn der Lauf der Welt von Anpassungserfolg und Zufall bestimmt wird? Blind, kalt und ohne Mitleid erscheinen die Abfolgen der Lebewesen, der Generationen, Arten und Gattungen. Franz Wuketits zeigt, dass der Evolution selbst tatsächlich kein Sinn innewohnt. Trotzdem bedeutet das nicht, dass der Mensch sich und seinem Leben nicht selbst einen Sinn zu geben vermag. Dies ist freilich kein „höherer Sinn", sondern ein selbst bestimmter. Wuketits plädiert dabei für einen moralischen Individualismus.

Bernulf Kanitscheider

Die Materie und ihre Schatten

Naturalistische Wissenschaftsphilosophie

ISBN 3-86569-015-7, 298 Seiten, kartoniert, Euro 20.-

Im Laufe der Jahrmillionen hat die Natur eigenständige Strukturen und Gebilde hervorgebracht, die den Eindruck erwecken, als habe sie sich ihrer eigenen Stofflichkeit entfremdet. Sind diese „Schatten" der Materie ein Zeichen für die Grenzen einer naturalistischen Verfassung alles Seienden oder nur Ausdruck des schöpferischen Potentials der Natur? Bernulf Kanitscheiders Antwort ist klar: Unser Universum ist eine Welt der Materie und der Stoff, aus dem diese Welt besteht, ist weder träge noch tot, sondern lebendig und kreativ. Deshalb braucht es auch keine übernatürlichen Kräfte, um das Geschehen zu erklären; mit der Idee der „Selbstorganisation" lässt sich ein schlüssiges Bild von der Welt zeichnen.

Jürgen Beetz

Eine phantastische Reise durch Wissenschaft und Philosophie

Don Quijote und Sancho Pansa im Gespräch

ISBN 978-3-86569-083-8, 326 Seiten, kartoniert, Euro 19.-

Don Quijote lebt. Der Philosoph ist seit Jahrhunderten mit seinem Gesellen Sancho Pansa, dem Vertreter der Wissenschaft, unterwegs. Beide haben mit der modernen Zeit einigermaßen Schritt gehalten. Don Quijote kann gut reden und die Leute überzeugen, Sancho Pansa vermehrt das Wissen der Menschheit.

So ziehen beide durch die Welt und führen Gespräche über das Leben – Gespräche, die wir belauschen dürfen. Sie diskutieren über die Kerngebiete der Philosophie: die Logik (das folgerichtige Denken), die Ethik (das rechte Handeln) und die Metaphysik (die ersten Gründe des Seins und der Wirklichkeit). Sie reden über die Dinge und ihre Ordnung, über Wahrheit und Erkenntnis, über den Sinn des Lebens und den freien Willen, über die seltsamen Schleifen des Seins. Sie streiten über Ethik in der Wissenschaft und über das Woher und Wohin des Menschen.

Eine phantastische Reise durch Wissenschaft und Philosophie ist eine vergnügliche Einführung in die Grundlagen unseres Denkens über Sein und Sollen.